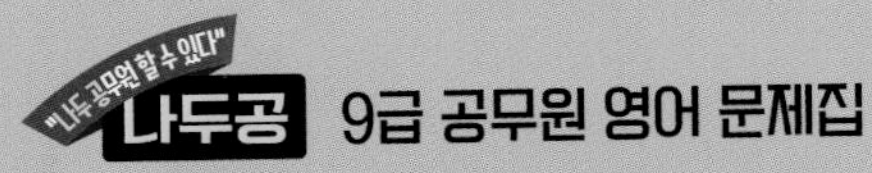

새로운 출제 기준 안내

01

출제기조

2025년부터 9급 공무원 시험 출제의 기본 방향이 지식 암기 중심에서 현장 직무 중심으로 대폭 전환될 예정이다. 새로운 출제 기조에 부합하기 위해 학계 및 현직 공무원의 의견이 폭넓게 수렴되면서 개편 방향이 정비되었고, 다양한 시험의 출제 경험이 있는 전문가들과의 연구용역을 거쳐 예시 문제가 개발되었다. 또한, 최근 공무원 시험 합격자를 대상으로 모의평가를 여러 차례 거치며 문제의 완성도가 제고되었다.

지식 암기 위주형 문제 ➡ 현장 직무 중심형 문제

02

출제방향

| 국어 출제방향 |

- 기본적인 국어 능력의 이해, 추론 및 비판적 사고력 검증
- 배경지식이 없더라도 지문 속 정보를 활용해 문제를 풀 수 있도록 출제

| 영어 출제방향 |

- 실제 업무수행에 필요한 실용 영어능력 검증
- 전자메일, 웹문서, 모바일 안내문 등 업무현장에서 접할 수 있는 소재와 형식을 활용한 문제 출제

03

출제대비

| 국어 출제대비 |

- 보다 다양한 영역의 지문을 통독하는 훈련이 필요하다.
- 논리 추론형 문제 등에 대비하여 언어 추리력을 높여야 한다.
- 주어진 독해 지문에 대한 구문 이해력을 높이는 것이 필요하다.

| 영어 출제대비 |

- 단어 추론 연습과 구문 분석을 통한 정확한 단어 유추 능력을 길러야 한다.
- 글의 목적과 주제 및 요지 등을 파악하는 영어 독해 능력을 길러야 한다.
- 전자메일, 웹문서, 모바일 안내문 등 다양한 생활형 문서를 탐독해야 한다.

04

예시문제

| 국어 예시문제 |

01 〈공공언어 바로 쓰기 원칙〉에 따라 〈공문서〉의 ㉠~㉣을 수정한 것으로 적절하지 않은 것은?

〈공공언어 바로 쓰기 원칙〉

- 중복되는 표현을 삼갈 것.
- 대등한 것끼리 접속할 때는 구조가 같은 표현을 사용할 것.
- 주어와 서술어를 호응시킬 것.
- 필요한 문장 성분이 생략되지 않도록 할 것.

〈공문서〉

한국의약품정보원

수신 국립국어원

(경유)

제목 의약품 용어 표준화를 위한 자문회의 참석 ㉠ 안내 알림

1. ㉡ 표준적인 언어생활의 확립과 일상적인 국어 생활을 향상하기 위해 일하시는 귀원의 노고에 감사드립니다.
2. 본원은 국내 유일의 의약품 관련 비영리 재단 법인으로서 의약품에 관한 ㉢ 표준 정보가 제공되고 있습니다.
3. 의약품의 표준 용어 체계를 구축하고 ㉣ 일반 국민도 알기 쉬운 표현으로 개선하여 안전한 의약품 사용 환경을 마련하기 위해 자문회의를 개최하니 귀원의 연구원이 참석해 주시기를 바랍니다.

① ㉠: 안내
② ㉡: 표준적인 언어생활을 확립하고 일상적인 국어 생활의 향상을 위해
③ ㉢: 표준 정보를 제공하고 있습니다.
④ ㉣: 의약품 용어를 일반 국민도 알기 쉬운 표

▲ 〈공문서〉를 활용한 〈공공언어 바로 쓰기 원칙〉 익히기

| 영어 예시문제 |

[08~09] 다음 글을 읽고 물음에 답하시오.

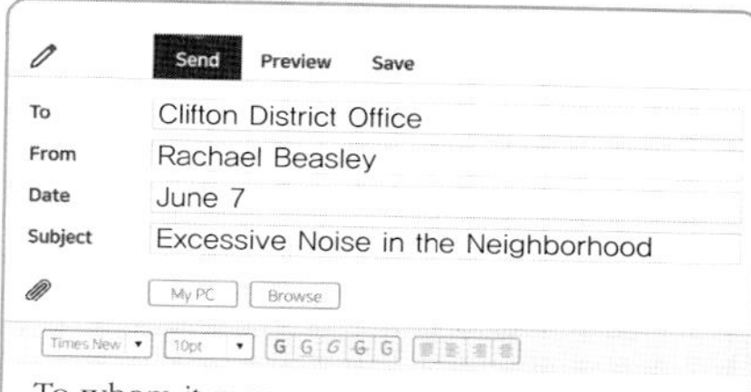
Send Preview Save

To: Clifton District Office
From: Rachael Beasley
Date: June 7
Subject: Excessive Noise in the Neighborhood

My PC Browse

To whom it may concern,

I hope this email finds you well. I am writing to express my concern and frustration regarding the excessive noise levels in our neighborhood, specifically coming from the new sports field.

As a resident of Clifton district, I have always appreciated the peace of our community. However, the ongoing noise disturbances have significantly impacted my family's well-being and our overall quality of life. The sources of the noise include crowds cheering, players shouting, whistles, and ball impacts.

I kindly request that you look into this matter and take appropriate steps to address the noise disturbances. Thank you for your attention to this matter, and I appreciate your prompt response to help restore the tranquility in our neighborhood.

Sincerely,
Rachael Beasley

08 윗글의 목적으로 가장 적절한 것은?

① 체육대회 소음에 대해 주민들의 양해를 구하려고
② 새로 이사 온 이웃 주민의 소음에 대해 항의하려고
③ 인근 스포츠 시설의 소음에 대한 조치를 요청하려고
④ 밤시간 악기 연주와 같은 소음의 차단을 부탁하려고

▲ 전자메일을 통한 생활형 문서 이해하기

9급 공무원 응시자격

※ 경찰 공무원, 소방 공무원, 교사 등 특정직 공무원의 채용은 별도 법령에 의거하고 있어 응시자격 등이 다를 수 있으니 해당법령과 공고문을 참고하시기 바랍니다.

※ 매년 채용시험 관련 법령 개정으로 응시자격이 변경될 수 있으므로 필요한 경우 확인절차를 거치시기 바랍니다.

01 **최종시험 예정일이 속한 연도를 기준으로 공무원 응시가능 연령(9급 : 18세이상)에 해당한다. (단, 9급 교정·보호직의 경우 20세 이상)**

02 **아래의 공무원 응시 결격사유 중 어느 하나에도 해당되지 않는다.**

1. 피성년후견인
2. 파산선고를 받고 복권되지 아니한 자
3. 금고 이상의 실형을 선고받고 그 집행이 종료되거나 집행을 받지 아니하기로 확정된 후 5년이 지나지 아니한 자
4. 금고 이상의 형을 선고받고 그 집행유예 기간이 끝난 날부터 2년이 지나지 아니한 자
5. 금고 이상의 형의 선고유예를 받은 경우에 그 선고유예 기간 중에 있는 자
6. 법원의 판결 또는 다른 법률에 따라 자격이 상실되거나 정지된 자
7. 징계로 파면처분을 받은 때부터 5년이 지나지 아니한 자
8. 징계로 해임처분을 받은 때부터 3년이 지나지 아니한 자

단, 검찰직 지원자는 금고 이상의 형을 선고받은 경우 응시할 수 없습니다.

03 **공무원으로서의 직무수행에 지장을 주지 않는 건강상태를 유지하고 있어, 공무원 채용 신체검사에서 불합격 판정기준에 해당되지 않는다.**

04 **9급 지역별 구분모집 지원자의 경우, 시험시행년도 1월 1일을 포함하여 1월 1일 전 또는 후로 연속하여 3개월 이상 해당 지역에 주민등록이 되어 있다.**

05 **지방직 공무원, 경찰 등 다른 공무원시험을 포함하여 공무원 임용시험에서 부정한 행위를 한 적이 없다.**

06 **국어, 영어, 한국사와 선택하고자 하는 직류의 시험과목 기출문제를 풀어보았으며, 합격을 위한 최소한의 점수는 과목별로 40점 이상임을 알고 있다.**

- 위의 요건들은 7급, 9급 공무원 시험에 응시하기 위한 기본 조건입니다.
- 장애인 구분모집, 저소득층 구분모집 지원자는 해당 요건을 추가로 확인하시기 바랍니다.

"나두 공무원 할 수 있다"
나두공
9급 공무원 영어
문제집

2025

나두공 9급 공무원 영어 문제집

인쇄일 2024년 10월 1일 4판 1쇄 인쇄
발행일 2024년 10월 5일 4판 1쇄 발행
등 록 제17-269호
판 권 시스컴2024

ISBN 979-11-6941-415-9 13350
정 가 17,000원

발행처 시스컴 출판사
발행인 송인식
지은이 나두공 수험연구소

주소 서울시 금천구 가산디지털1로 225, 514호(가산포휴) | 시스컴 www.siscom.co.kr / 나두공 www.nadoogong.com
E-mail siscombooks@naver.com | 전화 02)866-9311 | Fax 02)866-9312

발간 이후 발견된 정오 사항은 나두공 홈페이지 도서정오표에서 알려드립니다(나두공 홈페이지 → 교재 → 도서정오표).

INTRODUCTION

최근 20, 30대 청년은 취업에 대한 좌절로 N포세대가 되는 경우가 많으며 그나마 국가의 지원으로 버티고 있는 실정이다. 취업의 안정성마저 불안해진 현재, 정규직 평가에서 떨어진 계약직 노동자들은 다른 일자리를 구해야 하는 실정이다.

이러한 사회 현상으로 인해 오래전부터 9급 공무원의 안정성은 청년들로 하여금 취업 안정성에 있어 좋은 평가를 받고 있으며 경쟁도 치열하다. 때문에 고등학생일 때부터 공무원시험을 준비하여 성인이 되자마자 9급 공무원이 되는 학생이 부쩍 늘어났으며, 직장인들 또한 공무원 시험을 고민하고 있다. 이에 발맞춰 지역인재를 채용하는 공고를 신설하기에 이르러 공개경쟁채용시험의 다양화로 시험 출제 방식도 체계화되었다.

이 책은 현재 출제되는 문제 위주로 고득점을 획득할 수 있도록 하였다. 대표유형문제를 통해 최신 출제 유형을 파악할 수 있으며, 문제는 다양하고 풍부하게 구성하여 어려운 유형을 맞닥뜨리더라도 쉽게 풀어나갈 수 있게 해설 및 핵심정리를 덧붙여 점수 획득에 있어 도움이 될 수 있도록 하였다.

이 책을 통해 공무원 시험을 시작하려는 수험생과 기존에 시험을 봐왔던 수험생의 건승을 기원한다.

시험 과목

직렬	직류	시험 과목
행정직	일반행정	국어, 영어, 한국사, 행정법총론, 행정학개론
	고용노동	국어, 영어, 한국사, 행정법총론, 노동법개론
	선거행정	국어, 영어, 한국사, 행정법총론, 공직선거법
직업상담직	직업상담	국어, 영어, 한국사, 노동법개론, 직업상담 · 심리학개론
세무직(국가직)	세무	국어, 영어, 한국사, 세법개론, 회계학
세무직(지방직)		국어, 영어, 한국사, 지방세법, 회계학
사회복지직	사회복지	국어, 영어, 한국사, 사회복지학개론, 행정법총론
교육행정직	교육행정	국어, 영어, 한국사, 교육학개론, 행정법총론
관세직	관세	국어, 영어, 한국사, 관세법개론, 회계원리
통계직	통계	국어, 영어, 한국사, 통계학개론, 경제학개론
교정직	교정	국어, 영어, 한국사, 교정학개론, 형사소송법개론
보호직	보호	국어, 영어, 한국사, 형사정책개론, 사회복지학개론
검찰직	검찰	국어, 영어, 한국사, 형법, 형사소송법
마약수사직	마약수사	국어, 영어, 한국사, 형법, 형사소송법
출입국관리직	출입국관리	국어, 영어, 한국사, 국제법개론, 행정법총론
철도경찰직	철도경찰	국어, 영어, 한국사, 형사소송법개론, 형법총론
공업직	일반기계	국어, 영어, 한국사, 기계일반, 기계설계
	전기	국어, 영어, 한국사, 전기이론, 전기기기
	화공	국어, 영어, 한국사, 화학공학일반, 공업화학
농업직	일반농업	국어, 영어, 한국사, 재배학개론, 식용작물
임업직	산림자원	국어, 영어, 한국사, 조림, 임업경영
시설직	일반토목	국어, 영어, 한국사, 응용역학개론, 토목설계
	건축	국어, 영어, 한국사, 건축계획, 건축구조
	시설조경	국어, 영어, 한국사, 조경학, 조경계획 및 설계

직렬	직류	시험과목
방재안전직	방재안전	국어, 영어, 한국사, 재난관리론, 안전관리론
전산직	전산개발	국어, 영어, 한국사, 컴퓨터일반, 정보보호론
	정보보호	국어, 영어, 한국사, 네트워크 보안, 정보시스템 보안
방송통신직	전송기술	국어, 영어, 한국사, 전자공학개론, 무선공학개론
법원사무직 (법원직)	법원사무	국어, 영어, 한국사, 헌법, 민법, 민사소송법, 형법, 형사소송법
등기사무직 (법원직)	등기사무	국어, 영어, 한국사, 헌법, 민법, 민사소송법, 상법, 부동산등기법
사서직 (국회직)	사서	국어, 영어, 한국사, 헌법, 정보학개론
속기직 (국회직)	속기	국어, 영어, 한국사, 헌법, 행정학개론
방호직 (국회직)	방호	국어, 영어, 한국사, 헌법, 사회
경위직 (국회직)	경위	국어, 영어, 한국사, 헌법, 행정법총론
방송직 (국회직)	방송제작	국어, 영어, 한국사, 방송학, 영상제작론
	취재보도	국어, 영어, 한국사, 방송학, 취재보도론
	촬영	국어, 영어, 한국사, 방송학, 미디어론

- 교정학개론에 형사정책 및 행형학, 국제법개론에 국제경제법, 행정학개론에 지방행정이 포함되며, 공직선거법에 '제16장 벌칙'은 제외됩니다.
- 노동법개론은 근로기준법 · 최저임금법 · 노동조합 및 노동관계조정법에서 하위법령을 포함하여 출제됩니다.
- 시설조경 직류의 조경학은 조경일반(미학, 조경사 등), 조경시공구조, 조경재료(식물재료 포함), 조경생태(생태복원 포함), 조경관리(식물, 시설물 등)에서, 조경계획 및 설계는 조경식재 및 시설물 계획, 조경계획과 설계과정, 공원 · 녹지계획과 설계, 휴양 · 단지계획과 설계, 전통조경계획과 설계에서 출제됩니다.

※ 추후 변경 가능성이 있으므로 반드시 응시 기간 내 시험과목 및 범위를 확인하시기 바랍니다.

9급 공무원 시험 안내

응시자격

1. 인터넷 접수만 가능
2. 접수방법 : 사이버국가고시센터(www.gosi.kr)에 접속하여 접수할 수 있습니다.
3. 접수시간 : 기간 중 24시간 접수
4. 비용 : 응시수수료(7급 7,000원, 9급 5,000원) 외에 소정의 처리비용(휴대폰 · 카드 결제, 계좌이체비용)이 소요됩니다.

※ 저소득층 해당자(국민기초생활 보장법에 따른 수급자 또는 한부모가족지원법에 따른 지원대상자)는 응시수수료가 면제됩니다.

※ 응시원서 접수 시 등록용 사진파일(JPG, PNG)이 필요하며 접수 완료 후 변경 불가합니다.

학력 및 경력

제한 없음

시험방법

1. 제1·2차시험(병합실시) : 선택형 필기
2. 제3차시험 : 면접

※ 교정직(교정) 및 철도경찰직(철도경찰)의 6급 이하 채용시험의 경우, 9급 제1 · 2차 시험(병합실시) 합격자를 대상으로 실기시험(체력검사)을 실시하고, 실기시험 합격자에 한하여 면접시험을 실시합니다.

원서접수 유의사항

1. 접수기간에는 기재사항(응시직렬, 응시지역, 선택과목 등)을 수정할 수 있으나, 접수기간이 종료된 후에는 수정할 수 없습니다.
2. 응시자는 응시원서에 표기한 응시지역(시 도)에서만 필기시험에 응시할 수 있습니다.

   ※ 다만, 지역별 구분모집[9급 행정직(일반), 9급 행정직(우정사업본부)] 응시자의 필기시험 응시지역은 해당 지역모집 시 · 도가 됩니다.(복수의 시 · 도가 하나의 모집단위일 경우, 해당 시 · 도 중 응시희망 지역을 선택할 수 있습니다.)
3. 인사혁신처에서 동일 날짜에 시행하는 임용시험에는 복수로 원서를 제출할 수 없습니다.

양성평등채용목표제

1. 대상시험 : 선발예정인원이 5명 이상인 모집단위(교정 · 보호직렬은 적용 제외)
2. 채용목표 : 30%

※ 시험실시단계별로 합격예정인원에 대한 채용목표 비율이며 인원수 계산 시, 선발예정인원이 10명 이상인 경우에는 소수점 이하를 반올림하며, 5명 이상 10명 미만일 경우에는 소수점 이하는 버립니다.

응시 결격 사유

해당 시험의 최종시험 시행예정일(면접시험 최종예정일) 현재를 기준으로 국가공무원법 제33조(외무공무원은 외무공무원법 제9조, 검찰직 · 마약수사직 공무원은 검찰청법 제50조)의 결격사유에 해당하거나, 국가공무원법 제74조(정년) · 외무공무원법 제27조(정년)에 해당하는 자 또는 공무원임용시험령 등 관계법령에 의하여 응시자격이 정지된 자는 응시할 수 없습니다.

가산점 적용

구분	가산비율	비고
취업지원대상자	과목별 만점의 10% 또는 5%	• 취업지원대상자 가점과 의사상자 등 가점은 1개만 적용 • 취업지원대상자/의사상자 등 가점과 자격증 가산점은 각각 적용
의사상자 등	과목별 만점의 5% 또는 3%	
직렬별 가산대상 자격증 소지자	과목별 만점의 3~5% (1개의 자격증만 인정)	

기타 유의사항

1. 필기시험에서 과락(만점의 40% 미만) 과목이 있을 경우에는 불합격 처리됩니다. 필기시험의 합격선은 공무원임용시험령 제4조에 따라 구성된 시험관리위원회의 심의를 통해 결정되며, 구체적인 합격자 결정 방법 등은 공무원임용시험령 등 관계법령을 참고하시기 바랍니다.
2. 9급 공채시험에서 가산점을 받고자 하는 자는 필기시험 시행 전일까지 해당요건을 갖추어야 하며, 반드시 필기시험 시행일을 포함한 3일 이내에 사이버국가고시센터(www.gosi.kr)에 접속하여 자격증의 종류 및 가산비율을 입력해야 합니다.

※ 자격증 종류 및 가산비율을 잘못 기재하는 경우에는 응시자 본인에게 불이익이 있을 수 있습니다.

※ 반드시 응시 기간 내 공고문을 확인하시기 바랍니다.

구성 및 특징

대표유형문제

각 장에 기출문제 또는 예상문제를 실어 대표적인 유형을 빠르게 파악할 수 있도록 하였습니다. 정답해설 및 오답해설을 통하여 문제 풀이의 핵심을 익히고, 핵심정리를 통하여 유사 주제의 문제에도 대비할 수 있도록 하였습니다.

단원별 구성

편과 장을 나두공 개념서 시리즈에 맞는 문제들로 구성하여 이론 학습과 문제 풀이를 간단하게 연계될 수 있도록 하였고, 최근 출제되는 유형들로 구성하여 효율적으로 시험에 대비할 수 있도록 하였습니다.

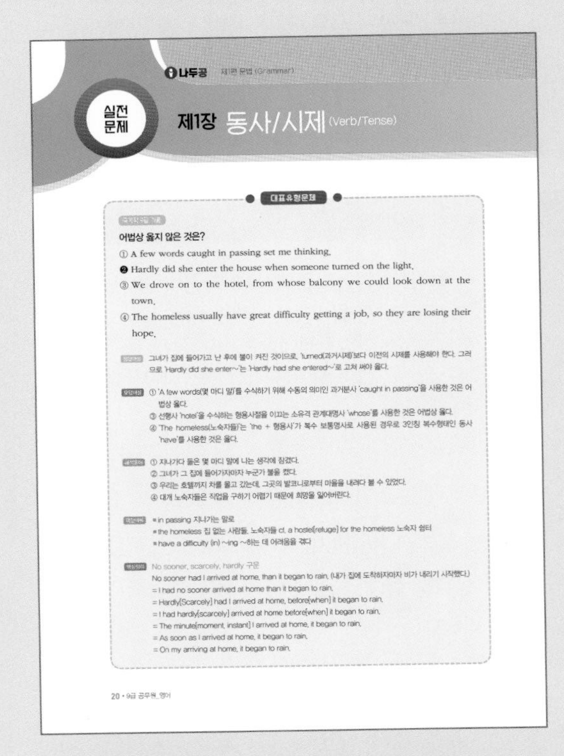

실전문제

제1장 동사/시제 (Verb/Tense)

대표유형문제

어법상 옳지 않은 것은?

① A few words caught in passing set me thinking.
❷ Hardly did she enter the house when someone turned on the light.
③ We drove on to the hotel, from whose balcony we could look down at the town.
④ The homeless usually have great difficulty getting a job, so they are losing their hope.

그녀가 집에 들어가고 난 후에 불이 켜진 것이므로, 'turned(과거시제)'보다 이전의 시제를 사용해야 한다. 그러므로 'Hardly did she enter~'는 'Hardly had she entered~'로 고쳐 써야 옳다.

① 'A few words(몇 마디 말)'를 수식하기 위해 수동의 의미인 과거분사 'caught in passing'을 사용한 것은 어법상 옳다.
③ 선행사 'hotel'을 수식하는 형용사절을 이끄는 소유격 관계대명사 'whose'를 사용한 것은 어법상 옳다.
④ 'The homeless(노숙자들)'는 'the + 형용사'가 복수 보통명사로 사용된 경우로 3인칭 복수형태인 동사 'have'를 사용한 것은 옳다.

① 지나가다 들은 몇 마디 말에 나는 생각에 잠겼다.
② 그녀가 그 집에 들어가자마자 누군가 불을 켰다.
③ 우리는 호텔까지 차를 몰고 갔는데, 그곳의 발코니로부터 마을을 내려다 볼 수 있었다.
④ 대개 노숙자들은 직업을 구하기 어렵기 때문에 희망을 잃어버린다.

* in passing 지나가는 말로
* the homeless 집 없는 사람들, 노숙자들 cf. a hostel[refuge] for the homeless 노숙자 쉼터
* have a difficulty (in) ~ing ~하는 데 어려움을 겪다

No sooner, scarcely, hardly 구문
No sooner had I arrived at home, than it began to rain. (내가 집에 도착하자마자 비가 내리기 시작했다.)
= I had no sooner arrived at home than it began to rain.
= Hardly[Scarcely] had I arrived at home, before[when] it began to rain.
= I had hardly[scarcely] arrived at home before[when] it began to rain.
= The minute[moment, instant] I arrived at home, it began to rain.
= As soon as I arrived at home, it began to rain.
= On my arriving at home, it began to rain.

20 • 9급 공무원_영어

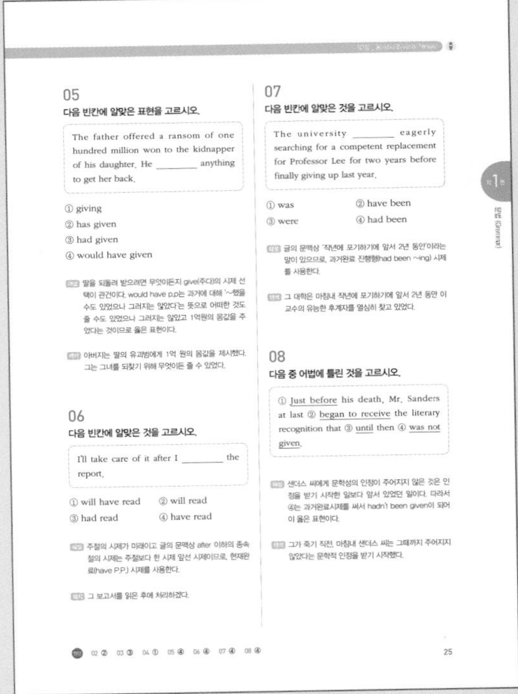

05
다음 빈칸에 알맞은 표현을 고르시오.

The father offered a ransom of one hundred million won to the kidnapper of his daughter. He ________ anything to get her back.

① giving
② has given
③ had given
④ would have given

딸을 되돌려 받으려면 무엇이든지 give(주다)의 시제 선택이 관건이다. would have p.p는 과거에 대해 '~했을 수도 있었으나 그러지는 않았다'는 뜻으로 어떠한 것도 줄 수도 있었으나 그러지는 않았고 1억원의 몸값을 주었다는 것이므로 옳은 표현이다.

아버지는 딸의 유괴범에게 1억 원의 몸값을 제시했다. 그는 그녀를 되찾기 위해 무엇이든 줄 수 있었다.

06
다음 빈칸에 알맞은 것을 고르시오.

I'll take care of it after I ________ the report.

① will have read ② will read
③ had read ④ have read

주절의 시제가 미래이고 글의 문맥상 after 이하의 종속절의 시제는 주절보다 한 시제 앞선 시제이므로, 현재완료(have P.P.) 시제를 사용한다.

그 보고서를 읽은 후에 처리하겠다.

07
다음 빈칸에 알맞은 것을 고르시오.

The university ________ eagerly searching for a competent replacement for Professor Lee for two years before finally giving up last year.

① was ② have been
③ were ④ had been

글의 문맥상 '작년에 포기하기에 앞서 2년 동안'이라는 말이 있으므로, 과거완료 진행형(had been ~ing) 시제를 사용한다.

그 대학은 마침내 작년에 포기하기에 앞서 2년 동안 이 교수의 유능한 후계자를 열심히 찾고 있었다.

08
다음 중 어법에 틀린 것을 고르시오.

① Just before his death, Mr. Sanders at last ② began to receive the literary recognition that ③ until then ④ was not given.

샌더스 씨에게 문학성의 인정이 주어지지 않은 것은 인정을 받기 시작한 일보다 앞서 있었던 일이다. 따라서 ④는 과거완료시제를 써서 hadn't been given이 되어야 옳은 표현이다.

그가 죽기 직전, 마침내 샌더스 씨는 그때까지 주어지지 않았다는 문학적 인정을 받기 시작했다.

02 ② 03 ③ 04 ① 05 ④ 06 ④ 07 ④ 08 ④

25

해 설

문제아래 해설을 통해 문제풀이 도중에 막히는 부분을 쉽게 알 수 있게 설명하여 주도적으로 정답을 찾을 수 있게 하였습니다. 또한 유사 문제를 풀 시에 오답을 방지할 수 있도록 보충 설명을 기재하였습니다.

핵심정리

문제에서 다룬 개념과 이론 등을 실어 주요 내용을 빠르게 파악할 수 있게 구성하였습니다. 요약한 이론을 통해 관련된 문제를 푸는데 있어 막힘이 없게 핵심만을 추려냈습니다.

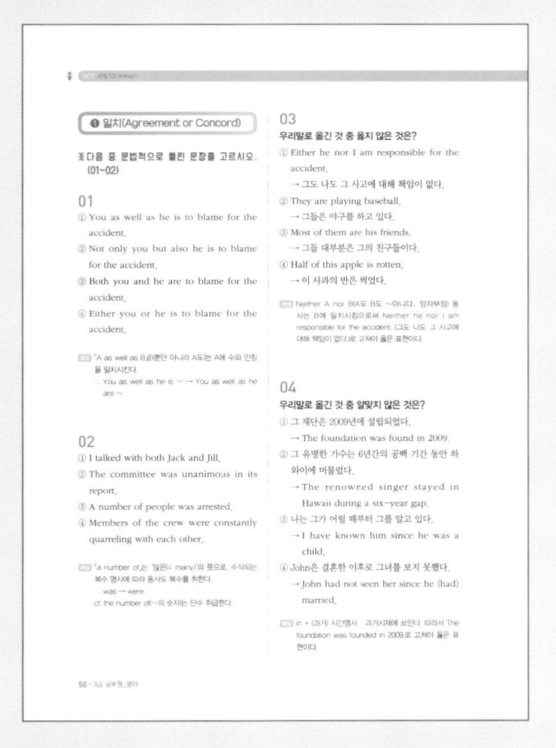

❶ 일치(Agreement or Concord)

※다음 중 문법적으로 틀린 문장을 고르시오. (01~02)

01
① You as well as he is to blame for the accident.
② Not only you but also he is to blame for the accident.
③ Both you and he are to blame for the accident.
④ Either you or he is to blame for the accident.

「A as well as B」(B뿐만 아니라 A도)는 A에 수와 인칭을 일치시킨다.
∴ You as well as he is ~ → You as well as he are ~

02
① I talked with both Jack and Jill.
② The committee was unanimous in its report.
③ A number of people was arrested.
④ Members of the crew were constantly quarreling with each other.

「a number of」는 '많은(= many)'의 뜻으로, 수식되는 복수 명사에 따라 동사도 복수를 취한다.
∴ was → were
cf. the number of(~의 숫자)는 단수 취급한다.

03
우리말로 옮긴 것 중 옳지 않은 것은?
① Either he nor I am responsible for the accident.
→ 그도 나도 그 사고에 대해 책임이 없다.
② They are playing baseball.
→ 그들은 야구를 하고 있다.
③ Most of them are his friends.
→ 그들 대부분은 그의 친구들이다.
④ Half of this apple is rotten.
→ 이 사과의 반은 썩었다.

Neither A nor B(A도 B도 ~아니다: 양자부정) 동사는 B에 일치시킴으로써 Neither he nor I am responsible for the accident.(그도 나도 그 사고에 대해 책임이 없다.)로 고쳐야 옳은 표현이다.

04
우리말로 옮긴 것 중 알맞지 않은 것은?
① 그 재단은 2009년에 설립되었다.
→ The foundation was found in 2009.
② 그 유명한 가수는 6년간의 공백 기간 동안 하와이에 머물렀다.
→ The renowned singer stayed in Hawaii during a six-year gap.
③ 나는 그가 어릴 때부터 그를 알고 있다.
→ I have known him since he was a child.
④ John은 결혼한 이후로 그녀를 보지 못했다.
→ John had not seen her since he (had) married.

in + (과거) 시간명사 과거시제에 쓰인다. 따라서 The foundation was founded in 2009.로 고쳐야 옳은 표현이다.

50 • 9급 공무원_영어

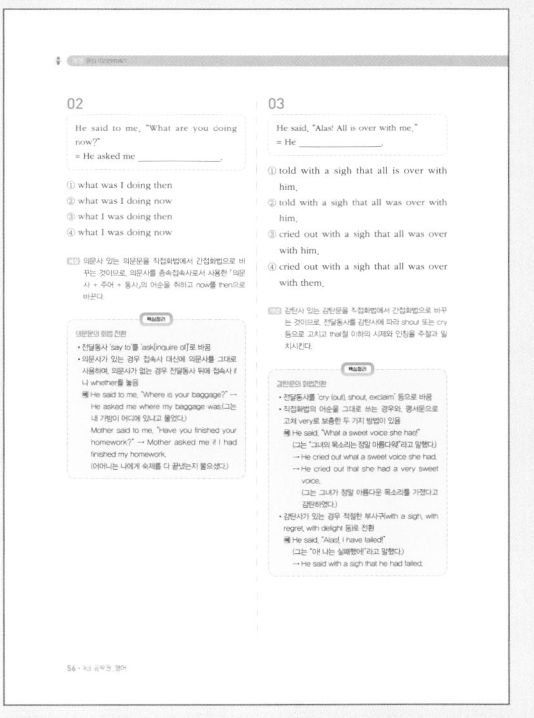

02
He said to me, "What are you doing now?"
= He asked me ________________.

① what was I doing then
② what was I doing now
③ what I was doing then
④ what I was doing now

의문사 있는 의문문을 직접화법에서 간접화법으로 바꾸는 것이므로, 의문사를 종속접속사로서 사용한 「의문사 + 주어 + 동사」의 어순을 취하고 now를 then으로 바꾼다.

핵심정리
의문문의 화법 전환
• 전달동사 'say to'를 'ask[inquire of]'로 바꿈
• 의문사가 있는 경우 접속사 대신에 의문사를 그대로 사용하며, 의문사가 없는 경우 전달동사 뒤에 접속사 if나 whether를 놓음
예 He said to me, "Where is your baggage?" → He asked me where my baggage was.(그는 내 가방이 어디에 있냐고 물었다.)
Mother said to me, "Have you finished your homework?" → Mother asked me if I had finished my homework.
(어머니는 나에게 숙제를 다 끝냈는지 물으셨다.)

03
He said, "Alas! All is over with me."
= He ________________.

① told with a sigh that all is over with him.
② told with a sigh that all was over with him.
③ cried out with a sigh that all was over with him.
④ cried out with a sigh that all was over with them.

감탄사 있는 감탄문을 직접화법에서 간접화법으로 바꾸는 것이므로, 전달동사를 감탄사에 따라 shout 또는 cry 등으로 고치고 that절 이하의 시제와 인칭을 주절과 일치시킨다.

핵심정리
감탄문의 화법전환
• 전달동사를 'cry (out), shout, exclaim' 등으로 바꿈
• 직접화법의 어순을 그대로 쓰는 경우와, 평서문으로 고쳐 very로 보충한 두 가지 방법이 있음
예 He said, "What a sweet voice she has!"
(그는 "그녀의 목소리는 정말 아름다워"라고 말했다.)
→ He cried out what a sweet voice she had.
→ He cried out that she had a very sweet voice.
(그는 그녀가 정말 아름다운 목소리를 가졌다고 감탄하였다.)
• 감탄사가 있는 경우 적절한 부사구(with a sigh, with regret, with delight 등)로 전환
예 He said, "Alas!, I have failed!"
(그는 "아! 나는 실패했어!"라고 말했다.)
→ He said with a sigh that he had failed.

56 • 9급 공무원_영어

목 차

1편

문법(Grammar)

2편

문제유형별 연습(Exercise)

20일 완성 Study Plan

분류			날짜	학습 시간
제1편 문법 (Grammar)	Day 1	제1장 동사/시제(Verb/Tense)		
	Day 2	제2장 조동사(Auxiliary Verb)		
	Day 3	제3장 법/태(Mood/Voice)		
	Day 4	제4장 일치/화법(Agreement/Narration)		
	Day 5	제5장 부정사/동명사/분사(Infinitive/Gerund/Participle)		
	Day 6	제6장 명사/관사(Noun/Article)		
	Day 7	제7장 대명사/관계사(Pronoun/Relatives)		
	Day 8	제8장 형용사/부사/비교(Adjective/Adverb/Comparison)		
	Day 9	제9장 접속사/전치사(Conjunction/Preposition)		
	Day 10	제10장 특수구문(Particular Sentences)		
제2편 문제유형별 연습 (Exercise)	Day 11	제1장 어휘(Vocabulary) – 1. 단어		
	Day 12	제1장 어휘(Vocabulary) – 2. 숙어 및 관용구		
	Day 13~14	제2장 독해(Reading) – 1. 글의 전체적 내용 이해		
	Day 15~16	제2장 독해(Reading) – 2. 글의 흐름 이해		
	Day 17~18	제2장 독해(Reading) – 3. 글의 세부적 내용 이해		
	Day 19	제3장 작문(Composition)		
	Day 20	제4장 생활영어(Daily Conversation)		

나두공

2025 출제기조 전환대비 현장직무형 예시문제

제1차 영어

정답 및 해설 34p

[01~03] 밑줄 친 부분에 들어갈 말로 가장 적절한 것을 고르시오.

01

Recently, increasingly ________ weather patterns, often referred to as "abnormal climate," have been observed around the world.

① irregular ② consistent
③ predictable ④ ineffective

02

Most economic theories assume that people act on a ________ basis; however, this doesn't account for the fact that they often rely on their emotions instead.

① temporary ② rational
③ voluntary ④ commercial

03

By the time she ________ her degree, she will have acquired valuable knowledge on her field of study.

① will have finished ② is finishing
③ will finish ④ finishes

[04~05] 밑줄 친 부분 중 어법상 옳지 않은 것을 고르시오.

04

You may conclude that knowledge of the sound systems, word patterns, and sentence structures ①are sufficient to help a student ②become competent in a language. Yet we have ③all worked with language learners who understand English structurally but still have difficulty ④communicating.

05

Beyond the cars and traffic jams, she said it took a while to ①get used to have so many people in one place, ②all of whom were moving so fast. "There are only 18 million people in Australia ③spread out over an entire country," she said, "compared to more than six million people in ④the state of Massachusetts alone."

[06~07] 밑줄 친 부분에 들어갈 말로 가장 적절한 것을 고르시오.

06

A: Hello. I'd like to book a flight from Seoul to Oakland.
B: Okay. Do you have any specific dates in mind?
A: Yes. I am planning to leave on May 2nd and return on May 14th.
B: Okay, I found one that fits your schedule. What class would you like to book?
A: Economy class is good enough for me.
B: Any preference on your seating?
A: ____________________
B: Great. Your flight is now booked.

① Yes. I'd like to upgrade to business class.
② No. I'd like to buy a one-way ticket.
③ No. I don't have any luggage.
④ Yes. I want an aisle seat.

07

Kate Anderson

Are you coming to the workshop next Friday?
10:42

Jim Henson

I'm not sure. I have a doctor's appointment that day.
10:42

Kate Anderson

You should come! The workshop is about A.I. tools that can improve our work efficiency.
10:43

Jim Henson

Wow, the topic sounds really interesting!
10:44

Kate Anderson

Exactly. But don't forget to reserve a seat if you want to attend the workshop.
10:45

Jim Henson

How do I do that?
10:45

Kate Anderson

____
____
10:46

① You need to bring your own laptop.
② I already have a reservation.
③ Follow the instructions on the bulletin board.
④ You should call the doctor's office for an appointment.

[08~09] 다음 글을 읽고 물음에 답하시오.

Send Preview Save

To: Clifton District Office
From: Rachael Beasley
Date: June 7
Subject: Excessive Noise in the Neighborhood

My PC Browse

Times New 10pt G G G G G

To whom it may concern,

I hope this email finds you well. I am writing to express my concern and frustration regarding the excessive noise levels in our neighborhood, specifically coming from the new sports field.

As a resident of Clifton district, I have always appreciated the peace of our community. However, the ongoing noise disturbances have significantly impacted my family's well-being and our overall quality of life. The sources of the noise include crowds cheering, players shouting, whistles, and ball impacts.

I kindly request that you look into this matter and take appropriate <u>steps</u> to address the noise disturbances. Thank you for your attention to this matter, and I appreciate your prompt response to help restore the tranquility in our neighborhood.

Sincerely,
Rachael Beasley

08 윗글의 목적으로 가장 적절한 것은?

① 체육대회 소음에 대해 주민들의 양해를 구하려고
② 새로 이사 온 이웃 주민의 소음에 대해 항의하려고
③ 인근 스포츠 시설의 소음에 대한 조치를 요청하려고
④ 밤시간 악기 연주와 같은 소음의 차단을 부탁하려고

09 밑줄 친 "steps"의 의미와 가장 가까운 것은?

① movements ② actions
③ levels ④ stairs

[10~11] 다음 글을 읽고 물음에 답하시오.

(A)

We're pleased to announce the upcoming City Harbour Festival, an annual event that brings our diverse community together to celebrate our shared heritage, culture, and local talent. Mark your calendars and join us for an exciting weekend!

Details
- Dates: Friday, June 16 – Sunday, June 18
- Times: 10:00 a.m. – 8:00 p.m. (Friday & Saturday)
  10:00 a.m. – 6:00 p.m. (Sunday)
- Location: City Harbour Park, Main Street, and surrounding areas

Highlights

- Live Performances

  Enjoy a variety of live music, dance, and theatrical performances on multiple stages throughout the festival grounds.

- Food Trucks

  Have a feast with a wide selection of food trucks offering diverse and delicious cuisines, as well as free sample tastings.

For the full schedule of events and activities, please visit our website at www.cityharbourfestival.org or contact the Festival Office at (552) 234-5678.

10 (A)에 들어갈 윗글의 제목으로 가장 적절한 것은?

① Make Safety Regulations for Your Community

② Celebrate Our Vibrant Community Events

③ Plan Your Exciting Maritime Experience

④ Recreate Our City's Heritage

11 City Harbour Festival에 관한 윗글의 내용과 일치하지 <u>않는</u> 것은?

① 일 년에 한 번 개최된다.

② 일요일에는 오후 6시까지 열린다.

③ 주요 행사로 무료 요리 강습이 진행된다.

④ 웹사이트나 전화 문의를 통해 행사 일정을 알 수 있다.

12 Enter-K 앱에 관한 다음 글의 내용과 일치하지 <u>않는</u> 것은?

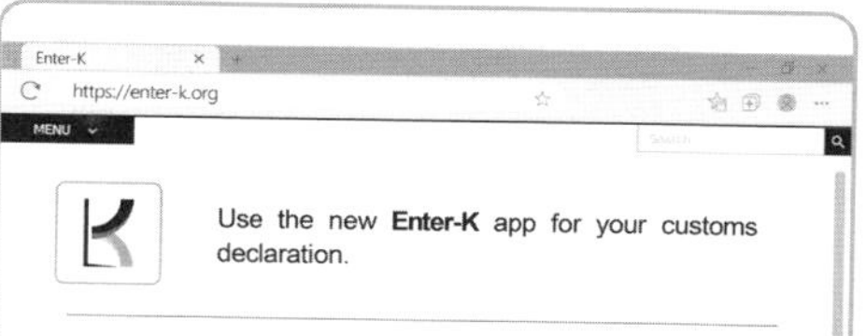

Use the new Enter-K app upon your arrival at the airport. One notable feature offered by Enter-K is the Advance Declaration, which allows travellers the option to submit their customs declaration in advance, enabling them to save time at all our international airports. As part of the ongoing Traveller Modernization initiative, Enter-K will continue to introduce additional border-related features in the future, further improving the overall border experience. Simply download the latest version of the app from the online store before your arrival. There is also a web version of the app for those who are not comfortable using mobile devices.

① It allows travellers to declare customs in advance.

② More features will be added later.

③ Travellers can download it from the online store.

④ It only works on personal mobile devices.

13 Office of the Labor Commissioner에 관한 다음 글의 내용과 일치하는 것은?

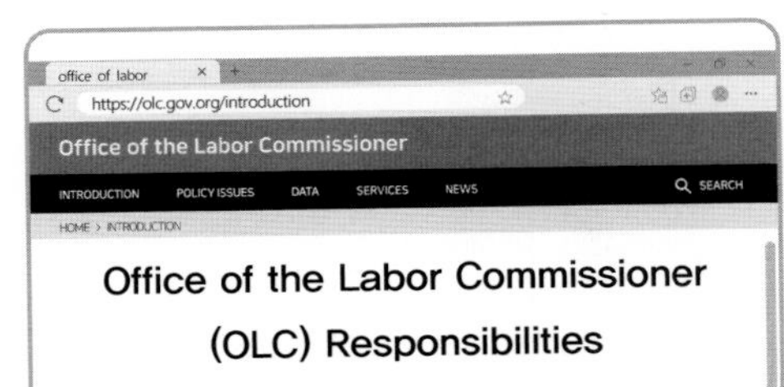

Office of the Labor Commissioner (OLC) Responsibilities

The OLC is the principal labor regulatory agency for the state. The OLC is responsible for ensuring that minimum wage, prevailing wage, and overtime are paid to employees, and that employee break and lunch periods are provided. In addition, the OLC has authority over the employment of minors. It is the vision and mission of this office to resolve labor-related problems in an efficient, professional, and effective manner. This includes educating employers and employees regarding their rights and responsibilities under the law. The OLC takes enforcement action when necessary to ensure that workers are treated fairly and compensated for all time worked.

① It ensures that employees pay taxes properly.

② It has authority over employment of adult workers only.

③ It promotes employers' business opportunities.

④ It takes action when employees are unfairly treated.

14 다음 글의 주제로 가장 적절한 것은?

The Ministry of Food and Drug Safety warned that cases of food poisoning have occurred as a result of cross-contamination, where people touch eggs and neglect to wash their hands before preparing food or using utensils. To mitigate such risks, the ministry advised refrigerating eggs and ensuring they are thoroughly cooked until both the yolk and white are firm. Over the past five years, a staggering 7,400 people experienced food poisoning caused by Salmonella bacteria. Salmonella thrives in warm temperatures, with approximately 37 degrees Celsius being the optimal growth condition. Consuming raw or undercooked eggs and failing to separate raw and cooked foods were identified as the most common causes of Salmonella infection. It is crucial to prioritize food safety measures and adhere to proper cooking practices to minimize the risk of Salmonella-related illnesses.

① Benefits of consuming eggs to the immune system

② Different types of treatments for Salmonella infection

③ Life span of Salmonella bacteria in warm temperatures

④ Safe handling of eggs for the prevention of Salmonella infection

15 다음 글의 요지로 가장 적절한 것은?

Despite ongoing efforts to address educational disparities, the persistent achievement gap among students continues to highlight significant inequities in the education system. Recent data reveal that marginalized students, including those from low-income back grounds and vulnerable groups, continue to lag behind their peers in academic performance. The gap poses a challenge to achieving educational equity and social mobility. Experts emphasize the need for targeted interventions, equitable resource allocation, and inclusive policies to bridge this gap and ensure equal opportunities for all students, irrespective of their socioeconomic status or background. The issue of continued educational divide should be addressed at all levels of education system in an effort to find a solution.

① We should deal with persistent educational inequities.

② Educational experts need to focus on new school policies.

③ New teaching methods are necessary to bridge the achievement gap.

④ Family income should not be considered in the discussion of education.

16 다음 글의 흐름상 어색한 문장은?

Every parent or guardian of small children will have experienced the desperate urge to get out of the house and the magical restorative effect of even a short trip to the local park. ①There is probably more going on here than just letting off steam. ②The benefits for kids of getting into nature are huge, ranging from better academic performance to improved mood and focus. ③Outdoor activities make it difficult for them to spend quality time with their family. ④Childhood experiences of nature can also boost environmentalism in adulthood. Having access to urban green spaces can play a role in children's social networks and friendships.

17 주어진 문장이 들어갈 위치로 가장 적절한 것은?

> In particular, in many urban counties, air pollution, as measured by the amount of total suspended particles, had reached dangerous levels.

> Economists Chay and Greenstone evaluated the value of cleaning up of air pollution after the Clean Air Act of 1970. (①) Before 1970, there was little federal regulation of air pollution, and the issue was not high on the agenda of state legislators. (②) As a result, many counties allowed factories to operate without any regulation on their pollution, and in several heavily industrialized counties, pollution had reached very high levels. (③) The Clean Air Act established guidelines for what constituted excessively high levels of five particularly dangerous pollutants. (④) Following the Act in 1970 and the 1977 amendment, there were improvements in air quality.

18 주어진 글 다음에 이어질 글의 순서로 가장 적절한 것은?

> Before anyone could witness what had happened, I shoved the loaves of bread up under my shirt, wrapped the hunting jacket tightly about me, and walked swiftly away.

> (A) When I dropped them on the table, my sister's hands reached to tear off a chunk, but I made her sit, forced my mother to join us at the table, and poured warm tea.
>
> (B) The heat of the bread burned into my skin, but I clutched it tighter, clinging to life. By the time I reached home, the loaves had cooled somewhat, but the insides were still warm.
>
> (C) I sliced the bread. We ate an entire loaf, slice by slice. It was good hearty bread, filled with raisins and nuts.

① (A)－(B)－(C)
② (B)－(A)－(C)
③ (B)－(C)－(A)
④ (C)－(A)－(B)

[19~20] 밑줄 친 부분에 들어갈 말로 가장 적절한 것을 고르시오.

19

Falling fertility rates are projected to result in shrinking populations for nearly every country by the end of the century. The global fertility rate was 4.7 in 1950, but it dropped by nearly half to 2.4 in 2017. It is expected to fall below 1.7 by 2100. As a result, some researchers predict that the number of people on the planet would peak at 9.7 billion around 2064 before falling down to 8.8 billion by the century's end. This transition will also lead to a significant aging of populations, with as many people reaching 80 years old as there are being born. Such a demographic shift ________________, including taxation, healthcare for the elderly, caregiving responsibilities, and retirement. To ensure a "soft landing" into a new demographic landscape, researchers emphasize the need for careful management of the transition.

① raises concerns about future challenges
② mitigates the inverted age structure phenomenon
③ compensates for the reduced marriage rate issue
④ provides immediate solutions to resolve the problems

20

Many listeners blame a speaker for their inattention by thinking to themselves: "Who could listen to such a character? Will he ever stop reading from his notes?" The good listener reacts differently. He may well look at the speaker and think, "This man is incompetent. Seems like almost anyone would be able to talk better than that." But from this initial similarity he moves on to a different conclusion, thinking "But wait a minute. I'm not interested in his personality or delivery. I want to find out what he knows. Does this man know some things that I need to know?" Essentially, we "listen with our own experience." Is the speaker to be held responsible because we are poorly equipped to comprehend his message? We cannot understand everything we hear, but one sure way to raise the level of our understanding is to ________________.

① ignore what the speaker knows
② analyze the character of a speaker
③ assume the responsibility which is inherently ours
④ focus on the speaker's competency of speech delivery

제2차

영 어

정답 및 해설 42p

[01~03] 밑줄 친 부분에 들어갈 말로 가장 적절한 것을 고르시오.

01

In order to exhibit a large mural, the museum curators had to make sure they had ________ space.

① cozy ② stuffy
③ ample ④ cramped

02

Even though there are many problems that have to be solved, I want to emphasize that the safety of our citizens is our top ________.

① secret ② priority
③ solution ④ opportunity

03

Overpopulation may have played a key role: too much exploitation of the rain-forest ecosystem, on which the Maya depended for food, as well as water shortages, seems to ________________ the collapse.

① contribute to
② be contributed to
③ have contributed to
④ have been contributed to

[04~05] 밑줄 친 부분 중 어법상 옳지 않은 것을 고르시오.

04

It seems to me that any international organization ①designed to keep the peace must have the power not merely to talk ②but also to act. Indeed, I see this ③as the central theme of any progress towards an international community ④which war is avoided not by chance but by design.

05

We have already ①arrived in a digitized world. Digitization affects not only traditional IT companies, but companies across the board, in all sectors. New and changed business models ②are emerged: cars ③are being shared via apps, languages learned online, and music streamed. But industry is changing too: 3D printers make parts for machines, robots assemble them, and entire factories are intelligently ④connected with one another.

[06~07] 밑줄 친 부분에 들어갈 말로 가장 적절한 것을 고르시오.

06

Tim Jones

Hi, I'm interested in renting one of your meeting rooms.

3:10 pm

Jane Baker

Thank you for your interest. We have several spaces available depending on the size of your meeting We can accommodate groups of 5 to 20 people.

3:11 pm

Tim Jones

That sounds great. We need a room for 17, and the meeting is scheduled for next month.

3:13 pm

Jane Baker

____

____

3:14 pm

Tim Jones

Tme meeting is going to be on Monday, July 15th. Do you have a meeting room available for that day?

3:15 pm

Jane Baker

Yes, we do. I can reserve the space for you and send you a confirmation email with all the details.

3:17 pm

① Could I have your contact information?

② Can you tell me the exact date of your meeting?

③ Do you need a beam projector or a copy machine?

④ How many people are going to attend the meeting?

07

A: What do you think of this bicycle?
B: Wow, it looks very nice! Did you just get it?
A: No, this is a shared bike. The city launched a bike sharing service.
B: Really? How does it work? I mean, how do I use that service?
A: It's easy. ____________________.
B: It doesn't sound complicated. Maybe I'll try it this weekend.
A: By the way, it's an electric bicycle.
B: Yes, I can tell. It looks cool.

① You can save energy because it's electric

② Just apply for a permit to park your own bike

③ Just download the bike sharing app and pay online

④ You must wear a helmet at all times for your safety

[08~09] 다음 글을 읽고 물음에 답하시오.

Agricultural Marketing Office

Mission

We administer programs that create domestic and international marketing opportunities for national producers of food, fiber, and specialty crops. We also provide the agriculture industry with valuable services to ensure the quality and availability of wholesome food for consumers across the country and around the world.

Vision

We facilitate the strategic marketing of national agricultural products in domestic and international markets while ensuring fair trading practices and promoting a competitive and efficient marketplace to the benefit of producers, traders, and consumers of national food, fiber, and specialty crops.

Core Values

- Honesty & Integrity: We expect and require complete honesty and integrity in all we do.
- Independence & Objectivity: We act independently and objectively to create trust in our programs and services.

08 윗글에서 Agricultural Marketing Office에 관한 내용과 일치하는 것은?

① It creates marketing opportunities for domestic producers.

② It limits wholesome food consumption around the world.

③ It is committed to benefiting consumers over producers.

④ It receives mandates from other agencies before making decisions.

09 밑줄 친 fair의 의미와 가장 가까운 것은?

① free　② mutual

③ profitable　④ impartial

[10~11] 다음 글을 읽고 물음에 답하시오.

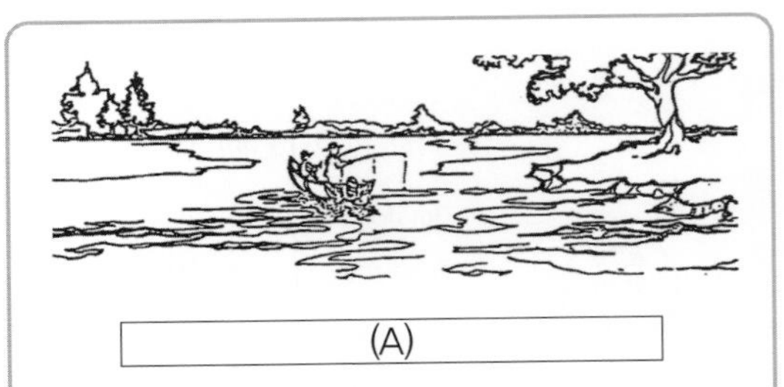

(A)

As a close neighbor, you will want to learn how to save your lake.

While it isn't dead yet, Lake Dimmesdale is heading toward this end. So pay your respects to this beautiful body of water while it is still alive.

Some dedicated people are working to save it now. They are having a special meeting to tell you about it. Come learn what is being done and how you can help. This affects your property value as well.

Who wants to live near a dead lake?

Sponsored by Central State Regional Planning Council

- Location: Green City Park Opposite Southern State College (in case of rain: College Library Room 203)
- Date: Saturday, July 6, 2024
- Time: 2:00 p.m.

For any questions about the meeting, please visit our website at www.planningcouncilsavelake.org or contact our office at (432) 345-6789.

10 (A)에 들어갈 윗글의 제목으로 가장 적절한 것은?

① Lake Dimmesdale Is Dying

② Praise to the Lake's Beauty

③ Cultural Value of Lake Dimmesdale

④ Significance of the Lake to the College

11 위 안내문의 내용과 일치하지 않는 것은?

① 호수를 살리기 위해 노력하는 사람들이 있다.

② 호수를 위한 활동이 주민들의 재산에 영향을 미친다.

③ 우천 시에는 대학의 구내식당에서 회의가 열린다.

④ 웹사이트 방문이나 전화로 회의에 관해 질문할 수 있다.

12 다음 글의 목적으로 가장 적절한 것은?

Dear Valued Clients,

In today's world, cybercrime poses a serious threat to your security. As your trusted partner, we want to help you protect your personal and business information. Here are five easy ways to safeguard yourself from cyber threats:

1. Use strong passwords and change them frequently.
2. Keep your software and devices up to date.
3. Be wary of suspicious emails, links, or telephone calls that pressure you to act quickly or give out sensitive information.
4. Enable Two Factor authentication and use it whenever possible. When contacting California Bank & Savings, you will be asked to use a One Time Passcode (OTP) to verify your identity.
5. Back up your data regularly.

Visit our Security Center to learn more about how you can stay safe online. Remember, cybersecurity is a team effort. By working together, environment for ourselves and the world.

Sincerely,

California Bank & Savings

① to inform clients of how to keep themselves safe from cyber threats
② to inform clients of how to update their software and devices
③ to inform clients of how to make their passwords stronger
④ to inform clients of how to safeguard their OTPs

13 다음 글의 주제로 가장 적절한 것은?

The International Space Station, orbiting some 240 miles above the planet, is about to join the effort to monitor the world's wildlife — and to revolutionize the science of animal tracking. A large antenna and other equipment aboard the orbiting outpost, installed by spacewalking Russian astronauts in 2018, are being tested and will become fully operational this summer. The system will relay a much wider range of data than previous tracking technologies, logging not just an animal's location but also its physiology and environment. This will assist scientists, conservationists and others whose work requires close monitoring of wildlife on the move and provide much more detailed information on the health of the world's ecosystems.

① evaluation of sustainability of global ecosystems
② successful training projects of Russian astronauts
③ animal experiments conducted in the orbiting outpost
④ innovative wildlife monitoring from the space station

14 다음 글의 내용과 일치하지 않는 것은?

The David Williams Library and Museum is open 7 days a week, from 9:00 a.m. to 5:00 p.m. (NOV—MAR) and 9:00 a.m. to 6:00 p.m. (APR—OCT). Online tickets may be purchased at the link below. You will receive an email confirmation after making a purchase (be sure to check your SPAM folder). Bring this confirmation—printed or on smart device—as proof of purchase.

- **Online tickets:** buy.davidwilliams.com/events

The David Williams Library and Museum and the Home of David Williams (operated by the National Heritage Service) offer separate $10.00 adult admission tickets. Tickets for tours of the Home may be purchased on-site during normal business hours.

- **CLOSED:** Thanksgiving, Christmas and New Year's Day

There is no charge for conducting research in the David Williams Library research room.

For additional information, call 1 (800) 333-7777.

① The Library and Museum closes at 5:00 p.m. in December.

② Visitors can buy tour tickets for the Home on-site.

③ The Home of David Williams is open all year round.

④ One can do research in the Library research room for free.

15 다음 글의 요지로 가장 적절한 것은?

Animal Health Emergencies

Preparedness for animal disease outbreaks has been a top priority for the Board of Animal Health (BOAH) for decades. A highly contagious animal disease event may have economically devastating effects as well as public health or food safety and security consequences.

Foreign Animal Diseases

A foreign animal disease (FAD) is a disease that is not currently found in the country, and could cause significant illness or death in animals or cause extensive economic harm by eliminating trading opportunities with other countries and states.

Several BOAH veterinarians who are trained in diagnosing FADs are available 24 hours a day to investigate suspected cases of a FAD. An investigation is triggered when report of animals with clinical signs indicative of a FAD is received or when diagnostic laboratory identifies a suspicious test result.

① BOAH focuses on training veterinarians for FADs.

② BOAH's main goal is to repsond to animal disease epidemic.

③ BOAH actively promotes international trade opportunities.

④ BOAH aims to lead laboratory research on the causes of FADs.

16 다음 글의 흐름상 어색한 문장은?

A very common type of writing task—one that appears in every academic discipline—is a reaction or response. ①In a reaction essay, the writer is usually given a "prompt"— a visual or written stimulus — to think about and then respond to. ② It is very important to gather reliable facts so that you can defend your argument effectively. ③Common prompts or stimuli for this type of writing include quotes, pieces of literature, photos, paintings, multimedia presentations, and news events. ④A reaction focuses on the writer's feelings, opinions, and personal observations about the particular prompt. Your task in writing a reaction essay is twofold: to briefly summarize the prompt and to give your personal reaction to it.

17 주어진 문장이 들어갈 위치로 가장 적절한 것은?

For others, activism is controversial and disruptive; after all, it often manifests as confrontational activity that directly challenges the order of things.

Activism is frequently defined as intentional, vigorous or energetic action that individuals and groups practice to bring about a desired goal. (①) For some, activism is a theoretically or ideologically focused project intended to effect a perceived need for political or social change. (②) Activism is uncomfortable, sometimes messy, and almost always strenuous. (③) In addition, it does not occur without the presence and commitment of activists, that is, folks who develop workable strategies, focus a collective spotlight onto particular issues, and ultimately move people into action. (④) As a noted scholar suggests, effective activists also make noise, sometimes loudly.

18 주어진 글 다음에 이어질 글의 순서로 가장 적절한 것은?

Nick started a fire with some chunks of pine he got with the ax from a stump. Over the fire he stuck a wire grill, pushing the four legs down into the ground with his boot.

(A) They began to bubble, making little bubbles that rose with difficulty to the surface. There was a good smell. Nick got out a bottle of tomato ketchup and cut four slices of bread.

(B) The little bubbles were coming faster now. Nick sat down beside the fire and lifted the frying pan off.

(C) Nick put the frying pan on the grill over the flames. He was hungrier. The beans and spaghetti warmed. He stirred them and mixed them together.

① (B) – (A) – (C)
② (B) – (C) – (A)
③ (C) – (A) – (B)
④ (C) – (B) – (A)

[19~20] 밑줄 친 부분에 들어갈 말로 가장 적절한 것을 고르시오.

19

Technological progress can destroy jobs in a single industry such as textiles. However, historical evidence shows that technological progress does not produce unemployment in a country as a whole. Technological progress increases productivity and incomes in the overall economy, and higher incomes lead to higher demand for goods and thus ______________. As a result, workers who lose jobs in one industry will be able to find jobs in others, although for many of them this might take time and some of them, like the Luddites, will end up with lower wages in their new jobs.

① increased job losses
② delayed promotion at work
③ greater work satisfaction
④ higher demand for labor

20

There is no substitute for oil, which is one reason ______________, taking the global economy along with it. While we can generate electricity through coal or natural gas, nuclear or renewables — switching from source to source, according to price—oil remains by far the predominant fuel for transportation. When the global economy heats up, demand for oil rises, boosting the price and encouraging producers to pump more. Inevitably, those high prices eat into economic growth and reduce demand just as suppliers are overproducing. Prices crash, and the cycle starts all over again. That's bad for producers, who can be left holding the bag when prices plummet, and it hurts consumers and industries uncertain about future energy prices. Low oil prices in the 1990s lulled U.S. auto companies into disastrous complacency; they had few efficient models available when oil turned expensive.

① the automobile industry thrives
② it creates disruptions between borders
③ it is prone to big booms and deep busts
④ the research on renewable energy is limited

제1차 정답 및 해설

정답

01 ①	02 ②	03 ④	04 ①	05 ①
06 ④	07 ③	08 ③	09 ②	10 ②
11 ③	12 ④	13 ④	14 ④	15 ①
16 ③	17 ③	18 ②	19 ①	20 ③

해설

01 ①

[정답해설] 전 세계에서 관찰되고 있는 날씨 패턴이 '이상 기후(abnormal climate)'에 해당하므로, 날씨가 변화무쌍하고 불규칙적이라는 의미가 되어야 한다. 그러므로 빈칸에는 'irregular(불규칙적인)'가 들어갈 말로 가장 적절하다.

[오답해설] ② 지속적인
③ 예측할 수 있는
④ 비효과적인

[핵심어휘] □ refer to 언급하다, 지칭하다
□ abnormal 비정상적인
□ irregular 고르지 못한, 불규칙적인
□ consistent 지속적인, 한결같은
□ predictable 예측[예언]할 수 있는
□ ineffective 효과 없는, 비효과적인

[본문해석] 최근, 흔히 "이상 기후"라고 불리는 점점 더 불규칙한 날씨 패턴이 전 세계에서 관찰되고 있다.

02 ②

[정답해설] 주어진 문장이 역접의 접속부사 'however(그러나)'로 연결되어 앞뒤의 내용이 상반되므로, 빈칸에는 글의 내용상 감정(emotions)에 반대되는 말이 와야 한다. 그러므로 빈칸에는 'rational(이성적인)'이 들어갈 말로 가장 적절하다.

[오답해설] ① 일시적인
③ 자발적인
④ 상업적인

[핵심어휘] □ assume 가정하다, 추정하다
□ on a basis ~의 근거에 따라
□ account for 설명하다
□ temporary 임시의, 일시적인
□ rational 합리적인, 이성적인
□ voluntary 자발적인, 자원봉사의
□ commercial 상업의, 상업적인

[본문해석] 대부분의 경제 이론들은 사람들이 이성적인 근거에 따라 행동한다고 추정하지만, 그러나 이는 그들이 종종 감정에 대신 의존한다는 사실을 설명하지 못한다.

03 ④

[정답해설] 주절의 시제가 'will have acquired'로 미래완료이고, 종속절이 때나 조건의 부사절이므로 현재가 미래를 대용한다. 그러므로 빈칸에는 3인칭 단수 현재 시제의 동사인 'finishes'를 사용하는 것이 적절하다.

[오답해설] ①·③ 주절의 시제가 미래완료이지만, 때나 조건의 부사절은 현재가 미래를 대용하므로 종속절에 미래 또는 미래완료 시제를 사용하는 것은 적절하지 못하다.
② 'finish'가 의미상 '완료'의 의미이므로, '진행'이나 '계속'을 나타내는 현재 진행형 시제인 'is finishing'의 사용은 적절하지 못하다.

[핵심어휘] □ by the time ~때쯤, ~무렵
□ degree 학위
□ valuable, 소중한, 귀중한
□ field 분야

[본문해석] 학위를 마칠 때쯤이면, 그녀는 자신의 연구 분야에서 귀중한 지식을 습득하게 될 것이다.

04 ①

[정답해설] are → is
종속절을 이끄는 접속사 that의 주어가 knowledge이므로 be동사의 형태는 3인칭 단수 현재 시제인 'is'가 적절하다. 그러므로 ①의 'are'는 'is'로 고쳐 써야 옳다.

[오답해설] ② 동사 'help'는 목적격 보어로 'to부정사' 또는 '원형부정사'를 취하므로 원형부정사 형태인 'become'을 사용한 것은 적절하다.
③ 현재완료 시제인 'have worked'에서 'have'는 조동사이고 'worked'는 일반동사이므로 부사 'all'이 그 사이에 위치한 것은 적절하다.
④ 'have difficulty (in) ~ ing(~하는 데 어려움을 겪다)' 구문이므로 'communicating'의 형태는 적절하다.

[핵심어휘] □ conclude 결론짓다, 결론을 내리다
□ sufficient 충분한, 족한
□ competent 능숙한, 만족할 만한
□ structurally 구조상, 구조적으로

[본문해석] 음성 체계, 단어 패턴, 문장 구조에 대한 지식이 학생이 어떤 언어에 능숙하도록 돕는데 충분하다고 결론지을 수도 있다. 그러나 우리 모두 영어를 구조적으로 이해하는 언어 학습자들과 함께 연구해왔지만 여전히 의사소통에 어려움을 겪는다.

05 ①

[정답해설] to have → to having
글의 내용상 '~에 익숙해지다'의 의미인 'get used to ~ing' 구문을 사용해야 한다. 이때 'to'가 전치사이므로 뒤에는 동명사 형태가 와야 하고, 따라서 'to have'를 'to having'으로 고쳐 써야 옳다.

[오답해설] ② all, some, both, each 등의 부분을 나타내는 말과 함께 사용된 'of + 목적격 관계대명사' 구문이다. 선행사가 앞의 'so many people'로 '사람'이므로 목적격 관계대명사 'whom'을 사용한 것은 적절하다.
③ 'spread out'이 '퍼져 있는'의 뜻으로 앞의 '18 million people'을 수식하고, 수동의 의미를 지니므로 과거분사를 사용해야 한다. 그런데 동사 'spread'는 기본형과 과거, 과거분사의 형태가 모두 동일한 'A–A–A'형 불규칙 동사이므로 'spread out'은 옳게 사용되었다.
④ 'the state of Massachusetts' 뒤에 쓰인 'alone'은 형용사로 명사 또는 대명사 뒤에 쓰여 특정한 것 하나만을 가리킬 때 사용된다. 그러므로 해당 문장에서 'alone'의 위치가 옳게 사용되었다.

[핵심어휘] □ take a while to ~하는데 시간이 걸리다
□ get used to ~ing ~에 익숙해지다
□ spread out 떨어져 나가다, 더 널리 퍼지다
□ entire 전체의, 전역의
□ compared to ~와 비교하여

[본문해석] 차와 교통 체증은 말할 것도 없고, 그녀는 한 장소에서 모두가 그렇게 분주하게 움직이는 너무나 많은 사람들에 익숙해지는데 시간이 좀 걸렸다고 말했다. 그녀는 "매사추세츠 주 한 곳에만 600만 명 이상의 사람들이 있는 것과 비교하면, 호주에는 나라 전체에 퍼져 있는 사람들이 겨우 1,800만 명에 불과하다."고 말했다.

06 ④

[정답해설] 비행기 티켓을 예매하기 위한 대화 내용으로, B가 선호하는 좌석을 A에게 묻고 있으므로 통로 쪽 좌석을 원한다(Yes, I want an aisle seat.)는 ④의 내용이 빈칸에 들어갈 말로 가장 적절하다.

[오답해설] ① 네, 비즈니스석으로 업그레이드하고 싶습니다. → A가 이코노미석이면 충분하다고 하였으므로 틀린 내용임
② 아니요, 편도 티켓을 구매하고 싶습니다. → A가 5월 2일에 출발해서 5월 14일에 돌아올 계획이라고 밝히고 있으므로 왕복 티켓을 구매하고 있음을 알 수 있음
③ 아니요, 수하물은 없습니다. → 수하물에 관한 사항은 대화 내용에 나타나 있지 않음

[핵심어휘] □ book 예약하다
□ have ~ in mind ~을 염두해 두다
□ preference 선호
□ one-way 편도
□ luggage 가방, 수하물
□ aisle 통로, 복도

[본문해석] A: 안녕하세요. 서울발 오클랜드행 비행기를 예약하고 싶은데요.
B: 알겠습니다. 생각하고 계신 특정 날짜가 있으신가요?
A: 네. 저는 5월 2일에 출발해서 5월 14일에 돌아올 계획입니다.
B: 네, 고객님 일정에 맞는 것을 하나 찾았습니다. 어떤 등급으로 예약하시겠어요?
A: 저는 이코노미석이면 충분합니다.
B: 원하시는 좌석이 있으신가요?
A: <u>네, 저는 통로 쪽 좌석을 원합니다.</u>
B: 알겠습니다. 고객님의 비행편이 지금 예약되었습니다.

07 ③

[정답해설] 워크숍 참석 여부와 좌석 예약 방법에 대한 메신저 내용이다. 워크숍에 참석하고 싶다면 좌석을 예약하라는 Kate Anderson의 말에 Jim Henson이 어떻게 하면 되는지 그 방법을 묻고 있으므로, ③의 'Follow the instructions on the bulletin board.(게시판의 지침을 따르세요.)'가 빈칸에 들어갈 말로 가장 적절하다.

[오답해설] ① 노트북을 가지고 와야 합니다. → 예약하는 방법을 묻고 있으므로 준비물에 대한 내용과는 관련 없음
② 이미 예약을 했습니다. → 예약에 대한 확인 여부가 아니라 예약 하는 방법에 대한 설명이 와야 함
④ 예약을 하려면 병원에 전화를 해야 합니다. → 병원 진료 예약이 아니라 워크숍에 참석하기 위한 좌석 예약 방법을 묻고 있음

[핵심어휘] □ doctor's appointment 진료[진찰] 예약
□ improve 개선하다, 향상시키다
□ reserve 예약하다
□ laptop 노트북

□ reservation 예약

□ instruction 설명, 지시, 지침

□ bulletin board 게시판

[본문해석] Kate Anderson: 다음 주 금요일에 워크숍에 오시나요?

Jim Henson: 잘 모르겠어요. 그날 진료 예약이 있어서요.

Kate Anderson: 오셔야 합니다! 그 워크숍은 우리의 업무 효율을 향상시킬 수 있는 인공지능 도구에 관한 것입니다.

Jim Henson: 와, 주제가 정말 흥미롭게 들리네요!

Kate Anderson: 맞아요. 하지만 워크숍에 참석하고 싶다면 좌석을 예약해야 하는 것을 잊지 마세요.

Jim Henson: 어떻게 하면 되죠?

Kate Anderson: 게시판의 지침을 따르세요.

08 ③

[정답해설] 글의 서두에서 새로운 스포츠 경기장에서 발생하는 소음 수준에 대한 우려와 불만을 전달하기 위해 이 편지를 쓴다고 이메일의 목적을 구체적으로 밝히고 있다. 그러므로 윗글을 쓴 목적은 ③의 '인근 스포츠 시설의 소음에 대한 조치를 요청하려고'가 가장 적절하다.

[오답해설] ① 체육대회 소음에 대해 주민들의 양해를 구하려고 → 항의의 주체가 주민이며, 그 대상은 인근의 새로 생긴 스포츠 경기장에서 발생하는 소음임

② 새로 이사 온 이웃 주민의 소음에 대해 항의하려고 → 이웃 주민이 아니라 새로 생긴 스포츠 경기장 소음에 항의하기 위한 이메일임

④ 밤시간 악기 연주와 같은 소음의 차단을 부탁하려고 → 소음 공해에 대한 조치를 요청하고 있지만, 밤시간 악기 연주의 소음 차단이 아님

[핵심어휘] □ district office 구청, 군청, 지점

□ excessive 과도한, 지나친

□ neighborhood 이웃, 인근, 동네

□ to whom it may concern 관계자 제위, 관계자에게

□ concern 근심, 걱정, 우려

□ frustration 좌절, 불만

□ specifically 분명히, 특별히, 구체적으로 말하면

□ resident 거주자

□ appreciate 고마워하다, 감사하다

□ disturbance 방해, 소란, 장애

□ significantly 상당히, 중요하게

□ whistle 호각 소리

□ impact 충돌하다, 영향을 주다

□ look into 조사하다, 주의 깊게 살피다

□ appropriate 적절한, 타당한

□ take steps 조치를 취하다

□ address 해결하다, 해소하다

□ tranquility 평온, 평정

□ sincerely 정말로, 진심으로 cf) Yours sincerely 올림

[본문해석] 수신자: Clifton 군청

발신자: Rachael Beasley

날짜: 6월 7일

제목: 우리 동네의 과도한 소음

관계당사자 분께

이 이메일이 귀하에게 잘 도착하기를 바랍니다. 우리 동네, 구체적으로 말하면 새로운 스포츠 경기장에서 발생하는 소음 수준에 대한 우려와 불만을 전달하기 위해 이 편지를 씁니다.

Clifton 지역 주민으로서, 저는 항상 우리 지역 사회의 평화에 감사해 왔습니다. 하지만, 계속되는 소음 공해로 인해 우리 가족의 안녕과 전반적인 삶의 질에 큰 영향을 미치고 있습니다. 소음의 원인은 관중의 환호, 선수들의 외침, 호각 소리, 그리고 공에 의한 충격 등입니다.

이 문제를 살펴보시고 소음 공해를 해결하기 위해 적절한 조치를 취해 주시기를 정중히 요청합니다. 이 문제에 관심을 가져주셔서 감사드리며, 우리 동네의 평온을 회복하기 위한 신속한 대응에 감사드립니다.

Rachale Beasley 올림

09 ②

[정답해설] 'step'은 '계단'이라는 뜻 외에 '필요한 대책을 세워 행하다'는 의미의 '조치'라는 뜻으로도 사용된다. 해당 문장에서도 'take steps'은 '조치하다'라는 의미로 사용되어, 글쓴이가 소음 공해를 해결하기 위해 적절한 조치를 취해 달라고 요청하고 있다. ②의 'actions'가 '조치'라는 뜻의 'steps'와 그 의미가 가장 유사하다.

[오답해설] ① 운동

③ 수준

④ 계단

10 ②

[정답해설] 글의 서두에서 곧 있을 지역 사회의 연례행사인 City Harbour Festival의 개최를 축하하고 있으므로, (A)에 들어갈 윗글의 제목으로는 ②의 'Celebrate Our Vibrant Community Events(활기찬 지역 행사 축하하기)'가 가장 적절하다.

[오답해설] ① 지역 사회를 위한 안전 규정 만들기 → 지역 사회의 축제를 소개하고 있을 뿐 안전 규정과는 관련이 없음

③ 신나는 해양 경험을 계획하기 → 해양 경험과 활동에

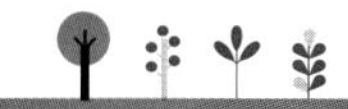

대한 사항이 아니라 지역 사회의 축제에 대한 소개임
④ 우리 도시의 유산을 되살리기 → 지역 사회의 공동 유산을 기념하기 위한 연례행사를 소개하고 있으나, 도시의 유산을 되살리자는 내용은 언급되어 있지 않음

[핵심어휘] □ upcoming 다가오는, 곧 있을
□ annual 매년의, 일 년에 한 번의
□ diverse 다양한, 여러 가지의
□ heritage 유산
□ surrounding 인근의, 주위의
□ theatrical performance 연극
□ multiple 많은, 여러, 다수의
□ feast 연회, 축제일
□ cuisine 요리, 음식
□ regulation 규정, 규율, 규제
□ vibrant 활기찬, 힘찬
□ maritime 해양의, 바다의
□ recreate 되살리다, 재현하다

[본문해석] 공동 유산, 문화, 그리고 지역 재능을 기념하기 위해 우리의 다양한 지역 공동체를 화합하게 하는 연례행사인 곧 있을 City Harbour Festival을 발표하게 되어 기쁩니다. 달력에 표시하시고 신나는 주말을 보내기 위해 우리와 함께 하세요!

세부사항
• 날짜: 6월 16일(금요일) ~ 6월 18일(일요일)
• 시간 : 오전 10:00 ~ 오후 8:00(금 · 토요일)
오전 10:00 ~ 오후 6:00(일요일)
• 장소 : 시티하버파크, 메인스트리트, 주변 지역

하이라이트
• 라이브 공연
축제장 곳곳의 여러 무대에서 다양한 라이브 음악, 춤, 연극 공연을 즐기실 수 있습니다.

• 푸드트럭
무료 시식뿐만 아니라 다양하고 맛있는 요리를 제공하는 여러 엄선된 푸드 트럭에서 만찬을 즐기세요.

행사 및 활동의 전체 일정은 당사 홈페이지(www.cityharbourfestival.org)를 방문하시거나 (552) 234-5678 번호로 축제 사무실에 문의하시기 바랍니다.

11 ③

[정답해설] 푸드트럭에서 무료 시식을 제공하고 있으나, 무료로 요리 강습이 진행되는 행사 내용은 윗글에 언급되어 있지 않다. 그러므로 '주요 행사로 무료 요리 강습이 진행된다.'는 ③의 설명은 윗글의 내용과 일치하지 않는다.

[오답해설] ① 일 년에 한 번 개최된다. → 다양한 지역 공동체를 화합하게 하는 연례행사라고 소개하고 있음
② 일요일에는 오후 6시까지 열린다. → 세부사항의 '시간'에서 일요일은 '오전 10:00 ~ 오후 6:00'까지임을 알 수 있음
④ 웹사이트나 전화 문의를 통해 행사 일정을 알 수 있다. → 행사의 전체 일정은 당사 웹사이트를 방문하거나 축제 사무실에 전화로 문의하라고 안내되어 있음

12 ④

[정답해설] 제시문의 마지막 문장에서 모바일 기기 사용이 불편한 분들을 위한 웹 버전의 앱도 또한 있다고 설명하고 있다. 그러므로 '개인용 모바일 기기에서만 작동한다.'는 ④의 설명은 윗글의 내용과 일치하지 않는다.

[오답해설] ① 여행객이 미리 세관 신고를 할 수 있도록 해준다. → Enter-K가 제공하는 주요 기능 중의 하나는 사전 신고로, 여행객에게 미리 세관 신고서를 제출할 수 있는 옵션을 제공함
② 더 많은 기능이 향후 추가될 것이다. → Enter-K가 향후에도 국경 관련 추가 기능을 계속 도입하여 전반적인 국경 체험을 더욱 향상시킬 것이라고 설명함
③ 여행객은 온라인 상점에서 그것을 다운로드 할 수 있다. → 도착하기 전에 온라인 상점에서 최신 버전의 앱을 단지 다운로드하기만 하면 된다고 언급되어 있음

[핵심어휘] □ customs declaration 세관 신고
□ notable 주목할 만한, 주요한
□ feature 특징, 특색
□ the Advance Declaration 사전 신고
□ submit 제출하다
□ in advance 미리, 사전에
□ modernization 현대화, 근대화
□ initiative 계획, 착수
□ additional 부가적인, 추가적인
□ device 장치, 기기, 기구

[본문해석] 세관 신고를 위해 신규 Enter-K 앱을 사용하세요.
공항에 도착하자마자 신규 Enter-K 앱을 사용하세요. Enter-K가 제공하는 주요 기능 중의 하나는 사전 신고인데, 이는 여행객에게 미리 세관 신고서를 제출할 수 있는 옵션을 제공하여 모든 국제공항에서 시간을 절약할 수 있도록 해줍니다. 현재 진행 중인 여행객 현대화 계획의 일환으로 Enter-K는 향후에도 국경 관련 추가 기능을 계속 도입하여 전반적인 국경 체험을 더욱 향상시킬 것입니다. 도착하기 전에 온라인 상점에서 최신 버전의 앱을 단지 다운로드하기만 하면 됩니다. 모바일 기기 사용이 불편한 분들을 위한 웹 버전의 앱도 또한 있습니다.

13 ④

[정답해설] 제시문의 마지막 문장에서 OLC는 근로자들이 공정하게 대우받고 근무한 모든 시간에 대해 보상받는 것을 보장하기 위해 필요 시 강제 조치를 취한다고 서술되어 있다. 그러므로 '직원들이 부당한 대우를 받았을 때 조치를 취한다.'는 ④의 설명은 제시문의 내용과 일치한다.

[오답해설] ① 직원들이 세금을 제대로 납부하도록 보장한다. → 본문에 직원들의 세금 납부에 대한 언급은 없음

② 성인 근로자의 고용에 대한 권한만을 갖는다. → OLC는 성인 근로자뿐만 아니라 미성년자의 고용에 대한 권한도 가지고 있음

③ 고용주의 사업 기회를 촉진한다. → OLC는 노동 규제 기관으로 고용주가 아닌 노동자를 위한 단체임

[핵심어휘] □ labor 노역, 노동

□ commissioner 위원, 장관

□ responsibility 책임, 의무, 맡은 일(업무)

□ principal 주요한, 주된

□ regulatory 규제하는, 단속하는

□ agency 기관, 단체

□ minimum wage 최저 임금

□ prevailing wage 일반 직종별 임금

□ overtime 초과 근무 (수당), 야근 (수당)

□ employee 종업원, 직원

□ authority 권한, 권위

□ minor 미성년자

□ resolve 풀다, 해결하다

□ efficient 효율적인, 능률적인

□ enforcement 강제, 시행, 집행

□ take action 조치를 취하다

□ compensate 갚다, 보상하다

□ properly 적절하게, 알맞게

□ unfairly 불공평하게, 부당하게

[본문해석] 노동 위원회 사무국

노동 위원회 사무국(OLC)의 업무

OLC는 주(州)의 주요 노동 규제 기관입니다. OLC는 최저 임금, 일반 직종별 임금 및 초과 근무 수당이 직원들에게 지급되고 직원 휴식 및 점심시간이 제공되도록 보장할 책임이 있습니다. 또한, OLC는 미성년자의 고용에 대한 권한도 가지고 있습니다. 노동 관련 문제를 능률적이고 전문적이며 효과적인 방식으로 해결하는 것이 이 사무국의 비전이자 임무입니다. 이것은 법에 따른 그들의 권리와 책임에 관해 고용주와 직원들을 교육하는 것을 포함합니다. OLC는 근로자들이 공정하게 대우받고 근무한 모든 시간에 대해 보상받는 것을 보장하기 위해 필요 시 강제 조치를 취합니다.

14 ④

[정답해설] 제시문은 날계란이나 설익은 계란을 섭취하고 익히지 않은 음식과 조리된 음식을 분리하지 않는 등 살모넬라균 감염의 원인을 설명하고, 이런 위험을 최소화하기 위해 식품 안전 조치와 적절한 요리법을 지킬 것을 당부하고 있다. 그러므로 ④의 '살모넬라균 감염 예방을 위한 계란의 안전한 처리'가 윗글의 주제로 가장 적절하다.

[오답해설] ① 계란 섭취가 면역계에 미치는 이점 → 살모넬라균에 감염되지 않고 계란을 섭취하는 방법에 대해 설명하고 있으나, 계란 섭취가 면역계에 어떠한 이점이 있는지에 대한 언급은 없음

② 다양한 종류의 살모넬라균 감염 치료제 → 살모넬라균 감염을 최소화하는 방법에 대한 설명은 있으나, 감염 치료제에 대한 언급은 없음

③ 따뜻한 온도에서의 살모넬라균의 수명 → 살모넬라균의 최적 성장 조건만 언급되어 있으며 구체적인 수명에 대한 언급은 없음

[핵심어휘] □ the Ministry of Food and Drug Safety 식품의약품안전처

□ food poisoning 식중독

□ cross-contamination 교차오염

□ neglect 방치하다, 소홀히 하다

□ utensil 식기, 도구

□ mitigate 완화[경감]시키다, 줄이다

□ refrigerate 냉장하다, 냉장고에 보관하다

□ the yolk and white 노른자와 흰자

□ staggering 충격적인, 믿기 어려운

□ Salmonella bacteria 살모넬라균

□ thrive 성장하다, 자라다

□ approximately 약, 대략

□ Celsius 섭씨

□ optimal 최적의

□ consume 먹다, 소모하다, 섭취하다

□ raw 날것의, 익히지 않은

□ undercooked 설익은, 덜익은

□ identify 확인하다, 알아보다

□ infection 감염, 전염병

□ crucial 중대한, 결정적인

□ prioritize 우선시하다, 우선순위를 매기다

□ adhere to ~을 고수하다, 지키다

□ immune 면역

□ life span 수명

[본문해석] 식품의약품안전처는 계란을 만지고 음식을 준비하거나 식기를 사용하기 전에 손 씻기를 소홀히 하는 교차오염의 결과로 식중독 사례가 발생했다고 경고했다. 이러

한 위험을 줄이기 위해 해당 부처는 계란을 냉장 보관하고 노른자와 흰자가 모두 굳을 때까지 완전히 익힐 것을 권고했다. 지난 5년 동안 충격적이게도 7,400명의 사람들이 살모넬라균에 의한 식중독을 경험했다. 살모넬라균은 따뜻한 온도에서 번성하며, 대략 섭씨 37도가 최적의 성장 조건이다. 날계란이나 설익은 계란을 섭취하고 익히지 않은 음식과 조리된 음식을 분리하지 않는 것이 살모넬라균 감염의 가장 흔한 원인으로 확인되었다. 살모넬라균과 관련된 질병의 위험을 최소화하기 위해 식품 안전 조치를 우선시하고 적절한 요리법을 지키는 것이 중요하다.

15 ①

[정답해설] 글의 서두에서 교육 불균형을 해소하기 위한 지속적인 노력에도 불구하고 학생들 사이의 학업 격차는 교육 시스템의 상당한 불평등을 계속해서 야기한다고 문제를 제기하고 있고, 마지막 문장에서 이러한 교육 분열 문제를 모든 교육 시스템 단계에서 찾아 해결할 것을 주문하고 있다. 그러므로 ①의 '우리는 지속적인 교육 불평등에 대처해야 한다.'가 윗글의 요지로 가장 적절하다.

[오답해설] ② 교육 전문가들은 새로운 학교 정책에 집중할 필요가 있다. → 새로운 학교 정책이 아니라 모든 교육 시스템에서의 포괄적인 정책의 필요성을 강조함

③ 성적 격차를 메우기 위해서는 새로운 교수법이 필요하다. → 표적 개입, 공평한 자원 할당 및 포괄적인 정책의 필요성을 제시하고 있으나, 새로운 교수법의 필요성에 대해서는 언급되어 있지 않음

④ 가정 소득은 교육 논의에서 고려되어서는 안 된다. → 학업 성취도가 뒤처지는 학생들의 저소득 배경 사례를 예로 들고 있을 뿐, 교육적 논의의 대상 여부를 밝히고 있지는 않음

[핵심어휘]
- □ address 해결하다, 해소하다
- □ disparity 불균형, 불평등, 격차
- □ persistent 끊임없는, 지속되는
- □ significant 중요한, 의미심장한
- □ inequity 불평등, 불공평
- □ reveal 드러내다, 폭로하다
- □ marginalized 하찮은, 소외된
- □ vulnerable 취약한, 연약한
- □ lag behind 뒤처지다, 뒤떨어지다
- □ peer 동료, 또래
- □ pose a challenge to ~에 도전하다, ~에 직면하다
- □ emphasize 강조하다, 역설하다
- □ intervention 개입, 조정, 중재
- □ equitable 공정한, 공평한
- □ allocation 할당, 분배
- □ inclusive 포함된, 포괄적인
- □ bridge a gap 공백[간격]을 메우다, 틈을 좁히다
- □ irrespective of ~와 무관하게, ~와 관계없이
- □ socioeconomic 사회 경제적인
- □ status 신분, 지위
- □ divide 분할, 분열, 차이

[본문해석] 교육 불균형을 해소하기 위한 지속적인 노력에도 불구하고, 학생들 사이의 지속적인 학업 격차는 교육 시스템의 상당한 불평등을 계속해서 강조하고 있다. 최근 자료는 저소득 배경과 취약 계층의 학생들을 포함하여 소외된 학생들이 학업 성취에서 또래 학생들보다 계속 뒤처지고 있다는 것을 보여준다. 이러한 격차는 교육 형평성과 사회적 이동성을 달성하기 위한 도전에 직면해 있다. 전문가들은 사회 경제적 지위나 배경에 관계없이 이 간극을 메우고 모든 학생들에게 동등한 기회를 보장하기 위해 표적 개입, 공평한 자원 할당 및 포괄적인 정책의 필요성을 강조한다. 지속적인 교육 분열 문제는 해결책을 찾기 위한 노력으로 모든 교육 시스템 단계에서 해결되어야만 한다.

16 ③

[정답해설] 제시문은 아이들이 어렸을 때 자연과 함께 함으로써 얻는 이점에 대해 서술하고 있다. 그런데 ③에서 야외 활동은 아이들이 그들의 가족과 양질의 시간을 보내는 것을 어렵게 만든다며 야외 활동의 단점에 대해 언급하고 있다. 그러므로 ③은 글의 전체적인 흐름상 어울리지 않는다.

[핵심어휘]
- □ guardian 수호자, 보호자
- □ desperate 절박한, 간절한
- □ urge 욕구, 욕망, 충동
- □ restorative 회복시키는, 복원하는
- □ let off steam 발산하다, 기분을 풀다
- □ huge 거대한, 엄청난
- □ range from ~에 걸치다, 범위가 ~부터이다
- □ boost 신장시키다, 북돋우다, 후원[지지]하다
- □ environmentalism 환경보호론, 환경보호주의
- □ adulthood 성인, 성년
- □ urban 도심의, 도시의

[본문해석] 어린 아이들의 모든 부모나 보호자들은 집 밖으로 나가고 싶은 간절한 충동과 근처 공원으로의 잠깐 동안의 산책조차 마법 같은 회복 효과가 있음을 경험했을 것이다. ① 여기에는 아마도 단지 기분을 푸는 것 이상의 일들이 있을 것이다. ② 아이들이 자연과 함께 하는 이점은 학업 성적을 더 올리고 기분과 집중력을 향상시키기까지 엄청 크다. ③ 야외 활동은 아이들이 그들

의 가족과 양질의 시간을 보내는 것을 어렵게 만든다.
④ 자연에 대한 어린 시절의 경험은 또한 성인기에 환경보호주의를 지지할 수도 있다. 도심의 녹지공간에 대한 접근성은 아이들의 소셜네트워크와 우정에 어떤 역할을 수행할 수 있다.

17 ③

[정답해설] ③ 이전에는 대기오염에 대한 연방정부의 규제가 없어서 공장 가동으로 인한 대기오염 수준이 매우 심각했다고 서술되어 있고, ③ 이후에는 대기오염 방지법이 제정되어 대기의 질이 호전되었다고 서술되어 있다. 주어진 문장이 '특히 많은 도시 자치주에서, 부유 입자의 총량으로 측정된 대기 오염이 위험한 수준에 도달했다.'고 ②의 내용을 보충하고 있으므로, 주어진 문장은 ③에 들어가는 것이 가장 적절하다.

[핵심어휘]
- □ county 자치주[군]
- □ suspend particle 부유 입자
- □ evaluate 평가하다, 측정하다
- □ pollution 오염(물질), 공해
- □ the Clean Air Act 대기오염 방지법
- □ federal 연방정부의, 연방제의
- □ regulation 규제, 규정
- □ issue 주제, 문제
- □ be high on ~열광하다, ~에 주목하다
- □ agenda 의제, 행동 강령
- □ legislator 입법자, 국회의원
- □ guideline 지침, 지도
- □ constitute 구성하다, 설립하다
- □ excessively 과도하게, 매우, 심히
- □ pollutant 오염 물질, 오염원
- □ amendment 개정, 수정
- □ improvement 향상, 개선, 호전

[본문해석]

> 특히 많은 도시 자치주에서, 부유 입자의 총량으로 측정된 대기 오염이 위험한 수준에 도달했다.

경제학자인 Chay와 Greenstone은 1970년 대기오염 방지법 이후 대기오염의 정화 가치를 측정했다. (①) 1970년 이전에는 대기오염에 대한 연방정부의 규제가 거의 없었고, 그 문제가 주 의원들의 의제로 주목받지도 못했다. (②) 결과적으로 많은 자치주들이 오염에 대한 아무런 규제 없이 공장 가동을 허용했고, 몇몇 중공업화된 자치주에서는 오염이 매우 높은 수준에 이르렀다. (③) 대기오염 방지법은 특히 위험한 다섯 가지 오염물질을 심히 높은 수준으로 구성하는 지침을 제정했다. (④) 1970년 이 법안과 1977년 개정 이후 대기의 질이 호전되었다.

18 ②

[정답해설] 주어진 지문은 화자가 빵을 훔쳐 셔츠 속에 넣고 달아나는 장면이며, (B)는 화자가 훔친 빵을 가지고 집으로 돌아오는 장면이다. (A)는 화자가 훔친 빵을 식탁 위에 올려놓자 가족들이 모이는 장면이며, 마지막으로 (C)는 화자가 가족들과 함께 빵을 나눠 먹는 모습이다. 그러므로 주어진 글 다음에 (B) – (A) – (C)의 순으로 이어져야 한다.

[핵심어휘]
- □ witness 보다, 목격하다
- □ shove 아무렇게나 놓다[넣다]
- □ loaf (빵 등의) 덩어리
- □ swiftly 재빨리, 신속히
- □ chunk (두툼한) 덩어리
- □ tear off 떼어내다, 뜯다
- □ pour 쏟다, 붓다
- □ clutch 움켜잡다
- □ cling to ~에 매달리다, ~에 집착하다
- □ slice 썰다, 베다
- □ entire 전체의, 모든
- □ hearty 풍부한, 푸짐한
- □ raisin 건포도

[본문해석]

> 무슨 일이 있었는지 누군가 보기 전에, 나는 셔츠 속에 빵 덩어리를 넣고, 사냥 재킷을 몸에 꽉 두른 채 재빨리 걸어 나갔다.

(B) 빵의 열기로 피부가 타들어갔지만, 나는 그것을 더 꽉 움켜쥐고 삶에 집착했다. 이윽고 집에 도착했을 때, 빵은 다소 식었지만, 속은 여전히 따뜻했다.

(A) 그것들을 식탁 위에 내려놓았을 때, 여동생의 손이 빵 덩어리를 떼려 다가왔지만, 나는 그녀를 자리에 앉힌 후 어머니를 우리와 함께 식탁에 앉도록 하고 따뜻한 차를 따라주었다.

(C) 나는 빵을 얇게 썰었다. 우리는 빵 한 덩어리를 한 조각 한 조각씩 전부 먹었다. 건포도와 견과류로 가득 찬 푸짐한 빵이었다.

19 ①

[정답해설] 제시문은 출산율 하락을 통계적 수치로 제시한 후 이러한 인구학적 변화로 인해 발생하는 세금, 노인 의료, 부양 책임, 은퇴 등의 문제점을 지적하고 있다. 그러므로 빈칸에는 이러한 문제점들에 대한 우려를 나타내는 말이 와야 하므로, ①의 'raises concerns about future challenges(미래의 도전에 대한 우려를 증가시킨다)'가 들어갈 말로 가장 적절하다.

[오답해설] ② 역연령 구조 현상을 완화하다 → 출산율 하락으로 인한 인구 고령화의 문제점에 대해 설명하고 있으므로, 역연령 구조 현상의 완화는 글의 흐름과 어울리지 않음

③ 결혼율 감소 문제를 보완하다 → 출산율 하락에 대한 문제이며, 결혼율 감소 문제에 대한 내용은 나타나 있지 않음
④ 문제 해결을 위한 즉각적인 해결책을 제공하다 → 출산율 하락으로 인한 문제점을 부각하고 있으나, 이를 위한 해결책을 제시하고 있지는 않음

[핵심어휘] □ fertility rate 출산율, 출생률
□ project 예상하다, 추정하다
□ shrink 줄어들다, 감소하다
□ population 인구, 주민
□ peak 절정[최고조]에 달하다
□ transition 변화, 변천, 전환
□ significant 상당한, 중요한
□ aging of population 인구 고령화[노령화]
□ demographic 인구학의 인구통계학의
□ shift 변화, 이동
□ taxation 조세, 과세
□ caregiving 부양, 돌봄
□ retirement 은퇴, 퇴직
□ ensure 확신시키다, 보장하다
□ soft landing 연착륙
□ raise 높이다, 올리다, 인상하다
□ mitigate 완화시키다, 경감시키다
□ inverted 역의, 반대의
□ phenomenon 현상
□ compensate for 보상하다, 보완하다
□ reduce 줄이다, 낮추다
□ immediate 즉각적인, 당면한

[본문해석] 출산율 하락은 금세기 말까지 거의 모든 국가의 인구가 감소하는 결과를 초래할 것으로 예상된다. 전 세계 출산율은 1950년에 4.7명이었지만, 2017년에는 2.4명으로 거의 절반까지 떨어졌다. 2100년에는 1.7명 밑으로 떨어질 것으로 예상된다. 그 결과, 일부 연구원들은 지구상의 인구수가 2064년 무렵에 97억 명으로 정점을 찍은 후 금세기 말까지 88억 명으로 떨어질 것으로 예측한다. 이러한 변화는 또한 인구의 상당한 고령화를 초래하여, 80세에 이르는 사람들이 출생하는 아이들의 수만큼 많을 것이다. 이러한 인구학적 변화는 세금, 노인 의료, 부양 책임 및 은퇴를 포함한 미래의 도전에 대한 우려를 증가시킨다. 새로운 인구학적 지형으로의 '연착륙'을 보장하기 위해 연구원들은 이러한 변화를 신중히 관리할 필요가 있다고 강조한다.

20 ③

[정답해설] 제시문은 화자의 말에 집중하지 못하는 것을 화자의 성격이나 전달 태도를 비난하며 화자에게 책임을 돌리기보다는 청자 스스로에게 책임이 있음을 주지시키고 있다. 즉, 화자의 메시지에 대한 이해 수준을 높이는 것은 청자 자신에게 달려 있다는 내용이므로, ③의 '본질적으로 우리 자신이 책임을 지는 것이다.'가 빈칸에 들어갈 말로 가장 적절하다.

[오답해설] ① 화자가 아는 것을 무시하다 → 좋은 청자는 화자가 알고 있는 것을 알고 싶어 한다고 하였으므로, 화자가 아는 것을 무시한다는 내용은 적절하지 않음
② 화자의 성격을 분석하다 → 화자의 성격이나 전달 태도에는 관심이 없다고 하였으므로, 화자의 성격을 분석하는 것은 아님
④ 화자의 연설 전달 능력에 초점을 맞추다 → 화자의 성격이나 전달 태도에는 관심이 없다고 하였으므로, 화자의 전달 능력에 초점을 맞추는 것은 아님

[핵심어휘] □ blame A for B B를 A의 탓으로 돌리다
□ inattention 부주의, 무관심
□ incompetent 무능한, 쓸모없는
□ initial 초기의, 처음의
□ similarity 비슷함, 유사성
□ personality 개성, 성격
□ delivery 전달[발표] (태도)
□ find out 알아내다, 이해하다
□ essentially 본질적으로, 근본적으로
□ equipped 장비를 갖춘
□ analyze 분석하다
□ assume the responsibility 책임을 떠맡다, 책임을 지다
□ inherently 본질적으로, 내재적으로
□ competency 능숙함, 유능함, 능력

[본문해석] 많은 청자들은 "누가 그런 사람의 말을 들을 수 있겠어? 그는 메모지 읽는 것을 언제쯤 그만둘까?"라고 스스로 생각함으로써 그들의 무관심을 화자 탓으로 돌린다. 좋은 청자는 다르게 반응한다. 그는 화자를 보고 "이 사람은 무능해. 어느 누구도 그보다는 더 잘 말할 수 있을 것 같아."라고 생각할 수 있다. 그러나 이러한 초기 유사함으로부터 그는 다른 결론으로 나아가고, "하지만 잠시만. 나는 그의 성격이나 전달 태도에는 관심이 없어. 나는 그가 알고 있는 것을 알고 싶을 뿐이야. 이 사람이 내가 알아야 할 것들을 알고 있나?"라고 생각한다. 본질적으로, 우리는 "우리 자신의 경험으로 듣는다." 우리가 그의 메시지를 이해할 수 있는 준비가 제대로 되어 있지 않기 때문에 말하는 사람이 책임을 져야 할까? 우리가 듣는 모든 것을 이해할 수는 없지만, 우리의 이해 수준을 높이는 한 가지 확실한 방법은 본질적으로 우리 자신이 책임을 지는 것이다.

제2차 영어

정답

01 ③	02 ②	03 ③	04 ④	05 ②
06 ②	07 ③	08 ①	09 ④	10 ①
11 ③	12 ①	13 ④	14 ③	15 ②
16 ②	17 ②	18 ③	19 ④	20 ③

해설

01 ③

[정답해설] 대형 벽화를 전시하기 위해 필요한 공간을 확보하는 것이므로, 빈칸에는 ③의 'ample(충분한, 넓은)'이 들어갈 말로 가장 적절하다.

[오답해설] ① 편안한
② 답답한
④ 비좁은

[핵심어휘] □ exhibit 전시하다, 진열하다
□ mural 벽화
□ make sure 확실하게 하다, 반드시 하다
□ cozy 편안한, 안락한
□ stuffy 답답한, 딱딱한
□ ample 충분한, 넓은
□ cramped 비좁은, 갑갑한

[본문해석] 대형 벽화를 전시하기 위해 박물관 큐레이터들은 넓은 공간을 반드시 확보해야 했다.

02 ②

[정답해설] 양보의 부사절을 이끄는 'Even though(비록 ~일지라도)'는 주절과 종속절의 내용이 서로 대비된다. 많은 문제점들이 있지만 시민의 안전이 가장 우선시 된다는 내용이므로, 빈칸에는 앞의 'top'과 함께 '최우선'이라는 의미로 ②의 'priority(우선)'가 들어갈 말로 가장 적절하다.

[오답해설] ① 비밀
③ 해결책
④ 기회

[핵심어휘] □ emphasize 강조하다, 역설하다
□ safety 안전, 안전성
□ top priority 최우선
□ opportunity 기회, 호기

[본문해석] 해결해야 할 문제가 많음에도 불구하고, 나는 우리 시민의 안전이 최우선이라는 점을 강조하고 싶다.

03 ③

[정답해설] 글의 흐름상 'exploitation(이용)'이 'collapse(몰락)'에 기여한 것이고, 'contribute'는 전치사 to를 동반하여 자동사로 쓰이므로 능동태가 되어야 한다. 또한 주절의 시제가 'may have + p.p'로 과거 사실에 대한 추측을 나타내므로 'seems' 다음에 현재보다 더 이전의 사실을 나타내는 완료형 부정사를 사용해야 한다. 그러므로 빈칸에는 ③의 'have contributed to'가 들어갈 말로 가장 적절하다.

[오답해설] ①·② 능동태의 형태는 옳으나 시제가 일치하지 않는다.
④ 완료형 시제는 맞으나 수동태이므로 옳지 않다.

[핵심어휘] □ overpopulation 인구 과밀[과잉]
□ exploitation 착취, 개발, 이용
□ rain-forest 열대 우림
□ ecosystem 생태계
□ A as well as B B뿐만 아니라 A도
□ shortage 부족, 결핍
□ collapse 붕괴, 몰락
□ contribute to ~에 기여하다

[본문해석] 인구 과밀이 중요한 역할을 했을지도 모른다. 즉, 물 부족뿐만 아니라 마야인들이 식량을 위해 의존했던 열대 우림 생태계의 과도한 이용이 몰락에 기여했던 것으로 보인다.

04 ④

[정답해설] which → where / in which
주어진 문장에서 ④의 'which' 이하의 절은 선행사인 'an international community'를 수식하므로 관계대명사가 이끄는 형용사절이다. 그런데 'which' 이하의 종속절이 완전한 문장이므로, 'which'를 장소를 나타내는 관계부사 'where' 또는 '전치사+관계대명사'의 형태인 'in which'로 고쳐 써야 옳다.

[오답해설] ① 'international organization(국제기구)'가 '조직된' 것이므로 수동의 관계이다. 그러므로 과거분사의 형태인 'designed'를 사용한 것은 적절하다.
② 'not merely A but also B' 구문에서 A와 B는 동일 형태를 사용해야 한다. A에 to부정사의 형태인 'to talk'가 왔으므로 B도 to부정사의 형태인 'to

act'를 사용한 것은 적절하다.

③ 'see A as B(A를 B로 생각하다[여기다, 간주하다])' 구문으로 접속사 'as'를 사용한 것은 적절하다.

[핵심어휘] □ it seems to me that 나는 ~하고 생각한다, 내 생각에는 ~인 것 같다
□ international organization 국제 기구
□ not merely A but also B A뿐만 아니라 B도
□ see A as B A를 B로 생각하다[여기다, 간주하다]
□ international community 국제 사회
□ by chance 우연히
□ by design 의도적으로, 계획적으로

[본문해석] 나는 평화를 유지하기 위해 조직된 어떤 국제 기구든 말뿐만 아니라 행동할 수 있는 힘도 있어야 한다고 생각한다. 정말로 이것이 우연이 아닌 의도적으로 전쟁을 피할 수 있는 국제 사회로 나아가는 모든 발전의 핵심 주제라고 생각한다.

05 ②

[정답해설] are emerged → are emerging
'emerge'는 완전자동사이므로 'are emerged'처럼 수동태로 만들 수 없으며, 글의 흐름상 다음 문장의 'industry is changing'와 마찬가지로 현재진행형 시제인 'are emerging'로 고쳐 써야 옳다.

[오답해설] ① 'arrive'는 자동사로 전치사 'in'과 함께 '~에 도착하다'라는 의미로 사용되며, 앞의 'have'와 함께 'have+p.p'의 현재완료 시제를 구성하므로 'arrived in'은 옳게 사용되었다.

③ 내용상 자동차가 공유되는 것이므로 수동형이고, 현재 발생중인 일이므로 'be being+p.p'의 수동형 현재진행 시제인 'are being shared'는 옳게 사용되었다.

④ 내용상 전체 공장들이 서로 연결된 것이므로, 'connect A with B' 구문이 수동형으로 바뀌어 'are (intelligently) connected with'로 사용된 것은 적절하다.

[핵심어휘] □ digitization 디지털화
□ across the board 전반에 걸쳐
□ in all sectors 모든 부문[분야]에서
□ emerge 나타나다, 출현하다, 등장하다
□ assemble 모이다, 조립하다
□ entire 전체의, 모든
□ intelligently 똑똑하게, 지능적으로

[본문해석] 우리는 이미 디지털화된 세상에 도착해 있다. 디지털화는 전통적인 IT 회사들뿐만 아니라, 전반적으로 모든 분야의 회사들에 영향을 미친다. 새롭게 변화된 비즈니스 모델들이 등장하고 있는데, 즉 자동차는 앱으로 공유되고 있고, 언어는 온라인에서 학습되며, 그리고 음악은 스트리밍되고 있다. 그러나 산업도 또한 변화하고 있는데, 3D 프린터는 기계 부품을 만들고, 로봇은 그것들을 조립하며, 전체 공장들은 서로 지능적으로 연결되어 있다.

06 ②

[정답해설] 회의실 대여에 관련된 대화 내용으로, Tim Jones이 회의는 7월 15일 월요일에 있을 예정이라고 구체적 회의 날짜와 요일을 답하고 있으므로, 빈칸에는 ②의 '정확한 회의 날짜를 알려주실 수 있나요?'가 들어갈 말로 가장 적절하다.

[오답해설] ① 연락처를 알 수 있을까요? → 회의 날짜를 제시하고 있으므로 연락처를 묻는 내용은 부적절함

③ 빔 프로젝터나 복사기가 필요하십니까? → 회의할 때 필요한 장비를 묻는 질문은 없음

④ 회의에 몇 명이 참석할 예정입니까? → 17인실이 필요하다고 앞에서 이미 언급되어 있음

[핵심어휘] □ rent 대여하다, 임차[임대]하다
□ available 활용할 수 있는, 이용할 수 있는
□ accommodate 수용하다, 공간을 제공하다
□ reserve 예약하다, 비축하다
□ confirmation 확인, 확정

[본문해석] Tim Jones: 안녕하세요, 저는 회의실 중 하나를 대여하는 것에 관심이 있습니다.
Jane Baker: 관심에 감사드립니다. 회의 규모에 따라 이용 가능한 공간이 여럿 있습니다. 5~20명의 단체를 수용할 수 있습니다.
Tim Jones: 좋습니다. 17인실이 필요하고, 회의는 다음 달로 예정되어 있습니다.
Jane Baker: <u>정확한 회의 날짜를 알려주실 수 있나요?</u>
Tim Jones: 회의는 7월 15일 월요일에 있을 예정입니다. 그날 가능한 회의실이 있나요?
Jane Baker: 네, 있습니다. 자리를 예약하고 모든 세부사항이 포함된 확인 이메일을 보내드릴 수 있습니다.

07 ③

[정답해설] B가 그 서비스를 어떻게 이용하느냐고 질문한 후 A의 답변을 듣고 복잡하지는 않은 것 같다며 주말에 한 번 해보겠다고 답하고 있다. 따라서 빈칸에는 공유 자전거 서비스를 이용하는 방법에 대한 설명이 오면 된다. 그러므로 ③의 '자전거 공유 앱을 다운받고 온라인으로 결제하면 돼'가 빈칸에 들어갈 말로 가장 적절하다.

[오답해설] ① 그건 전기식이라 에너지를 절약할 수 있어 → 공유 자전거가 전기 자전거라는 사실은 대화 후미에 등장함

② 네 소유의 자전거를 주차하려면 꼭 허가증을 신청해 → 공유 자전거에 대한 내용이므로, 자가 소유

자전거의 주차 허가 신청과는 관련 없음

④ 안전을 위해 항상 헬멧을 써야만 해 → 공유 자전거 서비스 이용 방법을 묻는 질문에 헬멧 착용 답변은 어울리지 않음

[핵심어휘] □ launch 시작하다, 개시하다
□ sharing service 공유 서비스
□ by the way 그런데
□ I can tell 딱 보니 알겠네, 확실해
□ it looks cool 멋있어 보이네
□ apply for ~에 지원하다, 신청하다
□ permit 허가(증)
□ at all times 항상
□ safety 안전, 안심

[본문해석] A: 이 자전거에 대해 어떻게 생각해?
B: 와, 정말 좋아 보인다! 금방 산거야?
A: 아니, 이건 공유 자전거야. 시가 자전거 공유 서비스를 시작했어.
B: 정말? 그건 어떻게 작동해? 내 말은, 그 서비스는 어떻게 이용해?
A: 간단해. 자전거 공유 앱을 다운받고 온라인으로 결제하면 돼.
B: 복잡하지는 않은 것 같네. 이번 주말에 한 번 해봐야겠어.
A: 그런데, 그건 전기 자전거야.
B: 그래, 딱 보니 알겠네. 멋있어 보이네.

08 ①

[정답해설] 첫 번째 문장에서 우리는 식품, 섬유 및 특산작물의 자국 생산자를 위한 국내외 마케팅 기회를 창출하는 프로그램을 운영한다고 그 임무를 소개하고 있다. 그러므로 '국내 생산자를 위한 마케팅 기회를 창출한다.'는 ①의 설명은 윗글의 내용과 일치한다.

[오답해설] ② 전 세계의 건강한 식품의 소비를 제한한다. → 자국 및 전 세계 소비자에게 건강에 좋은 식품의 품질과 유용성을 보장함

③ 생산자보다 소비자에게 이익이 되도록 전념한다. → 생산자, 상인 및 소비자 모두에게 이익이 되도록 함

④ 결정을 내리기 전에 다른 기관으로부터 명령을 받는다. → 프로그램과 서비스에 대한 신뢰를 구축하기 위해 독립성과 객관성을 보장받음

[핵심어휘] □ agricultural 농업의
□ administer 운영하다, 관리하다
□ domestic 국내의
□ opportunity 기회
□ fiber 섬유
□ specialty crops 특수작물
□ valuable 귀중한, 가치 있는
□ ensure 보장하다, 보증하다
□ availability 이용성, 유용성
□ wholesome 건강에 좋은, 건전한
□ facilitate 촉진하다, 가능하게 하다
□ strategic 전략적인, 전략상 중요한
□ competitive 경쟁적인, 경쟁을 하는
□ integrity 청렴, 고결, 성실
□ independence 독립, 자립
□ objectivity 객관성
□ independently 독립하여, 자주적으로
□ be committed to ~에 전념[헌신]하다
□ mandate 권한, 명령
□ mutual 서로의, 상호의
□ profitable 수익성이 있는, 이익이 되는
□ impartial 공평한, 공정한

[본문해석] 농업 마케팅 사무소

임무

우리는 식품, 섬유 및 특산작물의 자국 생산자를 위한 국내외 마케팅 기회를 창출하는 프로그램을 운영한다. 우리는 또한 전국 및 전 세계 소비자를 위한 건강에 좋은 식품의 품질과 유용성을 보장하는 가치 있는 서비스를 농업계에 제공한다.

비전

우리는 국내외 시장에서 자국 농산품의 전략적 마케팅을 촉진하는 동시에 공정한 거래 관행을 보장하고 자국의 식품, 섬유 및 특산작물의 생산자, 상인 및 소비자에게 이익이 되도록 경쟁적이고 효율적인 시장을 촉진한다.

핵심 가치

- 정직과 성실: 우리는 우리가 하는 모든 일에 완벽한 정직과 성실을 기대하고 요구한다.
- 독립성과 객관성: 우리는 프로그램과 서비스에 대한 신뢰를 구축하기 위해 독립적이고 객관적으로 행동한다.

09 ④

[정답해설] 'fair'는 '공정한'의 의미로 ④의 'impartial(공평한, 공정한)'과 그 의미가 가장 유사하다.

[오답해설] ① 무료의
② 상호의
③ 이익이 되는

10 ①

[정답해설] 제시문은 죽어가고 있는 Dimmesdale 호수를 살리기 위한 대책을 논의하기 위해 특별 회의를 개최한다고 주민들의 참여를 독려하며 장소, 날짜, 시간 등을 공지한 게시물이다. 그러므로 (A)에 들어갈 윗글의 제목은

①의 'Dimmesdale 호수가 죽어가고 있어요'가 가장 적절하다.

[오답해설] ② 호수의 아름다움에 대한 찬사 → 죽어 가는 호수를 살리기 위한 대책 회의가 중심 주제이지 호수의 아름다움이 중심 주제는 아님
③ Dimmesdale 호수의 문화적 가치 → 호수를 살리는 것이 주민의 재산 가치에 영향을 미친다고 서술하고 있으나, 호수의 문화적 가치에 대한 언급은 없음
④ 그 대학에 있어서 호수의 중요성 → 우천 시 회의가 대신 개최되는 장소일 뿐 호수와의 연관성은 없음

[핵심어휘] □ head toward ~를 향하다
□ pay one's respect to ~에게 경의[존경]를 표하다
□ body of water 수역
□ dedicated 전념하는, 헌신적인
□ affect 영향을 미치다
□ property 재산, 부동산
□ regional 지역의, 지방의
□ council 의회, 평의회, 심의회
□ opposite 맞은편의, 반대편의
□ significance 중요성, 의미

[본문해석] 가까운 이웃으로서, 호수를 살리는 방법을 알고 싶을 것입니다.
아직 죽지는 않았지만, Dimmesdale 호수는 종말을 향해 가고 있습니다. 그러므로 살아있을 때 이 아름다운 수역에 경의를 표하세요.
일부 헌신적인 사람들이 지금 그것을 살리기 위해 일하고 있습니다. 그들은 그 사실을 여러분에게 알리기 위해 특별 회의를 개최할 것입니다. 오셔서 무엇을 하고 있고 여러분이 어떻게 도울 수 있는지 알아보세요.
이것은 여러분의 재산 가치에도 영향을 미칩니다.
누가 죽은 호수 근처에서 살고 싶겠습니까?

중부 주 지역 계획 위원회 후원

- 장소: 남부 주립대학 맞은편 그린 시티 파크 (우천 시: 대학도서관 203호)
- 일시: 2024년 7월 6일, 토요일
- 시간: 오후 2시

회의에 대한 질문은 당사 웹사이트 www.planningcouncilsavelake.org를 방문하시거나 (432) 345-6789로 저희 사무실에 연락주세요.

11 ③

[정답해설] 회의가 개최될 장소는 남부 주립대학 맞은편 그린 시티 파크이며, 우천 시에는 대학도서관 203호에서 회의가 열린다가 공지하고 있다. 그러므로 '우천 시에는 대학의 구내식당에서 회의가 열린다.'는 ③의 설명은 윗글의 내용과 일치하지 않는다.

[오답해설] ① 일부 헌신적인 사람들이 호수를 살리기 위해 일하고 있다고 서술하고 있다.
② 호수를 살리기 위한 활동이 주민들의 재산 가치에도 영향을 미친다고 서술하고 있다.
④ 제시문의 마지막 줄에 회의에 대한 질문은 웹사이트를 방문하거나 전화로 사무실에 연락 달라고 서술하고 있다.

12 ①

[정답해설] 제시문은 보안에 심각한 위협이 되고 있는 사이버 범죄로부터 개인 및 비즈니스 정보를 보호하기 위한 다섯 가지 방법을 안내하고 있다. 그러므로 윗글의 목적은 ①의 '고객에게 사이버 위협으로부터 자신을 안전하게 보호하는 방법을 알려주기 위해'서이다.

[오답해설] ② 고객에게 소프트웨어 및 장치를 업데이트하는 방법을 알려주기 위해 → 소프트웨어와 장치를 최신 상태로 유지할 것을 권고하고 있으나, 업데이트하는 방법을 알려주고 있지는 않음
③ 고객에게 비밀번호를 더 강화하는 방법을 알려주기 위해 → 강력한 비밀번호를 사용하고 자주 바꿔줄 것을 권고하고 있으나, 비밀번호를 더 강화하는 방법에 대한 설명은 없음
④ 고객에게 OTP를 보호하는 방법을 알려주기 위해 → 본인 확인을 위한 OTP 사용 요청을 안내하고 있으나, OTP를 보호하는 방법은 제시되어 있지 않음

[핵심어휘] □ client 고객, 단골
□ cybercrime 사이버 범죄
□ security 안전, 보안
□ safeguard 보호하다
□ threat 위협, 협박
□ frequently 자주, 빈번히
□ up to date 최신의
□ wary 경계하는, 주의하는
□ suspicious 수상한, 의심스러운
□ give out 발설하다, 내뱉다, 제공하다
□ sensitive 민감한, 예민한
□ two factor authentication 이중 인증
□ passcode 암호, 비밀번호
□ verify 확인하다, 입증하다
□ identity 신원

[본문해석] 친애하는 고객 여러분께,
오늘날의 세계에서, 사이버 범죄는 여러분의 보안에 심각한 위협이 되고 있습니다. 여러분의 신뢰할 수 있는 파트너로서, 여러분의 개인 및 비즈니스 정보를 보호하는 데 도움을 드리고자 합니다. 사이버 위협으로부터

여러분을 보호하는 다섯 가지 쉬운 방법이 있습니다.

1. 강력한 비밀번호를 사용하고 자주 바꿔주세요.
2. 소프트웨어와 장치를 최신 상태로 유지하세요.
3. 독촉하거나 민감한 정보를 제공하도록 압박하는 의심스러운 이메일, 링크 또는 전화를 주의하세요.
4. 이중 인증을 활성화하고 가능한 한 언제든지 사용하세요. California Bank & Savings에 연락하시면 본인 확인을 위해 일회용 비밀 번호(OTP)를 사용하라는 요청을 받으실 겁니다.
5. 데이터를 정기적으로 백업하세요.

어떻게 하면 온라인상에서 안전할 수 있는지 더 알고 싶다면 보안 센터를 방문하세요. 사이버 보안은 팀의 노력이라는 것을 기억하세요. 함께 협력함으로써, 우리는 우리 자신과 세계를 위해 더 안전한 온라인 환경을 구축할 수 있습니다.

California Bank & Savings 올림

13 ④

[정답해설] 제시문은 동물 추적 과학에 혁신을 가져다 줄 국제 우주 정거장의 야생 동물 감시 장비에 대해 소개한 후 향후 가동 일정과 기대효과 등에 대해 설명하고 있다. 그러므로 ④의 '우주 정거장에서의 혁신적인 야생 동물 감시'가 윗글의 주제로 가장 적절하다.

[오답해설] ① 지구 생태계의 지속 가능성 평가 → 지구 생태계의 지속 가능성이 아니라, 우주 정거장에서의 혁신적인 야생 동물 감시 장비에 대해 소개하고 있음

② 러시아 우주비행사들의 성공적인 훈련 프로젝트 → 우주 정거장에 야생 동물 감시 장비를 설치한 것은 러시아 우주 비행사들임을 언급하고 있으나, 이들의 훈련 프로젝트에 대한 내용은 없음

③ 우주 정거장에서 실행된 동물 실험 → 우주 정거장에 야생 동물 감시 장비가 설치되었을 뿐이며, 우주 정거장에서 동물 실험 자체가 시행된 것은 아님

[핵심어휘]
□ orbit 궤도를 돌다
□ be about to 막 ~하려 하다
□ revolutionize 혁명[혁신]을 일으키다
□ equipment 장비, 설비
□ orbiting outpost 우주 정거장, 궤도 정거장
□ install 설치하다
□ spacewalk 우주 유영을 하다
□ astronaut 우주비행사
□ operational 가동상의, 작동하는
□ relay 중계하다, 전달하다
□ log 기록하다
□ physiology 생리(학)
□ assist 돕다, 보조하다
□ conservationist 환경보호론자
□ ecosystem 생태계
□ evaluation 평가
□ sustainability 지속 가능성, 유지 가능성
□ innovative 획기적인, 혁신적인

[본문해석] 지구 상공 약 240마일을 돌고 있는 국제 우주 정거장은 세계 야생 동물 감시 즉, 동물 추적 과학에 혁신을 일으키기 위한 노력에 곧 동참할 예정이다. 2018년 우주 유영 중인 러시아 우주 비행사들에 의해 설치된 우주 정거장에 탑재된 대형 안테나와 다른 장비들이 시험 중이며 올 여름에 완전히 가동될 예정이다. 이 시스템은 동물의 위치뿐만 아니라 생리와 환경 또한 기록하여 이전의 추적 기술보다 훨씬 더 넓은 범위의 데이터를 전달할 것이다. 이는 이동 중에 야생 동물을 면밀히 감시해야 하는 과학자, 환경보호론자 및 기타 작업을 수행하는 사람들을 보조하고 지구 생태계의 건강에 대해 훨씬 더 자세한 정보를 제공할 것이다.

14 ③

[정답해설] 본문 중간에 추수감사절, 크리스마스, 설날은 휴무일이라고 밝히고 있다. 그러므로 David Williams의 생가는 연중무휴라는 ③의 설명은 윗글의 내용과 일치하지 않는다.

[오답해설] ① 도서관과 박물관은 12월 오후 5시에 문을 닫는다. → David Williams 도서관과 박물관은 11월부터 3월까지는 오전 9시부터 오후 5시까지 개방한다고 서술되어 있음

② 방문객은 현장에서 생가 투어 티켓을 구입할 수 있다. → 생가 투어 티켓은 정상 영업시간 동안 현장에서 구매할 수 있다고 서술되어 있음

④ 도서관 연구실에서 무료로 연구를 할 수 있다. → David Williams 도서관 연구실에서 연구를 수행하는 것은 무료라고 서술되어 있음

[핵심어휘]
□ purchase 구입하다, 구매하다
□ confirmation 확인, 확정
□ heritage 유산, 물려받은 것
□ offer 제공하다, 제안하다
□ separate 각각의, 개별의
□ admission 입장(료)
□ on-site 현장에서, 현지에서
□ normal business hours 정상 영업시간
□ additional 부가적인, 추가적인

[본문해석] David Williams 도서관과 박물관은 1주일에 7일, 11월부터 3월까지는 오전 9시부터 오후 5시까지 개방하고, 4월부터 10월까지는 오전 9시부터 오후 6시까지 개방

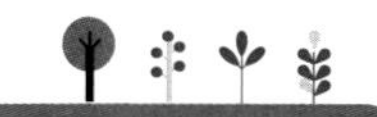
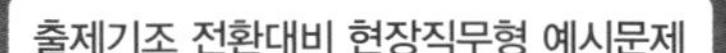

합니다. 온라인 티켓은 아래 링크 주소에서 구매할 수 있습니다. 구매 후 이메일 확인서를 받으실 겁니다(스팸 폴더를 반드시 확인하세요). 구매 증빙을 위해 인쇄되거나 스마트 기기에 저장된 이 확인서를 가져오세요.

- **온라인 티켓**: buy.davidwilliams.com/events
  David Williams 도서관과 박물관 및 David Williams 생가(국립 유산 관리소에서 운영)는 10달러의 성인 입장권을 별도로 판매합니다. 생가 투어 티켓은 정상 영업시간 동안 현장에서 구매할 수 있습니다.
- **휴무일** : 추수감사절, 크리스마스, 설날
  David Williams 도서관 연구실에서 연구를 수행하는 것은 무료입니다.

추가 정보를 원하시면 1 (800) 333-7777로 전화주세요.

15 ②

[정답해설] 글의 서두에 동물 질병 발병에 대한 대비가 수십 년 동안 동물보건위원회(BOAH)의 최우선 과제였다고 소개한 후 외래 동물 질병(FAD)의 피해와 동물 질병과 관련한 BOAH의 활동들을 서술하고 있다. 그러므로 ②의 'BOAH의 주요 목적은 동물 질병 유행에 대응하는 것이다.'가 윗글의 요지로 가장 적절하다.

[오답해설] ① BOAH는 FAD를 대비한 수의사 훈련에 집중한다. → BOAH의 수의사들이 FAD 의심 사례를 조사하기 위해 하루 24시간 대기하고 있으나, 수의사 훈련이 BOAH의 직접적인 목적은 아님

③ BOAH는 적극적으로 국제 무역 기회를 촉진한다. → FAD로 인한 경제적 피해로 국제 무역 기회의 박탈을 거론하고 있으나, BOAH가 국제 무역 기회를 촉진한다는 내용은 없음

④ BOAH는 FAD의 원인에 대한 실험실 연구를 주도하는 것을 목표로 한다. → BOAH의 최우선 목표는 동물 질병에 대비하는 것이지 FAD의 원인에 대한 실험실 연구 주도가 아님

[핵심어휘]
□ emergency 긴급, 비상 (사태)
□ preparedness 준비, 대비
□ outbreak 발생, 발발
□ top priority 최우선, 최우선 순위
□ the Board of Animal Health(BOAH) 동물보건위원회
□ decade 10년
□ contagious 전염성의, 전염병에 걸린
□ devastating 파괴적인, 치명적인
□ security 보안, 안전
□ a foreign animal disease(FAD) 외래 동물 질병
□ significant 중요한, 심각한
□ extensive 광범위한, 대규모의
□ eliminate 없애다, 제거하다
□ veterinarian 수의사
□ diagnose 진단하다
□ investigate 수사하다, 조사하다
□ suspected 의심나는, 미심쩍은, 수상한
□ trigger 촉발하다, 시작하다
□ clinical sign 임상 증상
□ indicative of ~을 가리키는, 나타내는
□ diagnostic 진단의, 진단상의
□ identify 확인하다, 알아보다
□ suspicious 의심스러운, 수상한
□ epidemic 유행병, 전염병

[본문해석] 동물 건강 비상사태

동물 질병 발병에 대한 대비는 수십 년 동안 동물보건위원회(BOAH)의 최우선 순위였습니다. 전염성이 높은 동물 질병의 발발은 공중 보건 혹은 식품 안전 및 안보 결과뿐만 아니라 경제적으로 치명적인 영향을 미칠 수 있습니다.

외래 동물 질병

외래 동물 질병(FAD)은 현재 국내에서 발견되지 않는 질병으로, 동물에게 심각한 질병이나 사망을 유발하거나 다른 국가 및 주(州)와의 무역 기회를 없애 광범위한 경제적 피해를 초래할 수 있습니다.

FAD 진단 훈련을 받은 몇몇 BOAH 수의사들이 FAD 의심 사례를 조사하기 위해 하루 24시간 대기하고 있습니다. FAD를 나타내는 임상 증상이 있는 동물에 대한 보고가 접수되거나 진단 실험실에서 의심스러운 검사 결과를 확인했을 때 조사가 시작됩니다.

16 ②

[정답해설] 제시문은 일반적인 글쓰기 유형 중의 하나인 반응 글쓰기(reaction essay)에 대해 소개한 후, '프롬프트'와 관련된 사례와 과제 등에 대해 서술하고 있다. 그런데 ②는 주장을 효과적으로 변호할 수 있는 믿을 만한 자료 수집에 대해 언급하고 있으므로, 전체적인 글의 흐름과 어울리지 않는다.

[핵심어휘]
□ academic discipline 학문 영역[분야]
□ essay 과제물, 글, 수필
□ prompt 자극, 촉진
□ stimulus 자극(제)
□ reliable 믿을 수 있는, 믿을 만한
□ argument 논쟁, 주장
□ effectively 효과적으로

□ quote 인용구
□ observation 관찰, 의견, 소견
□ twofold 두 배의
□ summarize 요약하다

[본문해석] 모든 학문 분야에서 나타나는 매우 일반적인 글쓰기 과제 유형은 반응 또는 응답이다. ① 반응 글쓰기에서, 글쓴이는 대개 시각적 또는 문자로 된 자극제인 '프롬프트'를 제공받아 생각한 후 응답한다. ② 당신의 주장을 효과적으로 변호할 수 있도록 믿을 만한 사실들을 수집하는 것은 매우 중요하다. ③ 이러한 글쓰기 유형의 일반적인 프롬프트 또는 자극제는 인용문, 문학 작품, 사진, 그림, 멀티미디어 자료 및 뉴스 기사가 포함된다. ④ 반응은 특정 프롬프트에 대한 글쓴이의 감정, 의견 및 개인적인 소견에 중점을 둔다. 반응 글쓰기를 작성하는 데 있어 과제는 두 가지인데, 프롬프트를 간략하게 요약하는 것과 그것에 대한 개인적인 반응을 제공하는 것이다.

17 ②

[정답해설] 제시문은 행동주의의 개념에 대해 설명한 글로, ①에서는 '몇몇 사람들(For some)'이 이해하는 행동주의의 이론적 또는 이념적 개념에 대해 서술하고 있고, 주어진 문장에서는 '다른 사람들(For others)'이 이해하는 대립적 활동으로써의 행동주의에 대해 서술하고 있다. 그러므로 'some'과 'others'의 부정대명사 용법과 행동주의에 대한 이론과 실천의 개념을 설명한 글의 흐름상 주어진 문장은 ②에 들어가는 것이 가장 적절하다.

[핵심어휘] □ activism 행동주의, 활동주의
□ controversial 논쟁을 일으키는, 논란이 많은
□ disruptive 분열[붕괴]시키는, 파괴적인
□ manifest 나타내다, 드러내 보이다
□ confrontational 대립적인, 모순되는
□ define 정의하다, 규정하다
□ intentional 의도적인, 고의의
□ vigorous 활발한, 격렬한
□ bring about 성취하다, 달성하다
□ theoretically 이론적으로, 이론상으로
□ ideologically 이념적으로
□ perceived 인지된, 지각된
□ messy 지저분한, 골치 아픈
□ strenuous 몹시 힘든, 격렬한
□ commitment 헌신, 전념
□ folk 사람들
□ workable 실행 가능한, 운용 가능한
□ strategy 전략, 계획
□ collective 집단의 공동의, 집합적인
□ noted 유명한, 저명한

[본문해석]

다른 사람들에게 행동주의는 논란을 일으키고 파괴적인데, 결국 그것은 종종 기존 질서에 직접적으로 도전하는 대립적 활동으로 나타난다.

행동주의는 흔히 개인과 집단이 원하는 목표를 달성하기 위해 실행하는 의도적이며, 활발하고 정렬적인 행동으로 정의된다. (①) 몇몇 사람들에게 행동주의는 정치적 또는 사회적 변화에 대한 인지된 필요에 영향을 미치기 위한 이론적 또는 이념적으로 초점을 맞춘 프로젝트이다. (②) 행동주의는 불편하고, 때로는 골치 아프며, 거의 항상 격렬하다. (③) 게다가, 실행 가능한 전략을 개발하고, 특정 사안에 집단적인 스포트라이트를 집중시키고, 궁극적으로 사람들을 행동하게 만드는 사람들, 즉 행동가들의 존재와 헌신 없이 그 일은 일어나지 않는다. (④) 한 저명한 학자가 말했듯이, 유능한 행동가들 또한 때때로 큰 소리로 소음을 유발한다.

18 ③

[정답해설] Nick이 야외에서 불을 피우고 식사를 준비하는 과정을 다음의 시간적 순서에 따라 배열하면 ③의 (C)–(A)–(B) 순이 가장 적절하다.

주어진 글 : 불 위에 석쇠를 고정시킴 (C) 석쇠에 프라이팬을 올리고 콩과 스파게티를 데움 (A) 작은 거품을 내며 끓기 시작함 (B) 석쇠에서 프라이팬을 들어 올림

[핵심어휘] □ chunk (두툼한) 덩어리, 토막
□ pine 소나무
□ ax 도끼
□ stick 찌르다, 박다, 고정하다
□ wire grill 석쇠
□ stump 그루터기
□ bubble 거품이 일다, 보글보글 끓다
□ flame 불꽃, 불길
□ stir 휘젓다, 뒤섞다

[본문해석]

Nick은 그가 도끼로 그루터기에서 잘라 낸 소나무 장작으로 불을 피웠다. 그는 부추로 네 다리를 땅바닥에 밀어 넣어 불 위에 석쇠를 고정했다.

(C) Nick은 불길 위의 석쇠에 프라이팬을 올렸다. 그는 점점 더 배가 고팠다. 콩과 스파게티가 데워졌다. 그는 그것들을 저어 함께 섞었다.
(A) 그것들은 어렵게 표면으로 올라오는 작은 거품들을 만들며 보글보글 끓기 시작했다. 좋은 냄새가 났다. Nick은 토마토케첩 한 병을 꺼내고 빵을 네 조각으로 잘랐다.
(B) 이제 작은 거품들이 더 빨리 올라오고 있었다. Nick은 불 옆에 앉아 프라이팬을 들어 올렸다.

19 ④

[정답해설] 제시문에 따르면 기술의 발전은 한 산업에서 일자리를 잃은 노동자들이 다른 산업에서 일자리를 찾을 수 있기 때문에 한 국가 전체로 볼 때 실업을 유발하지는 않는다고 서술되어 있다. 그러므로 기술의 발전이 생산성과 소득을 증가시키고, 더 높은 소득은 상품에 대한 더 높은 수요로 이어지며, 이에 따라 노동에 대한 수요도 증가할 것으로 예상된다. 그러므로 빈칸에는 ④의 'higher demand for labor(노동에 대한 더 높은 수요)'가 들어갈 말로 가장 적절하다.

[오답해설] ① 증가하는 실직 → 상품에 대한 수요 증가가 실직의 증가를 가져오지는 않음

② 직장에서의 승진 지연 → 상품에 대한 수요 증가와 직장에서의 승진 지연은 무관한 내용임

③ 더 높은 직장 만족도 → 상품에 대한 수요 증가와 직장 만족도와는 무관한 내용임

[핵심어휘] □ textile 직물, 섬유, 방직
□ unemployment 실업(률), 실업자 수
□ as a whole 전체적으로
□ productivity 생산성
□ Luddite 러다이트, 신기술 반대자
□ end up with 결국 ~하게 되다
□ delayed 지연된
□ promotion 승진, 승격
□ labor 노동

[본문해석] 기술의 발전은 방직과 같은 단일 산업의 일자리를 빼앗을 수 있다. 그러나 역사적 증거는 기술의 발전이 한 국가 전체로 볼 때 실업을 유발하지 않는다는 사실을 나타낸다. 기술의 발전은 경제 전체에서 생산성과 소득을 증가시키고, 더 높은 소득은 상품에 대한 더 높은 수요로 이어지며 따라서 노동에 대한 더 높은 수요로 이어진다. 결과적으로, 그들 중 많은 사람들에게 이것은 시간이 걸릴 수도 있고 러다이트와 같은 일부 사람들은 새로운 일자리에서 더 낮은 임금을 받게 될 것이지만, 한 산업에서 일자리를 잃은 노동자들은 다른 산업에서 일자리를 찾을 수 있을 것이다.

20 ③

[정답해설] 제시문에 따르면 석유를 대체할 수 있는 에너지원이 없기 때문에, 세계 경제가 호황일 때 석유에 대한 수요가 증가하여 과잉 생산을 유발하고, 이것은 석유 가격의 폭락으로 이어진다고 진술하고 있다. 즉, 석유 가격에 따라 세계 경제가 요동치므로, ③의 '큰 호황과 깊은 불황에 빠지기 쉽다'가 빈칸에 들어갈 말로 가장 적절하다.

[오답해설] ① 자동차 산업이 번창하다 → 석유를 대체할 수 있는 것이 없기 때문에 자동차 산업이 번창하는 것은 아님

② 국경 간에 분열을 일으키다 → 석유 가격과 국경 분쟁에 대한 관련성은 언급되지 않음

④ 재생 가능 에너지에 대한 연구가 제한적이다 → 전기 생산을 위한 에너지원으로 재생 가능 에너지를 예로 들고 있으나, 재생 가능 에너지에 대한 연구는 서술되어 있지 않음

[핵심어휘] □ substitute 대체, 대리, 대용
□ generate 발생시키다, 만들어 내다
□ coal 석탄
□ renewables 재생 가능 에너지, 신재생 에너지
□ switch 바꾸다, 전환하다
□ predominant 우세한, 지배적인
□ fuel 연료
□ boost 북돋우다, 신장시키다
□ inevitably 필연적으로, 불가피하게
□ eat into 잠식하다, 부식시키다
□ overproduce 과잉 생산하다
□ crash 추락하다, 폭락하다
□ hold the bag 혼자 덮어쓰다, 빈털터리가 되다
□ plummet 곤두박질치다, 급락하다
□ uncertain 불확실한, 확신이 없는
□ lull into 안심시켜 ~하게 만들다
□ disastrous 처참한, 심각한
□ complacency 무사안일, 자기만족, 안주
□ disruption 분열, 와해, 방해
□ be prone to ~하기 쉽다
□ big booms and deep busts 큰 호황과 깊은 불황

[본문해석] 석유를 대체할 수 있는 것이 없기 때문에, 그것이 세계 경제가 큰 호황과 깊은 불황에 빠지기 쉬운 한 가지 이유이다. 우리가 가격에 따라 한 에너지원에서 다른 에너지원으로 전환하면서 석탄이나 천연 가스, 원자력이나 재생 가능한 에너지를 통해 전기를 생산할 수 있지만, 석유는 여전히 수송을 위한 가장 우세한 연료이다. 세계 경제가 활기를 띨 때, 석유에 대한 수요가 증가하여 가격이 상승하고 생산자들에게 더 많이 공급할 것을 주문한다. 필연적으로 이러한 높은 가격은 공급업체들이 과잉 생산을 하는 것처럼 경제 성장을 잠식시키고 수요를 감소시킨다. 가격은 폭락하고, 순환은 처음부터 다시 시작된다. 그것은 가격이 곤두박질칠 때 혼자 부담을 떠안게 될 생산자들에게는 좋지 않은 일이며, 장래의 에너지 가격에 대해 확신이 없는 소비자와 산업에 피해를 입힌다. 1990년대의 저유가는 미국 자동차 회사들을 심각한 무사안일주의에 빠뜨렸고, 석유가 비싸졌을 때 판매 가능한 유효 모델이 거의 없었다.

나두공

제 1 편

문법 (Grammar)

실전 문제

제1장 동사/시제 (Verb/Tense)

대표유형문제

국가직 9급 기출

어법상 옳지 않은 것은?

① A few words caught in passing set me thinking.

❷ Hardly did she enter the house when someone turned on the light.

③ We drove on to the hotel, from whose balcony we could look down at the town.

④ The homeless usually have great difficulty getting a job, so they are losing their hope.

정답해설 그녀가 집에 들어가고 난 후에 불이 켜진 것이므로, 'turned(과거시제)'보다 이전의 시제를 사용해야 한다. 그러므로 'Hardly did she enter~'는 'Hardly had she entered~'로 고쳐 써야 옳다.

오답해설 ① 'A few words(몇 마디 말)'를 수식하기 위해 수동의 의미인 과거분사 'caught in passing'을 사용한 것은 어법상 옳다.

③ 선행사 'hotel'을 수식하는 형용사절을 이끄는 소유격 관계대명사 'whose'를 사용한 것은 어법상 옳다.

④ 'The homeless(노숙자들)'는 'the + 형용사'가 복수 보통명사로 사용된 경우로 3인칭 복수형태인 동사 'have'를 사용한 것은 옳다.

해석풀이 ① 지나가다 들은 몇 마디 말에 나는 생각에 잠겼다.

② 그녀가 그 집에 들어가자마자 누군가 불을 켰다.

③ 우리는 호텔까지 차를 몰고 갔는데, 그곳의 발코니로부터 마을을 내려다 볼 수 있었다.

④ 대개 노숙자들은 직업을 구하기 어렵기 때문에 희망을 잃어버린다.

핵심어휘
- in passing 지나가는 말로
- the homeless 집 없는 사람들, 노숙자들 cf. a hostel[refuge] for the homeless 노숙자 쉼터
- have a difficulty (in) ~ing ~하는 데 어려움을 겪다

핵심정리 **No sooner, scarcely, hardly 구문**

No sooner had I arrived at home, than it began to rain. (내가 집에 도착하자마자 비가 내리기 시작했다.)

= I had no sooner arrived at home than it began to rain.

= Hardly[Scarcely] had I arrived at home, before[when] it began to rain.

= I had hardly[scarcely] arrived at home before[when] it began to rain.

= The minute[moment, instant] I arrived at home, it began to rain.

= As soon as I arrived at home, it began to rain.

= On my arriving at home, it began to rain.

❶ 문형과 동사

01

다음 밑줄 친 부분 중 옳지 않은 것은?

① I had my watch repaired.

② Your problem appeared impossibly.

③ Little did she realize what I was trying to say.

④ She was listening to music with her eyes closed.

해설 appear(~인 것 같다)는 2형식 동사(불완전자동사)로서 다음에 보어가 오는데, 부사는 보어가 될 수 없으므로 이를 형용사로 바꾸어야 한다. 이러한 동사에는 feel, sound, smell, taste, look, become, get, turn, go 등이 있다.
∴ impossibly → impossible

해석 ① 나는 내 시계 수리를 맡겼다.
② 당신의 문제는 불가능해 보였다.
③ 내가 무엇을 말하려고 하는지 그녀는 거의 깨닫지 못했다.
④ 그녀는 눈을 감은 채 음악을 듣고 있었다.

02

다음 문장의 밑줄 친 부분 중 문법적으로 어색한 것을 고르시오.

> ① Having spent his last penny ② for the cheese, he was determined to eat it all, ③ even if it ④ tasted bitterly to him.

해설 'taste(~한 맛이 나다)'가 불완전자동사(2형식 동사)로 쓰이는 경우 뒤에 (주격) 보어가 오는데, 부사는 보어가 될 수 없으므로 이를 형용사로 고쳐야 한다. 이러한 불완전자동사에는 taste, smell, feel, sound, look, become, turn, go, get 등이 있다.

03

다음 중 문법적으로 틀린 것을 고르시오.

> Death sentences have not ① mitigated the crises of ② teeming prisons and a society of victims. Even the phrases death by ③ electrocution and death by injection sound ④ absurdly and incongruous with modern society.

해설 불완전자동사(2형식)인 감각동사(look, taste, feel, sound, smell)는 주격보어로 형용사를 보어로 취하는 것이 원칙이다. 이것을 모르더라도 이 문제의 경우 and 다음에 형용사 보어인 incongruous가 왔으므로 ④에서도 형용사의 형태여야 한다는 것을 쉽게 알 수 있다. 그러므로 absurdly는 absurd로 고쳐야 한다.

해석 사형은 수많은 감옥과 사회의 희생자들의 위기를 완화시켜 주지 못했다. 심지어 전기의자 사형이라든지 주사 사형과 같은 문구조차도 현대사회에는 불합리하고 어울리지 않게 들린다.

정답 01 ② 02 ④ 03 ④

04 서울시 9급 기출

밑줄 친 부분 중 어법상 가장 옳지 않은 것은?

By 1955 Nikita Khrushchev ① had been emerged as Stalin's successor in the USSR, and he ② embarked on a policy of "peaceful coexistence" ③ whereby East and West ④ were to continue their competition, but in a less confrontational manner.

해설 'emerge(나타나다, 출현하다)'는 자동사이므로 수동태 문장에서 사용할 수 없다. 그러므로 'had been emerged'는 'had emerged'로 고쳐 써야 옳다.

해석 1955년까지 Nikita Khrushchev는 소련에서 Stalin의 후계자로 부상했으며, 동서양이 경쟁을 지속해야 하지만 덜 대립적인 방식의 '평화 공존' 정책에 착수했다.

어휘
- emerge 나타나다, 출현하다(= come up) n. emergence 출현, 발생
- successor 후계자, 계승자(↔ predecessor 전임자, 선임자)
- embark on ~에 착수하다
- coexistence 공존
- confrontational 대립의, 모순되는

핵심정리

수동태로 쓸 수 없는 동사
- 자동사
- have, possess, belong to, own 등의 소유동사
- resemble, lack(부족하다), become(어울리다), befall, hold(유지하다, 수용하다), reach, escape, suit(맞다, 어울리다), meet, cost(소요되다), weigh, let 등의 상태동사 cf. have가 '먹다'의 의미인 경우와 hold가 '붙잡다', '개최하다'의 의미인 경우 등은 수동태 가능

05

우리말을 영어로 잘못 옮긴 것을 고르시오.

① 그들은 없어진 자금에 대해 설명하지 못했다.
→ They could not account for the missing funds.

② 나는 유럽 여행을 준비하느라 바쁘다.
→ I am busy preparing for a trip to Europe.

③ 그녀는 남편과 결혼한 지 20년 이상 되었다.
→ She has married to her husband for more than two decades.

④ 나는 내 아들이 읽을 책을 한 권 사야 한다.
→ I should buy a book for my son to read.

해설 'marry'는 완전타동사이므로 'her husband'를 목적어로 취할 때 전치사를 필요로 하지 않는다. 그러므로 'married to'를 'married'로 고쳐 써야 한다. 또한 수동태 문장으로 사용하여 'has married to her husband'를 'has been married to her husband'로 고쳐 써도 옳다.

어휘
- preparing 준비하다
- decades 10년

06

다음 중 어법상 옳지 않은 문장은?

① The rain caused the river to rise.

② He asked immediate departure of me.

③ The trip cost a lot of money to me.

④ He bears a grudge against me.

해설 cost는 'S + V + I.O.(간접목적어) + D.O.(직접목적어)'의 4형식으로만 쓸 수 있는 동사이다(3형식 불가). 따라서 ③은 'The trip cost me a lot of money.'로 고쳐야 한다. 이러한 동사로는 cost 외에도 envy, forgive, pardon, save, answer, spare, strike 등이 있다.

핵심정리

4형식 문장의 3형식 전환

- **전환 형식** : 4형식(S + V + I.O. + D.O.) ⇒ 3형식(S+V + D.O. + 전치사 + I.O.)
- **전치사 to를 쓰는 동사** : pay, hand, sell, send, lend, give 등
- **전치사 for를 쓰는 동사** : buy, build, make, get 등
- **전치사 of를 쓰는 동사** : ask, beg, inquire 등
- **전치사 on 사용** : play, impose, bestow 등

❷ 시제(Tense)

01 기상직 9급 기출

다음 중 문법상 바른 것을 고르시오.

① Brad had known the story long before he received the book.

② John is talking to the man at the door when his mother phoned.

③ Soon after she has arrived, her aunt took her downtown in the city.

④ The children has just begun school when their father lost the job.

해설 before뒤에 과거시제가 오고 주절에 long이라는 계속 표현 부사가 있으므로 과거완료가 오는 것이 알맞은 표현이다.

핵심정리

과거완료형의 구조

- **과거완료** : 주어 + had + p.p.(과거분사형)
  - I/ We / You / They / He / She / It + had(= 'd) + gone / done
- **과거완료 진행** : 주어 + had + been + -ing
  - I/ We / You / They / He / She / It + had(= 'd) + been + going / doing

정답 04 ① 05 ③ 06 ③ / 01 ①

02

다음 빈칸에 들어갈 말로 적당하지 않은 것은?

> ____________ that this work is too difficult.

① He says
② He said
③ He is saying
④ He has been saying

해설 주절의 시제가 과거이면 종속절의 시제는 과거 또는 과거완료이어야 하며, 주절의 시제가 현재, 현재완료, 미래일 경우 종속절의 시제는 아무런 영향을 받지 않는다.

03

우리말을 영어로 잘못 옮긴 것을 고르시오.

① 시끄럽게 하지 말아주세요. 지금 책 읽고 있습니다.
→ Please don't make so much noise. I'm reading.

② 이 책은 재미있게 읽을 수 있다.
→ This book reads interesting.

③ 온도계는 영하 5도였다.
→ The thermometer was read five degrees below zero.

④ 그 연극은 상연된 것보다 책으로 읽는 편이 낫다.
→ The play reads better than it acts.

해설 was를 삭제하고 과거시제이므로 read로 고쳐야 한다.

04

다음 빈칸에 알맞은 것을 고르시오.

> Only three or four minutes ________ after the patient's arrival in the emergency room when Dr. Kim took charge of his case.

① had passed
② were
③ have passed
④ had been passed

해설 when 이하의 시간의 부사절이 과거이므로, 내용상 주절은 과거완료(had P.P.) 시제를 사용해야 한다.

해석 Dr. Kim이 환자의 병을 진료하기 시작한 때는 환자가 응급실에 도착한 후 겨우 3, 4분이 지나서였다.

05

다음 빈칸에 알맞은 표현을 고르시오.

The father offered a ransom of one hundred million won to the kidnapper of his daughter. He ________ anything to get her back.

① giving
② has given
③ had given
④ would have given

해설 딸을 되돌려 받으려면 무엇이든지 give(주다)의 시제 선택이 관건이다. would have p.p는 과거에 대해 '~했을 수도 있었으나 그러지는 않았다'는 뜻으로 어떠한 것도 줄 수도 있었으나 그러지는 않았고 1억원의 몸값을 주었다는 것이므로 옳은 표현이다.

해석 아버지는 딸의 유괴범에게 1억 원의 몸값을 제시했다. 그는 그녀를 되찾기 위해 무엇이든 줄 수 있었다.

06

다음 빈칸에 알맞은 것을 고르시오.

I'll take care of it after I ________ the report.

① will have read ② will read
③ had read ④ have read

해설 주절의 시제가 미래이고 글의 문맥상 after 이하의 종속절의 시제는 주절보다 한 시제 앞선 시제이므로, 현재완료(have P.P.) 시제를 사용한다.

해석 그 보고서를 읽은 후에 처리하겠다.

07

다음 빈칸에 알맞은 것을 고르시오.

The university ________ eagerly searching for a competent replacement for Professor Lee for two years before finally giving up last year.

① was ② have been
③ were ④ had been

해설 글의 문맥상 '작년에 포기하기에 앞서 2년 동안'이라는 말이 있으므로, 과거완료 진행형(had been ~ing) 시제를 사용한다.

해석 그 대학은 마침내 작년에 포기하기에 앞서 2년 동안 이 교수의 유능한 후계자를 열심히 찾고 있었다.

08

다음 중 어법에 틀린 것을 고르시오.

① Just before his death, Mr. Sanders at last ② began to receive the literary recognition that ③ until then ④ was not given.

해설 샌더스 씨에게 문학성의 인정이 주어지지 않은 것은 인정을 받기 시작한 일보다 앞서 있었던 일이다. 따라서 ④는 과거완료시제를 써서 hadn't been given이 되어야 옳은 표현이다.

해석 그가 죽기 직전, 마침내 샌더스 씨는 그때까지 주어지지 않았다는 문학적 인정을 받기 시작했다.

정답 02 ② 03 ③ 04 ① 05 ④ 06 ④ 07 ④ 08 ④

09

다음 문장을 영어로 옮길 때 가장 적절한 것은?

> 많은 전문가들이 한국의 대(對)중국 자동차 수출이 작년부터 계속 감소해오고 있는 것을 우려하고 있다.

① Many experts are concerned that Korean car exports to China decreased continuously last year.

② Many experts are worried that Korean car exports to China have stopped decreasing continuously since last year.

③ Many experts are worried that Korean car exports to China have decreased continuously last year.

④ Many experts are concerned that Korean car exports to China have been continuously decreasing since last year.

해설 since로 작년부터라는 뜻을 잘 표현했고, 현재완료진행형을 써서 과거부터 지금까지 활동이 진행 중임을 잘 나타내고 있으므로 옳은 표현이다.

10

다음 빈칸에 가장 적합한 것을 고르시오.

> My wound has been aching ever since ________________.

① it has started to snow

② it begins to snow

③ it started to snow

④ the snow had started to fall

해설 since 이하에는 과거의 특정 시점이 오므로 과거시제이어야 한다.

해석 눈이 오기 시작한 후로 내 상처가 계속 아팠다.

11

밑줄 친 부분 중 어법상 옳지 않은 것은?

> It s time for Major League Baseball to go to an expanded roster, one ① <u>that</u> makes sense for the way the game has evolved. Make it a 25-man game roster, but expand the overall roster to 28. Major League Baseball spokesman Pat Courtney said there ② <u>has</u> been discussions on the topic but nothing has been advanced. Yet the dialogue continues, and ③ <u>as</u> the game evolves into one in which players keep getting hurt, it would behoove MLB ④ <u>to create</u> a roster that fits the times.

해설 시제일치 원칙에 따라 주절이 과거시제이기 때문에 had been으로 사용하는 것이 알맞은 표현이다.

해석 야구가 진화한 방식에 맞는 것으로 메이저 리그 야구가 선수명단 확대를 해야 할 때다. 25인 경기 출전 선수 명단에 포함시키되, 전체 출전 선수 명단을 28명으로 늘린다. 팻 코트니 메이저리그 대변인은 이 주제에 대한 논의는 있었지만 진전된 것은 없다고 말했다. 하지만 대화는 계속되고 있고, 선수들이 계속 부상을 당하는 상황으로 게임이 전개됨에 따라 MLB가 시대에 맞는 선수명단을 만들 필요가 있을 것이다.

12

빈칸에 가장 알맞은 것을 고르시오.

The position you applied for has been filled but we appreciate your interest ______________ by our company.

① of employment
② of being employed
③ in being employed
④ in having been employed

해설 '채용되는'이라는 수동형이 필요하고, 시제는 주절보다 먼저 일어난 일이 아니므로 in being employed가 옳은 표현이다.

해석 당신이 지원했던 직책은 채워졌지만 저희는 귀하가 저희 회사의 채용에 관심을 가져주신 것에 감사드립니다.

13

우리말을 영어로 잘못 옮긴 것을 고르시오.

① 당신이 미국 소설가 Mark Twain에 대해 들어본 적이 없다는 것은 놀랍습니다.
→ I'm surprised that you haven't heard of Mark Twain, the American novelist.

② 당신을 성공으로 이끄는 것은 재능이 아니라 열정이다.
→ It is not talent but passion that leads you to success.

③ 시간을 엄수하는 것은 모든 사람들이 갖추어야 할 미덕이다.
→ Being punctual is the virtue everyone has to have.

④ 사람들은 나이가 들면서 엄해지는 경향이 있다.
→ People tend to be strict as though they got old.

해설 as though는 '마치 ~인 것처럼'을 의미한다. '~하면서, 함에 따라'라는 접속사는 as이고, 주절과 종속절이 동시에 일어나는 일이므로 시제를 일치시켜야 한다. as though they got old를 as they get old로 고쳐야 한다.

정답 09 ④ 10 ③ 11 ② 12 ③ 13 ④

14

다음 중 문법적으로 틀린 문장을 고르시오.

① I met there some friends of my father's.
② It will not be long before he will come back.
③ You used to smoke a pipe, didn't you?
④ If the sun were to rise in the west, I would not change my mind.

해설 시간을 나타내는 부사절의 시제는 미래형을 쓸 수 없다.
∴ he will come back → he comes back

15

다음 대화의 빈칸에 들어갈 내용으로 알맞은 것은?

A : How long have you been in Korea?
B : Since September.
A : Oh, so by Christmas you ________ here three months.

① will be
② would be
③ will have been
④ would have been

해설 글의 문맥상 크리스마스 때까지면 이곳에 온 지 석 달째라는 것을 의미하므로, 미래완료(will have P.P.) 시제를 사용한다.

16 국가직 9급 기출

우리말을 영어로 잘못 옮긴 것을 고르시오.

① 그는 자신의 정적들을 투옥시켰다.
→ He had his political enemies imprisoned.
② 경제적 자유가 없다면 진정한 자유가 있을 수 없다.
→ There can be no true liberty unless there is economic liberty.
③ 나는 가능하면 빨리 당신과 거래할 수 있기를 바란다.
→ I look forward to doing business with you as soon as possible.
④ 30년 전 고향을 떠날 때, 그는 다시는 고향을 못 볼 거라고 꿈에도 생각지 않았다.
→ When he left his hometown thirty years ago, little does he dream that he could never see it again.

해설 '~꿈에도 생각지 않았다'에서 시제는 과거이므로 'little does he dream~'이 아니라 'little did he dream~'으로 수정하는 것이 옳다.

어휘 ■ political 정치와 관련된, 정치적인
■ imprison 투옥하다, 감금하다

17

다음 빈칸에 가장 알맞은 것은?

> ___________ reached shelter when the storm broke.

① Hardly they
② Hardly had they
③ Hardly they had
④ They hardly have

해설 「Hardly/Scarcely + had + 주어 + 과거분사 + when/before + 과거형」(~하자마자 ~했다)
= 「No sooner + had + 주어 + 과거분사 + than + 과거형」

해석 그들이 쉼터에 도착하자마자 폭풍이 몰아쳤다.

18 서울시 9급 기출

어법상 옳지 않은 것은?

> A large difference exists between what viewers are likely to experience ① in reality and ② what they are likely to see in the media. This perhaps would not be a concern if the portrayals of crime and justice in the media ③ were balanced in other aspects and ④ present various competing constructions of the world.

해설 if절에 속하는 present는 등위접속사 and로 연결된 ③ were balanced와 마찬가지로 과거시제가 되어야 한다.

해석 시청자들이 현실에서 어떤 경험을 할 것 같은지, 그리고 미디어에서 어떤 것을 볼 것 같은지 간에 큰 차이가 존재한다. 만약 미디어 안에서 범죄와 정의의 묘사가 다른 측면에서 균형을 이루고 있고 세상의 다양한 대립되는 구조들을 제시하고 있다면, 이것은 아마도 문제가 되지 않을 것이다.

19

다음 빈칸에 들어갈 적합한 것을 고르시오.

> As a general rule, dogs ___________ unless offended.

① do not bite
② will not be biting
③ are not biting
④ have not bitten

해설 개들의 성향에 대한 일반적 사실이므로, 현재형으로 쓴다.

해석 일반적으로 개들은 공격당하지 않는다면 물지 않는다.

정답 14 ② 15 ③ 16 ④ 17 ② 18 ④ 19 ①

20 국가직 9급 기출

어법상 옳은 것은?

① This guide book tells you where should you visit in Hong Kong.

② I was born in Taiwan, but I have lived in Korea since I started work.

③ The novel was so excited that I lost track of time and missed the bus.

④ It's not surprising that book stores don't carry newspapers any more, doesn't it?

해설 ② but 이하의 문장에서 since 절에 과거시제 started가 올바르게 쓰였고 주절에는 현재완료시제 have lived가 적절하게 쓰였다. 따라서 ②번이 정답이다.

① 의문사 'where'이 이끄는 절이 직접목적어로 사용되었다. 따라서 'where' 절의 주어 동사는 의문문 어순으로 바뀌지 않는다. 'where you should ~' 어순으로 수정해야 한다.

③ 소설이 흥미롭게 '하는' 것이므로, 'excited'를 'exciting'으로 고쳐야 옳은 표현이다.

④ 부가의문문은 주절이 긍정이면 부정형, 주절이 부정이면 긍정형으로 쓰여야 한다. 주절의 동사가 be동사이면 be동사로, 일반동사이면 대동사로 받아야 하고 수와 시제 또한 주절에 일치시켜야 한다. 주절의 동사가 is not의 부정형 be동사이므로 부가의문문에는 긍정형 be동사가 사용되어야 한다. 따라서 'doesn't it'을 'is it'으로 고쳐야 한다.

21

다음의 의미를 가장 바르게 영작한 것은?

> 김 씨가 영어를 배우기 시작한 지 얼마 되지 않았다.

① It was not long before that Mr. Kim began to learn English.

② It has not been very long after Mr. Kim began to learn English.

③ It is a long time since Mr. Kim began to learn English.

④ It has not been very long since Mr. Kim began to learn English.

해설 문맥상 글의 시점은 현재완료이며, 접속사 since를 사용한 부정문의 형태로 영작한다. since 다음에는 기간의 특정한 시작점이, for 다음에는 기간이 온다.

22

다음 밑줄 친 부분 중 옳지 않은 것을 고르시오.

In general, pilots ① rarely ② concentrated on one particular instrument on flight deck, but ③ rather check them all ④ at intervals.

해설 ② 현재의 습관이나 사실을 표현하는 경우, 시제는 항상 현재시제를 쓰는데, 제시된 문장에서도 조종사들의 일상적인 습관을 나타내므로 현재시제가 사용된다.
∴ concentrated → concentrate
① 'rarely'(좀처럼 ~않는, 드물게)는 빈도부사로서 일반동사 앞에 위치한다.
③ rather(~이기보다는) 오히려, 차라리
④ at intervals 가끔, 때때로

해석 일반적으로 조종사들은 비행갑판에서 하나의 특정한 장치에 집중하는 일은 드물며, 오히려 모든 장치를 이따금씩 점검한다.

어휘
- in general 일반적으로, 대개
- flight deck 비행 갑판, 플라이트덱
- concentrate 집중하다, 모으다(~ on, upon)
- instrument 기계, 기구, 계기, 악기
- at intervals 띄엄띄엄, 이따금씩

핵심정리

항상 현재시제를 쓰는 경우
- 일반적인 사실을 나타내는 경우
  예 Teachers teach students at school.
  교사들은 학교에서 학생들을 가르친다.
  The moon goes around the earth.
  달은 지구 주위를 돈다.
- **반복적 · 습관적인 일을 나타내는 경우**
  예 I usually leave for work at 7:00 A.M.
  나는 대개 아침 7시에 출근한다.
  As a general rule, dogs do not bite unless offended.
  일반적으로, 개는 성나게 하지 않으면 물지 않는다.

정답 20 ② 21 ④ 22 ②

실전 문제

제2장 조동사(Auxiliary Verb)

대표유형문제

서울시 9급 기출

다음 밑줄 친 것 중에서 어법상 옳지 않은 것을 고르시오.

① On the day of the surgery, ② a few minutes before my wife went into the operation room, a physician's assistant demanded that ❸ she signed a consent form for the surgery she did not want. ④ When she refused, the anesthesiologist threatened to cancel the operation.

정답해설 demand는 요구동사로서 다음의 종속절(that절)은 의무나 필요성, 당위성 등의 의미를 지니므로 that절의 동사는 '(should) + 동사원형'의 형태가 된다. 여기서 should는 생략될 수 있다. 따라서 ③의 경우 'she (should) sign a consent ~'로 고쳐야 한다.

오답해설 ① day등 특정 날짜와 요일을 나타내는 경우 모두 전치사 on을 사용한다.
② before앞에 일정 시간을 나타내는 표현을 쓰면 '~하기 전'의 의미가 된다.
④ 접속사 when이 이끄는 시간의 부사절이며, 주절의 시제가 과거(threatened)이므로 과거시제로 표현되었다.

해석풀이 수술 당일, 나의 아내가 수술실로 들어가기 몇 분 전에, 한 의사의 조수는 내 아내가 원하지 않는 수술에 대한 동의서에 서명할 것을 요구했다. 그녀가 거부했을 때, 마취과 의사는 수술을 취소하겠다고 위협했다.

핵심어휘
- surgery 수술, 외과(수술)실, 외과 의원, 진찰실
- operation room 수술실
- physician 의사
- consent form 동의서, 동의 양식
- anesthesiologist 마취과 의사 (anesthesiology 마취학)
- threaten 위협하다
- cancel 지우다, 무효로 하다, 취소하다(= annul)

핵심정리 **요구 · 제안 · 충고 · 주장 · 명령 동사의 중요 문장 구조**
- **동사의 종류** : 요구(demand, require, request, ask, desire), 제안 · 충고(suggest, propose, recommend, advise), 주장 · 결정(insist, urge, decide), 명령(order, command) 등
- **문장 구조** : 요구 · 제안 · 충고 · 주장 · 명령 동사 + that + S + (should) 동사원형

예 He required that I (should) pay the money. (그는 나에게 돈을 지불하라고 요구했다.)
I proposed that the loan (should) be reduced. (나는 대부금을 삭감할 것을 제의했다.)
He insisted that the plan (should) be reconsidered. (그는 그 계획이 재고되어야 한다고 주장했다.)

01

다음 중 빈칸에 가장 알맞은 것은?

Finally, Mr. Anderton lost his job because he ______________ the current economic realities.

① didn't come to grasp
② would come to grasp
③ could not come to grips with
④ is able to come to grips with

해설 문맥상 빈칸에는 능력을 나타내는 can의 과거 부정형이 와야 한다.

해석 결국, Anderton 씨는 최근의 경제 현실에 잘 대처하지 못해 자신의 직업을 잃었다.

어휘 ■ come to grips with ~와 맞붙다, 정면으로 대처하다

02

다음 주어진 글의 밑줄 친 부분과 용법이 같은 것은?

Scientists are not different from other men. They are certainly no worse than other men. But they <u>do</u> differ from other men in one thing.

① You know that as well as I do.
② This is the best I can do for you.
③ Do be quiet.
④ It won't do you harm to take another week's holiday.

해설 강조적 용법의 do로, really의 의미를 지니며 동사 differ를 강조한다.

해석 과학자라고 해서 다른 사람들과 다르지 않다. 그들은 다른 사람들과 꼭 마찬가지이다. 그러나 그들은 어느 한 가지에 있어서는 다른 사람들과 정말로 다르다.

※ 다음 중 문법적으로 틀린 문장을 고르시오. (03~04)

03

① He needs not get up so early in the morning.
② I cannot see him without thinking of his father.
③ He may be clever, but he hasn't got much common sense.
④ Do to others as you would be dealt with.

해설 need는 일반동사와 조동사의 특성을 모두 갖는데, 조동사로 사용되면 3인칭 단수형태가 올 수 없으며 뒤에 동사원형이 온다.
∴ needs not get up → need not get up

04

① You must do as you are told.
② You ought to not have refused his offer.
③ He would sit for hours, doing nothing.
④ I would rather have visited London than Washington.

해설 「ought to have + P.P.」의 부정은 「ought not to have + P.P.」이다.
∴ ought to not have refused → ought not to have refused

정답 01 ③ 02 ③ 03 ① 04 ②

05
다음 중 빈칸에 알맞은 것은?

She requested that he ________ longer for dinner.

① is staying　② stays
③ stayed　④ stay

해설 request(요구동사)가 이끄는 that절의 동사는'(should) + 동사원형'의 형태가 된다. 따라서 빈칸에는 ④가 가장 알맞다.

06 지방직 7급 기출
우리말을 영어로 가장 잘 옮긴 것은?

의사들은 하루 음주량이 소주 다섯 잔을 초과하지 않도록 하고, 과한 음주 후에는 2~3일 동안 알코올성 음료를 자제하라고 권고한다.

① Doctors recommend that we do not drink as much as 5 shots of soju a day and stay away from alcoholic beverages for 2~3 days after excessive drinking.
② Doctors recommend no more than 5 shots of soju a day and keep away from any kind of alcoholic beverages for 2~3 days after heavy drinking.
③ Doctors recommend drinking no more than 5 shots of soju every day and making sure that we refrain from excessive drinking for 2~3 days after a party.
④ Doctors recommend that we not drink more than 5 shots of soju a day, and that we refrain from alcoholic beverages for 2~3 days after heavy drinking.

해설 제안의 동사 recommend가 올 경우 that절에는 (should) + 동사원형이 와야 한다. should는 생략이 가능하기 때문에 옳은 문장이다.

핵심정리

요구·주장·명령·제안·충고 동사

- **구조** : 요구 · 주장 · 명령 · 제안 · 충고 동사 + that + S + (should) + 동사원형
- **해당 동사**
  - 요구(demand, require, request, ask, desire)
  - 주장 · 결정(insist, urge, decide, determine)
  - 명령(order, command)
  - 제안 · 충고(suggest, propose, move, recommend, advise)

    예 He required that I (should) pay the money.
    (그는 나에게 돈을 지불하라고 말했다.)
    He insisted that the plan (should) be recon-sidered.
    (그는 그 계획이 재고되어야 한다고 주장했다.)
    I proposed that the loan (should) be reduced.
    (나는 대부금을 감액할 것을 제의했다.)
    The doctor advised that she (should) stop smoking.
    (그 의사는 그녀가 담배를 끊어야 한다고 충고했다.)

07 지방직 9급 기출

어법상 옳은 것은?

① The paper charged her with use the company's money for her own purposes.

② The investigation had to be handled with the utmost care lest suspicion be aroused.

③ Another way to speed up the process would be made the shift to a new system.

④ Burning fossil fuels is one of the lead cause of climate change.

해설 'lest ~ (should) + 동사원형' 구문으로 '~하지 않도록'의 의미를 가진다. 'should'는 생략이 가능하므로 'be+p.p'의 수동태 문장에서 동사원형에 해당하는 'be aroused'가 사용된 것은 어법상 적절하다.

해석 ① 그 신문은 자신의 목적을 위해 회사 돈을 유용한 것에 대해 그녀를 비난했다.
② 의혹이 발생하지 않도록 그 조사는 극도로 주의 깊게 처리되어야 한다.
③ 그 과정의 속도를 올리는 또 다른 방법은 새로운 시스템으로 전환하는 것이다.
④ 화석연료를 태우는 것은 기후변화의 주도적 원인들 중의 하나이다.

※ 다음 빈칸에 알맞은 것을 고르시오. (08~11)

08

Our holidays were ruined by the weather; ______________ have stayed at home.

① it may be as well to
② we might just as well
③ it was just as well
④ we might do as well

해설 may as well + 동사원형 : ~하는 것이 낫다

해석 날씨 때문에 휴일을 망쳤다. 집에 있는 편이 나았다.

09

They ___________ moved from their old house

① may well
② not may have
③ may not have
④ do not may have

해설 추측을 나타내는 조동사 may를 사용해야 하며, 「may have + P.P.」의 부정형은 「may not have + P.P.」이다.

해석 그들은 옛집에서 이사 가지 않았는지도 모른다.

정답 05 ④ 06 ④ 07 ② 08 ② 09 ③

10

She told me that ____________ live with her roommate again next year.

① she'd rather not
② she'd rather to
③ she'd rather didn't
④ she should rather not

해설 「would rather + 동사원형」(~하는 게 낫다)의 부정과 축약형의 형태이므로, 「she'd rather not + 동사원형」의 형태를 사용한다.

해석 그녀는 내년에 다시 자기 룸메이트와 살지 않는 편이 낫다고 내게 말했다.

11

If I had really wanted to win, I ______ ______ harder.

① should be trying
② might be trying
③ should have tried
④ should have had tried

해설 가정법과 사용된 「should have + P.P.」 구문은 후회의 뜻을 포함한다.

해석 내가 정말로 이기기를 원했다면, 좀 더 열심히 노력했어야 했다.

12

다음 중 밑줄 친 곳에 should를 넣을 수 없는 것은?

① He has gray hair. He ________ be over 70.
② Let's hurry lest we ________ miss the bus.
③ I demand that the plan ________ be put into practice.
④ How ________ I know it?

해설 ① 강한 추측의 내용이므로 must가 와야 한다.
② 「lest … should ~」 : …가 ~하지 않도록
③ 요구(demand) · 주장 · 제안 · 명령 등의 동사 다음의 목적절에는 「(should) + 동사원형」이 사용된다.

해석 ① 그의 머리는 회색이다. 그는 일흔 살이 넘었음이 틀림없다.
② 버스를 놓치지 않기 위해 서두르자.
③ 나는 그 계획을 실행할 것을 요구한다.
④ 어떻게 내가 그걸 알겠어?

※ 다음의 밑줄 친 부분 중 어법상 틀린 것을 고르시오. (13~15)

13

Tom ① often wore a ② heavy coat because he was not used ③ to live in ④ such a cold climate.

해설 be used to + ~ ing(= be accustomed to ~ ing) : ~하는 데 익숙하다
∴ to live → to living
cf. used to + 동사원형 : ~하곤 했었다(과거의 규칙적 습관 · 상태)

해석 Tom은 그러한 추운 기후에서 사는 것에 익숙하지 않았기 때문에 자주 두꺼운 코트를 입었다.

14

Since his blood pressure is ① much higher ② than it ③ should be, his doctor insists that he ④ will not smoke.

해설 주절에 주장(insist)이나 제안(suggest) 등의 동사를 사용하면, 종속절에는 「(should) + 동사원형」을 사용한다.
∴ will not → (should) not

해석 그의 혈압이 정상보다 훨씬 높기 때문에, 의사는 담배를 피우지 말 것을 강요했다.

15

I ① must have sleeping ② soundly ③ when you ④ came in.

해설 확신을 나타내는 「must have + P.P.」의 진행형은 「must have been + ~ing」이다.
∴ must have sleeping → must have been sleeping

해석 네가 들어올 때 나는 깊게 잠자고 있었던 게 틀림없다.

16 국가직 9급 기출

(A), (B)의 각 괄호 안에서 어법에 맞는 표현을 골라 순서대로 짝지은 것은?

Any device that is used to (A) (stop/stopping) a moving wheel or vehicle is called a brake. Brakes are also used on many cases to keep a stopped vehicle (B) (to move/from moving). These devices work by transforming the energy of motion onto heat.

① stop – to move
② stop – from moving
③ stopping – to move
④ stopping – from moving

해설 used to + 동사원형 : 지금은 하지 않고 있는 과거의 규칙적인 습관 keep(prevent, prohibit) A from ~ing : A가 ~하는 것을 막다(방해하다)

해석 움직이는 바퀴나 차량을 멈추기 위한 장치를 브레이크라고 부른다. 브레이크는 또한 차량을 정지한 상태로 유지시키는 많은 경우에 사용된다. 이들 장치들은 동적 에너지를 열로 변환하는 것으로 작동한다.

어휘 ■ transform A onto(into) B A를 B로 전환하다

정답 10 ① 11 ③ 12 ① 13 ③ 14 ④ 15 ① 16 ②

17

다음 중 밑줄 친 빈칸에 들어갈 내용으로 가장 알맞은 것은?

> I recommended that he ________ his report quickly.

① finishes produce
② finish the producing
③ finished producing
④ finish producing

해설 동사 recommend는 뒤따르는 절의 동사 구조가 '(should) + 동사원형'의 형태가 되는 동사이다. 일반적으로 요구나 주장, 명령, 제안, 충고의 의미를 지니는 동사는 이러한 구조를 지니는데, 이것은 이러한 의미의 동사가 그 자체에 당위의 의미를 지니기 때문에 조동사 'should'가 따르는 것이며, 또한 이때의 should는 생략이 가능하다. 그리고 동사 finish는 목적어로 부정사가 아닌 '동명사(-ing)'가 오는 동사이다. 따라서 빈칸에는 '(should) finish producing'이 가장 적합하다.

해석 나는 그에게 보고서 작성하는 것을 빨리 끝내야 한다고 권고했다.

18

"나는 그녀를 볼 때마다 엄마가 생각난다."의 영작 중 틀린 것은?

① I cannot see her without thinking of my mother.
② I never see her because I think of my mother.
③ When I see her, I always think of my mother.
④ Whenever I see her, I think of my mother.

해설 '~하면 반드시 ~ 하다'의 관용적 표현
cannot(never) ~ without ...
cannot(never) ~ but + S + V ...
when ~, S + always + V ...
whenever ~, S + V ...

19 국가직 9급 기출

어법상 옳은 것은?

① Jessica is a much careless person who makes little effort to improve her knowledge.
② But he will come or not is not certain.
③ The police demanded that she not leave the country for the time being.
④ The more a hotel is expensiver, the better its service is.

해설 '요구동사 + that + 주어 + (should) + 동사원형' 구문으로, that절 이하가 'she (should) not leave the country~'가 되므로 어법상 옳은 문장이다.

해석 ① Jessica는 지식을 향상시키기 위해 노력을 거의 하지 않는 매우 경솔한 사람이다.
② 그가 올지 안 올지는 확실하지 않다.
③ 경찰은 그녀에게 당분간 나라를 떠나지 말 것을 요구했다.
④ 호텔이 비쌀수록 서비스가 더욱 좋다.

어휘
- for the time being 당분간
- expensive 비싼, 돈이 많이 드는(expensive<more expensive<most expensive) ↔ cheap 값싼, 돈이 적게 드는(cheap<cheaper<cheapest)

제3장 법/태(Mood/Voice)

실전 문제

대표유형문제

어법상 빈칸에 들어가기에 적절한 것은?

____________ test positive for antibiotics when tanker trucks arrive at a milk processing plant, according to the Federal Law, the entire truckload must be discarded.

❶ Should milk
② If milk
③ If milk is
④ Were milk

정답해설 주절(the entire truckload must be discarded)이 직설법인 것을 통해 가정법 미래 시제라는 것을 알 수 있다. 'milk'가 주어이므로 빈칸에는 접속사 'if'를 생략하고 조동사를 도치시킨 'Should milk'가 들어가는 것이 가장 적절하다. 도치된 문장을 원래대로 돌려보면 'If milk should test positive~'이다. 즉, 이 문장은 'Should + 주어 + 동사원형' 형태인 가정법 문장이다.

해석풀이 탱커 트럭들이 우유 가공 처리 공장에 도착할 때, 우유가 항생제에 양성반응을 보이면 연방법에 따라 트럭 전체에 실린 우유는 반드시 폐기되어야 한다.

핵심정리 가정법 미래

- 미래에 대한 강한 의심을 나타내는 경우(가능성이 희박한 경우)
- **기본구조** : If + 주어 + should / would + 동사원형 ~, 주어 + 과거형 조동사(should, would 등) + 동사원형

예 If she should smile at you, I would give you her first solo album.
(그녀가 너에게 (그럴 리 없겠지만) 미소를 보내면 너에게 그녀의 첫 번째 솔로앨범을 주겠다.)

정답 17 ④ 18 ② 19 ③

❶ 법(Mood)

01

다음 중 빈칸에 알맞은 것은?

It is time we _________ for the station.

① left ② will leave
③ shall leave ④ leave

해설 It is time + 가정법 과거 : ~할 시간이다 (당연, 필요)

02

다음 두 문장의 뜻이 일치하도록 빈칸에 들어갈 말로 알맞은 것은?

It would have been wiser to leave it unsaid.
= It would have been wiser _________ it unsaid.

① for leaving
② than you left
③ if you had left
④ because you left

해설 가정법 구문에서 조건의 부사절은 그 상당어구를 부정사구로 대신할 수 있는데, 제시된 문장에서 would have + P.P.로 보아 가정법 과거완료 구문임을 알 수 있다.
∴ to leave it unsaid → if you had left it unsaid

03 국가직 9급 기출

다음 중 어법상 옳은 것은?

① She objects to be asked out by people at work.
② I have no idea where is the nearest bank around here.
③ Tom, one of my best friends, were born in April 4th, 1985.
④ Had they followed my order, they would not have been punished.

해설 ④ 가정법 과거완료 구문 'If they had followed my order, they would not have been punished'에서 접속사 if가 생략되면서 조동사(had)와 주어(they)가 도치된 구조로서, 옳은 문장이다.
① object 다음의 to는 전치사이므로 다음에 명사상당어구가 나온다. 즉, 'object to + (동)명사(~에 반대하다)'의 구조를 취하므로, 'She objects to being asked out ~'이 되어야 한다.
② 의문사가 이끄는 절(의문문)이 종속절인 경우는 간접의문문이 되며, 간접의문문의 어순은 '의문사 + S + V'이다. 따라서 'I have no idea where the nearest bank is around here'이 옳다.
③ 동사의 수는 주어(Tom)의 수에 일치되어야 하므로, 동사 'were'를 'was'로 고쳐야 한다.

해석 ① 그녀는 직장에서 만난 사람들이 데이트 신청하는 것을 좋아하지 않는다.
② 나는 이 근처에서 가장 가까운 은행이 어디에 있는지 모른다.
③ 나의 가장 친한 친구 중 하나인 Tom은 1985년 4월 4일에 태어났다.
④ 그들이 나의 명령에 복종했더라면, 처벌받지 않았을 것이다.

핵심정리

가정법 과거완료

- **의미** : 과거의 사실과 반대되는 가정이나 상상 · 희망을 표현(시점 : 과거)
- **기본구조** : If + 주어 + had + 과거분사(P.P.) ~, 주어 + 과거형 조동사(would · could · should · might) + have + 과거분사
- If가 생략되면 주어와 조동사가 도치됨(조동사 + 주어 + P.P. ~)

  예 If I had had enough money, I could have bought a house. (내게 돈이 많았더라면 집을 한 채 살 수 있었을 텐데.)
  = As I didn't have enough money, I could not buy a house. [직설법]
  = Had I had enough money, I could have bought a house. [도치]

  예 If (only) I had listened to her advice then. (내가 그때 그녀의 충고를 들었더라면.)[주절의 생략]
  You should have left. (당신은 떠났어야 했다.)[조건절의 생략]

04

다음을 영문으로 옮긴 것 중 옳은 것은?

> 만일 바쁘지 않았더라면 거기에 갔었을 것이다.

① If I were not busy, I would have gone there.

② Had I not been busy, I would have gone there.

③ If I have not been busy, I had gone there.

④ Should I not be busy, I would go there.

해설 문맥상 가정법 과거완료 구문이므로 if절은 「if + 주어 + 과거완료(had P.P.)」, 주절은 「would have + P.P.」로 쓰되, 접속사 if가 생략되면 주어와 동사가 도치된다.

05 국회직 9급 기출

다음 중 어법상 어색한 문장은?

① The plane crashed, killing all 200 people aboard.

② George had no alternative but to do as his father suggested.

③ All the neighbors say that Edward is the very image of his father.

④ Peter's performance on the street drew the attention of all passersby.

⑤ The baseball game could have begun at 3 : 30 if it doesn't start raining.

해설 ⑤는 가정법 과거완료의 문장으로 if절의 동사는 had P.P.가 되어야 한다. 그러므로 'it doesn't start raining'은 'it hadn't started raining'으로 바꾸어야 한다.

해석 ① 그 비행기가 추락해서 탑승자 200명 전원이 사망했다.
② George는 아버지의 제안을 받아들이는 데 선택의 여지가 없었다.
③ 모든 이웃이 Edward가 매우 그의 아버지를 닮았다고 말한다.
④ Peter의 거리에서의 공연은 모든 행인들의 관심을 끌었다.
⑤ 그 야구경기는 비가 오지 않았으면 3시 30분에 시작했을 것이다.

어휘
- alternative 달리 취할 길, 다른 방도, 대안, 하나를 택해야 할, 양자택일의
- draw 당기다, 끌다, 잡아끌다, 뽑다
- passerby 지나가는 사람, 통행인

정답 01 ① 02 ③ 03 ④ 04 ② 05 ⑤

06

어법상 ①과 ②에 들어가기 가장 적절한 표현을 순서대로 나열한 것은?

In books I had read – from time to time, when the plot called for it – someone would suffer from homesickness. A person would leave a not so very nice situation and go somewhere else, somewhere a lot better, and then long to go back where it was not very nice. How impatient I would become with such a person, for I would feel that I was in a not so nice situation myself, and how I wanted to go somewhere else. But now I, too, felt that I wanted to be back where I came from. I understood it, I knew where I stood there. If I (①) to draw a picture of my future then, it (②) a large gray patch surrounded by black, blacker, blackest.

① would have, were
② had had, would have been
③ would have, was
④ have had, would be

해설 'then'이라는 과거의 부사가 있고 글의 문맥상 과거의 사실을 말하고 있으므로, 과거 사실의 반대나 가정을 나타내는 가정법 과거완료 if + 주어 + had p.p, 주어 + 과거형 조동사 + have p.p를 사용해야 한다.

※ 다음 빈칸에 알맞은 것을 고르시오. (07~09)

07

_________ for the heat of the sun, nothing could live.

① But
② Then
③ All
④ As

해설 but for = without : ~이 없다면
But for the heat of the sun, nothing could live.
= Without the heat of the sun, nothing could live.
= If it were not for the sun, nothing could live.

해석 태양의 열기가 없다면, 아무것도 살 수 없다.

08

If I _________ your advice then, I should be happier now.

① followed
② did not follow
③ have followed
④ had followed

해설 과거의 일에 대한 가정과 현재의 결과에 대한 혼합 가정법 구문으로, 문맥상 조건절은 가정법 과거완료가 오고 주절은 가정법 과거를 사용한다.

해석 내가 그때 네 충고를 따랐더라면, 지금은 더 행복할 텐데.

09

If you ______________ last night, you wouldn't be drowsy.

① didn't stayed up late
② hadn't stayed up late
③ haven't stayed up late
④ wouldn't stayed up late

해설 if절은 과거완료형, 주절은 「조동사의 과거형 + 동사원형」 형태의 혼합시제 형태이다.

해석 만일 네가 밤늦게까지 깨어 있지 않았다면 졸리지 않을 텐데.

10

빈칸 안에 들어갈 알맞은 표현은?

If she ____________ the first lover, she would be happier now.

① had married
② has married
③ marry
④ have marry

해설 혼합 가정법으로써 If + 주어 + had + 과거완료, 주어 + 조동사 과거형 + 동사원형 (과거에 ~했더라면, 현재 … 할[일] 것이다) 의 구조로 쓰인다.

11

우리말로 옮긴 것 중 알맞지 않은 것은?

① If I had enough money, I could buy a house.
→ 충분한 돈이 있다면 집을 한 채 살 수 있을 텐데

② If it were not for water, nothing could live.
→ 물이 없다면 어떤 것도 살 수 없다.

③ It is time you should go to bed.
→ 잠자리에 들 시간이다.

④ If I was rich, I could go abroad.
→ 내가 부자라면 해외에 갈 수 있을 텐데.

해설 가정법 과거 기본구조 If + 주어 + were ~, 주어 + 과거형 조동사(would, could, should, might) + 동사원형 형태로 쓰인다. 따라서 If I were rich, I could go abroad.로 고쳐야 옳은 표현이다.

12

다음의 밑줄 친 부분 중 어법상 틀린 것은?

① Was I a millionaire, I ② should be able ③ to have a large house ④ of my own.

해설 가정법 과거 구문으로, 종속절은 If I were a millionaire에서 접속사가 생략되어 주어와 동사가 도치된 형태이다.
∴ Was → Were

해석 내가 백만장자라면, 나는 내 소유의 큰 집 한 채를 가질 수 있을 텐데.

정답 06 ② 07 ① 08 ④ 09 ② 10 ① 11 ④ 12 ①

13

다음 문장 중 어법상 옳지 않은 것은?

① It is time we will leave for the station.

② Work hard, and you will succeed.

③ If I were a bird, I could fly to you.

④ If it rains tomorrow, I will stay at home.

해설 해설 It is time + 가정법 과거는 ~할 시간이다 (당연, 필요)로 leave가 아닌 left가 되어야 옳은 표현이다.

14

다음 중 문법적으로 틀린 것을 고르시오.

> ① Had I have been in my sister's ② shoes I would have ③ acted violently ④ in the middle of the heated argument.

해설 'If I had been ~'에서 If가 생략된 형태는 'Had I been ~'이다. 그러므로 ①은 have를 삭제하고 'Had I been ~'으로 고쳐야 한다.

해석 내가 나의 누이의 입장이었다면 나는 그러한 격론 중에 난폭하게 행동했을 것이다.

어휘
- be in one's shoes (타인의) 입장에 서다(되다) (= put ~ in one's shoes, be in one's place, put ~ in one's position or place)
- heated argument 격론(激論), 과열 논쟁

15 지방직 9급 기출

다음 중 어법상 옳은 것은?

① She supposed to phone me last night, but she didn't.

② I have been knowing Jose until I was seven.

③ You'd better to go now or you'll be late.

④ Sarah would be offended if I didn't go to her party.

해설 ④에서는 문장이 현재의 사실과 반대되는 가정이나 상상을 표현하고 있으므로, 가정법 과거(if + 주어 + were, 주어 + 과거형 조동사 + 동사원형) 구문을 사용해야 한다. 따라서 주절은 '과거형 조동사 + 동사원형(would be)'이 맞게 사용되었고, if 이하의 종속절은 '과거 동사(didn't go)'가 옳게 사용되었다.

해석 ① 그녀는 지난밤 나에게 전화하기로 했으나, 하지 않았다.
② 나는 7살이 될 때까지 Jose와 알고 지냈다.
③ 지금 가는 편이 낫겠어, 그렇지 않으면 늦을 거야.
④ 내가 그녀의 파티에 가지 않으면 Sarah는 기분이 상할 것이다.

어휘
- offend 기분 상하게 하다, 불쾌하게 하다 a. offensive 모욕적인, 불쾌한 n. offense 공격

16

Which of the following best fits in the blank?

> Most cases of emotional maladjustment are due to the fact that people will not accept themselves. They keep daydreaming about ____________ if they had another's chance. And so, disregarding their own possibilities, they never make anything worthwhile out of themselves. Well, anybody can find sufficient cause to dislike their own lot. But the most stimulating successes in history have come from persons who, facing some kind of limitations and handicaps, took them as part of life's game and played splendidly in spite of them.

① the things they've done
② all the things they do
③ what had been done
④ what they would do

해설 if 절에 과거 동사 had를 사용하였으므로 가정법 과거임을 파악할 수 있다.

핵심정리

가정법 과거
- 기본구조
  - If + 주어 + were ~, 주어 + 과거형 조동사(would, could, should, might) + 동사원형
  - If + 주어 + 과거형 동사 ~, 주어 + 과거형 조동사 + 동사원형
- 가정법 과거의 경우 be동사는 인칭이나 수에 관계없이 were를 사용하며, If가 생략되면 주어 동사가 도치됨

❷ 태(Voice)

01 국가직 9급 기출

밑줄 친 부분 중 어법상 옳지 않은 것은?

> Focus means ① getting stuff done. A lot of people have great ideas but don't act on them. For me, the definition of an entrepreneur, for instance, is someone who can combine innovation and ingenuity with the ability to execute that new idea. Some people think that the central dichotomy in life is whether you're positive or negative about the issues ② that interest or concern you. There's a lot of attention ③ paying to this question of whether it's better to have an optimistic or pessimistic lens. I think the better question to ask is whether you are going to do something about it or just ④ let life pass you by.

해설 ③ 'pay attention to(~에 주의를 기울이다)'를 수동태로 만들려면 'pay'의 목적어에 해당하는 'attention'이 주어가 되고 'pay'는 'be동사 + paid'의 형태가 되어야 한다. 해당 문장은 수동의 의미를 지니는 과거분사가 뒤에서 후치 수식하는 경우이므로, 'paying'을 'paid'로 고쳐 써야 옳다.

① 'mean'의 목적어로써 동명사의 형태인 'getting'이 사용되었고, 'getting stuff done'은 'get + 목적어(사물) + p.p' 구문으로 '일이 처리된 것'이라는 수동 관계를 나타낸다.

② 'that'은 앞의 'the issues'를 선행사로 하는 주격 관계대명사이고, 'interest or concern'은 뒤의 'you'를 목적어로 취하는 타동사로써 옳게 사용되었다.

④ A or B 구문에서 앞의 'do'와 병렬하여 동사원형의 형태인 'let'이 사용되었고, 'let(사역동사) + 목적어 + 동사원형' 구문에서 동사원형의 형태인 'pass'가 사용되었다.

정답 13 ① 14 ① 15 ④ 16 ④ / 01 ③

해석 집중한다는 것은 일이 처리되도록 하는 것을 의미한다. 많은 사람들이 훌륭한 아이디어를 갖고 있지만 행동에 옮기지 못한다. 예를 들어, 나에게 사업가란 혁신 및 창의력을 새로운 아이디어의 실행 능력과 결합할 수 있는 사람이다. 몇몇 사람들은 삶의 주요 이분법으로 인해 당신이 관심 있거나 염려하는 문제들에 대해 긍정적이거나 부정적이라고 생각한다. 낙관적이거나 비관적인 시각을 갖는 것이 더 나은가의 문제에 많은 관심이 쏠리고 있다. 내 생각에 더 좋은 질문은 당신이 무언가를 할 것인지 아니면 인생을 허비할 것인지를 물어보는 것이다.

어휘
- stuff 일, 것, 하찮은 것, 잡동사니
- definition 정의, 말뜻 v. define 정의하다, 규정하다
- entrepreneur 사업가, 기업가
- combine 결합하다, 병합하다(= amalgamate, mix) cf. combine A with B A와 B를 결합하다
- ingenuity 기발한 재주, 독창성, 창의성 cf. exercise one's ingenuity 창의력을 발휘하다
- dichotomy 양분, 이분
- pay attention to ~에 주의를 기울이다, ~에 주목하다
- optimistic 낙관적인, 낙천적인(↔ pessimistic 비관적인, 염세적인)
- let life pass ~ by ~의 인생을 허비하다[낭비하다]

02

다음 글의 밑줄 친 부분 중, 어법상 옳지 않은 것은?

Hurricane Wilma was headed toward Florida on Sunday, and expected to pick up speed "like a rocket" and thousands of residents ① had been ordered to evacuate. The southern half of Florida's peninsula was under a hurricane warning on Sunday. Although still far from the state, Wilma's outer cloud of rain ② had already caused street flooding in south Florida. Meteorologists said the heart of the storm ③ expected to roar across the state on Monday. The time for preparation is rapidly moving into time of action as people ④ are evacuating. (Hurricane center director would increase.) "It's really going to take off like a rocket", and he said, "it's going to start moving like 20mph."

해설 ③은 폭풍의 중심이 몰아치며 지나갈 것으로 기대되는 수동 관계이므로 'is expected to'로 바꿔야 한다.

해석 허리케인 Wilma는 일요일 플로리다로 향했고 마치 로켓 같은 속도가 예상된다. 그리고 수천의 주민들은 집을 비울 것을 지시받았다. 플로리다 반도의 남쪽 절반은 일요일에 허리케인 위험지역에 들 것이다. 비록 그 주로부터 아직 떨어져 있다고 해도 Wilma의 바깥쪽비구름이 이미 남쪽 플로리다 거리에 홍수를 일으켰다. 기상학자들은 월요일에 태풍의 중심이 그 주를 휘몰아치듯 지나갈 것이 예상된다고 말했다. 준비할 시간은 빠르게 대피해야 할 행동의 시간으로 흘러가고 있다. (허리케인 센터 관리자가 긴장을 고조시켰다.) "정말 로켓처럼 날아올 것입니다." 그리고 그는 "거의 20마일의 속도로 움직이기 시작할 것입니다."라고 말했다.

03

다음의 밑줄 친 부분 중 어법상 틀린 것을 고르시오.

> ① Thanks to the newly ② invented vac-cine, the liver ③ disease has now ④ been disappeared.

해설 disappear는 자동사이므로 수동태 구문에 사용할 수 없다.
∴ been disappeared → disappeared

해석 새로 개발한 백신 덕분에 지금은 간 질환이 사라졌다.

04 지방직 9급 기출

어법상 옳은 것은?

① The oceans contain many forms of life that has not yet been discovered.

② The rings of Saturn are so distant to be seen from Earth without a telescope.

③ The Aswan High Dam has been protected Egypt from the famines of its neighboring countries.

④ Included in this series is "The Enchanted Horse," among other famous children's stories.

해설 ④ 주어가 길어 후치되면서 주어와 동사가 도치되는 구문이다. 원래는 'is included'의 수동태 구문인데, 과거분사 'included'가 형용사의 기능을 하여 문두로 도치된 것이다.

① has → have : 관계대명사 'that'이 이끄는 선행사가 'many forms of life'이고 복수이므로, 단수 동사 'has'를 복수 동사 'have'로 바꿔 써야 옳다.

② so → too : 너무 ~해서 ~할 수 없다는 'too ~ to' 구문을 사용해야 하므로, 'so'를 'too'로 바꿔 써야 옳다.

③ has been protected → has protected : Aswan 댐이 이집트를 보호하는 것이므로 수동태가 아닌 능동태 문장을 사용해야 한다. 그러므로 'has been protected'를 'has protected'로 고쳐 써야 옳다.

해석 ① 바다에는 아직까지도 발견되지 않은 많은 종류의 생명체가 있다.

② 토성의 고리는 너무나 멀어서 망원경 없이는 지구에서 보이지 않는다.

③ Aswan댐은 이웃 나라들의 기근으로부터 이집트를 보호했다.

④ 다른 유명한 동화들 중에 "마법의 말"이 이 시리즈에 포함된다.

어휘
- the rings of Saturn 토성의 고리
- famine 기근, 기아, 굶주림(= hunger, starvation)
- neighboring 이웃의, 근처의, 인접한(= adjacent)
- enchanted 마법에 걸린

05

다음 중 어법상 옳은 것은?

① Canadian author Margaret Atwood's selected poems published in 1978.

② A major application of the science of logic is helped distinguish between correct and incorrect reasoning.

③ On one time, Manchester, New Hampshire, was the home of the most productive cotton mills in the world.

④ In central Georgia, archaeological evidence indicates that Native Americans first inhabited the area thirteen centuries ago.

해설 evidence는 셀 수 없는 명사로 부정관사나 복수를 취하지 않으며 inhabit는 3형식 타동사로서 전치사를 필요로 하지 않는다. 또한 종속절의 시제도 thirteen centuries ago를 이야기하고 있는 과거로, 시제상에 문제가 없다.

정답 02 ③ 03 ④ 04 ④ 05 ④

06

다음 문장을 바르게 바꿔 쓴 것은?

She has taken care of the children since 2001.

① She takes care of the children until 2001.

② She took care of the children before 2001.

③ The children have taken care her since 2001.

④ The children have been taken care of by her since 2001.

해설 능동태의 목적어인 the children이 수동태의 주어가 되어야 하고, have P.P.의 현재완료 시제는 have been + P.P.의 수동태 현재완료 시제로 바뀌어야 한다.

해석 그녀는 2001년부터 그 아이들을 길렀다.

07

다음 중 어법상 잘못된 것을 고르시오.

① Passengers ② request to remain ③ seated till the aircraft ④ stops.

해설 승객들(Passengers)이 앉아 있도록 요구되는 것이므로, request를 수동태로 바꾸어 'are requested'로 나타내야 한다.

해석 승객들은 비행기가 정지할 때까지 자리에 앉아 있도록 요구된다.

08

어법상 옳지 않은 것은?

① Fire following an earthquake is of special interest to the insurance industry.

② Word processors were considered to be the ultimate tool for a typist in the past.

③ Elements of income in a cash forecast will be vary according to the company's circumstances.

④ The world's first digital camera was created by Steve Sasson at Eastman Kodak in 1975.

해설 ③ vary는 '다르다'라는 뜻의 완전자동사이다. 따라서 be동사와 일반 동사를 같이 쓸 수 없으므로, will be vary를 will vary로 고쳐야 한다.

① "of + 추상명사"는 형용사 역할을 한다. 따라서 of special interest는 형용사 보어 역할로 어법에 맞게 쓰였다.

② consider는 5형식 동사로 쓰여 "consider + O + (to be) + 형/명"의 구조를 취할 수 있는데, 수동태가 되면 "be considered + (to be) + 형/명" 형태가 된다.

④ 카메라는 만들어진 대상이므로 수동태가 알맞게 쓰였고, 행위자는 by를 이용해 적절히 사용했다.

제4장 일치/화법(Agreement/Narration)

실전문제

대표유형문제

다음 글의 문장 중 어법상 옳지 않은 것은?

The earliest messages (A) we get about ourselves come from our parents, so how they react to us and (B) what they tell us has an enormous effect on the way we view ourselves as adults. (C) Whether we feel good or bad about ourselves depend on how our parents reacted to us as young children. Praise is very important to a young child, and with encouragement and positive reinforcement she will try harder and achieve more. (D) A child who is constantly criticized or compared unfavourably to others will begin to feel worthless, and those feelings can stay with her throughout her life.

① (A) ② (B)

❸ (C) ④ (D)

정답해설 (C) 문장의 주어는 'Whether we feel good or bad about ourselves'이기 때문에 단수 취급을 해야 한다.
∴ depend → depends

해석풀이 우리가 자신에 대해서 받게 되는 최초의 메시지는 부모로부터 나오고, 그래서 부모가 우리에게 어떻게 반응하고 부모가 우리에게 무엇을 말했는지는 성인이 되어서 우리 자신을 바라보는 그 방법에도 큰 영향을 미친다. 우리가 자신에 대해서 좋게 느끼는지, 아닌지는 부모가 어린 시절 우리에게 어떻게 반응했는지에 달려 있다. 칭찬은 어린아이에게 매우 중요하며 격려와 긍정적인 다독거림으로 아이는 더 열심히 노력하고 더 많이 성취하게 될 것이다. 끊임없이 비난받거나 부당하게 다른 이와 비교되는 아이는 가치 없는 존재로 느껴지기 시작할 것이고 그런 느낌은 평생 그녀와 함께 머물 수 있다.

핵심어휘
- react 반응하다
- reinforcement 보강, 강화
- unfavourably 불리하게, 부당하게

정답 06 ④ 07 ② 08 ③

❶ 일치(Agreement or Concord)

※ 다음 중 문법적으로 틀린 문장을 고르시오. (01~02)

01

① You as well as he is to blame for the accident.

② Not only you but also he is to blame for the accident.

③ Both you and he are to blame for the accident.

④ Either you or he is to blame for the accident.

해설 「A as well as B」(B뿐만 아니라 A도)는 A에 수와 인칭을 일치시킨다.
∴ You as well as he is ~ → You as well as he are ~

02

① I talked with both Jack and Jill.

② The committee was unanimous in its report.

③ A number of people was arrested.

④ Members of the crew were constantly quarreling with each other.

해설 「a number of」는 '많은(= many)'의 뜻으로, 수식되는 복수 명사에 따라 동사도 복수를 취한다.
∴ was → were
cf. the number of(~의 숫자)는 단수 취급한다.

03

우리말로 옮긴 것 중 옳지 않은 것은?

① Either he nor I am responsible for the accident.
→ 그도 나도 그 사고에 대해 책임이 없다.

② They are playing baseball.
→ 그들은 야구를 하고 있다.

③ Most of them are his friends.
→ 그들 대부분은 그의 친구들이다.

④ Half of this apple is rotten.
→ 이 사과의 반은 썩었다.

해설 Neither A nor B(A도 B도 ~아니다; 양자부정) 동사는 B에 일치시킴으로써 Neither he nor I am responsible for the accident. (그도 나도 그 사고에 대해 책임이 없다.)로 고쳐야 옳은 표현이다.

04

우리말로 옮긴 것 중 알맞지 않은 것은?

① 그 재단은 2009년에 설립되었다.
→ The foundation was found in 2009.

② 그 유명한 가수는 6년간의 공백 기간 동안 하와이에 머물렀다.
→ The renowned singer stayed in Hawaii during a six-year gap.

③ 나는 그가 어릴 때부터 그를 알고 있다.
→ I have known him since he was a child.

④ John은 결혼한 이후로 그녀를 보지 못했다.
→ John had not seen her since he (had) married.

해설 in + (과거) 시간명사 : 과거시제에 쓰인다. 따라서 The foundation was founded in 2009.로 고쳐야 옳은 표현이다.

※ 다음의 밑줄 친 부분 중 어법상 틀린 것을 고르시오. (05~07)

05

One of Thornton Wilder's ① work, the matchmaker, ② was made into a motion picture ③ in 1958 and was adapted in 1964 ④ as the musical comedy Hello Dolly.

해설 one of (~중의 하나) 다음에는 복수 명사가 와야 하며, 여기에서의 work는 명사로 작품을 뜻한다.
∴ work → works

06

① Our plan is ② to send food and ③ clothes to the people who have lost ④ one's houses.

해설 one's는 the people을 대신하는 대명사로, 소유격 형태가 되어야 한다.
∴ one's → their

해석 우리 계획은 집을 잃은 사람들에게 음식과 옷을 보내는 것이다.

07

The president announced that he ① himself would ② act upon the evidence ③ as presented to ④ himself by the congressional committee.

해설 재귀대명사는 주어와 목적어가 일치할 경우 사용하는데, 글의 문맥상 증거를 제공한 것은 국회의원이므로 재귀대명사를 쓸 수 없다.
∴ himself → him

해석 대통령은 국회의원이 그에게 제공한 증거에 따라 직접 행동하겠다고 발표했다.

08

다음 빈칸에 알맞은 것을 고르시오.

Guidelines for the safe disposal of industrial waste ________ being more carefully enforced.

① is ② are
③ was ④ has

해설 주어(Guidelines)가 복수이므로 복수 동사(are, have)가 와야 한다. 그런데 이 문장의 경우 진행형 문장이므로 'be + V-ing'의 형태가 옳다.

해석 산업 폐기물의 안전한 처리를 위한 지침들이 더 조심스럽게 시행되고 있다.

어휘
- guideline 지침, 정책
- disposal 처분(권), 처리, 양도, 매각
- industrial waste 산업 폐기물
- enforce 실시(시행)하다, 집행하다

정답 01 ① 02 ③ 03 ① 04 ① 05 ① 06 ④ 07 ④ 08 ②

09

다음 대화에서 어법상 가장 어색한 것은?

① A : Where are your kids?

② B : I took them to the baby-sitter so that I have some free time.

③ A : That's good. What do you want to do with your free time then?

④ B : Well, I just want to relax.

해설 ②의 경우 시제 일치상 종속절의 시제도 과거가 되어야 한다. 그리고 '~을 하기 위해'라는 목적의 부사절을 나타내는 표현은 'so(in order) that ~ may(can, will)'이다. 따라서 'so that I have ~'를 'so that I might(could, would) have ~'로 고쳐야 한다.

해석 A: 아이들은 어디에 있어요?
B : 제가 여가 시간을 가지려고 베이비시터에게 데려다 주었어요.
A : 잘됐군요. 그럼 여가 시간에는 뭘 하고 싶어요?
B : 글쎄요, 저는 그냥 쉬고 싶어요.

핵심정리

시제 일치

- 주절의 시제가 현재(현재완료, 미래)인 경우 → 종속절의 시제는 현재, 미래, 과거 모두 가능
  예 I think that he is rich.
  (나는 그가 부자라고 생각한다.)
  I think that he will be rich.
  (나는 그가 부자가 될 거라고 생각한다.)
  I think that he was rich.
  (나는 그가 부자였다고 생각한다.)
- 주절의 시제가 과거인 경우 → 종속절의 시제는 과거나 과거완료
  예 I thought that he was rich.
  (나는 그가 부자라고 생각했다.)
  I thought that he would be rich.
  (나는 그가 부자가 될 거라고 생각했다.)
  I thought that he had been rich.
  (나는 그가 부자였다고 생각했다.)

10

다음에 주어진 문장을 영문으로 알맞게 번역한 것을 고르시오.

> 이 책은 우리 시대의 한 선도적 지식인에 대한 필수불가결한 안내서이다.

① This book essentially a guide to a leading intellect in our time.

② This book guides essentially to our time's one leading intellectuals.

③ This book is essential guide to a leading intellectual figure of our time.

④ This book is an essential guide to one of the leading intellectual figures of our time.

해설 이 책은 필수불가결한 안내서이다. ⇒ This book is an essential guide.
우리 시대의 한 선도적 지식인에 대한 ⇒ to one of the leading intellectual figures of our time으로 표현할 수 있으며 one of 다음에는 반드시 복수가 와야한다.

11

다음 밑줄 친 부분 중 어법상 어색한 것은?

① A rapid increase in ② the number of college graduates ③ have made the competition for jobs ④ much greater than it used to be.

해설 주어(A rapid increase)가 단수이므로 동사도 단수가 되어야 한다.
∴ have made → has made

해석 대졸자 수의 급속한 증가로 인해 구직 경쟁은 과거보다 훨씬 더 치열해졌다.

어휘
- rapid 빠른, 급한, 신속한
- graduate (대학) 졸업생, (미국) 대학원 학생, 졸업하다(~ from + 학교명 / ~ in + 학과명)
- competition 경쟁, 시합

※ 다음 빈칸에 알맞은 것을 고르시오. (12~13)

12

This new car has certain features that distinguish it from all ________ on the market.

① another ② others
③ the others ④ each other

해설 글의 문맥상 시장에 출시된 나머지 모든 차들을 가리키는 것이므로 나머지의 의미를 나타내는 the others를 사용한다.
cf. 나머지가 단수이면 the other를 사용하고, 나머지가 복수이면 the others를 사용한다.

해석 이번 신차는 시장에 출시된 나머지 모든 차들과 구별되는 뚜렷한 특징이 있다.

13

Each school and church in that area ________ this year.

① is to be repairing
② is to be repaired
③ are to be repairing
④ are to be repaired

해설 each 다음에는 단수 명사가 오며 단수 취급을 한다. 「be + to부정사」의 용법은 '예정'을 나타내며, 문맥상 수리되는 것이므로 수동태를 사용해야 한다.

해석 그 지역에 있는 각 학교와 교회는 올해 수리될 것이다.

14

우리말로 옮긴 것 중 알맞지 않은 것은?

① A poet and novelist was present.
→ 시인과 소설가가 참석하였다.

② You and I are the only survivors.
→ 당신과 내(우리)가 유일한 생존자이다.

③ Oil and water do not mix.
→ 기름과 물은 섞이지 않는다.

④ Bread and butter is his usual breakfast.
→ 버터를 바른 빵이 그의 일상적인 아침식사이다.

해설 A poet and a novelist were present. (시인과 소설가가 참석하였다.)(다른 사람을 의미)한다. 따라서 잘못된 문장이다.

정답 09 ② 10 ④ 11 ③ 12 ③ 13 ② 14 ①

15 서울시 7급 기출

어법상 가장 옳지 않은 것은?

① Culture shock is the mental shock of adjusting to a new country and a new culture which may be dramatically different from your own.

② A recent study finds that listening to music before and after surgery helps patients cope with related stress.

③ By brushing at least twice a day and flossing daily, you will help minimize the plaque buildup.

④ The existence of consistent rules are important if a teacher wants to run a classroom efficiently.

해설 'the existence'가 단수명사이므로 동사 'are'가 아니라 'is'로 바뀌어야 한다.

해석 ① 문화충격은 자신의 것들과 상당히 다를 수 있는 새로운 나라와 새로운 문화에 적응하는 정신적 충격이다.
② 최근의 한 연구는 수술 전후에 음악을 듣는 것이 환자들이 관련된 스트레스를 극복하는데 도움을 준다는 것을 발견했다.
③ 하루에 적어도 두 번 양치질을 하고 매일 치실을 하면 치석이 쌓이는 것을 최소화할 수 있다.
④ 교사가 교실을 효율적으로 운영하려면 일관된 규칙들의 존재가 중요하다.

어휘
- surgery 수술
- cope with 대처하다
- floss 치실질 하다
- plaque 플라그
- existence 존재
- run 운영하다

16 국회직 9급 기출

다음 중 어법상 옳지 않은 문장을 고르시오.

① Hurry up, or you'll be late for the bus.

② How was your first fishing trip last Sunday?

③ Are you going to take part in the race, too?

④ While we're away, could you take care of our plants?

⑤ That man playing soccer with those boys are Mr. Brown.

해설 ⑤이 문장의 주어는 those boys가 아니라 That man이므로 복수 동사 are가 아닌 단수 동사인 is가 맞다.
① 명령문, or ~ : ~하라, 그렇지 않으면 ~할 것이다.
명령문, and ~ : ~하라, 그러면 ~할 것이다.
예 Work hard, and you will succeed.
(열심히 일하라. 그러면 당신은 성공할 것이다.)
② last Sunday가 과거를 의미하므로 was가 맞다.
③ be going to + 동사원형 : 가까운 미래
④ 시간 표시 부사절에서는 현재시제가 미래를 의미하므로 'While we're away'는 옳은 문장이다.

해석 ① 서둘러, 그렇지 않으면 버스를 놓치게 될 거야.
② 지난 일요일에 간 첫 낚시 여행은 어땠어?
③ 너도 그 경주에 참가할래?
④ 우리가 없는 동안 화초들 좀 돌봐주겠니?
⑤ 저 소년들과 축구하고 있는 사람이 Brown 씨이다.

17

다음 중 문법적으로 맞는 것은?

① Nobody but John was there.

② The greatest part of his life have been spent in retirement.

③ My colleague and friend are coming to see us.

④ Early to bed and early to rise make a man healthy.

해설 ① Nobody but : ~를 제외하고는 아무도, ~만 ~이다
② 이 문장의 주어는 part이므로 단수의 형태인 'has been spent'가 되어야 한다.
③ 'colleague and friend'는 동일 인물을 나타내는 것이므로 동사 are는 단수인 is가 되어야 한다.
④ 'Early to bed and early to rise'는 동일 개념으로 보기 때문에 동사도 단수 형태인 makes가 되어야 한다.

해석 ① John만 거기에 있었다.
② 그의 생애에서 가장 훌륭한 부분은 은퇴로 보내졌다.
③ 나의 동료이자 친구가 우리를 보러 온다.
④ 일찍 자고 일찍 일어나는 것은 사람을 건강하게 한다.

❷ 화법(Narration)

※ 다음 중 직접화법을 간접화법으로 바꿀 때 밑줄 친 부분에 맞는 것을 고르시오. (01~03)

01

He said to her, "Don't talk so loud."
= He told her ________________.

① didn't talk so loud

② don't talk so loud

③ to not talk so loud

④ not to talk so loud

해설 부정명령문을 직접화법에서 간접화법으로 바꾸는 것이므로, talk의 직접 목적어로 not to부정사를 사용한다.

핵심정리

명령문의 화법 전환

- 전달동사 'say to'를 문맥에 따라 'tell, ask[beg], advise, suggest, order[command]' 등의 동사로 바꿈
- 명령문인 피전달문을 'to부정사(구)'로 바꾸며, 부정명령문의 경우 to부정사 앞에 not 또는 never를 놓음(주어 + 동사 + 목적어 + not to~)

예 My teacher said to me, "Do your best." → My teacher told me to do my best. (나의 선생님께서는 나에게 최선을 다하라고 말씀하셨다.)
He said to me, "Don't open the door." → He told me not to open the door. (그는 나에게 문을 열지 말라고 하였다.)

02

He said to me, "What are you doing now?"
= He asked me ________________.

① what was I doing then
② what was I doing now
③ what I was doing then
④ what I was doing now

해설 의문사 있는 의문문을 직접화법에서 간접화법으로 바꾸는 것이므로, 의문사를 종속접속사로서 사용한 「의문사 + 주어 + 동사」의 어순을 취하고 now를 then으로 바꾼다.

핵심정리

의문문의 화법 전환

- 전달동사 'say to'를 'ask[inquire of]'로 바꿈
- 의문사가 있는 경우 접속사 대신에 의문사를 그대로 사용하며, 의문사가 없는 경우 전달동사 뒤에 접속사 if나 whether를 놓음
  예 He said to me, "Where is your baggage?" → He asked me where my baggage was.(그는 내 가방이 어디에 있냐고 물었다.)
  Mother said to me, "Have you finished your homework?" → Mother asked me if I had finished my homework.
  (어머니는 나에게 숙제를 다 끝냈는지 물으셨다.)

03

He said, "Alas! All is over with me."
= He ________________.

① told with a sigh that all is over with him.
② told with a sigh that all was over with him.
③ cried out with a sigh that all was over with him.
④ cried out with a sigh that all was over with them.

해설 감탄사 있는 감탄문을 직접화법에서 간접화법으로 바꾸는 것이므로, 전달동사를 감탄사에 따라 shout 또는 cry 등으로 고치고 that절 이하의 시제와 인칭을 주절과 일치시킨다.

핵심정리

감탄문의 화법전환

- 전달동사를 'cry (out), shout, exclaim' 등으로 바꿈
- 직접화법의 어순을 그대로 쓰는 경우와, 평서문으로 고쳐 very로 보충한 두 가지 방법이 있음
  예 He said, "What a sweet voice she has!"
  (그는 "그녀의 목소리는 정말 아름다워!"라고 말했다.)
  → He cried out what a sweet voice she had.
  → He cried out that she had a very sweet voice.
  (그는 그녀가 정말 아름다운 목소리를 가졌다고 감탄하였다.)
- 감탄사가 있는 경우 적절한 부사구(with a sigh, with regret, with delight 등)로 전환
  예 He said, "Alas!, I have failed!"
  (그는 "아! 나는 실패했어!"라고 말했다.)
  → He said with a sigh that he had failed.

04

다음 중 화법전환이 옳지 않은 것은?

① He said to me, "Let's have a break."
→ He suggested to me that we let's have a break.

② I said to her, "You look fine."
→ I told her that she looked fine.

③ She said, "It is too expensive."
→ She said that it was too expensive.

④ She said, "I am busy today."
→ She said that she was busy that day.

해설 제안을 나타내는 문장의 화법전환은 say를 제안을 의미하는 propose나 suggest로 바꾸고 그 이하는 'that + 주어 + (should) + 동사원형'의 형태로 바꾼다.

정답 02 ③ 03 ③ 04 ①

실전문제 제5장 부정사/동명사/분사(Infinitive/Gerund/Participle)

대표유형문제

지방직·서울시 9급 기출

밑줄 친 부분에 들어갈 말로 가장 적절한 것을 고르시오.

The government is seeking ways to soothe salaried workers over their increased tax burdens arising from a new tax settlement system. During his meeting with the presidential aides last Monday, the President ______ those present to open up more communication channels with the public.

① fell on
❷ called for
③ picked up
④ turned down

정답해설 늘어난 세금에 대한 부담을 완화시키기 위해 대통령이 해결책을 강구하는 내용이다. 빈칸 뒤에는 대중과의 소통 채널이라는 해결책이 제시되고 있으므로 빈칸에 들어갈 말로 가장 적절한 것은 ② 'called for(요청하다)'이다. 'call for A to 부정사' 형식으로 쓰이면, 'A에게 ~할 것을 요청하다'라는 뜻이 된다.

해석풀이 정부는 새로운 세금 정산 제도로 인해 늘어나는 세금 부담에 대해 봉급 생활자들을 달래기 위한 방안을 모색하고 있다. 지난 월요일 대통령 보좌관들과의 회담에서, 대통령은 참석자들에게 대중과 더 많은 소통 채널을 열 것을 요청했다.

핵심어휘
- government 정부, 정권
- salaried 봉급을 받는
- tax burdens 조세 부담
- arising 생기다, 발생하다 (= occur)
- aide 보좌관(= assistant, supporter, attendant)
- communication 의사소통, 연락(= contact, conversation, correspondence)

❶ 부정사(Infinitive)

※ 다음을 바르게 영작한 것을 고르시오. (01~02)

01

나는 그와 똑같은 실수를 다시 저지르지 않으려고 노력했다.

① I tried hard to make not the same mistake again.
② I tried hard not to make the same mistake again.
③ I did not try to make the same mistake two times.
④ Hardly tried I not to make the same mistake again.

해설 to부정사의 부정은 부정사 앞에 not을 사용한다.

02

그는 친절하게도 그 문제를 푸는 법을 나에게 가르쳐 주었다.

① He was kind enough to show me the way to solve the problem.
② He was enough kind to show me the way to solve the problem.
③ He showed me the way to solve the problem, being kind enough.
④ He showed me the way to solve the problem, I think she is kind.

해설 「enough + to부정사」의 구문으로, 「형용사 + enough + to부정사」의 어순으로 영작한다.

03

다음 세 문장의 의미가 같도록, 빈칸에 들어갈 말이 순서대로 바른 것은?

He hoped to see the show, but he couldn't
= He hoped ____________ the show.
= He ____________ to see the show.

① to see – has hoped
② to see – had hoped
③ to have seen – hoped
④ to have seen – had hoped

해설 'hoped(wanted, expected, intended) + to have P.P.'는 과거에 이루지 못한 바람을 나타낸다.
He hoped to see the show, but he couldn't.
= He hoped to have seen the show.
= He had hoped to see the show.

해석 그는 그 쇼를 보고 싶어 했으나 그럴 수 없었다.

핵심정리

과거에 이루지 못한 희망·기대

- **희망 · 기대 동사 + 완료부정사** : 희망 · 기대 · 의지 등을 나타내는 동사가 완료부정사의 형태를 취하여 과거에 이루지 못한 희망 · 기대 등을 표현
- wanted[hoped, wished, intended, expected 등] + to have p.p.
  = had wanted[hoped, wished, intended, expected 등] + to부정사
  I hoped to have seen her before her death. (나는 그녀가 죽기 전에 그녀를 보기를 바랐다. (그러나 보지 못했다.))
  = I had hoped to see her before her death.
  = I hoped to see her before her death, but I couldn't.

정답 01 ② 02 ① 03 ④

04 지방직 9급 기출

어법상 옳은 것을 고르시오.

① The poor woman couldn't afford to get a smartphone.
② I am used to get up early everyday.
③ The number of fires that occur in the city are growing every year.
④ Bill supposes that Mary is married, isn't he?

해설 'afford'는 to부정사를 목적어로 취하며, 'cannot afford to부정사~'는 '~할 여유가 없다'는 의미로 사용된다.

해석 ① 가난한 그 여자는 스마트폰을 살 수 없었다.
② 나는 매일 아침 일찍 일어나곤 했다.(또는 나는 매일 아침 일찍 일어나는데 익숙하다.)
③ 도시에서 발생하는 화재건수가 매년 증가하고 있다.
④ Bill은 Mary가 결혼할 것이라고 생각한다. 그렇지 않니?

※ 다음 빈칸에 알맞은 것을 고르시오. (05~06)

05

The symptoms were so unusual ________ to perplex even the specialist.

① as ② not
③ ever ④ that

해설 「so ~ as to + 동사원형」(= so ~ that) : 결과를 나타내는 to부정사의 용법으로 사용된다.

해석 그 증상은 너무 희귀해서 심지어 전문가조차 당황하게 했다.

06

In order to learn how to swim, first of all, ________________.

① you need to enter the water
② it is entering the water with necessity
③ the water must, as is necessary, be entered
④ necessarily you must be entered in the water

해설 to learn은 '배우다'의 의미이므로, 의미상 주어는 사람이어야 하며, 능동이어야 한다.

해석 수영하는 법을 배우기 위해서는 우선 물속에 들어가야 한다.

※ 다음 중 문법적으로 틀린 문장을 고르시오. (07~08)

07

① I don't care to see him again.
② He is old enough to understand it.
③ It is careless for you to make such a mistake.
④ Everybody was surprised to hear the news of his death.

해설 부정사 앞에 사람의 성질을 나타내는 형용사가 쓰이면 for 대신 of를 사용하여 의미상 주어를 나타낸다.
∴ for you → of you
cf. 사람의 성질을 나타내는 형용사 : careful, careless, clever, kind, foolish, wise, cruel, polite, stupid 등

08

① They were never to see each other again.

② He must be foolish to do such a thing.

③ Needless to say again, I have never done that.

④ He does nothing but to play all day long.

해설 「do nothing but + 동사원형」(단지 ~ 하기만 하다)은 관용적 표현으로 to부정사가 아닌, 원형부정사를 사용한다.
∴ to play → play

09 서울시 9급 기출

다음 문장 중 어법상 옳지 않은 것은?

Innovation, business is now learning, is likely ① to find ② wherever bright and eager ③ people think ④ they can find it.

해설 주어인 innovation은 능동적으로 뭘 찾을 수 있는 주체가 아니다. 따라서 to find가 아니라 to be found가 되어야 옳은 표현이다.

해석 똑똑하고 열성적인 사람들이 찾을 수 있다고 생각하는 그 어떤 곳에서는 간에 발견될 수 있음을 기업은 오늘날 배워가고 있는 중이다.

※ 다음의 밑줄 친 부분 중 어법상 틀린 것을 고르시오. (10~11)

10

You ① had better ② to avoid ③ the company ④ of dishonest people.

해설 had better ~ (~하는 편이 낫다) 구문으로, had better 다음에는 to부정사가 아닌 원형부정사를 사용한다.
∴ to avoid → avoid

해석 부정직한 사람과 어울리지 않는 편이 좋다.

11

Our ① extensive experience ② enables us ③ handling projects that other companies ④ cannot.

해설 「enable + 목적어 + to부정사」 구문으로, enable의 목적어 다음에는 동명사가 아닌 to부정사가 온다.
∴ handling → to handle

해석 우리는 경험이 풍부하므로 다른 회사들이 할 수 없는 프로젝트를 수행할 수 있다.

정답 04 ① 05 ① 06 ① 07 ③ 08 ④ 09 ① 10 ② 11 ③

12

우리말로 옮긴 것 중 알맞지 않은 것은?

① 아무도 그가 시험에 통과하리라고 예상치 않았다

→ No one expected him pass the exam.

② 그는 학교에 지각하지 않는 것을 원칙으로 삼았다.

→ He made it a principle never to be late for school.

③ 그는 충격을 받았던 것처럼 보였다.

→ He seemed to have been shocked.

④ 대통령은 정부를 일소할 것이라 약속했다.

→ The president promised to clean up government.

해설 부정사구를 취하는 주요 구문 술어동사 + 목적어 + to부정사로써 'No one expected him to pass the exam.'으로 고쳐야 옳은 표현이다.

13

다음 문장 중 어법상 옳지 않은 것은?

① We expect succeed.

② They contrived to escape from the castle.

③ Tom did not choose to accept their proposal.

④ The president promised to clean up government.

해설 expect는 to부정사를 목적어로 취한다. 따라서 'We expect to succeed.'가 되어야 옳은 표현이다.

핵심정리

to부정사를 목적어나 목적보어로 취하는 동사

- 소망 · 기대 · 요구 · 노력동사 등은 to부정사를 목적어로 취함(⇒ S + V + to부정사[-ing(×)]) : want, wish, hope, long(간절히 바라다), desire, expect,ask, demand, endeavor, contrive, learn, manage, decide, choose, promise, arrange, agree, afford, offer, pretend, refuse, fail, threaten 등

예 We want to get back to the six-party talks as soon as possible. (우리는 가능한 한 빨리 6자회담에 복귀하기를 바란다.)

예 We expect to succeed. (우리는 성공할 것이다.)

예 They contrived to escape from the castle. (그들은 성을 빠져나갈 궁리를 했다.)

예 Tom did not choose to accept their proposal. (Tom은 그들의 제안을 아들이려 하지 않았다.)

예 The president promised to clean up government. (대통령은 정부를 일소할 것이라 속했다.)

예 He arranged to start early in the morning. (그는 아침 일찍 출발할 준비를 했다.)

14 서울시 9급 기출

다음 중 어법상 올바른 문장은?

① It is stupid for her to make that mistake.

② I have some money to be used.

③ We arranged for a car to collect us from the airport.

④ We noticed them to come in.

해설 ③ 'arrange for'는 '준비하다(마련하다)'라는 의미이며, 'collect'는 '데려오다'라는 의미로 사용되었다. 어법상 이상이 없는 문장이다.

① 사람의 성품 · 성향을 표현하는 형용사가 다음에 오는 to부정사의 의미상의 주어는 'of + 목적어' 형태로 쓴다. 따라서 'stupid for her to ~'를 'stupid of her to ~'로 고쳐야 한다.

② to부정사의 주체(의미상 주어)는 주어(I)이므로, 'to use'가 되어야 한다(money는 to부정사의 대상(목적어)이 됨). 즉, 'I have some money'와 'I will use the money'를 결합한 의미의 문장이다.

④ notice는 지각동사이므로 원형부정사를 목적보어로 가진다(지각동사 + 목적어 + 원형부정사). 따라서 'to come in'을 'come in'으로 고쳐야 한다.

❷ 동명사(Gerund)

01

다음 밑줄 친 것 중에서 어법상 옳지 않은 것을 고르시오.

> Many students assume ① that textbook writers restrict themselves to facts and avoid ② to present opinions. Although ③ that may be true for some science text, ④ it's not true for textbooks in general, particularly in the areas of psychology, history, and government.

해설 'avoid(~을 피하다)'는 목적어로서 to부정사가 아닌 동명사(V-ing)를 취하는 동사이다. 따라서 'to present'를 'presenting'으로 고쳐야 한다.

해석 많은 학생들은 교과서 저자들이 스스로를 사실에 구속시키고 의견을 제시하는 것은 피한다고 생각한다. 비록 그것이 일부 과학 교과서에서는 사실일지 모르지만, 일반적인 교과서, 특히 심리, 역사 및 정치 분야에서는 그렇지 않다.

핵심정리

동명사를 목적어로 취하는 동사

- '동사 + 동명사(-ing)'의 구조를 취하며, '동사 + to부정사(to do)'의 구조는 불가능한 동사
- **해당 동사**

  admit, anticipate, appreciate, avoid, consider, defer, delay, deny, dislike, dispute, doubt, enjoy, escape, excuse, finish, forgive, give up, imagine, involve, keep, mention, mind, miss, pardon, postpone, put off, practice, prevent, prohibit, recall, recollect, report, resent, resist, risk, suggest, understand 등

  예 The company can consider hiring him. (그 회사는 그를 고용하는 것을 고려할 수 있다.)[to hire (×)]

  예 They dislike listening to jazz. (그들은 재즈음악 듣는 것을 싫어한다.)

  예 Would you mind closing the window? (창문을 닫아도 괜찮겠습니까?)

  예 Are you going to postpone going home? (당신은 집에 가는 것을 미룰 것입니까?)

02

다음 빈칸에 알맞은 것을 고르시오.

> I would appreciate ____________ it a secret.

① your keeping
② you to keep
③ that you kept
④ that you are keeping

해설 appreciate는 동명사를 목적어로 취하는 동사로, 사람, to부정사, that절 등을 목적어로 사용하지 않는다.

해석 네가 그것을 비밀로 해준다면 고맙겠다.

정답 12 ① 13 ① 14 ③ 01 ② 02 ①

03 서울시 9급 기출

밑줄 친 부분 중 어법상 가장 옳지 않은 것은?

A survey ① conducted for the journal American Demographics by the research from Market Facts found some surprising results. In modern America, ② where superstitions are seen as nothing more than the beliefs of a weak mind, 44 percent of the people surveyed still admitted they were superstitious. The other 56 percent claimed to be only "optimistically superstitious," ③ meaning they were more willing to believe superstitions relating to good luck over ones related to bad luck. For example, 12 percent of those who said they were not really superstitious confessed to ④ knock on wood for good luck. And 9 percent confessed they would pick up a penny on the street for good luck. A further 9 percent of non-believers also said they would pick a four-leaf clover for luck if they found one. And some still believed in kissing under the mistletoe for luck.

해설 고백하다라는 의미의 confess는 전치사 to와 함께 목적어를 가질 수 있다. 따라서 전치사의 목적어는 명사 또는 동명사이므로 knock를 knocking으로 고쳐야 옳은 표현이다.

04

다음의 밑줄 친 부분을 올바르게 고친 것은?

It is not a matter dissatisfy with our own lives, but it is more a curiosity about the road not traveled.

① of dissatisfying
② that dissatisfy
③ of being dissatisfied
④ that being dissatisfied

해설 글의 문맥상 전치사 of를 동반해야 하고, be dissatisfied with(~에 불만족하다)가 수동태이므로, 수동태 동명사를 사용해야 한다.
∴ dissatisfy → of being dissatisfied

해석 그것은 우리 자신의 삶에 만족하지 못하는 문제가 아니라, 가지 않은 길에 대한 호기심의 문제이다.

※ 다음을 바르게 영작한 것은? (05~06)

05

그녀를 보면 언제나 죽은 누님이 생각난다.

① I never see her but I reminding of my dead sister.
② I never see her but I am thought of my dead sister.
③ I never see her without being reminded of my dead sister.
④ I never see her without reminding of my dead sister.

해설 「never ~ but + 주어 + 동사」: 「~하면 반드시 ~ 하다」 = 「never ~ without + 동명사」

06

집에 돌아오자마자 우편함에 편지 한 통이 와 있음을 알았다.

① Upon returning home, he found a letter in the mailbox.

② After returning home, a letter was found in the mailbox.

③ When he returned to home, he found a letter in the mailbox.

④ Having returned home, the mailbox had a letter in it.

해설 「on[upon] V-ing(~하자마자)」 구문을 사용하며, return 다음에 home이 부사이므로 전치사가 불필요하다.
Upon[On] returning home, he found a letter in the mailbox.
= When returning home, he found a letter in the mailbox.
= When he returned home, he found a letter in the mailbox.

※ 다음의 밑줄 친 부분 중 어법상 틀린 것을 고르시오. (07~08)

07

He was ① very busy ② to get ③ ready for ④ his journey.

해설 be busy V-ing : ~하느라 바쁘다
∴ to get → getting

해석 그는 여행 갈 준비로 아주 바빴다.

08

I ① remember ② to see him ③ conducting the visitors ④ around the museum last year.

해설 remember 다음에 to부정사가 오면 '미래에 할 일을 기억하다'란 뜻이고, 동명사가 오면 '과거에 한 일을 기억하다'란 뜻으로 사용된다. 글의 문맥상 과거(last year)의 일이므로 to부정사가 아닌 동명사를 사용해야 한다.
∴ to see → seeing

해석 나는 작년에 그가 방문객들을 그 박물관으로 안내했던 것을 본 기억이 난다.

정답 03 ④ 04 ③ 05 ③ 06 ① 07 ② 08 ②

핵심정리

동명사와 부정사를 목적어로 취할 때 의미상의 차이가 있는 동사

- 일반적 · 구체적 의미상의 차이가 있는 동사
  - 동사가 일반적 기호를 나타내는 경우에는 동명사를 목적어로 가지며, 구체적 · 특정적 기호를 나타내는 경우는 to부정사를 목적어로 가짐
  - 해당 동사 : like, prefer, love, hate, dread, intend 등(호불호 · 기호 동사)
- 시차에 따른 의미 차이가 있는 경우
  - 해당 동사보다 과거의 일인 경우에는 동명사를 목적어로 하며, 동사와 동일 시점이나 미래의 일인 경우에는 to부정사를 목적어로 함
  - 해당 동사 : remember, recall, forget, regret 등(기억 · 회상 · 회고 동사)
- 문맥상의 의미 차이가 있는 경우
  - 동명사는 그 자체가 해당 동사의 목적어가 되며, to부정사는 부정사의 '목적'(부사적 용법)의 의미를 나타냄
  - 해당 동사 : stop, propose 등

09 지방직·서울시 9급 기출

우리말을 영어로 잘못 옮긴 것은?

① 나는 네 열쇠를 잃어버렸다고 네게 말한 것을 후회한다.
→ I regret to tell you that I lost your key.

② 그 병원에서의 그의 경험은 그녀의 경험보다 더 나빴다.
→ His experience at the hospital was worse than hers.

③ 그것은 내게 지난 24년의 기억을 상기시켜 준다.
→ It reminds me of the memories of the past 24 years.

④ 나는 대화할 때 내 눈을 보는 사람들을 좋아한다.
→ I like people who look me in the eye when I have a conversation.

해설 ① 동사인 'regret(후회하다)'의 다음에 to부정사가 오면 미래의 의미를 전달하지만 해석을 보면 과거 사실을 말하고 있으므로 'to tell'을 과거 사실을 말할 때 사용하는 동명사인 'telling'으로 바꿔야 한다.
② 소유격 + 명사를 대신하기 위해 소유대명사를 사용할 수 있으며 해당 문장에서는 'His experience (그의 경험)'과 'her experience(그녀의 경험)'을 비교하고 있는데, 'hers(그녀의 것)'이라는 소유대명사를 사용해 표현하였다.
③ 주어가 3인칭 단수이고 시제가 현재형일 때, 동사원형에 '-s'를 붙인다.
④ 선행사가 사람이고, 관계대명사 절에서 관계대명사가 주어 역할을 하는 경우 'who'를 사용한다.

10

다음 밑줄 친 것 중에서 어법상 옳지 않은 것은?

My students assume ① that textbook writers restrict themselves to facts and avoid ② to present opinions. Although ③ that may be true for some science text, ④ it's not true for textbooks in general, particularly in the areas of psychology, history, and government.

해설 avoid는 목적어로서 부정사구를 받지 않고, 동명사구를 취하므로 to present를 presenting으로 바꿔야 옳은 표현이다.

❸ 분사(Participle)

01

다음 빈칸에 가장 알맞은 것을 고르시오.

Having been selected to represent the Association of Korean Dancers at the Annual Convention, ________________ ________.

① the members applauded her
② she gave a short acceptance speech
③ a speech had to be given by her
④ the members congratulated her

해설 분사구문(Having been selected to represent ~)에 의미상 주어가 없으므로 주절 주어와 일치한다. 따라서 대표로 선출된 사람이 주절의 주어와 일치해야 하며, 이러한 구조에 일치하는 것은 ②이다.

해석 연례 회의에서 한국 무용수 협회를 대표하도록 선정되어서(선출된 후), 그녀는 짧은 수락연설을 했다.

핵심정리

분사구문
- 분사구문의 의의
  - 주절을 수식하는 부사절(종속절)을 접속사를 사용하지 않고 분사를 사용하여 부사(구)로 만든 것
  - 분사구문은 부사적 역할을 하여 시간, 이유, 조건, 양보, 부대상황 등의 의미를 지님
  - 분사구문은 이를 다시 부사절(접속사 + 주어 + 동사)의 구조로 바꾸어 쓸 수 있음
- 분사구문의 특징
  - 주절의 주어와 분사구문의 의미상 주어는 일치하는 것이 원칙(이 경우 분사구문의 주어는 생략됨)
  - 주절의 주어와 분사구문의 주어가 다른 경우 분사구문의 주어를 표시 → 독립분사구문
  - 접속사의 의미를 강조하는 경우 분사구문에 접속사를 삽입(when, while, if, though 등)
- 종속절(부사절)의 분사구문으로의 전환
  - 접속사 생략(→ 필요 시 전치사 사용)
  - 주절과 종속절 주어가 동일한 경우 종속절 주어를 생략하며, 동일하지 않은 경우 그대로 둠
  - 주절과 종속절 시제가 같은 경우 동사를 단순형 분사(동사원형-ing)로 하며, 종속절 시제가 주절보다 이전인 경우 완료형 분사(having +P.P.)로 전환

02

다음 중 밑줄 친 부분이 전체 문장과 어울리지 않는 것은?

① Writing in an essay style, the book has many readers.
② Accepting what he says, I don't think he'll sacrifice himself for his friends.
③ Compared with this time last year, the prices of commodities have arisen.
④ Admitted he is not to blame, who is responsible for this?

해설 분사구문을 절로 바꾸어보면 무생물인 the book이 주어이므로, 현재분사(능동)가 아닌 과거분사(수동)를 사용해야 한다.
= (Because it is) written in an essay style, the book has many readers.
∴ writing → written

정답 09 ① 10 ② / 01 ② 02 ①

03

다음 글의 빈칸 (A), (B)에 들어갈 말로 가장 적절한 것끼리 짝지어진 것은?

We all know that a little bit of stress can be a good thing, as it can motivate a person to take action. A lot of stress, though, can seriously affect one's mental and physical health and can prevent a person (A) ________________. Many people know that a job, schoolwork, or lifestyle can cause negative stress levels to increase dramatically, but very few are aware that certain kinds of food and drink, (B) ________________, can lead to higher levels of stress.

① (A) from doing things effectively
(B) if consumed regularly

② (A) doing things effectively
(B) if it consumed regular

③ (A) from doing things effective
(B) if it consumed regular

④ (A) doing things effectively
(B) if consuming regularly

해설 (A) 금지동사 prevent는 전치사 from을 사용하여 prevent A from B의 형태로 쓴다.
(B) 접속사 if로 시작하는 분사구문을 묻는 문제로 생략된 주어와 동사는 앞의 certain kinds of food and drink이다. 부사 regularly는 앞의 분사 consumed를 수식한다.

해석 우리 모두는 약간의 스트레스가 사람을 행동하게 하는 동기를 줄 수 있는 것으로 좋은 영향이 될 수 있다는 것을 안다. 하지만 많은 양의 스트레스는 자신의 정신적, 육체적 건강에 심각한 영향을 초래하고 사람이 효율적으로 일하도록 하는 것을 막을 수도 있다. 많은 사람들은 직업, 학업이나 생활습관이 부정적인 스트레스 수준을 극적으로 증가시킨다는 것을 안다. 그러나 음식이나 음주의 몇몇 종류가 그것을 정기적으로 소비함으로써 스트레스 수준을 더 높인다는 것을 아는 사람은 거의 없다.

어휘
- motivate 동기를 주다
- take action 행동을 취하다
- affect 영향을 미치다
- dramatically 급격하게
- lead to ~로 이끌다
- effectively 효과적으로
- consume 섭취하다
- regularly 정기적으로

04

다음 빈칸에 들어갈 적절한 말은?

________________ strong young men, the old woman couldn't manage to get through the crowd well.

① Surrounded by

② She surrounding

③ As she was surrounded

④ Her surrounding

해설 제시문은 '그녀가 건장한 젊은 남자들에 의해 둘러싸여서(둘러싸였기 때문에)' 빠져나갈 수 없었다는 의미이므로 'As she was surrounded by strong young men ~'이 된다. 여기서 이 종속절(부사절)이 분사구문으로 전환되는 경우, 접속사가 우선 생략되고 다음으로 주어(she)가 주절 주어와 일치되므로 역시 생략된다. 그리고 다음으로 분사의 형태가 결정되는데, 원래 문장이 수동형이면서 시제는 주절 시제와 같으므로 'Being + P.P.'가 사용되어야 한다. 따라서 적절한 분사구문은 '(Being) surrounded by strong young men ~'이다. 여기서 Being은 생략 가능하다.

해석 건장한 젊은 남자들에 둘러싸여서, 그 늙은 여성은 군중 속을 잘 헤쳐 나갈 수 없었다.

05

다음 중 문장의 뜻이 어법상 어색한 것은?

① Seeing the policeman, the thief ran away.

② Calling on him yesterday, he was not at home.

③ Being honest, he was employed as a guardian.

④ Weather permitting, I will go on a picnic tomorrow.

해설 분사구문은 주절과 분사구의 주어가 일치하여야 하는데, 방문한 사람과 주절의 he가 동일인이 아니므로 분사구문으로 만들 수 없다.

06 국가직 9급 기출

어법상 옳은 것은?

① When have you read the news?

② He employed a man he thought was diligent.

③ The garden is all wet it must rain last night.

④ While waiting, I began to feel strangely nervous.

해설 while은 접속사로서 다음에 절이 나오거나, 주어 동사가 생략된 분사형을 쓴다.

07

빈칸에 가장 적합한 것은?

> No one knew of the existence of the Indus culture until archaeologists discovered it at the site of Harappa in the 1920s. Since then, some seventy cities, the largest ___㉠___ Harappa and Mohenjo–Daro, have been identified. This urban civilization had bronze tools, writing, covered drainage systems, and a diversified social and economic organization. Though it ___㉡___ the least understood of the early river valley civilizations, archaeo–logical evidence and inferences from later Indian life allows us to reconstruct something of its culture.

① ㉠ are ㉡ remains us

② ㉠ be ㉡ remained

③ ㉠ being ㉡ remained as

④ ㉠ being ㉡ remains

해설 ㉠ ㉠이 포함된 문장은 주어(some seventy cities)와 동사(have been identified)로 구성된 완전한 문장구조가 되므로, 가운데 있는 'the largest ㉠ Harappa and Mohenjo–Daro'는 삽입구문에 해당한다. 일반적으로 삽입구문은 분사구문의 형태가 되거나 종속절의 형태가 될 수 있는데, 여기서는 접속사가 따로 없으므로 분사구문으로 표현하는 것이 적합하다. 따라서 ㉠은 'are'가 아니라 'being'이 되어야 한다(the largest를 분사구문의 주어로 하는 독립분사구문).

㉡ ㉡이 포함된 문장에서 'Though it ㉡ the least ~ civilizations'는 종속절에 해당하며, 주절의 주어는 'archaeological evidence and inferences', 동사는 'allows'이다. 여기에서 ㉡에 들어갈 동사 'remain'은 불완전자동사(2형식동사)로서, 다음에 보어 'the least understood ~ civilizations'를 취하고 있다. 주절의 동사(allows)와 같이 현재시제가 되어야 하므로 'remains'가 가장 적합하다.

정답 03 ① 04 ① 05 ② 06 ④ 07 ④

해석 1920년대 하라파 유적지에서 고고학자들이 발견할 때까지는 누구도 인더스 문명의 존재에 대해 알지 못했다. 그 이후로, 약 70여 개의 도시가 확인되었는데, 그중 가장 큰 도시는 하라파와 모헨조다로였다. 이 도시 문명은 청동기와 문자, 지붕이 덮인 하수 시스템, 다양한 사회·경제적 조직을 갖추고 있었다. 비록 그것은 초기 강 유역의 문명들 중에 가장 규명이 안 된 상태로 남아 있지만, 고고학적인 증거와 이후 인도인의 삶으로부터 나온 추론들은 우리가 그 문화의 중요한 부분을 복원할 수 있도록 한다.

어휘
- existence 존재, 생활, 존재물
- archaeologist 고고학자 cf. archeology 고고학
- site 장소, 부지, 현장, 유적지, 사이트
- bronze tool 청동기
- drainage 하수, 오수, 배수장치
- diversified 다각적인, 변화가 많은, 여러 가지의
- evidence 증거, 흔적, 증언, 단서
- inference 추론, 추정, 추리
- reconstruct ~을 재건하다, 부흥시키다, ~을 고쳐 세우다

08

다음 괄호 안에 가장 알맞은 것을 고르시오.

> The administration plans to introduce the new formula this year at the earliest, applying it first to replies to opinions posted on some portal sites. The sooner the system is put into effect, the better South Korea is an (   ) internet powerhouse as the world's most wired country, with Web surfing a daily routine for many people. In proportion to the sharp increase in the number of Internet surfers, cyber crimes have (   ) as a serious social evil with the number of cyber crime victims rising rapidly to 2 million in 2004 from 1.65 million in 2003 and 1.19 million 2002.

① undisputed – emerged
② undisputing – emerged
③ undisputed – emerging
④ undisputing – emerging

해설 have동사는 3형식, 5형식 동사로, 그리고 조동사(have + pp : 완료시제)로 사용된다. 위의 문장에서 have란 조동사가 있기 때문에 과거분사형이 와야 한다.

09

다음 중 어법상 옳은 것은?

① He graduated Harvard University with honor.
② He has been to Incheon, so he isn't here now.
③ Feeling tired, I'm going to stay at home.
④ You should go to the dentist yesterday.

해설 분사 구문의 주어는 주절의 주어(I)와 같으므로 생략되며, 분사의 주어(주체)가 능동적으로 느끼는 것이므로 동사는 현재분사(feeling)를 쓴다.

10

우리말로 옮긴 것 중 알맞지 않은 것은?

① 그는 가난했기 때문에 책을 살 수가 없었다.
→ while poor, he could not afford to buy books.
② 나는 길을 걸어 가다가 옛 친구를 한 명 만났다.
→ Walking down the street, I met an old friend of mine.
③ 거기서 왼쪽으로 돌면, 은행을 찾을 수 있다.
→ Turning to the left there, you will find the bank.

④ 나는 그의 집 옆에 살지만 그를 좀처럼 보지 못한다.
→ Living near his house, I seldom see him.

해설 이유를 나타내는 문장으로 because, as, since를 사용해야 한다. Being poor, he could not afford to buy books. (그는 가난했기 때문에 책을 살 수가 없었다.)
= Because he was poor, he could not afford to buy books.

11

다음 빈칸에 알맞은 것을 고르시오.

Asked if he could come to the party that night, ______________________.

① nobody said anything
② nothing was said by him
③ they did not get an answer from him
④ John nodded his head and left the room

해설 Being이 생략된 분사구문의 형태로, 분사구문의 주어와 주절의 주어가 일치하려면 he에 해당하는 사람이어야 한다.
(Being) asked if he could come ~
= When he was asked if he could come ~

해석 그날 밤 파티에 올 수 있는지를 물어보았을 때, John은 고개를 끄덕이고 방문을 나섰다.

12

우리말을 영어로 잘못 옮긴 것을 고르시오.

① 그의 소설들은 읽기가 어렵다.
→ His novels are hard to read.
② 학생들을 설득하려고 해 봐야 소용없다.
→ It is no use trying to persuade the students.
③ 나의 집은 5년마다 페인트칠된다.
→ My house is painted every five years.
④ 내가 출근할 때 한 가족이 위층에 이사 오는 것을 보았다.
→ As I went out for work, I saw a family moved in upstairs.

해설 ④ see는 지각동사로 목적격 보어가 행위를 하는 주체일 때 현재분사 또는 원형부정사를 취한다. 목적어인 한 가족이 '이사 오는' 것이므로 과거분사 'moved'가 아니라 현재분사 'moving'으로 고쳐야 한다.
① 'his novels'로 복수라서 'are' 동사와의 수일치가 잘 이루어졌다.
② 'it is no use v-ing'는 '~해도 소용없다'의 뜻을 갖는 동명사의 관용표현이다. 따라서 'It is no use trying'는 어법에 맞게 쓰였다.
③ 집의 입장에서 페인트칠 된다고 서술되었다. 따라서 수동태로 서술한 것이 적절하고, 시간을 나타내는 부사구 또한 적절하게 쓰였다.

정답 08 ① 09 ③ 10 ① 11 ④ 12 ④

13 서울시 9급 기출

우리말을 영어로 가장 잘 옮긴 것은?

① 나는 이 집으로 이사 온 지 3년이 되었다.
→ It was three years since I moved to this house.

② 우리는 해가 지기 전에 그 도시에 도착해야 한다.
→ We must arrive in the city before the sun will set.

③ 나는 그녀가 오늘 밤까지 그 일을 끝마칠지 궁금하다.
→ I wonder if she finishes the work by tonight.

④ 그는 실수하기는 했지만, 좋은 선생님으로 존경받을 수 있었다.
→ Although making a mistake, he could be respected as a good teacher.

해설 Although making a mistake, he could be respected as a good teacher. 분사구문에서 접속사가 생략되지 않고 쓰인 경우이다.

제6장 명사/관사(Noun/Article)

실전 문제

대표유형문제

서울시 7급 기출

어법상 가장 옳지 않은 것은?

① I would rather not go out for dinner tonight because I am totally exhausted.

② I had no idea about where to place my new furniture including desks, sofas, and beds in my new house.

③ She is seeing her family doctor tomorrow to check the result of the medical check–up she had a month ago.

❹ The professor strongly suggested one of his students to apply for the job he had recommended because the application deadline was near.

정답해설 suggest는 완전 타동사로 5형식으로 사용할 수 없다. 또한 제안하다를 의미할 때 목적절에 주어 + (should) + 동사원형을 사용한다. 따라서 The professor strongly suggested one of his students to apply for the job he had recommended because the application deadline was near.에서 to apply가 아닌 apply로 나타내야 적절한 표현이다.

해석풀이 ① 오늘 밤은 완전히 지쳐서 저녁 먹으러 나가지 않는 게 좋겠다.
② 나는 내 새 집에 책상, 소파, 침대를 포함한 새 가구를 어디에 놓아야 할지 몰랐다.
③ 그녀는 한 달 전에 받은 건강 검진 결과를 확인하기 위해 내일 가족 주치의를 만날 것이다.
④ 그 교수는 지원 마감일이 다가왔기 때문에 그가 추천한 직장에 지원하라고 그의 학생 중 한 명에게 강력히 제안했다.

정답 13 ④

❶ 명사(Noun)

01

다음 중 어법에 맞는 것은?

① Asia is the home of many people.

② There are a hundred of cattles in his farm.

③ She usually buys many clothing.

④ The family were eating dinner.

해설 ④ family는 하나의 집합체를 나타낼 때는 집합명사로 보아 단수로, 구성원 하나하나를 나타낼 때는 군집명사로 보아 복수로 취급한다.

① people은 '사람들'의 뜻일 때는 군집명사로서 복수로, '민족, 국민'의 뜻일 때는 집합명사로서 단수 취급한다.
∴ people → peoples

② cattle은 단수형으로 쓰되 항상 복수 취급하는 집합명사이다.
∴ cattles → cattle

③ clothing(의류)은 양을 나타내는 물질명사로서 단수 취급하며 much, little로 수식한다.
∴ many clothing → much clothing

02

다음 빈칸에 알맞은 것을 고르시오.

He showed me ______________.

① his brother's book

② his brother's some book

③ books of his brother

④ some books of his brother's

해설 소유격이 a, this, that, some, any, no, such, each, every 등과 함께 쓰일 때는「a[this, that, some, any…] + 명사 + of + 소유격」의 형태로 쓴다.

핵심정리

이중소유격

- **구조** : 한정사 + 명사 + of + 소유대명사 / 한정사 + of + 소유격 + 명사
- **한정사 유형** : a(n), some, any, no, many, this[these], that[those], 의문형용사(which, what) 등
  - 예 a friend of mine (a my friends ×)
  - 예 some of her friends (some her friends ×)
  - 예 any friend of my son's (any my son's friend ×)
  - 예 no business of yours (no your business ×)
  - 예 that book of my sister's (that my sister's book ×)

03 국가직 9급 기출

어법상 옳은 것을 고르시오.

① Undergraduates are not allowed to using equipments in the laboratory.

② The extent of Mary's knowledge on various subjects astound me.

③ If she had been at home yesterday, I would have visited her.

④ I regret to inform you that your loan application has not approved.

해설 ③ 가정법 과거완료 문장이다. If 주어 had p.p., 주어 would have p.p.의 어법이 적절한 문장이다.
① 5형식 문장의 수동태가 사용된 문장으로 allow의 목적보어는 to 부정사가 와야 한다. 따라서 to using이 아닌 to use가 되어야 한다. 또한, equipment는 셀 수 없는 명사이므로 복수형을 쓸 수 없다.
② 주어는 subjects가 아닌 extent, 즉 단수 명사이므로 단수동사인 astounds가 되어야 한다.
④ 대출신청은 승인 되지 않은 것이므로 능동태가 아닌 수동태가 되어 has not been approved가 되어야 옳은 표현이다.

04

문법적으로 옳은 것을 고르시오.

① Pat bought several furnitures for his younger brother.
② Pat bought expensive book for his younger brother.
③ Pat had important evidence supporting his hypothesis.
④ Pat could not go there because he had many homeworks.

해설 ③ evidence는 셀 수 없는 명사이다.
① furniture는 셀 수 없는 명사이므로 앞에 'a'가 오거나 뒤에 -s를 붙일 수 없으며 many와 함께 쓰일 수 없다.
② book은 셀 수 있는 명사로 관사가 앞에 오거나 복수형이 되어야 한다.
④ homework는 셀 수 없는 명사이다.

해석 ① Pat은 그의 남동생을 위해서 몇몇 가구를 구매했다.
② Pat은 그의 남동생을 위해서 비싼 책을 구매했다.
③ Pat은 그의 가설을 뒷받침할 중요한 증거를 가지고 있었다.
④ Pat은 숙제가 많아서 거기에 갈 수 없었다.

05

다음 중 단수와 복수의 형태가 모두 옳은 것은?

① data – datas
② news – newses
③ index – indices
④ erratum – erratums

해설 ① datum – data
② news는 셀 수 없는 명사이므로 복수형이 없음
④ erratum(오류, 오자) – errata(정오표)

06

다음 글의 밑줄 친 부분이 잘못된 것은?

① They are on the best <u>terms</u>.
② He will make <u>friends</u> with you.
③ She is a <u>ten-year</u> old girl.
④ They wanted to shake <u>hand</u> with me, but I ran away.

해설 단수명사가 아닌 복수 명사 hands를 사용해야 한다.

어휘 ▪ shake hands with ~와 악수하다

정답 01 ④ 02 ④ 03 ③ 04 ③ 05 ③ 06 ④ 07 ②

※ 다음 빈칸에 알맞은 것을 고르시오. (07~08)

07

The committee ________ to its decision to limit the evidence.

① adhere
② adheres
③ have adhered
④ have been adhered

해설 committee는 family형 집합명사로서 대명사 its로 보아 3인칭 단수 형태의 동사를 사용해야 한다.

해석 위원회는 증거를 제한하기로 한 결정을 고수했다.

어휘 ■ adhere to ~을 고수하다

08

His house is within ________________ from the museum.

① stone's throw
② a stone's throw
③ the stone's throw
④ a throw of a stone

해설 '아주 가까운 거리'라는 뜻의 관용표현은 'a stone's throw'이다. 한편, 무생물은 보통 소유격을 만들 때 of를 사용하나, 무생물이라도 시간 · 거리 · 중량 · 가격 등을 나타낼 때 에는 's를 사용한다.

해석 그의 집은 박물관에서 엎어지면 코 닿을 데에 있다.

09 서울시 9급 기출

밑줄 친 부분 중 어법상 옳지 않은 것을 고르시오.

The cartoon character SpongeBob SquarePants is ① in a hot water from a study ② suggesting that watching just nine minutes ③ of that program can cause short-term attention and learning problems ④ in 4-year-olds.

해설 'water'는 물질명사로 셀 수 없는 불가산명사에 속하기 때문에 부정관사'a(n)'를 사용할 수 없다.

해석 만화 캐릭터인 SpongeBob SquarePants는 그 프로그램을 단 9분만 시청해도 4살 아동들에게 단기 집중 및 학습 장애를 유발할 수 있다는 연구결과로 곤경에 처해 있다.

어휘 ■ in hot water 곤경에 처한
■ short-term 단기의, 단기적인

핵심정리

가산명사와 불가산명사

- 가산명사
  - 보통명사, 집합명사
  - 셀 수 있는 가산명사는 단수와 복수의 구별이 있으며, 단수에 부정관사를 취할 수 있다.
  - 문맥상 특정한 것을 지정하는 경우 정관사를 취한다.
- 불가산명사
  - 물질명사, 추상명사, 고유명사
  - 셀 수 없는 불가산명사는 양이나 정도를 나타내므로 원칙적으로 복수형을 쓸 수 없으며, 부정관사를 취할 수도 없다.
  - 문맥상 특정한 것을 지정하는 경우 정관사를 취한다.

10

다음의 밑줄 친 부분 중 어법상 틀린 것을 고르시오.

> It is difficult ① to classify mathematics ② as simply an art or a science because ③ they contain elements ④ of both.

해설 mathematics와 같이 -ics로 끝나는 학문 · 학과명은 단수 취급한다.
∴ they contain → it contains

해석 수학은 예술과 과학의 두 요소를 모두 포함하고 있기 때문에 단순히 예술 또는 과학으로 분류하기가 어렵다.

11

밑줄 친 부분에 들어갈 말로 가장 적절한 것을 고르시오.

> He got a deadly wound inflicted in the __________ with the well-trained enemy squad.

① coarse　② flourish
③ skirmish　④ sluggish

해설 잘 훈련된 적 부대와의 '전투[충돌]'로 인해 치명적인 부상을 입었음을 짐작할 수 있다. 따라서 빈칸에는 'skirmish(전투, 충돌)'가 들어가는 것이 적절하다. 단어의 뜻을 모르더라도, 빈칸에 적합한 것이 명사라는 것을 안다면 보다 쉽게 답을 찾을 수 있다. 보기 중 명사가 될 수 있는 것은 ③뿐이다.

해석 그는 잘 훈련된 적 분대와의 전투에서 치명적인 부상을 당했다.

12 서울시 9급 기출

밑줄 친 부분 중 어법상 가장 옳은 것은?

> More than 150 people ① have fell ill, mostly in Hong Kong and Vietnam, over the past three weeks. And experts ② are suspected that ③ another 300 people in China's Guangdong province had the same disease ④ begin in mid-November.

해설 'another' 는 보통 'another + 단수명사'의 형태로 단수명사를 직접적으로 수식하지만, 'another' 다음에 수사가 올 경우에는 'another + 수사 + 복수명사'의 형태로 추가의 의미를 지닌다.

해석 지난 3주 동안 주로 홍콩과 베트남에서 150명 이상의 사람들이 질병에 걸렸다. 그리고 전문가들은 중국의 광동 지역에서 또 다른 300명의 사람들이 11월 중순에 시작된 똑같은 질병에 걸렸다고 생각한다.

어휘
- suspect 의심하다, 혐의를 두다 n. suspicion 의심, 혐의, 의혹
- province 주(州), 지역, 지방

정답 08 ② 09 ① 10 ③ 11 ③ 12 ③

❷ 관사(Article)

※다음 중 문법적으로 옳은 문장을 고르시오. (01~04)

01

① I met her a second time.

② He is very man I want.

③ He paid me the double sum requested.

④ The leap year comes every four year.

해설 ① a second time : 한 번 더 (= once more)
② 수식어구에 의해 특정한 사람 또는 사물을 지칭할 때에는 정관사 the를 쓴다.
∴ very man → the very man
③ sum이 금액을 의미할 때에는 복수 형태를 쓴다.
∴ sum → sums
④ 수사 뒤의 명사는 복수 형태를 쓴다.
∴ four year → four years

02

① I have warned you now, lest you should make a mistake that Mr. Kim made yesterday.

② I have warned you now, lest you should make a mistake that Mr. Kim has made esterday.

③ I have warned you now, lest you should make the mistake that Mr. Kim made yesterday.

④ I have warned you now, lest you might make the mistake that Mr. Kim had made yesterday.

해설 ① that 이하의 절이 mistake를 수식하므로, 한정의 의미를 나타내는 정관사 the를 사용해야 한다.
② 명확한 과거를 나타내는 부사 yesterday가 있으므로, 완료시제가 아닌 과거시제를 사용해야 한다.
④ 접속사 lest에 상관적으로 사용되는 조동사는 should이다.

03

① Physics are a very complicated branch of science.

② The English is very industrious people.

③ The newly married couple didn't have much furniture.

④ The government set up a five-years economic development plan.

해설 ① Physics(물리학)와 같이 –ics로 끝나는 학문 · 학과명은 단수로 취급한다.
∴ are → is
② the + 형용사 = 복수 보통명사로 복수 취급한다.
∴ is → are
④ 하이픈(-)으로 연결된 수사 + 명사가 형용사적으로 쓰일 때는 단수명사를 사용한다.
∴ five-years → five-year

04

① He kissed her on her lips.

② Being a liar, he cannot be relied.

③ Thank you for that you have done for me.

④ The first two lines of the poem are wonderful.

해설 ① on her lips → on the lips
② relied → relied on[upon]
③ for는 전치사이므로 that절이 아닌 전치사구에 해당하는 명사가 사용되어야 한다.

05

다음의 밑줄 친 부분 중 어법상 틀린 것을 고르시오.

Tom's aunt said that if ① she were late he ② was to wait for her ③ at the airport for at least ④ half a hour.

해설 hour의 'h'가 묵음이므로 모음 앞에 사용되는 부정관사 an을 사용해야 한다.
∴ half a hour → half an hour

해석 Tom의 숙모는 그녀가 늦게 도착한다면, 적어도 30분 동안은 공항에서 그녀를 기다려 달라고 말했다.

핵심정리

부정관사 a와 an의 구분

- 부정관사 a와 an의 경우 다음 명사의 철자가 아닌 발음에 따라 구분하여 사용함
- 예를 들어 'university'의 경우 철자(u)는 모음이나 발음상 자음[j]이므로 'an'이 아닌 'a'를 사용하여 'a university'가 되며, 'hour'의 경우 철자(h)는 자음이나 발음상 묵음이 되어 실제 발음은 모음[a]이므로 'an hour'가 됨

06

우리말을 옮긴 것 중 알맞지 않은 것은?

① 나는 그렇게 예쁜 소녀를 본 적이 없다.
→ I've never seen so pretty girl.

② 그는 자신의 아버지만큼 강하다.
→ He is as strong a man as his father.

③ 이것은 내가 답하기에는 너무 어려운 문제이다.
→ This is too difficult a question for me to answer.

④ 이것은 아주 좋은 책이다.
→ This is quite a good book.

해설 「such/half/many/what + a[an] + (형용사) + 명사」의 어순을 취한다. 따라서 I've never seen such a pretty girl. (나는 그렇게 예쁜 소녀를 본 적이 없다.)로 쓰여야 옳은 표현이다.

정답 01 ① 02 ③ 03 ③ 04 ④ 05 ④ 06 ①

제7장 대명사/관계사(Pronoun/Relatives)

대표유형문제

Which of the following best completes the blanks (A) and (B)?

> Since (A) ________ creation, the Community of Democracies has aspired to actively engage in the promotion of democratic values and practices, whether through supporting countries in (B) ________ first steps in the democratic world or helping experienced democracies with challenges and dilemmas. The Community realizes this mission by providing and supporting series of initiatives and mechanisms alongside its participating states and its partners.

	(A)	(B)
①	its	our
②	their	their
③	its	its
❹	its	their

정답해설 (A)의 it은 the Community of Democracies를 지칭한다. 따라서 단수 대명사 와야 한다. (B)의 they는 countries를 지칭하므로 복수대명사를 사용해야 한다.

핵심정리 인칭대명사의 격

인칭	수 · 성		주격	목적격	소유격
1인칭	단수		I	me	my
	복수		we	us	our
2인칭	단수		you	you	your
	복수		you	you	your
3인칭	단수	남성	he	him	his
		여성	she	her	her
		중성	it	it	its
	복수		they	them	their
문장에서의 위치			주어, 주격보어	목적어, 목적격보어	명사 앞

❶ 대명사(Pronoun)

※ 다음 빈칸에 알맞은 것을 고르시오. (01~02)

01

This bag is too small. Please show me a larger ________.

① it ② one
③ that ④ other

해설 구체적이지 않은 막연한 사람 또는 동류의 사물을 가리킬 때는 부정대명사 one을 사용한다.

해석 이 가방은 너무 작네요. 좀 더 큰 것을 보여주세요.

02

Dogs are more faithful animals than cats ________ attach themselves to places, and ________ to persons.

① these, those ② one, the other
③ some, others ④ such, as

해설 글의 문맥상 dogs는 전자에 해당하고, cats는 후자에 해당하므로, 복수형태의 지시대명사 these(후자)와 those(전자)를 사용한다.

해석 개는 고양이보다 충성스러운 동물이다. 전자는 장소에 애착을 갖고, 후자는 사람에게 애착을 갖는다.

03

다음 밑줄 친 부분 중 어법상 가장 어색한 것은?

Toy-related injuries for last year are estimated at about two million. This is bad news, but, there is good news. Part of good news is that this estimate ① was about one percent less than ② those for the previous year. The other good news is that ③ less than three percent of these injuries required emergency room visits. However, ④ this would suggest millions of these injuries were serious.

해설 ②의 'those'는 '(the) estimate'를 지칭하는 대명사이므로 단수형이 되어야 한다.
∴ those → that
① 주어가 복수(injuries)이므로 복수형의 동사가 사용되었다. 또한 현재 추산된다는 것이므로 현재시제이며, 수동태 문장을 구성하므로 be동사가 사용되었다.
③ 'less than + (가산, 집합) 명사'는 '~ 이하인', '~보다 적은(소수인)'의 의미이다.
④ 여기에서 'this'는 앞서 언급한 것을 가리키는 대명사로서, '이것(이 말, 이 일)'의 뜻이다.

해석 지난해 동안 장난감과 관련된 상해는 대략 2백만 건으로 추산되고 있다. 이것은 안 좋은 소식이지만, 좋은 소식도 있다. 좋은 소식 중 일부는 이러한 추산이 이전 해의 추산보다 1퍼센트 적었다는 것이다. 다른 좋은 소식은 이러한 부상의 3퍼센트 이하만이 응급실을 방문해야 한다는 것이다. 그러나 이것은 수백만의 이러한 상해들이 심각하다는 것을 암시한다.

정답 01 ② 02 ① 03 ②

※ 다음 중 문법적으로 틀린 문장을 고르시오. (04~05)

04

① This is the most I can buy.
② She absented from school yesterday.
③ I don't like spending anybody else's money.
④ There are twenty students; some are studying hard, the others are sleeping.

해설 absent는 타동사이므로 목적어가 있어야 하고, 주어와 목적어가 동일인이므로 재귀대명사를 사용해야 한다.
∴ absented from → absented herself from

05

① You must take care of yourself.
② Heaven helps those who help themselves.
③ If you don't go, I'll not go, either.
④ Someone has left their books and papers on the desk in my study.

해설 someone을 받는 대명사는 his 또는 her이다. 사람을 가리키는 someone, everyone, anyone, somebody, anybody 등은 단수 취급한다.
∴ their books → his books 또는 her books

06

다음 대화의 빈칸에 알맞은 것은?

"Is this your book?"
"No, it isn't. It's ______________."

① theirs
② they's
③ their's
④ none of these

해설 their book을 의미하는 소유대명사 theirs를 사용해야 한다.

07

다음의 밑줄 친 부분 중 어법상 틀린 것은?

① <u>All during</u> his political career, Senator Baker ② <u>believed that</u> it was the nation's welfare ③ <u>that mattered</u>, ④ <u>not him</u>.

해설 문맥상 the nation's welfare에 대응하여 his welfare를 의미하는 소유대명사 his를 사용해야 한다.
∴ not him → not his

해석 정계에 있는 동안 내내, Baker 상원의원은 중요한 것은 국가의 복지이지 그의 복지가 아니라고 믿었다.

08 서울시 9급 기출

다음 빈칸에 알맞은 것을 고르시오.

It was when I got support across the board politically, from Republicans as well as Democrats, ________ I knew I had done the right thing.

① who ② whom
③ whose ④ that

해설 'It is ~ that' 강조 구문으로, 본문에서 It was와 that 사이의 시간의 부사절(when ~ as Democrats)을 강조하고 있다. that 이하의 문장이 완전한 구조이므로 '접속사 + 대명사' 역할을 하는 관계대명사 who나 whom은 부적절하며, 소유격 관계대명사 'whose' 또한 피수식어로 대명사가 아닌 명사로 시작해야 하므로 'I knew~'로 시작하는 완전한 문장에서 사용할 수 없다.

해석 내가 옳은 일을 했다는 것을 안 것은 민주당원뿐만 아니라 공화당원들로부터 정치 전반에 걸쳐 지지를 받은 바로 그때였다.

어휘 ▪ across the board 전체적으로, 전반에 걸쳐
▪ republican 공화주의자

09 국회직 9급 기출

Choose the sentence which is not grammatically correct.

① Never did I dream that I could see her again.
② Only if you can solve this problem will you be admitted.
③ They have prepared for the exam so hard, and so I did.
④ Should you need any information, do not hesitate to contact me.
⑤ I was never aware of what was going on in that meeting.

해설 앞의 말에 대한 동의의 뜻으로 '~도 역시 ~이다(하다)'라는 표현은 'so + V + S'이다. 여기서 동사의 경우 be동사나 조동사는 그대로 쓰고 일반동사인 경우 'do'를 쓴다.
∴ so I did → so did I

해석 ① 내가 그녀를 다시 만날 수 있으리라고는 꿈도 꾸지 못했다.
② 이 문제를 풀 수 있다면 당신은 허락을 받을 것이다.
③ 그들은 시험 준비를 아주 열심히 해왔고, 나도 또한 그랬다.
④ 어떤 정보가 필요하면 주저하지 말고 나에게 연락하세요.
⑤ 나는 그 회의에서 무슨 일이 진행되고 있는지 결코 몰랐다.

정답 04 ② 05 ④ 06 ① 07 ④ 08 ④ 09 ③

❷ 관계사(Relatives)

01 국가직 9급 기출

다음 글의 밑줄 친 부분 중 어법상 쓰임이 적절하지 않은 것은?

Performing from memory is often seen ① to have the effect of boosting musicality and musical communication. It is commonly argued that the very act of memorizing can guarantee a more thorough knowledge of and intimate connection with the music. In addition, memorization can enable use of direct eye contact with an audience ② who is more convincing than reference to the score. Those who "possess" the music in this way often convey the impression that they are spontaneously and sincerely communicating from the heart, and indeed, contemporary evidence suggests that musicians who achieve this ③ are likely to find their audiences more responsive. Moreover, when performers receive and react to visual feedback from the audience, a performance can become truly interactive, ④ involving genuine communication between all concerned.

해설 ② 선행사가 use of direct eye contact이므로 관계대명사 which를 써야 옳은 표현이다.
① 지각동사의 동사원형인 목적보어는 수동태가 되면 to 부정사가 되어야 하므로, is seen to have는 적절하다.
③ 주어는 musicians 이므로 복수형의 동사 are이 적절하다.
④ 접속사가 없으므로 분사가 들어가기에 적절하다. 또한 다음에 목적어가 있으므로 현재분사 involving가 적절하다.

02

다음 빈칸에 알맞은 것을 고르시오.

All history confirms the doctrine that ________ rely upon the sword shall perish by it.

① if we ② though we
③ those who ④ however we

해설 that은 doctrine을 의미하는 동격의 접속사이며, 빈칸에는 rely upon의 주어에 해당하는 주격 관계대명사가 사용되어야 한다.

해석 무력에 의지하는 자들은 무력에 의해 멸한다는 원칙은 모든 역사에서 확인된다.

03

다음 중 밑줄 친 부분이 잘못 사용된 것은?

① I hate whoever is dishonest.
② You may take whichever you like.
③ I will give it to whomever comes first.
④ A child wants whatever another has.

해설 복합관계대명사 뒤에 동사 comes가 왔으므로, 주격의 복합관계대명사가 사용되어야 한다.
∴ whomever → whoever

04

밑줄 친 어법이 틀린 것은?

① I have a photograph of the home where I grew up.

② The office where you can get your transcripts is closed now.

③ She wants to rent the apartment where she saw last Sunday.

④ I am tired of shoe stores where there's nothing that fits my style.

해설 where 다음에 완전한 절의 구조를 갖추지 못한 ③은 where 대신 타동사 saw의 목적어를 대신할 수 있는 관계대명사(which, that)의 형태여야 한다.

해석 ① 나는 내가 자란 집의 사진을 가지고 있다.
② 당신이 등본을 발급받을 수 있는 관공서가 지금은 문을 닫았다.
③ 그녀는 지난 일요일에 본 아파트를 임대하기 원한다.
④ 나는 내 스타일에 맞는 것은 전혀 없는 구두점에 넌더리가 난다.

05 국가직 9급 기출

밑줄 친 부분 중 어법상 옳지 않은 것은?

If women are dissatisfied ① with always being in the listening position, the dissatisfaction may be mutual. ② What a woman feels she has been assigned the role of silently listening audience ③ does not mean that a man feels he has consigned her ④ to that role – or that he necessarily likes the rigid alignment either.

해설 관계대명사(또는 의문대명사) what은 명사절을 이끄는 대명사이므로, 해당 명사절 안에서 (대)명사가 하는 역할(주어, 목적어, 보어) 중 하나의 역할을 해야 한다. 그런데 ②의 경우 '주어(a woman) + feels(동사) + 목적어(that절)'의 구조로 명사절이 필요로 하는 요소를 모두 갖추고 있다(해당 명사절 자체가 3형식으로 보어는 없음). 따라서 대명사 what을 (명사절을 이끄는 종속접속사) that으로 바꾸어야 한다. 한편, 이 경우 'That a woman feels … audience'는 명사절로서 전체 문장의 주어가 되며, 동사는 'does not mean', 목적어는 'that a man feels ~'이다.

해석 여성들이 항상 듣는 위치에 있는 것에 불만이 있다면, 그 불만은 상호적인 것일 수 있다. 여성이 조용히 듣기만 하는 청중의 역할을 할당받아 왔다고 느끼는 것은, 남성 자신이 여성에게 그런 역할을 맡겨 두었다고 생각하거나 또는 남성이 반드시 엄격한 정렬(남성과 여성의 역할을 정해 두는 것)을 좋아한다는 것을 의미하지는 않는다.

06

다음 중 어법상 동일한 의미로 표현되지 않은 것은?

① It never rains but it pours.

② It rains but it doesn't pour.

③ It never rains that it doesn't pour.

④ Whenever it rains, it always pours.

해설 ①·③·④는 never ~ but, 이중부정, 복합관계부사 whenever[= no matter when]등을 사용하여 강한 긍정의 표현을 만든다.

해석 ①·③·④ 비가 오면 억수로 퍼붓는다.
② 비가 오지만 억수로 퍼붓지는 않는다.

정답 01 ② 02 ③ 03 ③ 04 ③ 05 ② 06 ②

07

우리말로 옮긴 것 중 알맞지 않은 것은?

① 나는 Tom이라고 불리는 소년을 알고 있다.
→ I know a boy which is called Tom.

② 나는 이름이 Tom인 소년을 알고 있다.
→ I know a boy whose name is Tom.

③ 나는 아버지에 의해 지어진 집에서 살고 있다.
→ I live in a house which was built by father.

④ 나는 아버지가 지은 집에서 살고 있다.
→ I live in a house which my father built.

해설 선행사가 사람이고, 관계사절에서 주어 역할을 하는 경우 who를 쓴다. 따라서 I know a boy who is called Tom. (나는 Tom이라고 불리는 소년을 알고 있다.)로 고쳐야 옳은 표현이다.

※ 다음 빈칸에 알맞은 것을 고르시오. (08~13)

08

Public transportation vehicles are what ______________ as a chief cause of the deterioration of the ozone layer.

① have identified many ecologists
② have many ecologists identified
③ many ecologists have identified
④ many have identified ecologists

해설 what은 목적격 관계대명사이므로 빈칸에는 주어와 동사가 와야 한다.

해석 대중교통수단은 많은 생태학자들이 오존층 약화의 주요 원인으로 꼽는 것이다.

어휘 ▪ deterioration 약화, 하락, 퇴보
▪ ecologist 생태학자

09

He always put off till tomorrow ______ he can do today.

① that ② what
③ whom ④ which

해설 do의 목적어로서 the thing which의 의미를 지니는 관계대명사 what이 필요하다.

해석 그는 항상 오늘 할 수 있는 일을 내일로 미룬다.

10

It was raining in the mountains, ______ made the fresh green of the leaves all the more graceful.

① which ② that
③ those ④ what

해설 앞 문장 전체를 선행사로 할 경우에는 관계대명사 which를 사용한다.

해석 산에는 비가 내리고 있었고, 그것은 신선한 초록 잎들을 더욱 아름답게 만들었다.

11

The man __________ to the secretary now is our new teacher.

① talked ② talking
③ whom talk ④ which is talking

해설 the man을 선행사로 하는 who is talking이 올 수 있는데, 「주격 관계대명사 + be동사」는 생략할 수 있으므로 현재분사 talking만 남게 된다.

해석 지금 비서와 이야기하고 있는 그분이 우리의 새 선생님이시다.

12

__________ as the most important of crops in Korea is rice.

① The rank ② Its rank
③ What ranks ④ That ranks

해설 선행사가 없으므로 선행사를 포함한 관계대명사 what(= the thing which)을 필요로 한다.

해석 한국에서 가장 중요한 곡식으로 평가되는 것은 쌀이다.

13

There are as many explanations as to what causes hiccups as there are __________________.

① which they tell how to be rid of
② which they tell how to be rid of them
③ which tell how to be rid of
④ which tell how to be rid of them

해설 제시문의 빈칸에 들어갈 내용은 관계대명사절 이므로 선행사가 어떤 것인지 안다면 비교적 쉽게 문제를 해결할 수 있다. 빈칸의 내용은 '딸꾹질을 어떻게 멈추게 하는지 말해 주는(알려 주는) 많은 설명'이 있다는 것이므로, 선행사는 'many explanations'이며 which는 주격 관계대명사임을 알 수 있다. 즉, 제시문의 원래 구조는 'There are as many explanations as to what causes hiccups as there are (many explanations) which tell how to be rid of them'이다. 여기서 중간의 'as to'는 'about'의 의미이며, 'be rid of'는 '~을 면하다(멈추게 하다)'의 의미이다. 그리고 마지막의 them은 'hiccups(딸꾹질)'를 지칭한다. 따라서 빈칸에 가장 적절한 것은 ④이다.

해석 어떻게 딸꾹질을 멈추게 하는지 알려 주는 많은 설명이 있는 만큼 무엇이 딸꾹질을 일으키는지에 대한 많은 설명이 있다.

어휘
- as to (글 첫머리에서) ~에 관한 한은, (문장 가운데 에 서) ~에 관하여
- hiccup 딸꾹질, 약간의 문제, (주식의) 일시적 하락, 딸꾹질하다
- be rid of (원치 않는 것을) 면하다, ~을 않게 되다

정답 07 ① 08 ③ 09 ② 10 ① 11 ② 12 ③ 13 ④

※다음 중 문법적으로 틀린 문장을 고르시오. (14~15)

14

① There is no one but does not know the fact.

② You can give it to whoever you think is honest.

③ This is what I have been looking for.

④ What one likes, one will do well.

해설 유사관계대명사 but이 쓰였으므로 not은 필요 없다.
∴ There is no one but does not know the fact. → There is no one but knows the fact.

15 국가직 9급 기출

① Please explain to me how to join a tennis club.

② She never listens to the advice which I give it to her.

③ My father was in hospital for six weeks during the summer.

④ The fact that she is a foreigner makes it difficult for her to get a job.

해설 which는 the advice를 선행사로 하는 관계대명사이다. 관계대명사는 「접속사 + 대명사」의 역할을 하므로 it이 불필요하다.
∴ I give it to her → I give to her

16 지방직 7급 기출

밑줄 친 부분 중 어법상 옳지 않은 것을 고르시오.

> Jazz originated from styles of popular music that ① <u>were blended</u> to satisfy social dancers. It began developing during the 1890s in New Orleans, and it was fully formed by the early 1920s when it was recorded in New York, Los Angeles, and Chicago. Several different trends led to the birth of jazz. ② <u>One</u> was the practice of taking liberties with the melodies and accompaniments of tunes. This led to ③ <u>that</u> we today call improvisation. Another was black Americans ④ <u>creating</u> new kinds of music such as ragtime and blues.

해설 call은 불완전타동사로 문장에서 목적어가 빠져있다. 선행사가 따로 없으므로 선행사를 포함하는 관계대명사 what으로 바꾸어야 한다.

※ 다음의 밑줄 친 부분 중 어법상 틀린 것을 고르시오. (17~18)

17

I followed him ① down the corridor, ② at the end ③ of was ④ the manager's room.

해설 전치사 of 다음에 the corridor를 선행사로 하는 관계대명사가 필요하며, 「전치사 + 관계대명사」에서 그 관계대명사는 생략할 수 없다.
∴ of → of which

해석 나는 그를 따라 복도로 갔고, 그 끝에 지배인 방이 있었다.

18

① Reading is ② to the mind ③ which food is ④ to the body.

해설 A is to B what C is to D : A와 B와의 관계는 C와 D와의 관계와 같다.
∴ which food → what food

해석 독서와 정신과의 관계는 음식과 육체와의 관계와 같다.

19

우리말로 옮긴 것 중 알맞지 않은 것은?

① 그는 내 숙제를 도와주는 친구들 중의 한 명이다.
→ He is one of my friend who help me with my homework.

② 내가 당신의 아버지라 생각했던 사람은 전혀 낯선 사람으로 판명되었다.
→ The man whom I thought to be your father turned out quite a stranger.

③ 너의 말을 경청하려는 친구들을 선택하라.
→ Choose such friends as will listen to you quietly.

④ 이것은 내가 어제 산 카메라와 같은 종류의 카메라이다.
→ This is the same camera as I bought yesterday.

해설 'one of + 복수명사'가 선행사인 경우 관계대명사의 수는 복수로 받는다. 따라서 He is one of my friends who help me with my homework. (그는 내 숙제를 도와주는 친구들 중의 한 명이다.)로 고쳐야 옳은 표현이다.

정답 14 ① 15 ② 16 ③ 17 ③ 18 ③ 19 ①

20 국가직 9급 기출

다음 문장에서 어법이 틀린 것은?

Companies ① lose billions of dollars each year ② due to employees suffering ③ from illness ④ bringing on by stress.

해설 '~ illness which is brought on by stress.'에서 which is를 생략하여 과거분사가 남게 된 형태이다. 뒤에 by를 사용하였으므로 수동을 나타내는 과거분사가 사용되어야 하는 것을 알 수 있다. 그러므로 bringing on은 brought on으로 고쳐야한다.

해석 기업들은 스트레스에 의해 발생하는 질병으로 고통을 겪는 근로자들로 인해, 매년 수십억 달러를 손해보고 있다.

어휘 ■ suffer 고통을 겪다, ~을 앓다, 병들다(from)
■ bring on 가져오다, 초래하다, 일으키다

21

다음 빈칸에 가장 적합한 것은?

__________ comes back first is supposed to get a lot of money.

① Those who ② Anyone
③ Whomever ④ Whoever

해설 전체 문장에서 주절의 동사(본동사)는 'is ~'이므로 앞의 'comes back first'는 주어가 될 수 있는 '명사절' 또는 '선행사(명사 상당 어구) + 관계대명사절'의 형태가 되어야 한다. 따라서 빈칸에 가능한 형태는 선행사를 포함하면서 명사절을 이끄는 '복합 관계대명사(whoever)' 또는 '선행사 + 관계대명사(Anyone who)'이다. 여기에서 관계대명사(복합 관계대명사)는 뒤에 동사 'comes'를 수반하므로 주격이면서 단수형이 되어야 한다.

해석 첫 번째로 돌아오는 사람은 누구든지 많은 돈을 받게 되어 있다.

제8장 형용사/부사/비교 (Adjective/Adverb/Comparison)

실전 문제

대표유형문제

다음중 어법상 옳지 않은 것을 고르시오.

① Bats are ❷ surprising long-lived creatures, ③ some having a life-expectancy ④ of around twenty years.

정답해설 'long-lived(오래 사는)'는 명사 creatures를 수식하는 형용사이므로, 'long-lived'를 수식하는 surprising은 부사가 되어야 한다.

∴ surprising long-lived → surprisingly long-lived

오답해설 ① 주어(Bats)가 복수이므로 복수동사(are)가 되었다.

③ 'having ~'은 분사구문 부대상황의 표현이며, some은 분사의 의미상 주어이다. 여기서 의미상 주어는 주절의 주어(Bats) 중 일부에 한정되므로 주절 주어와 구분해 사용되었다.

④ 여기서 around는 수사와 함께 사용되어 '대충(약 ~)'의 의미가 되는 부사이다. 박쥐는 놀랄 만큼 오래 사는 생명체이며, 어떤 것은 평균 수명이 20여 년에 이르기도 한다.

핵심어휘
- surprising 놀라운, 의외의, 눈부신 (surprisingly 놀랍게도)
- creature 창조물, 생물 (create 창조하다, 창작하다, 야기하다)
- life-expectancy 평균 수명 (expectancy 기대, 예상, 예기)

핵심정리 부사의 기본 용법

- 수식 어구
  - 일반적으로 동사를 뒤에서 수식하고, 형용사 · 부사를 앞에서 수식
    - 예 He lived frugally. (부사 frugally가 동사 lived를 뒤에서 수식)
    - 예 The game is very exciting. (부사 very가 형용사 exciting을 앞에서 수식)
  - 문장 맨 앞에서 또는 동사 앞에서 문장 전체를 수식
    - 예 Luckily, no one was hurt. (부사 luckily가 문두에서 문장 전체를 수식)
- 강조 어구 : 부사는 강조를 위해 문두나 문미로 도치
  - 부사절(종속절)의 도치 : If I had the book, I could lend it to you. [부사절(If ~ book)이 문두로 도치]
  - 부정부사의 도치 : Never did I see such a beautiful woman. (부정부사 never가 강조를 위해 도치되면서 다음의 주어와 동사 어순도 도치되어 '조동사 + 주어 + 본동사'의 어순이 됨)
  - 문장 필수부사의 도치 : There are four seasons in a year. (보통 부사는 문장의 필수성분이 아니나 여기서의 there는 필수성분이며, there가 문두로 도치되는 경우 다음의 주어와 동사도 도치됨)

정답 20 ④ 21 ④

❶ 형용사(Adjective)

01 국가직 9급 기출

우리말을 영어로 가장 잘 옮긴 것을 고르시오.

① 당신이 부자일지라도 당신은 진실한 친구들을 살 수는 없다.
→ Rich as if you may be, you can't buy sincere friends.

② 그것은 너무나 아름다운 유성 폭풍이어서 우리는 밤새 그것을 보았다.
→ It was such a beautiful meteor storm that we watched it all night.

③ 학위가 없는 것이 그녀의 성공을 방해했다.
→ Her lack of a degree kept her advancing.

④ 그는 사형이 폐지되어야 하는지 아닌지에 대한 에세이를 써야 한다.
→ He has to write an essay on if or not the death penalty should be abolished.

해설 ② '너무 ~해서 ...하다'라는 결과 표현은 'so[such] ~ that' 구문으로 할 수 있으며, 이때 강조어가 명사를 수식하고 있으므로 'such'를 올바르게 사용했고, 어순도 'such a (형용사) 명사'가 바르게 쓰였다. 따라서 ②번이 정답이다.

① 'as if'는 '마치 ~인 것처럼'이라는 뜻의 접속사이므로 우리말 해석과 맞지 않는다. '~일지라도'라는 양보의 의미가 되려면 '형용사/명사 + as + 주어 + 동사'의 어순이 되어야 하므로, 'Rich as if'를 'Rich as'로 고쳐야 한다.

③ 'keep A -ing'는 'A가 계속 ~하게 하다'라는 의미이므로 우리말과 일치하지 않는 문장이다. 따라서 '목적어가 ~하지 못하게 하다'의 의미인 "keep + O + from v-ing"의 구문을 사용하여 'kept her advancing'을 'kept her from advancing' 으로 고쳐야 한다.

④ 'if'는 타동사의 목적어로만 쓰일 수 있다. 따라서 전치사의 목적어 자리에서도 쓰일 수 있는 'whether'로 고쳐야 한다.

02

다음 대화의 빈칸에 알맞은 것은?

> A : He seems quite unpopular.
> B : He has ________ friends, if any, at all.

① many　② a little
③ few　④ little

해설 a few와 few는 명사의 복수형과 함께 쓰이고, a few는 긍정의 의미를 나타내며, few는 부정의 의미를 나타낸다. friends는 복수의 가산명사이며, little은 불가산명사와 함께 쓰인다.

해석 A : 그는 전혀 인기가 없는 것 같아.
B : 그는 친구가 있다손 치더라도 일부밖에 없어.

03

다음을 영작할 때 빈칸에 알맞은 것은?

> 그러한 맹수를 산채로 잡으려는 것은 위험하다.
> → It is dangerous to catch such fierce animals ________.

① fresh　② life
③ alive　④ lively

해설 animals를 뒤에서 후치 수식하는 '살아 있다'는 뜻의 형용사가 사용되어야 한다. cf. lively는 전치 수식 형용사, alive는 후치 수식 형용사

04 지방직 9급 기출

어법상 옳지 않은 것은?

① George has not completed the assignment yet, and Mark hasn't either.

② My sister was upset last night because she had to do too many homeworks.

③ If he had taken more money out of the bank, he could have bought the shoes.

④ It was so quiet in the room that I could hear the leaves being blown off the trees outside.

해설 homework는 셀 수 없는 불가산명사이므로 복수형을 쓸 수 없으며, 수식어는 'many'가 아니라 'much'를 써야 한다(many homeworks → much homework).

해석 ① George는 아직 과제를 끝내지 못했고, Mark도 역시 그러지 못했다.
② 내 여동생은 해야 할 숙제가 너무 많아 어젯밤에 화가 났었다.
③ 그가 은행에서 돈을 좀 더 많이 찾았더라면, 그 신발을 살 수 있었을 텐데.
④ 방안이 너무 조용해서 나는 바깥의 나뭇잎이 날리는 소리를 들을 수 있었다.

핵심정리

many와 much의 대용 표현

- **many(수가 많은)의 대용 표현** : a (large) number of, numbers of 등
- **much(양이 많은)의 대용 표현** : a (large) amount of, a (good[great]) deal of 등
- a lot of, lots of, plenty of 등은 many와 much 두 가지 모두의 대용 표현이 될 수 있음

05

어법상 옳지 않은 것은?

① He is impossible to persuade.

② It is impossible to persuade him.

③ She is natural for you to get angry with.

④ It is natural for you to get angry with her.

해설 natural, necessary, important, essential, vital, desirable, proper, right, rational, reasonable의 형용사 등은 원칙상 사람 주어 불가(→ 단, 타동사나 전치사의 목적어(사람)가 주어로 오는 것은 가능) 하다. 따라서 'He is impossible to persuade.'는 옳지 않은 표현이다.

제 1 편 문법(Grammar)

정답 01 ② 02 ③ 03 ③ 04 ② 05 ①

❷ 부사(Adverb)

01 서울시 9급 기출

다음 빈칸에 가장 알맞은 것을 고르시오.

Sometimes, the minute you are asked to write about a significant experience, the very incident will flash to mind ________. In many other cases, however, you will need more time for your memories to surface.

① tardily ② gradually
③ immediately ④ coherently

해설 빈칸 다음의 내용은 '기억이 떠오르는 데 시간이 필요하다는 것(~ however, you will need more time for your memories to surface)'인데, 역접의 접속사 however로 시작하고 있다는 점에 착안하면 빈칸 앞에는 '어떤 것이 빨리(곧) 떠오를 것'이라는 내용이 온다고 할 수 있다. 따라서 빈칸에는 'immediately(곧, 즉시)'가 가장 알맞다.

해석 때때로 당신이 뜻 깊은 경험에 대해 글을 써달라는 부탁을 받는 순간, 바로 그 사건이 머리에 즉시(곧) 떠오를 것이다. 그러나 많은 다른 경우에 있어, 당신의 기억이 떠오르는 데 더 많은 시간이 필요할 것이다.
① 느리게
② 서서히
③ 즉시
④ 시종일관하게

02

다음 빈칸에 들어갈 가장 적합한 것을 고르시오.

Well ________ remember what he said that day.

① do I ② I did
③ it is ④ is it

해설 부사를 강조하기 위해 부사를 문두에 세울 때는 '강조하려는 부사 + 조동사 + 주어 + 일반 동사'의 어순이 된다. 이 문장에서 조동사는 remember의 대신이므로 do를 사용한다. 문장을 완성하면 'Well do I remember what he said that day'가 된다.

해석 나는 그가 그 날 했던 말을 잘 기억한다.

03

다음 빈칸에 알맞은 것을 고르시오.

I think Tom will ________________ to see her.

① enough early arrive
② early enough arrive
③ arrive enough early
④ arrive early enough

해설 enough는 긍정의 의미로 형용사 또는 부사를 바로 뒤에서 수식한다.

해석 내 생각에 Tom은 그녀를 만나려고 일찍 도착할 것이다.

04 지방직·서울시 9급 기출

어법상 옳은 것은?

① My sweet-natured daughter suddenly became unpredictably.

② She attempted a new method, and needless to say had different results.

③ Upon arrived, he took full advantage of the new environment.

④ He felt enough comfortable to tell me about something he wanted to do.

해설 'She attempted a new method'라는 3형식 문장이 'and'를 통해 'had different results' 라는 또 다른 3형식 문장으로 병렬되었다. 또한 'had' 앞에 'needless'는 '말할 필요도 없이'라는 뜻의 부사로 쓰인 것도 적절하다.

05

어법상 (A)에 들어갈 표현으로 가장 옳은 것은?

When forecasters predict hurricanes, we can prepare in advance. Modern technology has given us the ability to know when one of these fierce storms is barreling toward the coastline. As the grave storm looms (A), forecasters can often predict the date it will strike land. Most people do not refrain from following emergency measures, so that they can survive even through severe hurricanes.

① close ② closed
③ closely ④ to close

해설 looms는 완전자동사이므로 동사를 수식할 수 있는 부사가 적절하다. 물리적 거리를 나타낼 때는 close를 사용하고 추상적인 개념을 나타낼 때는 closely를 사용한다. 따라서 close를 사용하는 것이 적절하다.

06 지방직 9급 기출

다음 중 어법상 어색한 것을 고르시오.

The Vietnamese Communist regime, ① long weakened by regionalism and corruption, can ② barely control the relentless destruction of the country's forests, which are home to some of the most spectacular wild species in Asia, including the Java rhinoceros, dagger-horned goats, as well as ③ new discovered animals ④ previously unknown to Western science.

해설 discovered는 과거분사로 명사를 수식하는 형용사 역할을 하기 때문에 형용사 new가 아닌 부사 newly의 수식을 받아야 한다.

07

다음 중 문법적으로 틀린 문장을 고르시오.

① It is good enough for me.

② We will discuss the present topic.

③ Health is as precious as any thing in the world.

④ The best player do not necessary get the highest salary.

해설 부분 부정을 나타내는 구문으로 형용사가 아닌 부사를 사용해야 한다.
∴ necessary → necessarily

정답 01 ③ 02 ① 03 ④ 04 ② 05 ① 06 ③ 07 ④

08

다음 빈칸에 알맞은 것을 고르시오.

_____________ students want to have a longer vacation.

① Almost all the

② Almost

③ Almost of all the

④ Almost the

해설 의미상 '거의 모든 (학생들)'을 의미하므로, 'almost all (of) (the) students'가 적절하다. 여기서 'of'와 'the'는 각각 생략이 가능하다. almost는 부사이므로 한정사 앞에서 이를 수식하는데, 일반적인 수식어구의 순서는 '부사 + 전치 한정사 + 한정사 + 서수 + 기수 + 일반 형용사(명사)'가 된다. 전치 한정사로는 all, both, 배수사(half, double) 등이 있으며, 한정사에는 관사, 대명사의 소유격, 지시형용사(this/these, that/those), 부정형용사(some, any, other) 등이 있다. ②·④ almost는 부사이므로 명사를 직접 수식할 수 없다.

③ of는 all, both 등의 전치 한정사 뒤에 위치한다. 보통 전치사구는 명사 상당 어구를 수식하는데, ③의 경우는 부사(almost)가 전치사구(of~)의 수식을 받는 형태이므로 어법상 맞지 않다.

∴ Almost of all the → Almost all of the

09

다음 대화의 빈칸에 알맞은 것은?

A : Have you ever been to Mt. Namsan in Seoul?

B : Yes, I was taken _______________.

① there where a child regularly

② there regularly as a child

③ as a child regularly there

④ when a child regularly there

해설 부사(구)가 2개 이상인 경우 「장소 + 방법 · 횟수 + 시간」, 「작은 단위 + 큰 단위」의 순서를 취한다.

10

다음 빈칸에 알맞은 것은?

Spiders, though not generally popular, are true friends of man, and some scientists believe that human life could not exist without them. For a spider's entire life is devoted to snaring and devouring insects which might ________ multiply and desolate the earth.

① thus ② provided
③ besides ④ otherwise

해설 빈칸은 의미상 앞의 내용(a spider's entire life is devoted to snaring and devouring insects)이 '아니라면(하지 않는다면, 없다면)'의 의미가 되어야 한다. 보기 중 이러한 의미를 지닌 것은 otherwise이다.

해석 거미는 일반적으로 인기는 없지만, 인간의 진정한 친구이며, 어떤 과학자들은 거미 없이는 인류가 생존할 수 없었을 것이라고 믿는다. 왜냐하면 거미는 일생을 거미줄을 치고 벌레를 잡아먹는 데 전념하기 때문이다. 만약 그렇지 않으면 (벌레는) 증식하여 지구를 황폐하게 했을 것이다.

❸ 비교(Comparison)

※ 다음 빈칸에 알맞은 것을 고르시오. (01~02)

01

A whale is not a fish ________ than a horse is.

① not more ② no more
③ any more ④ not less

해설 A is not B any more than C is D(A가 B가 아닌 것은 C가 D가 아닌 것과 같다)
= A is no more B than C is D
A whale is not a fish any more than a horse is.
= A whale is no more a fish than a horse is.

해석 말이 물고기가 아니듯이 고래는 물고기가 아니다.

02

We should find a solution before things ________.

① get worse
② get worser
③ getting worse
④ will get worse

해설 get worse : 더 악화되다
※ bad – worse – worst

해석 상황이 더 악화되기 전에 해결책을 찾아야만 한다.

정답 08 ① 09 ② 10 ④ / 01 ③ 02 ①

03

다음 빈칸에 알맞은 것을 고르시오.

The third-person approach is __________ __________ in academic writing.

① the most point common view of by far
② the most by far common point of view
③ by far the most common view of point
④ by far the most common point of view

해설 비교급 · 최상급을 수식(강조)하는 수식어구 'by far'는 비교급 · 최상급 표현 앞에 위치한다. 따라서 여기에서는 'by far + 최상급(the most common) + 명사 (point of view)'의 순서가 된다. 따라서 ④가 가장 적합하다. 여기에서 명사구 'point of view'는 '관점', '입장' 등의 의미이다.

해석 3인칭 접근은 학술적인 글에서는 단연 가장 보편적인 관점이다.

어휘
- third person 3인칭, 제3자
- point of view 관점, 입장, 태도
- academic 학원의, 대학의, 학구적인, 학술적인

핵심정리

비교급·최상급의 수식(강조)어구
- **의의** : 비교급이나 최상급 표현을 그 앞에서 수식하며 그 의미를 강조한다.
- **비교급 수식어** : much, still, (by) far, a lot, a little, no, a good(great) deal
- **최상급 수식어** : much, (by) far, the very, far and away

예 This is much(far, still) better than that.
이것이 저것보다 훨씬 더 좋다.

예 He is far(by far, much) the best player.
그는 단연 가장 뛰어난 선수이다.

04

다음에 제시된 문장과 그 의미가 같은 것은?

He is not so much a philosopher as a politician.

① He is a philosopher rather than a politician.
② He is not a politician but a philosopher.
③ He is less a politician than a philosopher.
④ He is more a politician than a philosopher.

해설 not so much A as B : A라기보다는 오히려 B이다.
= less A than B
= B rather than A
= more B than A

해석 그는 철학자라기보다는 정치가이다.

05

다음 빈칸에 들어갈 말로 알맞은 것은?

낯선 사람도 반가운데 친구는 두말할 필요도 없다.
You should welcome a stranger, ________ a friend.

① much less　② still more
③ alone　④ to speak of

해설 still more는 긍정문에서 '더욱이, 하물며'라는 뜻으로 쓰인다. 반대로 still less는 부정문에서 '하물며 ~ 않다.'라는 뜻으로 쓰인다.

어휘
- alone (명사 · 대명사 바로 뒤에서 수식할 때) 다만, ~만, ~뿐
- to speak of (부정문에서) 이렇다(언급) 할 만한
- nearly close 매우 가까운

06

다음 밑줄 친 부분에 가장 어울리는 것은?

The Pacific is the deepest ocean, with ________________ at more profound depths than any other ocean.

① a bottom area more than
② most of the bottom
③ more bottom area
④ a bottom area

해설 'more than any other + 단수 명사'는 '어떤 다른 것보다 가장'이라는 뜻의 최상급 표현이다. with 이하는 Pacific을 설명해주는 문장으로 '다른 어떤 대양보다 더 깊은 ________ 을 Pacific이 가지고 있다'는 것으로 빈칸에는 명사의 형태가 이어진다. 그리고 빈칸다음 at 이하 문장은 이미 최상급의 형태가 왔으므로 빈칸에 비교급이나 최상급이 올 수 없다.

해석 태평양은 다른 어떤 대양보다 더 깊은 바닥 부분을 가지고 있는 가장 깊은 대양이다.

어휘
- profound 깊은, 공손한, 심연, 심해

핵심정리

최상급의 여러 가지 표현
- 최상급 + in + 장소 · 집합명사
- 최상급 + of all + 복수명사
- 비교급 + than any other + 단수명사
- 비교급 + than all the other + 복수명사
- 비교급 + than anyone(anything) else
- as + 원급 + as any + 단수명사
- 부정주어 + 동사 + 비교급 + than + 주어

제 1 편 문법(Grammar)

정답 03 ④ 04 ④ 05 ② 06 ④

07

다음의 밑줄 친 부분 중 어법상 틀린 것을 고르시오.

> ① Of gold and silver, ② the former is the ③ very precious than ④ the latter.

해설 접속사 than이 있으므로 비교급을 사용해야 한다.
∴ very precious → more precious

해석 금과 은 중, 전자가 후자보다 더 값비싸다.

08 기상직 9급 기출

다음 주어진 우리말을 영어로 옮긴 것으로 가장 적절한 것은?

> 응급 상황을 목격한 구경꾼의 수가 많으면 많을수록, 그들 중 어느 한 명이 도움을 줄 가능성은 더 줄어들 것이다.

① Many bystanders witness an emergency, and they do not tend to help anyone.

② As a lot of bystanders witness an emergency, one of them may be reluctant to give a hand.

③ If there are more bystanders who witness an emergency, one of them reduces the possibility of help.

④ The greater the number of bystanders who witness an emergency, the less likely any one of them will help.

해설 the + 비교급~, the + 비교급 표현이다. 의미대로 옳게 옮긴 표현이다.

어휘
- bystanders 구경꾼, 행인
- emergency 비상사태
- possibility 가능성

제9장 접속사/전치사(Conjunction/Preposition)

실전 문제

대표유형문제

다음 (가), (나)의 문장 속에 있는 괄호에 들어갈 단어를 차례대로 바르게 짝지은 것은?

(가) You must take care (   ) you should catch cold.
(나) (   ) you have no objection, I will come tomorrow.

① but – nevertheless
② but – Unless
❸ lest – If
④ lest – for example

정답해설 (가) 'lest(for fear that) + S + (should) ~'는 'S가 ~ 하지 않게(하지 않도록 하기 위해)'의 의미이다. 여기서 should는 생략될 수 있다.
(나) if … 부정어 ~ : 만약 ~하지 않는다면(~이 아니라면)(= unless …)

해석풀이 (가) 감기 걸리지 않기 위해서는 조심해야 한다.
(나) 당신이 반대하지 않는다면, 나는 내일 갈 것입니다.

핵심어휘 ■ take care 조심[주의]하다 (take care of 돌보다 (보살피다), ~에 주의하다)
■ remark 소견, 비평, 설명, 주의, 주목

핵심정리 목적을 나타내는 종속접속사
- **「~하기 위하여, ~하도록」**: (so) that ~ may[can], in order that ~ may[can]
  예 Make haste (so) that you may catch the last train. (막차를 잡을 수 있도록 서둘러라.)
  = Make haste in order that you may catch the last train.
- **「~하지 않기 위하여, ~하지 않도록」**: so that ~ may not = lest ~ should
  예 I worked hard (so) that I might not fail. (나는 실패하지 않기 위해서 열심히 일했다.)
  = I worked hard lest I should fail.[lest에 부정의 의미가 포함되어 있으므로 부정어를 따로 쓰지 않도록 주의]

정답 07 ③ 08 ④

❶ 접속사(Conjunction)

01 국가직 9급 기출

밑줄 친 부분 중 어법상 옳지 않은 것은?

Noise pollution ① is different from other forms of pollution in ② a number of ways. Noise is transient: once the pollution stops, the environment is free of it. This is not the case with air pollution, for example. We can measure the amount of chemicals ③ introduced into the air, ④ whereas is extremely difficult to monitor cumulative exposure to noise.

해설 whereas는 부사절을 이끄는 접속사 이므로 주어 + 동사가 있어야 한다. 따라서 it이 필요하다.

02

다음의 밑줄 친 부분 중 어법상 틀린 것을 고르시오.

① When free at home, my mother likes ② to knit, ③ to sew, and ④ cooking.

해설 and로 연결된 등위접속사에서는 동일한 형태의 어구를 사용해야 한다.
∴ cooking → to cook

해석 집에서 시간이 날 때, 어머니는 뜨개질과 바느질, 그리고 요리하는 것을 좋아하신다.

03

다음 빈칸에 알맞은 것을 고르시오.

I have been looking over the report all day, ________________.

① discovered not many errors
② but no error has yet been discovered
③ but I have discovered no error so far
④ and so far I can't seem to discover no error

해설 글의 문맥상 대조의 등위접속사 but을 사용해야 하며, 앞 문장과 동일한 주어를 사용해야 한다.

해석 나는 온종일 보고서를 검토했지만, 지금까지 아무런 실수도 발견하지 못했다.

04

어법상 옳지 않은 것은?

① I don't know if it will rain tomorrow or not.
② The question whether he will join us is uncertain.
③ The trouble is that my mother is sick in bed.
④ He admitted that he was in the wrong.

해설 if는 'whether + or not'과 같은 의미이므로, if 뒤에 'or not'을 쓸 수 없다. 따라서 I don't know if it will rain tomorrow.로 고쳐야 옳은 표현이다.

05

다음 문장 중 어법상 틀린 것은?

① No matter what people say, it is nevertheless the truth.

② Go at once, or you'll be arrested by the policeman.

③ He is such a good teacher that every student respects him.

④ Our economy is regulated by the government, which is an advantage for the people and economically.

해설 등위접속사 and를 사용하려면 앞뒤의 어구가 동일한 형태여야 하는데, and 앞의 people이 명사이므로 뒤의 economically도 명사 형태이어야 한다.
∴ economically → economy

해석 우리경제는 정부에 의해 규제되는데, 그것은 국민과 경제에 유리하다.

핵심정리

등위접속사

- **등위접속사의 의미와 종류**
  - 단어와 단어, 구와 구, 절과 절 등을 대등한 관계로 연결하는 역할을 함(등위절을 연결하는 역할)
  - 등위접속사에는 and, but, or, so, for, yet, still 등이 있음
- **병치법(병렬관계, 평행구조)** : 등위접속사 전후의 어구는 문법구조나 조건(형태, 품사, 시제 등)이 같은 병치(병렬)구조가 됨

  예 She stayed in London and in Paris. (그녀는 런던과 파리에 머물렀다.)
  He happened to see her and came to love her. (그는 그녀를 우연히 만났고 그녀를 사랑하게 되었다.)

06

다음의 밑줄 친 부분 중 어법상 잘못된 것을 고르시오.

① Depend upon ② your own efforts ③ if you ④ may succeed or not.

해설 if는 whether 대신 쓰이지만 뒤에 or not이 올 경우 whether를 쓴다.
∴ if → whether

해석 성공하든 못하든 너의 노력에 의지해라.

제1편 문법(Grammar)

정답 01 ④ 02 ④ 03 ③ 04 ① 05 ④ 06 ③

07

다음 빈칸에 가장 적절한 것은?

As there will be an agent at the airport to meet you as soon as you arrive in London, you needn't worry about changing dollars to pounds or ________ a hotel.

① reserve
② reserving
③ being reserved
④ reserved

해설 등위접속사전후의 어구는 그 형태나 품사가 같은 병치(병렬) 구조를 이룬다. 제시문의 빈칸 앞에 등위접속사(or)가 있으므로 빈칸의 단어도 앞의 changing과 병치를 이루어 동명사가 된다(② 또는 ③). 그런데 동명사의 주어(문장의 주어이자 동명사의 의미상 주어)인 you는 '예약하는' 주체이므로 동명사는 능동형인 'reserving'이 가장 적절하다. 한편, 여기서의 changing 과 reserving은 모두 앞의 전치사 about의 목적어이다.

해석 당신이 런던에 도착하자마자 당신을 만날 대리인이 있을 것이므로, 당신은 달러를 파운드화로 교환하거나 호텔을 예약하는 것에 대해 걱정할 필요가 없다.

어휘 ■ agent 대행자, 대리인, 취급인, 주선인, 대리점
■ worry about(over) ~을 걱정하다
■ reserve 남겨 두다, 예약해 두다, 보유[확보]하다 (reservation 보류, 예약)

08 국가직 9급 기출

다음 문장을 바르게 영작한 것은?

그녀가 울음을 터뜨린다고 해서 놀라지 마라.

① Don't be surprised if she bursts into tears.
② Do not surprise yourself she starts sobbing.
③ Never to be surprised if she starts sobbing.
④ No be surprised at all she bursts into tears.

해설 그녀가 울음을 터뜨림으로 인해 놀라게 되는 것이므로 수동의 형태인 be surprised가 되어야 하며 양보를 나타내는 접속사를 if(비록 ~일지라도)를 사용한다.

어휘 ■ burst into tears 울음을 터뜨리다
■ sob 흐느껴 울다, 흐느끼다

09 서울시 9급 기출

글의 흐름으로 보아 빈칸에 들어갈 단어를 순서대로 고른 것은?

For centuries, people gazing at the sky after sunset could see thousands of vibrant, sparkling stars. But these days, you'll be lucky if you can view the Big Dipper. The culprit: electric beams pouring from homes and street lamps, whose brightness obscures the night sky. In the U.S., so-called light pollution has gotten so bad that by one estimate, 8 out of 10 children born today will never encounter a sky ________ enough for them to see the Milky Way. There is hope, however, in the form of astrotourism, a small but growing industry centered on stargazing in the worlds darkest places. These remote sites, many of them in national parks, offer views for little more than the cost of a campsite. And the people who run them often work to reduce light pollution in surrounding communities. ________ astrotourism may not be as luxurious as some vacations, travelers don't seem to mind.

① dark – Although
② bright – Because
③ dark – Since
④ bright – In that

해설 정집과 가로등에서 나오는 전등 빛의 밝기 때문에 광(光)공해가 너무 심해서 은하수를 볼 수 있을 만큼 어두운 하늘을 결코 접하지 못한다는 의미이므로, 'dark'가 들어가야 한다. 앞 문장에서 국립공원에 위치한 대다수 외딴 장소들이 야영지와 다름없는 비용으로 경관을 제공한다고 하였으므로, 양보의 부사절을 이끄는 접속사 'Although'를 사용하여 비록 우주 관광사업이 다른 휴가들처럼 호화스럽지는 않지만, 관광객들은 개의치 않는 것 같다고 해야 문맥상 어울린다.

해석 수 세기 동안, 해가 진 후 하늘을 바라보는 사람들은 수천 개의 선명하고 반짝이는 별들을 볼 수 있었다. 그러나 요즘에는 북두칠성을 볼 수 있는 것만으로도 운이 좋은 것이다. 그 장본인인 가정집과 가로등에서 쏟아져 나오는 전등 빛의 밝기가 밤하늘을 흐리게 만든다. 미국에서는 소위 광(光)공해가 너무 심해서 어떤 추정에 따르면, 오늘 태어나는 아이들 10명 중 8명은 은하수를 볼수 있을 만큼 어두운 하늘을 결코 접하지 못할 것이다. 하지만 세상의 가장 어두운 곳에서 천문학에 집중하는, 작지만 성장 산업인 우주관광산업에 희망이 있다. 국립공원에 위치한 대다수 외딴 장소들은 야영지와 다름없는 비용으로 경관을 제공한다. 그리고 그것을 운영하는 사람들은 주변 지역 사회에서 광공해를 줄이기 위해 늘애를 쓴다. 비록 우주관광사업이 다른 휴가들처럼 호화스럽지는 않지만, 관광객들은 개의치 않는 것 같다.

어휘
- gaze at 응시하다, 바라보다
- vibrant 강렬한, 선명한 n. vibrancy 진동, 공명, 반향
- sparkling 빛나는, 반짝이는(= glittering)
- the Big Dipper 북두칠성
- culprit 범인, (문제를 일으킨) 장본인 (= offender, criminal, felon) cf. a real culprit 진범
- obscure 모호하게 하다, 흐리게 하다
- light pollution 광(光)공해
- estimate 추정(치), 추산
- encounter 접하다, 마주치다
- the Milky Way 은하수
- astrotourism 우주관광업, 우주관광사업[산업]
- stargazing 점성학, 천문학
- remote 외딴, 외진(= isolated)
- little more than ~와 마찬가지, ~에 지나지 않는
- campsite 야영지, 캠프장
- reduce 줄이다, 축소하다 n. reduction 축소, 감소

제 1 편 문법(Grammar)

정답 07 ② 08 ① 09 ①

10 서울시 9급 기출

문맥상 빈칸에 들어갈 가장 적절한 것은?

Usually several skunks live together however, adult male striped skunks are _________ during the summer.

① nocturnal ② solitary
③ predatory ④ dormant

해설 접속사 'however'를 사용하고 있으므로 앞뒤의 문장이 서로 역접의 관계에 있음을 알 수 있다. 앞 문장에서 '일반적으로 스컹크는 몇 마리가 무리지어 산다.'고 했으므로 뒤의 문장에서는 '혼자 산다.'는 반대되는 내용이 와야 하므로, 빈칸에 들어갈 말로는 ②의 'solitary(홀로 있는)'이 가장 적절하다.

해석 일반적으로 스컹크는 몇 마리가 무리지어 산다. 그러나 다 자란 수컷 줄무늬 스컹크들은 여름동안 혼자 지낸다.

어휘
- skunk 스컹크
- male 남자[남성/수컷]의 (↔ female 여자[여성/암컷]의)
- striped 줄무늬가 있는
- nocturnal 야행성의, 밤에 일어나는
- solitary 홀로 있는, 외딴 n. solitude 고독
- predatory 포식성의
- dormant 휴면기의, 동면의, 활동[성장]을 중단한 cf. a dormant volcano 휴화산

❷ 전치사(Preposition)

01

밑줄 친 전치사의 쓰임이 잘못된 것은?

① I bought it for twenty dollars.
② Cheese is made of milk.
③ Write your composition in ink.
④ I asked after my sick friend.

해설 물리적 변화에는 of를 사용하고, 화학적 변화에는 from을 사용한다.
∴ is made of → is made from
cf. The desk is made of wood.

02 국가직 9급 기출

밑줄 친 부분 중 어법상 옳지 않은 것은?

Urban agriculture (UA) has long been dismissed as a fringe activity that has no place in cities; however, its potential is beginning to ① be realized. In fact, UA is about food self-reliance: it involves ② creating work and is a reaction to food insecurity, particularly for the poor. Contrary to ③ which many believe, UA is found in every city, where it is sometimes hidden, sometimes obvious. If one looks carefully, few spaces in a major city are unused. Valuable vacant land rarely sits idle and is often taken over-either formally, or informally-and made ④ productive.

해설 ③ 전치사 'to' 이후에는 명사 또는 명사구이 와야 하고, ③ 뒤의 문장이 불완전하므로 선행사를 포함하는 관계사로서 명사절을 이끌 수 있는 'what'이 되는 것이 옳은 표현이다.
① 주어 'its potential'은 '인식되는' 대상이므로 수동태가 온 것은 적절하다.
② 동사 'involve'는 동명사를 목적어로 취하는 완전타동사이므로 'creating'은 적절하게 쓰였다.
④ 'made' 앞에 'is'가 생략된 수동태이며 불완전타동사 'make'가 수동태로 전환될 때, 목적격 보어로 쓰인 형용사는 그대로 동사 뒤에 위치하므로, 형용사 형태인 'productive'가 온 것은 알맞은 표현이다.

해석 도시 농업(UA)은 오랫동안 도시에 설 자리가 없는 변두리 활동이라고 일축되어 왔지만, 그것의 잠재력이 실현되기 시작하고 있다. 사실, UA는 식량자립에 관한 것인데, 그것은 일자리를 창출하는 것을 수반하며, 특히 가난한 사람들을 위한 식량 불안정에 대한 대응이다. 많은 사람들이 믿는 것과는 반대로, UA는 모든 도시에서 발견되는데, 이 곳에서 때로는 눈에 띄지 않고 때로는 확연하다. 주의 깊게 살펴보면, 대도시에는 사용되지 않는 공간이 거의 없다. 가치 있는 빈 땅은 거의 방치되지 않으며 공식적으로든 비공식적으로든 종종 점유되어 있고, 생산적이게 된다.

어휘
- Urban agriculture 도시 농업
- dismissed 잊혀진
- potential (…이 될) 가능성이 있는, 잠재적인 (=possible)
- be realized (실현되다) 햇빛을 보다
- self-reliance 자기 의존, 독립독행(= self-sufficiency, self-support, self-sustenance)
- insecurity 불안정[불확실]한 것
- particularly 특히, 특별히(=specifically, expressly, explicitly)
- obvious (눈으로 보거나 이해하기에) 분명한[명백한] (=clear)
- unused (현재) 쓰지[사용하지] 않는, 한 번도 사용되지 않은[쓴 적이 없는] (↔disused)
- valuable 소중한, 귀중한
- rarely 드물게, 좀처럼 …하지 않는(=seldom, hardly, hardly ever)

※ 다음의 밑줄 친 부분 중 어법상 틀린 것을 고르시오. (03~05)

03

Although he ① graduated high school ② with honors, he ③ failed two subjects ④ as a college freshman.

해설 graduate는 자동사로서 목적어를 취하려면 전치사를 필요로 한다.
∴ graduated high school → graduated from high school

해석 비록 그는 고등학교를 우등으로 졸업했지만, 대학교 1학년 때 두 과목이나 낙제했다.

04

Inventions and ① new machines ② result from ③ more jobs and ④ higher wages.

해설 • A result from B : B의 결과로서 A가 생기다
• A result in B : A가 B의 결과를 초래하다
∴ result from → result in

해석 발명품들과 새로운 기계들은 더 많은 일자리와 더 높은 임금을 창출한다.

정답 10 ② / 01 ② 02 ③ 03 ① 04 ②

제1 문법(Grammar)

05

① Although there are ② some similarities in the platforms of both candidates, the differences ③ among them are ④ considerably wide.

해설 주어진 문장에서 both candidates는 명백하게 구별되는 두 사람을 가리키므로, 이에 맞는 전치사를 사용한다.
∴ among → between
cf. between(명백하게 분리되는 둘 이상), among(분리할 수 없는 집단)

해석 비록 두 후보자들의 정강(政綱)에는 몇 가지 유사성이 있지만, 그들 사이에는 상당한 차이점이 있다.

06

어법상 빈칸에 들어가기에 적절한 것은?

The sales industry is one ________ constant interaction is required, so good social skills are a must.

① but which ② in which
③ those which ④ which

해설 빈칸에는 선행사 'one'을 수식하는 관계사가 와야 하는데, 뒤의 문장이 주어나 동사의 목적어 자리가 비어 있지 않은 완전한 문장이므로, 전치사를 관계대명사 앞으로 당겨서 쓴 관계부사(전치사+관계대명사)가 와야 한다. 이어지는 문장이 불완전할 경우에는 관계대명사만 오는것이 적절하다.

해석 판매 산업은 지속적인 상호작용이 요구되는 하나의 사업 영역이다. 그래서 능숙한 사교 기술이 필수이다.

어휘
- constant 끊임없는; 거듭되는, 변함없는
- require 필요[요구]하다, 필요로 하다

핵심정리

관계대명사와 전치사

- 대부분의 전치사는 관계대명사의 앞 또는 문미에 오는 것이 가능
  This is the house which I live in. (이 집은 내가 살고 있는 집이다.)
  = This is the house in which I live.
- 관계대명사가 that인 경우 전치사는 문미에 위치
  This is the house that I live in. (○) (이것이 내가 사는 집이다.)
  This is the house in that I live. (×)

07

다음 빈칸에 알맞은 것을 고르시오.

China lies ________ the west of Korea.

① at ② in
③ to ④ by

해설 '~ 쪽에'와 같은 방위를 표시할 때는 전치사 to를 사용한다.

해석 중국은 한국의 서쪽에 위치해 있다.

핵심정리

전치사 to의 용법

- **시간 · 기한의 끝** : ~까지
  예 I will stay here to the end of May. (나는 5월 말까지 여기에 머무르겠다.)
- **방위 · 방향** : ~쪽에, ~쪽으로, ~로 향하여
  예 The building is to the north of the park. (그 건물은 공원에서 북쪽으로 떨어진 곳에 있다.)
  예 He came to Gwang-ju last night. (그는 지난밤에 광주에 왔다.)

08

다음 빈칸에 공통으로 들어갈 단어는?

1. He could not wait to show (　　　) his new car.
2. We were cut (　　　) in the middle of our conversation.
3. They were laid (　　　) because of the lack of new orders.

① out　② off
③ for　④ in

해설 • show off : 자랑하다, 과시하다(= display)
• cut off : (전화, 대화를) 방해하다, 중단하다
• lay off : (일시적으로) 해고하다(= dismiss, discharge, fire)

해석 1. 그는 새 차를 자랑하는 것을 기다릴 수 없었다.
2. 우리는 대화 중에 중단되었다.
3. 그들은 새 주문이 없어서 해고되었다.

09 지방직 9급 기출

어법상 옳은 것은?

① Humans share food, while monkeys fend for themselves.
② A sweat lodge is a tent which Sioux Indians take a ritual sweat bath.
③ If international trade doesn't exist, many products wouldn't be available on the market.
④ Corporations manufacturing computers with toxic materials should arrange for its disposal.

해설 ~하는 반면에 라는 의미로 접속사 while이 알맞게 사용되었다.

해석 ① 원숭이는 혼자서 먹이를 꾸려가는 반면, 인간은 먹이를 나눈다.
② 땀오두막은 수족 인디언들이 의식적으로 땀을 내는 목욕용 텐트이다.
③ 만약 국제 무역이 존재하지 않는다면, 많은 상품들이 시장에 출시되지 않을 것이다.
④ 유독성 물질로 컴퓨터를 만드는 회사들은 그것의 처리에 대한 계획을 세워야 한다.

10

다음 중 어법에 맞는 것을 고르시오.

① It rained during three hours.
② My father was in hospital during six weeks.
③ He had an experience during he was a child.
④ We'll be on holiday during August.

해설 ④ during은 '언제(when)'에 대한 답변으로 쓰이고 for는 '얼마나 오래(how long)'에 대한 대답으로 쓰인다. for는 '얼마나 오래'를 나타내기 때문에 구체적인 숫자가 뒤에 따라오는 경우가 많다.
예 for a week, for two months
① 특정한 시간이(three hours) 나오므로 during이 아닌 for가 와야 한다.
② ①과 마찬가지로 특정 시간이 나오므로 during 대신 for가 되어야 한다.
③ during은 전치사이므로 뒤에는 명사, 대명사, 동명사가 와야 한다. 그러므로 during 대신 while이 적합하다.

해석 ① 세 시간 동안 비가 내렸다.
② 내 아버지는 6주간 병원에 계셨다.
③ 그는 어렸을 때 경험했다.
④ 우리는 8월 동안 휴가를 갈 것이다.

정답 05 ③ 06 ② 07 ③ 08 ② 09 ① 10 ④

11

다음 각 문장의 밑줄 친 부분 중 어색한 것은?

① Most traffic accidents <u>result in</u> drivers' carelessness.

② She <u>was suddenly</u> possessed by an overwhelming jealousy.

③ The match <u>was called off</u> because of bad weather.

④ A petition containing 50,000 signatures <u>was handed in</u> at the mayor's office.

해설 'result in'은 '~으로 끝나다'의 의미이며, 'result from'은 '~에서 기인하다'는 의미이다. 따라서 ①의 경우 운전자의 부주의에서 사고가 유발되었으므로 'result from'이 되어야 한다.

해석 ① 대부분의 교통사고는 운전자들의 부주의에 의해 발생한다.
② 그녀는 갑자기 극도의 질투심에 사로잡혔다.
③ 그 경기는 악천후로 취소되었다.
④ 5만 명의 서명이 담긴 청원서가 시장 사무실에 제출되었다.

어휘
- be possessed by ~에 사로잡혀 있다
- overwhelming 압도적인, 저항할 수 없는, 굉장한
- jealousy 질투, 시샘, 방심하지 않는 주의, 경계심
- match 시합, 경기, 대전 상대, 성냥
- call off (약속 등을) 취소하다(= cancel), 물러가게 하다, (주의를) 돌리다
- petition 청원, 탄원, 진정
- contain 담고 있다, 포함하다
- hand in 건네주다, 내놓다, 제출하다(= turn in, send in, submit)

12

다음 문장의 빈칸에 들어갈 전치사를 순서대로 바르게 짝지은 것은?

A : He was deprived (　　) his freedom by the dictator.
B : I think that she spilled the ink (　　) purpose.
C : Overdue books are subject to a fine (　　) the rate of $1.00 per day.

① from – on – at

② from – on – for

③ of – on – at

④ of – to – for

해설
- be deprived of : ~을 빼앗기다 (= be taken away)
- on purpose : 고의로, 일부러 (= deliberately, intentionally)
- at the rate of : ~의 비율로, ~의 값으로 (= in the ratio of)

해석 A : 그는 독재자에 의해 자유를 빼앗겼다.
B : 그녀가 일부러 잉크를 엎지른 것 같다.
C : 기한을 넘긴 책에는 하루에 1달러씩 벌금을 부과하게 됩니다

제10장 특수구문 (Particular Sentences)

실전문제

대표유형문제

지방직 9급 기출

어법상 옳은 것은?

① Please contact to me at the email address I gave you last week.

❷ Were it not for water, all living creatures on earth would be extinct.

③ The laptop allows people who is away from their offices to continue to work.

④ The more they attempted to explain their mistakes, the worst their story sounded.

정답해설 'If it were not for~(~이 없다면)'는 현재 사실의 반대를 나타내는 가정법 과거 구문으로, 해당 문장은 접속사 'If'가 생략되고 주어와 동사가 도치되어 'Were it not for ~'의 형태가 된 것이다.

오답해설 ① 'contact'는 타동사이기 때문에 뒤에 전치사를 동반하여 목적어를 취할 수 없다. 그러므로 'contact to me'는 'contact me'로 고쳐야 옳다.
③ 'who'는 앞의 'people'을 선행사로 하는 주격 관계대명사로, 종속절의 동사는 선행사에 그 수를 일치시켜야 하므로 'is'를 복수 동사인 'are'로 고쳐야 옳다.
④ '~할수록 더 ~하다'라는 의미인 'The 비교급 S + V, the 비교급 S + V' 구문이어야 하므로, 최상급 형태인 'the worst'를 'the worse'로 고쳐야 옳다.

해석풀이 ① 지난 주 제가 드린 이메일 주소로 연락해주세요.
② 물이 없었다면, 지구상에 살아있는 모든 생명체는 멸종되었을 것이다.
③ 노트북으로 사무실 밖에서도 사람들이 계속해서 일을 할 수 있다.
④ 자기들의 실수를 이해시키려고 할수록, 그들의 말은 더 안 좋게 들렸다.

핵심어휘
- extinct 멸종된, 사라진 n. extinction 멸종, 소멸
- laptop 휴대용 컴퓨터, 노트북
- be away from ~에서 벗어나다, ~로 부터 떨어져있다

정답 11 ① 12 ③

❶ 도치 및 강조구문

01
다음 중 어순이 바르게 된 것은?

① Not until the sun set did we arrive there.
② Not until the sun set we did arrive there.
③ Until the sun set we arrived not there.
④ We arrived there not until the sun set.

해설 부사(구)의 강조 : 「부사(구) + (조동사) + 주어 + 본동사」의 순서로 도치

해석 해가 지고 나서야 우리는 그곳에 도착했다.

02
다음 중 빈칸에 알맞은 것은?

> ______________ how much suffering she has caused.

① Little knows she
② Little does know she
③ Little she know
④ Little does she know

해설 부사(구)의 강조 : 「부사(구) + (조동사) + 주어 + 본동사」의 순서로 도치

해석 그녀가 얼마나 많은 고통을 야기했는지 그녀 자신은 잘 알지 못한다.

03
다음 글에서 어법상 잘못된 문장은?

> ① The invention of the car had a major impact on daily life. ② It made a whole new pattern of living possible. ③ No longer people had to live in the cities or spend their holidays at crowded resorts nearby. ④ Instead, they could ride in their cars wherever they wanted to go.

해설 부정어를 강조할 때는 「부정어 + 동사 + 주어」의 순으로 도치된다.
∴ No longer people had to → No longer did people have to 또는 People no longer had to

해석 자동차의 발명은 일상에 큰 영향을 미쳤다. 그것은 완전히 새로운 양식의 삶을 가능하게 했다. 이제 사람들은 더 이상 도시에 살거나 휴일을 근처의 붐비는 휴양지에서 보낼 필요가 없게 되었다. 대신에, 그들은 자신이 원하는 곳은 어디든지 차를 타고 갈 수 있게 되었다.

04
다음 밑줄 친 부분에서 어법상 옳은 것은?

> This ① <u>200-feet high</u> bell tower is an architectural landmark of San Diego. The tower, ② <u>decorating with</u> ceramic tiles and glass beads, is gracefully divided into three stages similar to the three stages of the tower of the Cathedral of Morelia, Mexico. The stages change from quadrangle to octagon to circle as they rise. The tower ③ <u>is capped</u> by a weather vane shaping like a Spanish galleon. ④ <u>Inside is the 100-bell</u> Ona May Carillion that plays Westminster chimes at noon.

해설 장소를 나타내는 부사(inside)가 문두로 나가면 주어와 동사(자동사)가 도치되는데, 여기에서는 동사(is)와 주어부(the 100-bell Ona May Carillion that plays Westminster chimes at noon)가 도치된 것이다. 일반적으로 주어가 긴 경우 종종 도치되어 뒤로 이동한다.

해석 이 200피트 높이의 종탑은 샌디에이고의 획기적 건축물이다. 도자기 타일과 유리구슬로 장식된 그 탑은 멕시코의 Morelia 대성당의 세 단계와 유사하게 세 단계로 우아하게 나누어진다. 그 단계들은 위로 올라감에 따라 사각형에서 팔각형으로, 다시 원으로 변한다. 그탑은 스페인의 갤리온선(船) 같은 모양을 한 풍향계로 덮여 있다. 내부에는 Westminster chimes를 연주하는 100개의 종이 달린 Ona May Carillon이 있다.

05

다음 빈칸에 알맞은 것은?

> Never ________ that I would succeed in it.

① I dreamed

② did I dream

③ dream I

④ I had dreamed

해설 부정어를 강조할 때는 「부정어 + 동사 + 주어」의 순으로 도치된다.

해석 내가 그것에 성공하리라고는 꿈에도 생각하지 못했다.

06 국가직 9급 기출

어법상 옳은 것은?

① They didn't believe his story, and neither did I.

② The sport in that I am most interested is soccer.

③ Jamie learned from the book that World War I had broken out in 1914.

④ Two factors have made scientists difficult to determine the number of species on Earth.

해설 상대방의 부정적 발언과 동일한 상황을 표현할 때, 'neither + 동사 + 주어'의 도치 구문을 사용한다. 해당 문장에서 그들이 그의 이야기를 믿지 않는다는 부정적 발언에 대해 주어 'I(나)'도 믿지 않는다는 표현이므로 'neither did I'가 어법상 옳게 사용되었다.

해석 ① 그들은 그의 이야기를 믿지 않았다. 나 또한 믿지 않았다.
② 내가 가장 관심 있는 스포츠는 축구이다.
③ Jamie는 제1차 세계대전이 1914년에 발발했다고 책을 통해 배웠다.
④ 두 가지 요인들로 인해 과학자들은 지구상의 종의 수를 결정하기 어려웠다.

어휘
- break out 발발[발생]하다
- factor 요소, 요인, 인자 cf. a prime factor(소인수), a common factor(공약수), the greatest common factor(최대 공약수)
- species 종(種) cf. rare species(희귀종)

정답 01 ① 02 ④ 03 ③ 04 ④ 05 ② 06 ①

※ 다음의 밑줄 친 부분 중 어법상 틀린 것을 고르시오. (07~08)

07

① It was ② him ③ that represented ④ his country in the United Nations.

해설 It ~ that의 강조구문으로, 동사 represented의 주어를 강조하므로 목적격이 아닌 주격을 사용해야 한다.
∴ him → he

해석 국제연합에서 그의 나라를 대표하는 것은 바로 그였다.

08

① Undoubtedly, it was ② he, not ③ me, who recommended that the trip ④ be cancelled.

해설 it ~ who의 강조구문으로, 동사 recommended의 주어인 he와 I를 강조하므로 주격을 사용해야 한다.
∴ me → I

해석 틀림없이, 그 여행을 취소하도록 권유한 사람은 내가 아니라 바로 그이다.

❷ 부정구문

01

다음 중 나머지 셋과 그 뜻이 다른 것은?

① Neither Kyle nor Terry has been to Japan before.

② Both Kyle and Terry have not been to Japan before.

③ Kyle hasn't been to Japan before, and Terry has not either.

④ Kyle has not been to Japan before, and neither has Terry.

해설 ②는 「Both A and B」 구문에 not이 쓰여 부분부정이 되었다.
②를 제외한 나머지는 전체부정이다.

02 국가직 9급 기출

다음 우리말을 영작한 것 중 맞는 것은?

① 심하게 망가진 차 때문에 돈이 많이 들었다.
→ My badly damaging car cost me a lot of money.

② 안전에 대해서는 아무리 주의를 기울여도 지나치지 않다.
→ You can't be too careful when it comes to safety.

③ Sue는 지난주에 자기 아버지를 만나기 위해 교도소를 방문했다.
→ Sue went to prison to visit her father last week.

④ 그 행진을 보는 것은 아주 재미있는 일이었다.
→ The parade was fascinating to watch it.

해설 ② 'cannot ~ too'는 '아무리 ~ 해도 지나치지 않다'는 표현이며, 'when it comes to + (동)명사'는 '~의 문제라면', '~에 관해서 라면'의 의미이다.
① 주절의 주어(car)와 분사의 관계가 수동의 관계이므로 과거분사를 써야 한다. ① ∴ damaging → damaged
③ 'prison'이 '특정 교도소(구체적인 장소)'를 의미하는 경우는 관사를 써야한다. 여기서도 아버지가 있는 특정 교도소를 방문한 것이므로 'to prison'을 'to the prison'으로 고쳐야 한다. 이에 비해, 막연하게(아무 감옥이든) '감옥에 가다(수감되다)'라고 할 때는 관사 없이 'go to prison'으로 쓴다.
④ 타동사 watch의 의미상의 목적어는 문장의 주어인 'the parade'이다. 따라서 중복하여 목적어(it)를 쓰는 것은 잘못된 것이다. 일반적으로 단문에서 이러한 중복은 어법상 틀린 것으로 본다.

03

다음 중 빈칸에 들어갈 가장 알맞은 것은?

> ________ all the fans gave the hitter a welcome some of them booed him.

① None ② Never
③ Not ④ Neither

해설 부정어 not, never, no가 all, every, both, always 등과 함께 쓰이면 부분부정이 된다. 문맥상 빈칸에는 not이 가장 적절하다

해석 모든 팬들이 그 타자를 반긴 것은 아니다. 어떤 이들은 그에게 야유를 보냈다.

어휘 ■ boo 야유하다

04

다음 중 적절한 표현이 되도록 낱말이 바르게 배열된 것은?

> It was (㉠ after dark ㉡ not ㉢ that ㉣ until) he reached the destination.

① ㉠ – ㉡ – ㉢ – ㉣
② ㉡ – ㉣ – ㉠ – ㉢
③ ㉢ – ㉠ – ㉣ – ㉡
④ ㉣ – ㉢ – ㉠ – ㉡

해설 「not ~ until」 구문에서 'Not until after dark ~'를 문두로 도치한 후 이를 다시 「It ~ that」 강조구문으로 형태를 바꾸었다.

해석 그는 어두워지고 나서야 목적지에 도착했다.

정답 07 ② 08 ③ / 01 ② 02 ② 03 ③ 04 ②

05

다음 중 부정 표현에 속하지 않는 것은?

① He is nothing but a loser.

② He is above telling lies.

③ He is anything but a spy.

④ I am by no means familiar with a cocky man.

해설 nothing but은 only와 같은 표현이다. anything but은 「~ 이외에는 무엇이든지」라는 뜻과 「결코 ~ 아니다」라는 의미를 갖는다.

06

다음은 밑줄 친 부분을 강조한 구문이다. 잘못된 것은?

① This I feel bound to mention.

② Blessed are the poor in spirit for theirs is the kingdom of heaven.

③ Never have I seen such a wonderful picture.

④ It was till after years that I was not able to see why she had left.

해설 「not ~ until[till] …」: 「…할 때까지는 ~않다」, 「…하고서야 비로소 ~하다」

∴ till after years → not until after years

07

다음 중 우리말을 영어로 잘못 옮긴 것을 고르시오.

① 내가 원하는 것은 부가 아니라 건강이다.

→ What I want is not wealth, but health.

② 대부분의 사람들은 할 말이 있어서가 아니라 말하기를 좋아하기 때문에 말을 한다.

→ Most people talk not because they have anything to say, but because they like talking.

③ 그녀를 만나지 않고 지나는 날이 하루도 없었다.

→ Not a day passed but I met her.

④ 그는 지식뿐 아니라 경험도 가지고 있다.

→ He has only knowledge, but also experience.

해설 부정구문 「not only ~, but (also) …」(~뿐만 아니라 …도) 으로써 He has not only knowledge, but also experience.로 고쳐써야 옳은 표현이다.

08

다음 중 주어진 문장과 같은 의미를 가진 것은?

All of them are not aware of it.

① None of them are aware of it.
② Every one of them is not aware of it.
③ Both of them are aware of it.
④ Either of them are aware of it.

해설 부정어 not, never, no가 all, every, both, always 등과 함께 쓰이면 부분부정이 된다.

해석 그들 모두가 그것을 알고 있는 것은 아니다.

09

다음 중 우리말을 영어로 잘못 옮긴 것을 고르시오.

① 모두가 그를 좋아하지 않는다.
→ Not everybody likes him.
② 내가 저 소녀들을 둘 다 아는 것은 아니다.
→ I don't know both those girls.
③ 두 사람 모두 젊은 것은 아니다.
→ Both are not young.
④ 부자들이 언제나 행복한 것은 아니다.
→ The rich are not always happy.

해설 부분부정(모두[항상, 완전히] ~한 것은 아니다) 으로써 모두가 그를 좋아하는 것은 아니다로 해석하는 것이 옳은 표현이다.

❸ 생략구문

01

다음 글 중에서 생략할 수 있는 말이 들어 있는 것은?

① Come June she will be twenty.
② Language was made for man and not man for language.
③ To err is human, to forgive divine.
④ When he was young, he used to play basketball.

해설 접속사 if, when, while, though 다음에서 「주어 + 동사」의 생략이 이루어진다.
When (he was) young, he used to play basketball.

어휘 ▪err 잘못하다, 틀리다, 죄를 범하다
▪divine 신, 창조주, 신성의

02

다음 문장 중 어법상 가장 어색한 것은?

① Tom and his friend they are walking together.
② One will certainly make life happy, the other (will make it) unhappy.
③ They worked harder than (they worked) before.
④ She had to work while (she was) yet a little girl.

해설 동의어의 반복 금지로써 Tom and his friend they are walking together. (×) [같은 의미의 명사와 대명사의 중복 금지]이다. 따라서 Tom and his friend are walking together. (Tom과 그의 친구가 함께 걷고 있다.) 혹은 They are walking together. (그들은 함께 걷고 있다.)으로 고쳐야 자연스러운 표현이다.

정답 05 ① 06 ④ 07 ④ 08 ② 09 ① / 01 ④ 02 ①

03

다음 밑줄 친 곳에 들어갈 알맞은 것은?

> ______________ at temperatures above 1,200℃, clay fuses and becomes non-porous stone ware or porcelain.

① It is fired ② Firing
③ When firing it ④ When fired

해설 접속사 if, when, while, though 다음에서 「주어 + 동사」의 생략이 가능하다.
∴ When (it is) fired at ~

해석 1,200℃ 이상의 온도에서 구워지면, 진흙은 녹아서 기공이 없는 석기나 자기가 된다.

어휘
- clay 진흙, 점토
- fuse 녹이다, 녹다
- non-porous 작은 구멍이 없는
- stone ware 석기
- porcelain 자기

❹ 물주구문

01

다음 중 문장 전환이 잘못된 것은?

① The medicine will make you feel better.
= If you take the medicine, you will feel better.

② He was wealthy enough to buy the jet plane.
= His wealth allowed him to buy the jet plane.

③ After ten minutes' walk, he came to the hospital.
= Ten minutes' walk took him to the hospital.

④ His father's death forced him to delay studying abroad.
= As his father died, he had to delay studying abroad.

해설 「사람 주어 + come(reach) ~」의 형태는 「사물 주어 + bring + 사람 목적어 ~」의 형태로 전환 가능하다.
∴ Ten minutes' walk took him to the hospital.
→ Ten minutes' walk brought him to the hospital.

02

다음 두 문장의 뜻이 같아지도록 밑줄 안에 알맞은 것은?

I could not come because of urgent business.
= Urgent business ________ me from coming.

① brought　　② made
③ kept　　④ enabled

해설 「사람 주어 + cannot + 동사 ~」
=「사물 주어 + prevent (keep / prohibits / hinders) + 목적어 + from + 동명사 ~ 」
=「사물 주어 + forbid + 목적어 + to부정사 ~ 」

해석 사업상 급한 일 때문에 못 갔다.

핵심정리

물주구문

물주구문(物主構文)은 '사물이 주어가 되는 구문'이란 뜻으로, 원래는 사람이 주어로 쓰여야 되는 문장에서 사람 대신 사물이 주어로 쓰인 경우를 말하며, 이때 주어를 부사적으로 해석함

정답 03 ④ / 01 ③　02 ③

나두공

제 2 편

문제유형별 연습 (Exercise)

실전문제 제1장 어휘(Vocabulary)

대표유형문제

밑줄 친 부분의 의미와 가장 가까운 것을 고르시오.

> The influence of Jazz has been so <u>pervasive</u> that most popular music owes its stylistic roots to jazz.

① misleading
❷ ubiquitous
③ persuasive
④ disastrous

정답해설 pervasive는 '만연하는, 스며드는' 이라는 뜻으로, 이와 의미가 가장 가까운 것은 ② 'ubiquitous(어디에나 있는, 아주 흔한)'이다.

오답해설 ① 오해의 소지가 있는
③ 설득력 있는
④ 처참한

해석풀이 재즈의 영향은 매우 만연해서 대부분의 대중 음악은 양식상의 뿌리를 재즈에 둔다.

핵심어휘
- influence 영향, 영향력(=control, power, authority)
- pervasive 만연하는, (구석구석) 스며[배어]드는(=widespread, general, common)
- popular 인기 있는 (↔unpopular 인기 없는), 대중[통속]적인, 많은 사람들이 공유하는, 일반적인
- deceptive 기만적인, 현혹하는 (=misleading)
- ubiquitous 어디에나 있는, 아주 흔한
- persuasive 설득력 있는(=convincing, telling, effective)
- disastrous 처참한, 형편없는 (=catastrophic, devastating)

❶ 단어

※ 다음 밑줄 친 부분과 의미가 가장 가까운 것을 고르시오. (01~13)

01

Jefferson felt that the present should never be chained to customs which have lost their usefulness. "No society," he said, "can make a perpetual constitution, or even a perpetual law."

① impecunious ② perpendicular
③ everlasting ④ deciduous

해설 'perpetual'은 '영구적인'의 의미이므로, 'everlasting'과 의미상 가장 가깝다.

해석 제퍼슨은 그 가치가 상실된 관습들에 현재가 얽매여서는 안 된다고 느꼈다. "그 어떤 사회도 영구적인 헌법을, 심지어 영구적인 법률을 만들 수 없습니다."라고 그는 말했다.

어휘
- impecunious 가난한, 무일푼의
- perpendicular 수직의, 직립한
- everlasting 영원한, 내구성있는
- deciduous (생물이) 낙엽성의, 일시적인

02

Privacy as a social practice shapes individual behavior in conjunction with other social practices and is therefore central to social life.

① in combination with
② in comparison with
③ in place of
④ in opposition

해설 in conjunction with는 '~와 함께'라는 뜻으로, 이와 의미가 가장 가까운 것은 ① 'in combination with(~와 결합하여)'이다.

해석 사회 관행으로서의 사생활은 다른 사회적 관행과 함께 개인의 행동을 형성하고 따라서 사회생활의 중심이 된다.

03

The surprise attack was imminent.

① out of the way
② about to break out
③ on the go
④ under the table

해설 'imminent'는 '임박한'이라는 뜻으로, 의미상 'about to break out'과 가장 가깝다.

해석 기습공격이 임박했다.

어휘
- out of the way 외딴, 이상한, 괴이한
- about to 막 ~하려고 하여
- break out 돌발하다, 별안간 ~하다
- on the go 바쁜, 끊임없이 활동하여
- under the table 비밀리에 일어나는, 술에 취한

정답 01 ③ 02 ① 03 ②

04 지방직 9급 기출

One of the most beguiling aspects of cyberspace is that it offers the ability to connect with others in foreign countries while also providing anonymity.

① hospitality ② convenience
③ disrespect ④ namelessness

해설 anonymity는 '익명(성)'이라는 의미이므로, namelessness와 의미상 유사하다. 일반적으로 접미사 '-less'가 명사에 붙는 경우 '~이 없는'의 의미를 지니는 형용사(부사)가 되며, 동사에 붙는 경우 '~할 수 없는', '~하기 어려운'의 의미를 지니는 형용사가 된다.

해석 사이버 공간의 가장 매력적인 측면 중 하나는 익명성도 보장하면서, 외국의 다른 사람들과 접속할 수 있는 능력을 제공한다는 것이다.

어휘
- beguiling 매력적인, 묘한 매력이 있는, ~을 끄는, 재미있는, 속이는
- cyberspace 사이버공간, 가상공간
- anonymity 익명(성), 작자 불명, 정체불명의 인물 a. anonymous v. anonymize 익명으로 하다, 신원을 숨기다
- hospitality 환대, 후대, 접대
- convenience 편의, 편리함, 이익, 편리한 물건[설비]
- disrespect 실례[무례, 결례, 불경], 존경이 없음, 존경하지 않다, 결례[실례]되는 짓을 하다, 경멸하다
- namelessness 익명(성), 무명, 이름이 없음 a. nameless

05

The car is a basic model with no frills such as a cassette player or sunshine roof.

① necessities ② bargains
③ conveniences ④ luxuries

해설 'frills'는 '불필요한 장식품'이라는 뜻으로, 의미상 'luxuries'와 가장 가깝다.

해석 이 차는 카세트 플레이어나 선루프 같은 불필요한 요소는 포함되지 않은 기본 모델입니다.

어휘
- necessity 필수품
- bargain 싼 물건, 거래
- convenience 편의, 편익, 편리한 설비
- luxury 호사, 사치품

06

The pupils of human eyes dilates when the level of light is low.

① numbs ② reacts
③ focuses ④ expands

해설 'dilate'는 '팽창하다'라는 뜻으로, 의미상 'expand'와 유사하다.

해석 사람 눈의 동공은 빛의 세기가 낮아지면 팽창한다.

어휘
- pupil 동공
- numb 감각을 잃은, 마비된, 마비되다

07

> This novel is about the vexed parents of an unruly teenager who quits school to start a business.

① heartless ② annoyed
③ reputable ④ confident

해설 vexed는 '곤란한, 짜증이 난'이라는 뜻으로, 이와 의미가 가장 가까운 것은 ② 'annoyed(짜증이 난, 골머리를 앓는)'이다.

해석 이 소설은 사업을 시작하기 위해 학교를 그만두는 제멋대로인 십 대 청소년의 짜증난 부모에 관한 것이다.

어휘
- novel(장편) 소설(=story, tale, fiction)
- vexed 곤란한[골치 아픈] 질문/사안 (=thorny)
- unruly 다루기 힘든, 제멋대로 구는(↔disorderly 무질서한, 난동을 부리는)
- business 사업, 상업, 장사 (→agribusiness, big business, show business), (=commerce, trade)

08

> My purpose was to scrutinize his features to see if he was an honest man.

① generalize ② examine
③ criticize ④ characterize

해설 'scrutinize'는 '유심히 보다'라는 뜻으로, 의미상 'examine'과 가장 가깝다.

해석 나의 목적은 그의 외모를 유심히 보아 그가 정직한 사람인지를 보는 것이었다.

어휘
- generalize 종합하다, 법칙화하다
- characterize 성격을 묘사하다, 성격을 부여하다

09 지방직 9급 기출

> The most important high–tech threat to privacy is the computer, which permits nimble feats of data manipulation, including retrieval and matching of records that were almost impossible with paper stored in file cabinets.

① speedy ② distinctive
③ efficient ④ impressive

해설 'nimble'은 '재빠른, 민첩한'의 뜻이므로, ①과 의미상 가장 가깝다. 'computer'와 'feats of data manipulation'의 의미상 관계에서 nimble의 의미를 추론해 볼 수 있다.

해석 사생활에 대한 가장 중요한 최첨단 위협은 컴퓨터인데, 그것은 파일 캐비닛에 저장된 문서로는 거의 불가능한 기록들의 검색과 조회를 포함한 신속한 데이터 조작 처리를 가능하게 한다.

어휘
- high tech 첨단 기술, 하이테크, 고도의
- threat 위협, 우려, 조짐 v. threaten
- nimble 재빠른, 민첩한, 영리한
- feat 위업, 공적[공훈], 재주, 묘기
- data manipulation 데이터 조작 처리 cf. manipulation 조작, 속임수[교묘한 조작]
- retrieval 회복[만회], 복구, 회수, 보상, (정보) 검색 v. retrieve
- speedy 빠른, 신속한, 과속하는
- distinctive 독특한[특유의, 구별되는], 뛰어난
- efficient 유능한[실력 있는], 능률적인[효율적인]

정답 04 ④ 05 ④ 06 ④ 07 ② 08 ② 09 ①

10

Few people like someone who meddles in the affairs of others.

① participates ② delights
③ interferes ④ dabbles

해설 'meddle'은 '참견하다'라는 뜻으로, 의미상 'interfere'와 가장 가깝다.

해석 다른 사람의 일에 참견하는 사람을 좋아하는 사람은 거의 없다.

어휘 ■ dabble 물을 튀기다, 취미 삼아 해보다

11

It is futile to argue with her once she has made up her mind.

① unpleasant ② helpful
③ productive ④ useless

해설 'futile'은 '헛된'이라는 뜻으로, 'useless'와 의미상 유사하다.

해석 그녀가 한번 마음을 정하면 그녀와 말다툼 해봤자 소용없다.

어휘 ■ futile 헛된, 무익한
■ productive 생산적인, 비옥한
■ useless 쓸모없는

12 서울시 9급 기출

How does he explain the plight of the oil-hungry nations?

① strange circumstance
② happy realization
③ bad situation
④ final decision

해설 plight는 '곤경(궁지)'라는 의미이므로, 제시된 보기 중 'bad situation'과 의미상 가장 가깝다. 석유에 목마른 국가들(oil-hungry nations)의 상황을 생각해보면 쉽게 답을 고를 수 있다.

해석 그는 석유에 목마른 국가들의 곤경에 대해서 어떻게 설명하는가?

어휘 ■ plight 곤경[궁지, 역경], 처지[상태, 입장]
■ realization 실현, 성취[달성], 현실화, 인식[깨달음]
■ hazard 위험, 모험, 위험 요인, 우연, 불확실함, 장애물 a. hazardous

13

For many compulsive buyers, the act of purchasing, rather than what they buy, is what leads to gratification.

① uncomfortable ② confidence
③ tranquility ④ satisfaction

해설 gratification은 '만족감'이라는 뜻으로, 이와 의미가 가장 가까운 것은 ④ 'satisfaction(만족)'이다.

해석 많은 충동적인 구매자들에게, 구매 행위는 그들이 사는 것이 아니라 만족으로 이끄는 것이다.

어휘
- gratification 만족감[희열](을 주는 것), (=satisfaction)
- satisfaction 만족(감), 흡족; 만족(감을 주는 것) (↔dissatisfaction)
- confidence 자신(감)

14

밑줄 친 부분에 들어갈 말로 가장 적절한 것을 고르시오.

> Globalization leads more countries to open their markets, allowing them to trade goods and services freely at a lower cost with greater ________.

① extinction ② depression
③ efficiency ④ care

해설 세계화가 이끄는 낮은 비용과 같은 긍정적인 점이 and로 연결되고 있다. 따라서 빈칸에는 긍정적인 표현이 들어가야 한다. 적절한 것은 ③'efficiency(효율)'이다.

해석 세계화는 더 많은 나라들이 그들의 시장을 개방하도록 이끌며, 더 낮은 비용으로 더 높은 효율로 상품과 서비스를 자유롭게 거래할 수 있게 한다.

어휘
- efficiency 효율(성), 능률(=effectiveness, power, economy)
- extinction 멸종, 절멸, 소멸(=dying out, destruction, abolition)
- depression 우울증 (→post-natal depression, post-partum depression)

15

밑줄 친 부분의 의미와 가장 가까운 것은?

> In studying Chinese calligraphy, one must learn something of the origins of Chinese language and of how they were originally written. However, except for those brought up in the artistic traditions of the country, its aesthetic significance seems to be very difficult to <u>apprehend</u>.

① encompass ② intrude
③ inspect ④ grasp

해설 apprehend는 '이해하다, 파악하다'라는 뜻으로, 이와 의미가 가장 가까운 것은 ④ 'grasp(파악하다)'이다.

해석 중국 서예를 공부할 때, 중국 언어의 기원과 그것이 어떻게 쓰였는지 알아야 한다. 하지만, 그 국가의 예술적 전통에서 자라난 사람들을 제외하고는, 그것의 미적 의의는 파악하기가 매우 어려워 보인다.

어휘
- Chinese calligraphy 중국의 서예
- origin (사람의) 출신[혈통/태생]
- aesthetic 미적 특질, 미학(적 특질)

정답 10 ③ 11 ④ 12 ③ 13 ④ 14 ③ 15 ④

16 국가직 9급 기출

밑줄 친 부분의 의미와 가장 가까운 것을 고르시오.

> It had been known for a long time that Yellowstone was volcanic in nature and the one thing about volcanoes is that they are generally <u>conspicuous</u>.

① passive ② vaporous
③ dangerous ④ noticeable

해설 문맥에서는 화산이었다는 점이 오래전부터 알려져 왔었다는 부분을 통해서 내용을 유추할 수 있고 밑줄 친 'conspicuous'는 '눈에 잘 띄는', '두드러진', '뚜렷한'이라는 의미이므로 '화산의 특징 중 하나가 눈에 잘 띄다'라는 뜻이 되며 'noticeable(뚜렷한, 현저한)'이 의미가 가장 유사한 동의어이다.

해석 Yellowstone이 사실상 화산 작용에 의해 만들어졌다는 사실은 오래 전부터 알려져 왔으며 화산에 관한 한 가지 사실은 화산이 일반적으로 눈에 잘 띈다는 것이다.

어휘
- known for ~로 알려진
- conspicuous 눈에 잘 띄는, 튀는, 뚜렷한(↔inconspicuous 눈에 잘 안 띄는)
- passive 수동적인, 소극적인(↔ active 활동적인), 활기 없는(= inert)
- vaporous 수증기가 가득한, 안개가 자욱한(= foggy, misty)
- noticeable 뚜렷한, 현저한, 분명한, 두드러진, 주목할 만한, 중요한

17 국가직 9급 기출

밑줄 친 부분의 의미와 가장 가까운 것을 고르시오.

> He's the best person to tell you how to get there because he knows the city <u>inside out</u>.

① eventually ② culturally
③ thoroughly ④ tentatively

해설 밑줄 친 'know ~ inside out'은 '~을 속속들이[환하게] 알다'라는 뜻이며, '그가 길을 알려줄 적임자'라고 설명하고 있으므로, '그가 지리를 잘 알고 있다'는 뜻이라고 유추할 수 있다. 따라서 문맥상 이와 가장 가까운 유의어는 'thoroughly(완전히, 철저하게)'이다.

해석 그는 그 도시 안팎에 대해 속속들이 알고 있기 때문에 너에게 그곳으로 가는 방법을 말해줄 수 있는 적합한 사람이다.

어휘
- eventually 결국, 드디어, 마침내(= finally, ultimately)
- culturally 문화적으로
- thoroughly 대단히, 완전히, 충분히, 철저히(=completely)
- tentatively 시범[실험]적으로, 망설이며

※ 다음 빈칸에 가장 알맞은 것을 고르시오. (18~19)

18

> My mother sent me a few ________ tickets for the concert.

① complimentary ② complacent
③ complicate ④ compliance

해설 빈칸에는 뒤의 'tickets'를 수식하는 형용사가 와야 하며, 의미상 'complimentary'가 적절하다.

해석 어머니가 음악회 초대권 몇 장을 보내주셨다.

어휘
- complimentary 칭찬하는, 무료의, 초대의 cf. complimentary ticket 우대권, 초대권
- complacent 마음에 흡족한, 무관심한
- complicate 복잡하게 하다, 악화시키다, 복잡한
- compliance 응낙, 추종, 순종

19 국가직 9급 기출

When an organism is alive, it takes in carbon dioxide from the air around it. Most of that carbon dioxide is made of carbon−12, but a tiny portion consists of carbon−14. So the living organism always contains a very small amount of radioactive carbon, carbon−14. A detector next to the living organism would record radiation given off by the carbon−14 in the organism. When the organism dies, it no longer takes in carbon dioxide. No new carbon−14 is added, and the old carbon−14 slowly decays into nitrogen. The amount of carbon−14 slowly (A) ________ as time goes on. Over time, less and less radiation from carbon−14 is produced. The amount of carbon−14 radiation detected for an organism is a measure, therefore, of how long the organism has been (B) ________. This method of determining the age of an organism is called carbon−14 dating. The decay of carbon−14 allows archaeologists to find the age of once−living materials. Measuring the amount of radiation remaining indicates the approximate age.

	(A)	(B)
①	decreases	dead
②	increases	alive
③	decreases	productive
④	increases	inactive

해설 (A)의 앞에서 유기체가 죽으면 새로운 탄소−14는 더 이상 추가되지 않고, 오래된 탄소−14가 천천히 부패되어 질소로 분해된다고 했으므로, (A)에는 'decreases(감소하다)'가 적절하다. (B)의 앞에서 유기체가 죽은 뒤 시간이 지남에 따라 탄소−14로부터의 방사선이 점점 더 적은 양으로 생성된다고 했으므로, 유기체에서 측정되는 방사선의 양이 유기체가 죽은 지 얼마나 되었는지를 알 수 있는 척도가 될 수 있다. 따라서 (B)에는 'dead(죽은)'가 적절하다.

해석 유기체가 살아 있을 때, 그 유기체는 주변의 공기로부터 이산화탄소를 흡수한다. 이산화탄소의 대부분은 탄소−12로 만들어졌지만, 매우 소량은 탄소−14로 구성된다. 그래서 살아있는 유기체는 항상 아주 적은 양의 방사성 탄소인 탄소−14를 가진다. 살아있는 유기체 옆에 있는 감지기는 유기체에서 탄소−14에 의해 방출된 방사선을 기록한다. 유기체가 죽으면 그 유기체는 더 이상 이산화탄소를 흡수하지 않는다. 어떠한 새로운 탄소−14도 더해지지 않고, 오래된 탄소−14는 천천히 썩어서 질소가 된다. 탄소−14의 양은 시간이 지나면서 서서히 (A) 감소한다. 시간이 흐르면서 탄소−14로부터의 방사선이 점점 더 적게 만들어진다. 따라서 유기체에서 감지된 탄소−14의 방사선 양은 유기체가 (B) 죽은 지 얼마나 됐는지를 측정하는 척도다. 이 유기체의 나이를 결정하는 방법을 탄소−14 연대측정법이라 한다. 탄소−14의 붕괴는 고고학자들이 한때 살아 있던 물질의 나이를 측정할 수 있게 한다. 남은 방사선량을 측정하면 대략적인 나이를 알 수 있다.

	(A)	(B)
①	감소하다	죽은
②	증가하다	살아있는
③	감소하다	생산적인
④	증가하다	소극적인

어휘
- organism 유기체, 유기적 조직체, (극도로 작은) 미생물, 인간(= person)
- carbon dioxide 이산화탄소, 탄산가스
- portion (더 큰 것의) 부분[일부](= part), (음식의) 1인분, (나눠 갖는) 몫(= share)
- radioactive 방사성의, 방사능에 의한[이 있는]
- decay 부패[부식]하다, (번영 · 체력 등이) 쇠퇴하다(= decline), 퇴락하다(= deteriorate)
- nitrogen 질소
- archaeologist 고고학자
- indicate ~의 징후[조짐]가 되다, 예시[암시]하다, ~을 가리키다, ~을 보여주다(= show)
- approximate (성질 · 위치 · 수량 등이) 비슷한(↔ exact 정확한)

제2편 문제유형별 연습(Exercise)

정답 16 ④ 17 ③ 18 ① 19 ①

20 국가직 9급 기출

밑줄 친 부분과 의미가 가장 가까운 것은?

> I was told to let Jim <u>pore over</u> computer printouts.

① examine ② distribute
③ discard ④ correct

해설 'pore over'는 '~을 자세히 조사하다'라는 의미이므로 'examine(조사하다, 검사하다)'과 의미가 가장 유사하다.

해석 나는 Jim이 컴퓨터 인쇄물을 자세히 조사하도록 해주라는 말을 들었다.

어휘
- be told to 당부받다
- pore over ~을 자세히 조사하다[보다] cf. pore 숙고하다, 골똘히 생각하다
- printout (컴퓨터 자료를 출력한) 인쇄(물)
- examine 조사[검토]하다, 검사[진찰]하다, (…에게) 시험을 실시하다, (특히 법정에서) 심문하다
- distribute (사람들에게) 나누어 주다, 분배[배부]하다, (어느 범위에 걸쳐) 나누어 퍼뜨리다[분포시키다]
- discard 버리다, 폐기하다

※ 다음 밑줄 친 부분에 들어갈 말로 가장 적절한 것을 고르시오. (21~23)

21 국가직 9급 기출

> At the level of slang, the ________ rate is so rapid that it has forced dictionary makers to change their criteria for word inclusion.

① inference ② turnover
③ evocation ④ dislocation

해설 사전 편찬자들이 단어 수록 기준을 바꿔야 할 만한 이유로 가장 알맞은 것을 찾아본다.

해석 속어 수준에 있어, 변화율이 너무 빨라서 사전 편찬자로 하여금 단어 수록 기준을 바꾸도록 하고 있다.

어휘
- slang 속어, 슬랭
- criterion(복수형 criteria) 표준, 기준, 규범, 척도
- inclusion 포함, 포괄 (include 포함하다)
- inference 추론, 추리, 추측, 추정
- turnover 전복, 전도, 이동률, 변경, 전환
- evocation 불러냄, 환기 (evoke 일깨우다, 환기시키다)
- dislocation 탈구, 혼란, 전위, 변위

22 국가직 9급 기출

> Visitors at Disneyland pay a high admission price and wait hours for rides that last no more than five minutes. Why do they respond so well to a situation that might otherwise cause great ___㉠___? One reason is that the theme park provides extra service wherever they can. They lend cameras at no ___㉡___ to their guests at designated photo sites. People remember the fun picture with Mickey Mouse and forget the long lines. Clean facilities and friendly staff also go far to ___㉢___ the negative experiences.

	㉠	㉡	㉢
①	dissemination	chance	evoke
②	dissemination	charge	erase
③	dissatisfaction	charge	erase
④	dissatisfaction	chance	evoke

해설 첫 번째 문장에서 디즈니랜드에 방문하는 사람들이 겪게 되는 불편함에 대해 지적하고 있으므로 ㉠에는 'dissatisfaction'이 들어가는 것이 적절하다. 이어지는 문장에서는 테마파크가 추가적인 서비스를 제공한다고 하였으므로 ㉡에는 '무료'로(no 'charge') 카메라를 빌릴 수 있다는 내용이 들어가는 것이 적절하다. 마지막 문장에서는 깨끗한 시설, 친절한 직원 등 디즈니랜드의 장점에 대해 언급하고 있는데 이러한 장점들이 긴 대기 시간 같은 부정적인 경험을 '지워주는(erase)'것이라고 할 수 있다.

해석 디즈니랜드를 방문하는 사람들은 높은 입장료를 내고 5분이 채 안 되는 놀이기구를 위해 몇시간을 기다린다. 만일 그렇지 않았다면 상당한 ㉠ 불만을 야기할 수도 있는 상황에 그들은 왜 그렇게 잘 대응하는가? 한 가지 이유는 그들이 어디를 가든 테마파크가 추가적인 서비스를 제공한다는 것이다. 그들은 지정된 사진 촬영 장소에서 손님들에게 카메라를 ㉡ 무료로 빌려 준다. 사람들은 미키마우스와 찍은 즐거운 사진을 기억하고, 긴 줄은 잊어버린다. 깨끗한 시설과 친절한 직원들 또한 부정적인 경험들을 ㉢ 지워준다.

어휘
- admission 입장료, (승인을 받고) 들어감, 가입, 입장, 입학, 입회
- ride 놀이기구, 타기, 승마, 타다[몰다], 승마하다, (물 · 공중에) 뜨다, (파도를) 타다
- designated 지정된; 관선의 v. designate 지정[지적]하다, 지명하다, 표기[표시]하다
- facility (생활의 편의를 위한) 시설[기관], (특정 목적 · 활동용 장소나 건물을 가리키는) 시설
- dissemination 파종; 보급 v. disseminate (정보 · 지식 등을) 퍼뜨리다[전파하다]
- dissatisfaction 불만 a. dissatisfy 불만을 느끼게 하다, 불평을 갖게 하다
- evoke (감정 · 기억 · 이미지를) 떠올려 주다[환기시키다]

23

People of the Old Stone Age fought a stern battle against a hostile environment. Those who survived were ________ in the early forties. Few lived beyond their fiftieth years.

① decrepit ② robust
③ revived ④ primitive

해설 빈칸의 다음 문장(Few lived beyond their fiftieth years)에 근거해 본다면, 생존자들은 이미 40대 초반에 기력이 떨어졌을 것임을 알 수 있다.

해석 구석기 시대 사람들은 혹독한 환경에 맞서 힘든 싸움을 했다. 생존자들은 40대 초반에 노쇠해졌다. 50세를 넘도록 생존하는 사람은 거의 없었다.

어휘
- Old Stone Age 구석기 시대(= the Paleolithic era)
- stern 엄격한, 단호한, 가혹한, 무서운, 괴로운
- hostile 적의 있는, 적대하는, 적군의, 불리한 (hostile environment 불리한 환경)
- decrepit 노쇠한, 덜커덩거리는
- robust 튼튼한, 건강한, 강건한
- revive 소생하다, 부활하다
- primitive 원시의, 미개의, 원시적인

정답 20 ① 21 ② 22 ③ 23 ①

※ 다음 빈칸에 들어갈 말로 가장 적절한 것을 고르시오. (24~27)

24 서울시 9급 기출

Social learning theorists offer a different explanation for the counter-aggression exhibited by children who experience exhibited by children who experience aggression in the home. An extensive research on aggressive behavior and the coercive family concludes that an aversive consequence may also elicit an aggressive reaction and accelerate ongoing coercive behavior. These victims of aggressive acts eventually learn via modeling to ________ aggressive interchanges. These events perpetuate the use of aggressive acts and train children how to behave as adults.

① stop ② attenuate
③ abhor ④ initiate

해설 제시문은 사회 학습 이론가들의 견해를 통해 가정폭력이 아이들에게 어떻게 영향을 미치는지를 분석한 글이다. 빈칸의 앞 문장에서 가정폭력이 공격적인 반응을 이끌어내고 강압적인 행동을 지속적으로 촉발시킨다고 하였으므로, 공격적인 행동의 피해자들 즉, 아이들은 결국 공격적인 행동을 주고받는 법을 배우기 시작한다는 의미이다. 그러므로 빈칸에는 ④의 'initiate(시작하다)'가 들어갈 말로 가장 적절하다.

해석 사회학습 이론가들은 가정에서 공격성을 경험한 아이들이 보이는 반격에 대해 다른 해석을 내놓는다. 공격적인 행동과 강압적인 가족에 대해 폭넓게 조사한 바에 의하면 혐오스런 결과가 공격적인 반응을 이끌어내고 강압적인 행동을 지속적으로 촉발시킬 수 있다고 한다. 이러한 공격적인 행동의 피해자들은 본보기를 거쳐 결국 공격성을 주고받기 시작하는 법을 배우게 된다. 이런 행동들은 공격적 행위를 영구화시키고 어른들의 행동 방법을 아이들에게 습득시킨다.
① 그만두다 ② 약화시키다
③ 혐오하다 ④ 시작하다

어휘
- counter-aggression 반격
- exhibit 전시하다, 진열하다, 보이다
- aggression 공격(성), 침략(= hostility, malice, antagonism) a. aggressive 공격적인, 적극적인
- extensive 아주 넓은[많은], 대규모의 cf) extensive reading 다독(多讀)
- coercive 강압적인, 강제적인, 위압적인
- aversive 혐오의, 회피적인
- elicit 끌어내다(= educe, derive) cf) elicit from ~에서 이끌어내다
- accelerate 가속화하다, 속도를 높이다 (↔decelerate 속도를 줄이다, 둔화되다)
- victim 피해자, 희생자 v. victimize 부당하게 괴롭히다, 희생시키다)
- perpetuate 영구화하다, 영속시키다, 불후[불멸]하게 하다(= immortalize)
- attenuate 약화시키다, 희석시키다
- abhor 몹시 싫어하다, 혐오하다(= detest, loathe, abominate)
- initiate 착수시키다, 개시되게 하다 n. initiation 시작, 개시

25

We tried everything to ________ him, but the injured man remained unconscious.

① rectify ② mitigate
③ resuscitate ④ freeze

해설 접속사 'but' 이하의 내용(의식이 없는 상태)과는 상반되는 표현이 와야 한다.

해석 우리는 그를 소생시키기 위해 모든 노력을 했지만, 그 부상자는 무의식 상태로 남아 있었다.

어휘
- unconscious 의식이 없는, 의식을 잃은, 모르는
- rectify 교정하다, 개정하다
- resuscitate 소생시키다, 부활시키다, 부흥하다, 소생하다
- mitigate (고통 등을) 경감시키다, 완화하다, 누그러뜨리다
- freeze 얼다, 얼리다, 결빙시키다, 간담을 서늘케 하다

26

Body type was useless as a predictor of how the men would fare in life. So was birth order or political affiliation. Even social class had a limited effect. But having a warm childhood was powerful. It's not that the men who flourished had perfect childhoods. Rather, as Vaillant puts it, "What goes right is more important than what goes wrong." The positive effect of one loving relative, mentor or friend can ________ the negative effects of the bad things that happen.

① increase ② convene
③ vanquish ④ reinforce

해설 제시문은 사람이 살아가는 데 따뜻한 어린 시절을 보내는 것이 중요하다는 내용의 글이다. 밑줄 친 부분의 문장은 앞서 언급한 "What goes right is more important than what goes wrong.(잘된 것이 잘못된 것보다 중요하다)"에 대한 부연 설명이므로, 문맥상 긍정적인 영향이 부정적인 영향을 없앤다고 하는 것이 적절하다.

해석 체형은 사람이 어떻게 삶을 잘 살아가는지에 대한 예측 변수로 쓸모가 없었다. 또한 출생 순서나 정치적 배경도 마찬가지였다. 심지어 사회적 계층도 제한적인 영향력을 가졌다. 그러나 따뜻한 어린 시절을 가진 것은 강력한 힘이 있었다. 그것은 잘 자란 사람들의 어린 시절이 완벽했다는 뜻은 아니다. Vaillant가 말한 것처럼 오히려 "잘된 것이 잘못된 것보다 중요하다." 한 명의 사랑하는 친척, 멘토 또는 친구의 긍정적인 영향은 나쁜 것으로부터 발생하는 부정적인 영향을 완파할 수 있다.

어휘
- predictor 예측 변수, v. predict 예측[예견]하다
- fare (특정 상황에서) 잘, 잘못, 더 잘하다, (교통) 요금, (택시) 승객, 식사
- birth order 출생 순위
- political 정치와 관련된, 정치적인
- affiliation 소속[가입] v. affiliate 제휴[연계]하다, 가입하다, 연계되다
- flourish 잘 자라다; 잘 지내다, 번창하다
- relative 친척, 동류, (고려 · 판단이) 비교상의, 상대적인, (~과) 관련지은, (~에) 따라서 본
- mentor 조언자, 멘토(경험이 없는 사람에게 오랜 기간에 걸쳐 조언과 도움을 베풀어주는 유경험자 또는 선배)
- augment 늘리다, 증가시키다
- vanquish (경쟁 · 전쟁 등에서) 완파하다

27

The banker ________ $100,000 from the bank where he worked and used it for his personal investment in stocks.

① embezzled ② eluded
③ embarrassed ④ extenuated

해설 회사 공금을 개인적인 목적에 사용했을 때, 이를 가리키는 행위를 추측해 본다.

해석 그 은행원은 일하던 은행에서 10만 달러를 횡령하여 그것을 개인 주식 투자에 사용하였다.

어휘
- stock 주식, 자본금, 재고품, 저장, 비축
- embezzle 횡령하다, 가로채다 (embezzlement 횡령, 도용)
- elude 피하다, 빠져나가다, 회피하다
- embarrass 어리둥절하게 하다, 당황하게 하다
- extenuate 경감하다, 정상 참작하다, 변명하다

정답 24 ④ 25 ③ 26 ③ 27 ①

※ Choose the answer that best completes the sentence. (28~31)

28 국회직 8급 기출

A handful of scientists are picking apart infants' utterances and finding that not only is there an ordered sequence of vocal stages between birth and first words, but in hearing-impaired babies a type of babbling thought to signal an emerging capacity for speech is ________.

① prompted ② emitted
③ distorted ④ conferred
⑤ fortified

해설 정상적인 아이에게 있어 음성 단계에 정연한 순서가 있다면, 청각 장애가 있는 아기의 옹알거리는 사고 형태는 이와 많은 차이가 있을 것이다. 이러한 점을 고려하여 보기 중에서 빈칸에 적합한 것을 찾아본다. 가장 어울리는 것은 ③이다.

해석 소수의 과학자들은 유아들의 말을 분석하여 탄생과 첫 번째 말(생애 첫 단어) 사이의 음성 단계에 정연한 순서가 있다는 것뿐만 아니라, 청각이 손상된 아기들에게 있어 말하기 능력이 생겨난 것을 알리는 옹알거리는 사고 형태가 왜곡되어 있는 것을 발견하고 있다.

어휘
- handful 한 움큼, 손에 그득, 한 줌(의 양)
- pick apart(= pick to pieces) 분해하다, 갈기갈기 찢다, 혹평하다
- infant 유아, 유아(용)의
- utterance 발언, 발성, 발음 (utter 입 밖에 내다, 발언하다)
- not only A but (also) B A뿐만 아니라 B도 (또한)
- ordered sequence 정돈된 순서 (sequence 연속, 순서, 결과)
- vocal 목소리의, 음성에 관한
- hearing-impaired 청각 장애가 있는, 난청의
- babbling 재잘거리는, 옹알거리는, 수다, 졸졸 흐르는 소리
- signal 신호를 보내다, 나타내다, ~의 특징이다, 신호, 경보, 징조
- emerge 나오다, 나타나다, 드러나다(알려지다)
- capacity 능력, 재능, 자격, 수용량, 수용 능력
- prompt 자극하다, 촉구하다, 유발하다
- emit (빛 · 열 · 냄새 · 소리 등을) 발하다, 방출하다, (신호를) 보내다
- distort 비틀다, 왜곡하다
- confer 수여하다, 증여하다, 베풀다
- fortify 요새화하다, 강화하다, 튼튼히 하다(= strengthen)

29 국회직 8급 기출

Tax rates usually need to be raised. One would like at the same time to improve the distribution of income in the country, or at any rate not worsen it. Moreover, people's incomes provide the primary incentive to greater effort and output. If this incentive is too much reduced through taxation, the whole effort to raise output may ________.

① continue ② falter
③ intensify ④ be boosted
⑤ flourish

해설 문맥상 부정적인 의미가 적합하다. 즉, 빈칸의 앞 문장에서 '소득이 노력과 산출의 유인 동기가 된다(~incomes provide the primary incentive to greater effort and output)' 고 했으므로, 과세로 이러한 동기가 위축되면 전반적인 노력도 그만큼 위축될 수밖에 없다. 보기 중 이러한 의미를 적절하게 표현하는 것을 찾아본다.

해석 통상적으로 세율은 인상될 필요가 있다. 동시에 나라에서의 소득 분배를 개선하기를 바라며, 또는 적어도 그것을 악화시키지 않기를 바란다. 게다가, 사람들의 소득은 더 많은 노력과 산출의 주요한 유인 동기를 제공한다. 만약 이러한 동기가 과세를 통해 너무 많이 위축된다면 산출을 늘리기 위한 전반적인 노력은 주춤하게 될 것이다.

어휘
- tax rate 세율
- at the same time 동시에, 그렇기는 하나
- distribution of income 소득 분배 (distribution 분배, 배급, 배포)
- at any rate 하여튼, 좌우간
- worsen 악화하다, 악화시키다
- incentive 격려, 자극, 동기(~ to), 장려금, 의욕
- output 생산, 산출, 생산고, 산출량, 생산품, 발전량, 출력
- taxation 과세, 징세, 세제, 조세(액), 세수(입)
- falter 비틀거리다, 말을 더듬다, 주춤하다, 기가 꺾이다, 약해지다
- intensify 세게 하다, 증강하다
- boost 밀어 올리다, 후원하다, 선전하다, 증대시키다
- flourish 번영하다(= thrive), 잘 자라다, 화려하게 꾸며서 쓰다

30 국회직 8급 기출

It is true that Reagan didn't live up to everything he promised: he campaigned on smaller government, fiscal discipline and religious values, while his presidency brought us a larger government and a __________ deficit.

① enough ② soaring
③ dwindling ④ lacking
⑤ packing

해설 여기서 while은 반대 · 대조를 나타내는 접속사로서 '그런데', '한편(으로는)'이라는 의미이다. 따라서 while의 앞뒤 문장은 반대되거나 대조적인 내용이라는 것을 알 수 있다. 여기서는 앞의 'fiscal discipline(긴축 재정)'과 'deficit'이 반대되는 내용이어야 한다. 따라서 빈칸에는 '늘어난', '증가된' 등의 의미와 유사한 단어가 적합하다.

해석 Reagan이 자신이 약속했던 모든 것을 지키며 살지 않았다는 것은 사실이다. 즉, 그는 보다 작은 정부, 긴축 재정, 그리고 종교적인 가치에 대한 선거운동을 했지만, 자신의 대통령 재임 기간 동안 보다 큰 정부와 치솟는 적자를 초래했다.

어휘
- fiscal discipline 재정의 억제[긴축 재정] (fiscal 국고의, 재정의, 회계의)
- discipline 억제, 자제
- presidency 대통령의 직[지위], 대통령의 임기
- deficit 적자, 부족(액), 결손, 불리한 조건
- soaring 급상승하는, 치솟는 (soar 치솟다, 폭등하다, 솟아오르다)
- dwindle 점차 감소하다, 떨어지다, 저하되다, 축소[감소]하다

정답 28 ③ 29 ② 30 ②

31 지방직 9급 기출

Nobel Prize-winning psychologist Daniel Kahneman changed the way the world thinks about economics, upending the notion that human beings are rational decision-makers. Along the way, his discipline-crossing influence has altered the way physicians make medical decisions and investors evaluate risk on Wall Street. In a paper, Kahneman and his colleagues outline a process for making big strategic decisions. Their suggested approach, labeled as "Mediating Assessments Protocol," or MAP, has a simple goal: To put off gut-based decision-making until a choice can be informed by a number of separate factors. "One of the essential purposes of MAP is basically to __________ intuition," Kahneman said in a recent interview with The Post. The structured process calls for analyzing a decision based on six to seven previously chosen attributes, discussing each of them separately and assigning them a relative percentile score, and finally, using those scores to make a holistic judgment.

① improve ② delay
③ possess ④ facilitate

해설 빈칸의 앞 문장에서 MAP(조정 평가 프로토콜)는 어떤 선택이 여러 개별적 요소들에 의해 설명될 때까지 직감에 근거한 의사결정을 미루는 것이 목표라고 하였다. 이는 Kahneman이 The Post와의 최근 인터뷰에서 말한 내용과 상통해야 하므로, 빈칸에는 ②의 'delay(지연시키다)'가 들어갈 말로 가장 적절하다.

해석 노벨상을 수상한 심리학자 Daniel Kahneman은 인간이 합리적인 의사결정자라는 개념을 뒤집어, 세계가 경제학에 대해 생각하는 방식을 변화시켰다. 그 과정에서 여러 학문에 걸친 그의 영향력은 의사들이 의학적 결정을 내리는 방식, 투자자들이 월스트리트에서 위험을 평가하는 방식을 변화시켰다. 한 논문에서 Kahneman과 그의 동료들은 큰 전략적 결정을 내리기 위한 과정을 개략적으로 설명했다. '조정 평가 프로토콜' 즉, MAP로 명명된 그들의 제안 방식은 간단한 목표를 가지고 있다. 즉, 어떤 선택이 여러 개별적 요소들에 의해 설명될 때까지 직감에 근거한 의사결정을 미루는 것이다. Kahneman은 최근 The Post와의 인터뷰에서 "MAP의 본질적인 목표 중의 하나는 기본적으로 직감을 지연시키는 것이다"라고 말했다. 이러한 구조적 과정은 이전에 선택된 6~7개의 요소들에 근거한 결정을 분석하고, 각 요소들을 별도로 논의하며, 각 요소에 상대적인 백분위 점수를 부여하고, 마지막으로 전체적인 판단을 위해 이 점수를 사용할 것을 요구한다.

① 향상시키다 ② 지연시키다
③ 소유하다 ④ 촉진하다

어휘
- upend 거꾸로 세우다, 뒤집다, 큰 영향을 미치다
- discipline-crossing 여러 학문에 걸친
- alter 바꾸다, 변경하다
- physician 내과 의사(↔ surgeon 외과 의사)
- evaluate 평가하다, 감정하다(= assess)
- colleague 동료, 친구
- outline 개요를 서술하다, 개략적으로 설명하다
- strategic 전략적인, 전략상 중요한
- MAP(Mediating Assessments Protocol) 조정 평가 프로토콜
- put off 미루다, 연기하다(= postpone)
- gut-based 직감에 기반한
- intuition 직감, 직관
- attribute 속성, 특질
- previously 이전에, 미리, 사전에(= in advance)
- separately 따로따로, 각기, 별도로
- assign 맡기다, 할당하다, 부여하다
- relative 비교상의, 상대적인
- percentile 백분위수(百分位數)
- holistic 전체론의, 전체론적인
- facilitate 촉진하다, 조장하다(= promote)

32

밑줄 친 부분에 들어갈 가장 적절한 것을 고르시오.

There are ninety–two naturally occurring elements on Earth, plus a further twenty or so that have been created in labs. Not a few of our earthly chemicals are surprisingly little known. Astatine, for instance, is practically unstudied. It has a name and a place on the periodic table, next to Marie Curie's polonium, but almost nothing else. The problem is ________. There just is not much astatine out there. The most elusive element of all, however, appears to be francium, which is so scarce that it is thought that our entire planet may contain, at any given moment, fewer than twenty francium atoms. Altogether only about thirty of the naturally occurring elements are widespread on Earth.

① acidity ② rarity
③ toxicity ④ compatibility

해설 제시문은 지구상에 존재하지만 잘 알려지지 않은 원소에 대한 내용이다. 밑줄 친 부분의 다음 문장에서 '아스타틴은 그다지 많지 않다(There just is not much astatine out there)'고 하였으며 이어서 희귀한(which is so scarce) 원소인 프랑슘(francium)에 대해 설명하고 있으므로 밑줄 친 부분에는 'rarity(희소성)'가 들어가는 것이 적절하다.

해석 지구상에는 자연적으로 생성되는 92개의 원소가 있으며, 추가로 실험실에서 만들어지는 약 20여 개의 원소가 있다. 지구상의 꽤 많은 수의 화학 물질들은 놀라울 정도로 잘 알려져 있지 않다. 예를 들어, 아스타틴은 사실상 연구되지 않았다. 이것은 주기율표상에 Marie Curie의 폴로늄 옆에 그 명칭과 위치를 가지고 있지만 그 밖의 것은 거의 없다. 문제는 희소성이다. 아스타틴은 그다지 많지 않다. 그러나 모든 원소 중에 가장 찾기 어려운 것은 프랑슘일 텐데, 어떠한 순간에도 우리의 온 행성에 20개 미만의 프랑슘 원소가 있다고 생각될 정도로 극히 적다. 전체적으로 자연적으로 생성되는 원소 중 단지 약 30개만이 지구상에 널리 퍼져 있다.

어휘
- or so (수량을 나타내는 말 뒤에 쓰여) …가량[정도/쯤]
- periodic table 주기율표
- elusive 찾기[규정하기/달성하기] 힘든
- scarce 부족한, 드문, 겨우, 간신히; 거의 …않다
- widespread 광범위한, 널리 퍼진
- acidity 신맛, 산성
- rarity 희귀성, 진귀한[희귀한] 사람[것]
- toxicity 유독성, 독성 효과
- compatibility 양립[공존] 가능성, (컴퓨터의) 호환성

정답 31 ② 32 ②

33 지방직 9급 기출

밑줄 친 부분에 들어갈 가장 적절한 것을 고르시오.

The best way to develop ideas is through ___(A)___ with your fellow managers. This brings us back to the importance of teamwork and interpersonal skills. One of the biggest problems today is that most managers have too much information. The key to success is not information. It's ___(B)___. And those I look for to fill top management spots are eager beavers, the guys who try to do more than they're expected to.

	(A)	(B)
①	interacting	people
②	breaking	management
③	interfering	technicians
④	working	skills

해설 주어진 글의 첫 번째 문장은 '생각을 발전시키는 가장 좋은 방법은 동료 관리자들과 (A)를 하는 것이다.'라는 내용인데, 바로 다음 문장에서 이것[(A)]이 '우리에게 협동과 능숙한 대인관계의 중요성을 가져다준다.'고 하였다. 따라서 (A)에는 'interacting'이 들어가는 것이 적절하다.이어지는 문장에서는 관리자들이 정보를 지나치게 많이 가지고 있는 것에 문제를 제기하며, 성공을 하는 데 중요한 것은 정보가 아니라 (B)라고 언급하고 있다. 마지막 문장에서 필자가 원하는 '사람'의 특성에 대해 설명하고 있는 것으로 보아 (B)에 들어가기에 적절한 것은 'people'이다.

해석 생각을 발전시키는 가장 좋은 방법은 당신의 동료 관리자들과 소통을 하는 것이다. 이것은 우리에게 협동과 능숙한 대인관계의 중요성을 가져다준다. 오늘날 가장 큰 문제 중 하나는 대부분의 관리자들이 지나치게 많은 정보를 가지고 있다는 것이다. 성공의 열쇠는 정보가 아니다. 그것은 사람이다. 그리고 최고 관리자 자리를 채우기 위해서 내가 찾는 사람은 아주 열심인 노력파, 즉 그들에게 기대되는 것보다 더 많은 것을 하려고 노력하는 사람이다.

어휘
- interpersonal skill 대인 관계에 능숙함
- eager beaver 아주 열심인 사람, 일벌레, 공붓벌레
- interact 소통하다[교류하다], 상호 작용을 하다
- interfering 간섭하는, 참견하기 좋아하는

34

문맥상 빈칸에 들어가기에 적절한 것은?

When you observe peaceful, relaxed people, you find that when they are feeling good, they are very grateful. They understand that both positive and negative feelings come and go, and that there will come a time when they won't be feeling so good. To happy people, this is okay, it's the way of things. They accept the __________ of passing feelings.

① vengeance　　② indolence
③ inevitability　　④ reluctance

해설 제시문에서는 행복한 사람들의 특성에 대해 설명하고 있다. 그들은 기분이 좋을 때에는 매우 감사해 하며 기분이 오락가락하거나 기분이 안 좋을 때도 있음을 이해한다고 하였다. 이처럼 행복한 사람들은 '지나가는 감정'을 회피하지 않고 받아들인다. 따라서 빈칸에 들어가기에 가장 적절한 것은 'inevitability(불가피함)'이다.

해석 당신이 평화롭고 여유 있는 사람들을 주시할 때, 그들이 기분이 좋을 때 매우 감사해 한다는 것을 알게 된다. 그들은 긍정적이고 부정적인 감정들이 왔다 갔다 하는 것, 그리고 기분이 그다지 좋지 않은 시기도 올 것임을 이해한다. 행복한 사람들에게 이것은 괜찮다. 그것이 세상사다. 그들은 지나가는 감정의 불가피함을 기꺼이 받아들인다.

어휘
- observe …을 보다, 관찰[주시]하다
- vengeance 복수, 앙갚음
- indolence 게으름, 나태
- inevitability 피할 수 없음, 불가피함, 필연성
- reluctance 싫음, 마지못해 함, 마음 내키지 않음 a. reluctant 꺼리는
- expulsion (어떤 장소에서의) 축출[추방], 퇴학, (조직에서의) 제명[축출]

35

다음 빈칸에 들어갈 단어가 순서대로 짝지어진 것은?

Ancient navigation relied on the sun, and therefore depended on fair weather; overcast skies could mean extensive delays or worse. The contingencies of weather paired with the lack of more sophisticated navigational tools meant that the Greeks and other ancient Mediterranean civilizations were forced to (A) ________ their exploration; trade relations were mostly limited to closely surrounding islands and coasts. Eventually, sailors were able to venture farther out using celestial navigations, which used the positions of the stars relative to the movement of the ship for direction. But even then, few captains dared to travel too far beyond the sight of coastlines for fear of unfavorable currents carrying ships off course into more dangerous waters. Finally, the introduction of the compass to Europe (B) ________ the age of explorations and paved the way for future Western European empires.

	(A)	(B)
①	restrict	circumvented
②	expedite	recorded
③	circumscribe	ignited
④	ban	depicted

해설 제시문은 항해 도구가 부족했던 고대의 항해에 대해 이야기하고 있다. 빈칸 (A)의 앞에서는 고대에 항해를 할 때 태양, 즉 날씨에 의존했으며 정교한 항해 도구도 부족했다고 설명하고 있으며 (A)의 뒤에서는 주변의 섬과 해안으로 무역 관계가 제한되었다고 하였으므로 (A)에는 '제한하다'는 의미의 'restrict'나 'circumscribe'가 들어가는 것이 적절하다. 빈칸 (B)의 문장은 나침반이라는 새로운 항해 도구의 도입에 대해 언급하고 있는데, 이를 통해 앞서 지적되었던 지역 제한의 문제가 해결되어 탐험의 시대가 열린 것이라고 볼 수 있다. 따라서 (B)에는 'ignited'가 들어가는 것이 적절하다.

해석 고대의 항해는 태양에 의존했고, 그렇기 때문에 화창한 날씨에 의지했다; 구름이 뒤덮인 하늘은 광범위한 지연이나 더 나쁜 것을 의미했다. 날씨의 비상사태와 짝지은 보다 정교한 항해도구의 부족은 그리스인들과 다른 고대의 지중해 문명들이 그들의 탐험을 (A) 제한하도록 강요당했음을 의미한다; 무역 관계는 주변의 섬과 해안으로 대부분 제한되었다. 결국 선원들은 천체의 항해술을 이용하여 더 멀리까지 모험할 수 있었는데, 이는 방향을 위해 배의 움직임과 관련된 별의 위치를 이용하는 것이었다. 그러나 그렇더라도 배를 항로에서 벗어난 더 위험한 바다로 데려갈 수 있는 순조롭지 않은 해류에 대한 두려움으로 해안선이 보이지 않는 곳까지 아주 멀리 항해한 선장들은 거의 없었다. 마침내 유럽으로의 나침반의 도입은 탐험의 시대에 (B) 불을 붙였고 미래의 서유럽 제국을 위한 길을 닦았다.

어휘
- rely on ~에 의지[의존]하다, ~을 필요로 하다, ~을 믿다[신뢰하다]
- and therefore 그 때문에, 그래서
- contingency 만일의 사태
- sophisticated 세련된, 교양 있는, 정교한, 복잡한, 지적인
- Mediterranean 지중해의
- be forced to ~하도록 강요당하다
- celestial 하늘의, 천체의, 천상의
- dare …할 용기가 있다, 감히 …하다, …할 엄두를 내다
- unfavorable 형편이 나쁜, 불운한, 불리한, 역(逆)의, 알맞지[적합하지] 않은
- introduction 도입, 전래 v. introduce 소개하다, 도입하다
- pave the way for …을 위해 준비하다; …을 용이하게 하다; …을 촉진하다
- restrict (크기 · 양 · 범위 등을) 제한[한정]하다, (자유로운 움직임을) 방해하다
- circumvent (어려움이나 법 등을) 피하다[면하다]
- expedite 더 신속히 처리하다
- circumscribe (권리 · 자유 등을) 제한[억제]하다
- ignite 불이 붙다, 점화되다; 불을 붙이다, 점화하다
- ban 금(지)하다, ~에게 ~을 금(지)하다
- facilitate 가능하게[용이하게] 하다
- spurred 박차를 단, 쇠발톱이 있는, 독촉을 받은, 다그쳐진

제2장 문제유형별 연습(Exercise)

정답 33 ① 34 ③ 35 ③

36 서울시 9급 기출

다음 빈칸에 들어갈 말을 차례대로 바르게 나열한 것은?

This is an age of ________, with interruptions by telephone, by friends, by noise, by scares and by our own flightiness. Increasingly, work must be done under conditions which are ________ to concentration.

① concentration – hospitable
② stress – friendly
③ distraction – favorable
④ distraction – hostile

해설 'interruptions'를 통해 첫 번째 빈칸의 단어를 추론해 본다면, 부정적 의미가 있는 'distraction' 또는 'stress'가 답이 될 수 있다. 그리고 다음으로, 'interruption'은 'concentration'에 방해가 되거나 이를 어렵게 한다는 점에 착안하여 두 번째 빈칸에 알맞은 단어를 찾아보면, 'hostile'이 가장 적합하다.

해석 지금은 전화, 친구, 소음, 공포 그리고 우리 자신의 변덕 등으로 방해를 받는 산만한 시대이다. 일은 점점 더 집중하기에 불리한 환경에서 이루어질 수밖에 없다.

어휘
- distraction 정신이 흐트러짐, 주의 산만, 기분전환(= entertainment, amusement, recreation, diversion)
- interruption 방해, 중지, 불통
- scare 겁, 공포, 놀람, 공황, 위협하다, 놀라게하다
- flightiness 변덕, 들뜸, 경솔, 오두방정 (flighty 변덕스러운, 들뜬, 경솔한)
- increasingly 점점, 더욱 더
- hostile 적의, 적대적인, 비우호적인(= antagonistic, unfriendly, belligerent, antipathetic), 불리한, 부적당한(= unfavorable)
- concentration 집중, 전념
- hospitable 호의를 보여주는, 환대하는, 붙임성 있는, 쾌적한
- friendly 우호적인(= congenial, amicable, ge–nial, sociable)

37

밑줄 친 부분과 의미가 가장 가까운 것은?

The Polish coach admits he would love to <u>emulate</u> the Frenchman by taking charge of 1,000 matches at the same club.

① imitate
② comfort
③ excruciate
④ substantiate

해설 'emulate'는 '모방하다'라는 의미로 'imitate'와 동의어이다.

해석 폴란드인 코치는 같은 클럽에서 1,000경기를 맡음으로써 그 프랑스인을 모방하고 싶어 한다는 것을 인정한다.

어휘
- admit (무엇이 사실임을 마지못해) 인정[시인]하다, (범행 · 잘못 등을) 자백하다
- emulate 모방하다, …와 경쟁하다, 우열을 다투다, 열심히 흉내 내다, …에 필적하다
- imitate 모방하다, 본뜨다, 흉내 내다
- comfort 위로[위안]하다, 안락, 편안, 위로, 위안, 편의 시설[도구]
- excruciate (육체적 · 정신적으로) 몹시 괴롭히다; 고문하다
- substantiate 입증하다
- announce 발표하다, 알리다, 방송으로 알리다, 선언[단언]하다

38 국가직 9급 기출

밑줄 친 부분의 의미로 가장 적절한 것을 고르시오.

The function of the historian is neither to love the past nor to <u>emancipate</u> himself from the past, but to master and understand it as the key to the understanding of the present.

① free ② please
③ invoke ④ emulate

해설 emancipate는 '해방시키다, 자유롭게 하다' 등을 뜻하므로, 의미상 free와 가장 가깝다.

해석 역사가의 직무는 과거를 사랑하는 것도 과거로부터 자신을 자유롭게 하는 것도 아니라, 현재를 이해하는 열쇠로서 과거를 숙달하고 이해하는 것이다.

해석 역사가의 직무는 과거를 사랑하는 것도 과거로부터 자신을 자유롭게 하는 것도 아니라, 현재를 이해하는 열쇠로서 과거를 숙달하고 이해하는 것이다.

어휘
- historian 역사가, 사학자
- neither A nor B A, B 둘 다 ~ 아니다
- emancipate 해방시키다, 놓아주다(~ from) (=release, liberate) (emancipation 해방)
- invoke 기원하다, 빌다, 호소하다(= implore, solicit, ask for), 떠오르게 하다
- emulate ~와 경쟁하다, 겨루다, 필적하다, 흉내 내다 (= imitate) (emulation 경쟁, 겨룸)

39

밑줄 친 부분과 의미가 가장 가까운 것은?

> David decided to <u>efface</u> some lines from his manuscript.

① enlighten ② appreciate
③ construe ④ erase

해설 밑줄 친 'efface'는 '지우다, 없애다'라는 뜻이므로, 'erase'와 의미가 가장 가깝다.

해석 David은 자신의 원고에서 몇 줄을 삭제하기로 했다.

어휘
- manuscript (책 · 악보 등의) 원고
- enlighten (설명하여) 이해시키다[깨우치다]
- appreciate 진가를 알아보다[인정하다], 고마워하다; 환영하다, (제대로) 인식하다, 가치가 오르다
- construe ~을 (…으로) 이해[해석]하다

40 서울시 9급 기출

다음의 글이 설명하는 단어로 가장 알맞은 것은?

> To some fairly frequently, perhaps occasionally to all, there come little flashes of illumination—momentary glimpses into the nature of the world which come to us when we're off our guard.

① impulse ② lust
③ inspiration ④ idealism

해설 '계몽(깨달음)의 섬광(flashes of illumination)', '본질 속을 순간적으로 들여다보는 것(momentary glimpses into the nature of the world)'은 무엇에 대한 설명인지 생각해 본다. 이것은 위의 보기 중, 기발한 착상이나 자극을 의미하는 'inspiration(영감)'에 대한 설명으로 볼 수 있다.

해석 일부 사람들에게는 꽤 자주, 아마도 모든 사람에게는, 가끔씩 계몽(깨달음)의 작은 섬광(번득임)—세상의 본질 속을 순간적으로 들여다보는 것—이 오는데, 그것들은 방심하고 있을 때 우리에게 다가온다.

어휘
- flash 섬광, 번쩍임, (감흥 · 기지 등의) 번득임
- illumination 계몽, 계시, 깨달음, 계발
- momentary 순간의, 찰나의, 덧없는, 시시각각의
- glimpse 힐끗 보기, 흘끗 봄
- off one's guard 경계를 게을리 하여, 방심하여
- impulse 추진(력), 충격, 자극, 충동
- lust (강한) 욕망, 갈망, 정욕, 육욕
- inspiration 영감, (영감에 의한) 착상, 고취
- idealism 이상주의, 관념론, 관념주의

정답 36 ④ 37 ① 38 ① 39 ④ 40 ③

41

다음 우리말 문장을 영어로 옮길 때 밑줄 친 부분에 들어갈 가장 적절한 것은?

A quiet spell usually ________ a storm.

① pacifies ② precedes
③ presumes ④ provokes

해설 밑줄 친 부분에는 '~전에는'이라는 의미의 단어가 들어가야 하는데, 가장 적절한 것은 'precedes'이다.

해석 폭풍우 전에는 대체로 고요한 시기가 먼저 온다.

어휘
- spell 한동안[잠깐], 한동안의 일[활동], 주문, 마법, (강한) 매력, 마력, 철자를 말하다[쓰다], 맞춤법에 맞게 글을 쓰다, (보통 나쁜 결과를) 가져오다, 교대하다
- pacify (화가 난 사람을) 진정시키다[달래다], (전쟁 지역에) 평화를 가져오다
- precede …에 앞서다[선행하다], … 앞에 가다
- presume 추정하다[여기다/생각하다], 간주하다, 상정하다
- provoke (특정한 반응을) 유발하다, 화나게[짜증나게] 하다, 도발하다

42 지방직 9급 기출

다음 중 의미상 서로 어울리지 않는 표현끼리 짝지어진 것은?

① generous – benefactors
② luxuriant – hair
③ complimentary – gift
④ stationery – troops

해설 제시된 단어들은 의미상 앞의 단어가 뒤의 단어를 수식하는 구조이다. 즉, 'generous benefactor'는 '아낌없는(후한) 기부자(후원자)'라는 의미이며, 'luxuriant hair'는 '숱이 많은(울창한) 머리', 'complimentary gift'는 '감사의 선물(사은 선물)'의 의미이다. 그런데, 'stationery'는 '문방구'라는 뜻이며, 'troops'는 '군대'를 뜻하므로 ①·②·③과 달리 의미상 서로 어울리지 않는다.

어휘
- generous 아낌없는, 관대한 (generosity 관대, 아량, 고결)
- benefactor 은혜를 베푸는 사람, 은인, 후원자
- luxuriant 번성한, 다산의(= fertile), 풍부한, 화려한 (luxuriance 무성, 풍부, 화려 / luxury 사치, 사치품 / luxurious 사치스러운, 호화로운)
- hair (머리) 털, 두발, 체모
- complimentary 칭찬하는, 경의를 표하는, 무료의, 우대의 (compliment 찬사, 칭찬의 말)
- gift 선물, 경품, 은혜, 타고난 재능
- stationery 문방구(용품) (stationary 움직이지 않는, 정지한, 주둔한, 상비의)
- troops 군대, 경찰대 (stationary troops 주둔군)

❷ 숙어 및 관용구

01

다음 밑줄 친 부분과 의미가 가장 가까운 것을 고르시오.

> I was vain enough to have ambition of cutting a fine figure in the world.

① getting a handsome child
② becoming a sculptor
③ making big money
④ being preeminent

해설 cut a fine figure는 '두각을 나타내다'라는 뜻이므로, being preeminent가 의미상 가장 가깝다.

해석 나는 세상에서 두각을 나타내겠다는 야심을 가질 만큼 자만했다.

어휘
- vain 헛된, 무익한, 하찮은, 허영심 강한
- cut a fine figure 두각을 나타내다(= be preeminent, be outstanding)
- sculptor 조각가
- preeminent 걸출한, 현저한 (eminent 저명한, 뛰어난)

02

다음 중 틀린 표현은?

① the black sheep – 애물단지
② give me the green light – 정식으로 허가하다
③ be in his black books – 큰 빚을 지고 있다
④ has a green thumb – 재배의 재주가 있다

해설 ③번의 be in his black books는 "그 사람의 미움을 받는 상태에 있다"의 뜻이다.

03

다음 밑줄 친 부분과 의미가 가장 가까운 것을 고르시오.

> We've got a new junior assistant, fresh from law school. He's very idealistic still wet behind the ears.

① an optimist
② a rookie
③ a misfit
④ a functionary

해설 'wet behind the ears'는 가축들이 태어나면 귀 뒤쪽이 다른 부분에 비해 늦게 마르는 데에 서 유래한 숙어로 경험이 많지 않음, 미숙함 등을 나타낼 때 쓰인다. 따라서 이와 의미가 가장 가까운 것은 '초보자', ' 신참'을 뜻하는 'a rookie'이다.

해석 우리는 로스쿨을 갓 졸업한 새로운 하급 조수가 있다. 그는 아직 애송이로, 매우 이상주의적이다.

04 국가직 9급 기출

다음 밑줄 친 부분과 의미가 가장 가까운 것을 고르시오.

> Their marriage was over <u>for all intents and purposes</u>.

① almost completely
② all of a sudden
③ peacefully
④ awkwardly

해설 'for all intents and purposes'는 '어느 점으로 보아도', '사실상'이라는 의미이다. 이와 의미상 가장 가까운 것은 'almost completely(거의 완전히)'이다.

해석 그들의 결혼(생활)은 <u>사실상</u> 끝이었다.

어휘
- for(to) all intents and purposes 어느 점으로 보아도, 사실상(= virtually, in effect)
- all of a sudden 갑자기, 뜻밖에, 돌연히(= suddenly, all at once)
- peacefully 평화스럽게, 태평하게, 평온히, 온화하게
- awkwardly 어색하게, 서투르게, 거북하게 (awkward 서투른, 어색한)

05

밑줄 친 부분에 들어갈 가장 적절한 것을 고르시오.

> How did you ________ selling cosmetics online?

① go around ② go back
③ go down ④ go into

해설 제시문은 온라인 화장품 판매에 관련된 의문형 문장으로, 의미상 밑줄 친 부분에는 'go into'가 들어가는 것이 적절하다.

해석 당신은 어떻게 온라인으로 화장품을 팔기 <u>시작했나요</u>?

어휘
- go around 돌다, 돌아가다, (자주) … 하다[하고 다니다]
- go back (…로) 돌아가다
- go down 넘어[쓰러]지다, 침몰하다[침수되다], (해 · 달이) 지다
- go into (특히 어떤 직종에) 들어가다, (어떤 일 · 행동을) 하기 시작하다

핵심정리

go 관련 숙어

go 관련 숙어는 어떤 전치사가 사용되는가에 따라 그 의미가 달라진다.

- go in 들어가다
- go up 올라가다
- go by 지나가다, 흐르다
- go out 외출하다, 데이트하다
- go on 시작하다, 계속하다
- go beyond 초과하다
- go through ~을 겪다, 성사되다
- go ahead 먼저가다, 앞서가다
- go back to ~로 돌아가다
- go over 검토하다, 점검하다
- go along (활동을) 계속하다
- go after somebody 누구를 쫓아가다
- go at somebody 누군가에게 달려들다

06

밑줄 친 부분의 의미와 가장 가까운 것을 고르시오.

> South Korea's Ministry for Foreign Affairs and Trade came under fire for making hundreds of translation errors in overseas trade deals.

① became a mockery
② became notorious
③ caught flak
④ was investigated

해설 'come under fire'는 '맹비난을 받다'라는 의미이므로 'catch flak(비난을 받다, 꾸중 듣다)' 와 의미가 가장 유사하다.

해석 대한민국 외교통상부는 대외 무역협정에서 수백 건의 번역 오류를 범해 맹비난을 받았다.

어휘
- Ministry for Foreign Affairs and Trade 외교통상부
- come under fire 맹비난을 받다, 비판을 받다
- mockery 조롱, 조소 cf) make a mockery of~ ~을 비웃다
- notorious 악명 높은
- catch flak 비난을 받다, 꾸중 듣다
- investigate 조사하다, 살피다

07

밑줄 친 부분과 의미가 가장 가까운 것을 고르시오.

> I am not made of money, you know!

① needy ② thrifty
③ wealthy ④ stingy

해설 'made of money'는 관용구로 '아주 부자인'이라는 뜻이므로, 'wealthy(부유한)'와 가장 유사하다.

해석 너도 알다시피, 난 부자가 아니야!

어휘
- made of money 아주 부자인
- needy 어려운, 궁핍한
- thrifty 절약하는, 검소한
- stingy 인색한, 쩨쩨한, 쏘는, 날카로운

핵심정리

'부유한 가난한' 동의어
- **부유한** : rich, wealthy, prosperous, affluent, well off, well heeled, well to do, comfortable
- **가난한** : poor, disadvantaged, needy, impoverished, deprived, poverty-stricken, hard up, penniless

제2편 문제유형별 연습(Exercise)

정답 04 ① 05 ④ 06 ③ 07 ③

08

밑줄 친 부분의 어휘가 틀린 것은?

> Back in the mid-1970s, ① an American computer scientist ② called John Holland ③ took on the idea of using the theory of evolution to solve notoriously ④ difficult problems in science.

해설 과학에서의 난제 해결과 진화론은 서로 거리가 먼 것인데 John Holland의 발상으로 연결되었다. 그러므로 '우연히 생각해내다, 불현듯 떠올리다'라는 의미의 hit upon이 가장 적절하다.

해석 지난 1970년대 중반, John olland라고 불리는 미국의 컴퓨터 과학자는 과학에서의 악명 높은 난제를 해결 하기 위해 진화론을 활용하자는 발상을 우연히 생각해냈다.

어휘
- evolution 진화
- solve (문제, 곤경을) 해결하다, 타결하다
- notoriously 악명 높은, 주지의 사실로서

09

다음 밑줄 친 부분과 가장 가까운 것을 고르시오.

> He's very ill but he'll put through a business deal.

① get into a jam
② complete successfully
③ take part in
④ throw away

해설 put through는 '성취하다'라는 뜻이므로 이와 가장 유사한 의미의 표현을 찾아본다.

해석 그는 매우 아프지만 사업 거래를 성취할 것이다.

어휘
- get into a jam 궁지에 처하다, 곤경에 빠지다
- take part in ~에 참가하다(= join), ~에 공헌하다
- throw away 던져 버리다, 내다버리다, 폐기하다

10 지방직 9급 기출

다음 밑줄 친 부분과 가장 가까운 것을 고르시오.

> She was sorry to tell her husband that she couldn't keep the appointment. She was up to her eyes in work at that moment.

① interested in
② prepared for
③ released from
④ preoccupied with

해설 'couldn't keep the appointment(약속을 지키지 못하는 것)'와 'work(일, 직장)'의 관계를 통해 밑줄 친 부분의 의미를 짐작해 볼 수 있다. 'up to one's eyes in~'은 '~에 전념하여, ~에 몰두하여'라는 의미이므로, 'preoccupied with(~에 몰두한, ~에 파묻힌)'와 의미상 유사하다.

해석 그녀는 그녀의 남편에게 약속을 지킬 수 없다고 말하는 것이 미안했다. 그녀는 그때 일에 몰두해(파묻혀) 있었다.

어휘
- appointment 약속, 예약, 임명
- up to one's eyes in ~에 전념[몰두]하여, 꼼짝 못하여, 파묻혀(= preoccupied with)
- prepare for ~을 준비하다, ~을 대비하다
- release 발표하다, 개봉하다, 출시[발매]하다, 석방하다[풀어주다], 방출하다
- preoccupied with ~에 몰두[열중]한, 선취당한

11

다음 빈칸에 들어갈 말로 가장 적절한 것을 고르시오.

> _________ everyone here, I'd like to thank our special guest, Professor Matthew.

① In the face of ② the other way
③ On behalf of ④ On the blink of

해설 '~을 대표하여, 대신하여'라는 의미의 표현으로 on behalf of가 가장 적절하다.

해석 여기 있는 모든 사람을 대신하여, 저는 우리의 특별 손님인 Matthew 교수님께 감사드리고 싶습니다.

어휘
- in the face of ~의 정면[면전]에서, ~에도 불구하고 (= in spite of)
- on behalf of ~을 대신하여, 대표하여
- on the blink (사람, 기계 등의) 상태가 나빠서, 못 쓰게 되어[고장이 나서]

12

다음 빈칸에 들어갈 말로 가장 적절한 것을 고르시오.

> He once played in a national league. So all of us kids who were crazy about tennis naturally _________ him as some kind of hero.

① look down on ② look up at
③ look up to ④ look at

해설 존경한다는 의미의 'look up to'가 답이 된다.

해석 그는 한때 전국적인 리그에서 경기를 했다. 그래서 테니스에 열광했던 아이들인 우리 모두는 당연히 그를 일종의 영웅으로 존경한다.

어휘
- be crazy about ~에 열광하다, ~에 미치다
- naturally 자연히, 본래, 당연히, 물론
- look down on 경멸하다, 낮추어 보다
- look up at 쳐다보다
- look up to 존경하다, ~을 쳐다보다

13 지방직 9급 기출

밑줄 친 부분의 의미와 가장 가까운 것을 고르시오.

> Time does seem to slow to a trickle during a boring afternoon lecture and race when the brain is <u>engrossed in</u> something highly entertaining.

① enhanced by
② apathetic to
③ stabilized by
④ preoccupied with

해설 'be engrossed in'은 '~에 전념[몰두]하다'는 뜻으로 'be preoccupied with(~에 사로잡히다, 집착하다)'와 의미상 가장 유사하다.

해석 지루한 오후 강의가 있는 동안 시간은 천천히 조금씩 흐르는 것 같고 뇌가 아주 재미있는 무언가에 몰두하고 있을 때는 시간이 빨리 가는 것 같다.

어휘
- trickle 조금씩 흐르는 소량의 액체 또는 분량
- boring 재미없는, 지루한(= tedious)
- lecture 강의, 강연
- be engrossed in ~에 전념[몰두]하다
- enhance 높이다, 향상시키다(= intensify)
- apathetic 무관심한, 냉담한 cf. apathetic to ~에 냉담한
- stabilized 안정된
- preoccupied 사로잡힌, 집착한 cf. preoccupied with ~에 사로잡힌[집착하는]

정답 08 ③ 09 ② 10 ④ 11 ③ 12 ③ 13 ④

14 지방직 9급 기출

밑줄 친 부분에 공통으로 들어갈 말로 가장 적절한 것은?

- The psychologist used a new test to ________ overall personality development of students.
- Snacks ________ 25% to 30% of daily energy intake among adolescents.

① carry on ② figure out
③ account for ④ depend upon

해설 첫 번째 문장의 "인성 발달을 설명하다."와 두 번째 문장의 "25%~30%를 차지하다."에서 '설명하다'와 '차지하다'는 뜻으로 사용되는 말은 ③의 'account for'이다.

해석
- 심리학자는 학생들의 전반적인 인성 발달을 설명하기 위해 새로운 테스트를 이용했다.
- 간식은 청소년의 1일 에너지 섭취량의 25%~30%를 차지한다.

어휘
- psychologist 심리학자
- intake 섭취(량), 흡입[유입]구
- adolescent 청소년

15 지방직 9급 기출

밑줄 친 부분에 들어갈 표현으로 가장 적절한 것을 고르시오.

If you provide me with evidence, I will have it ________ urgently.

① look up ② look after
③ looked into ④ looked up to

해설 주어진 문장은 '증거를 제시한다면 긴급하게 그 증거를 ~한다'는 의미이다. 따라서 ①~④ 중, ③(조사하다, 살펴보다)이 밑줄 친 부분에 가장 어울린다. 나머지는 모두 의미상 적절하지 않다.

해석 만약 당신이 나에게 증거를 제시한다면, 나는 그것을 긴급하게 조사하도록 할 것이다.

어휘
- provide A with B A에게 B를 공급하다[제공하다, 주다](= provide B for[to] A)
- look after 돌보다[보살피다](= take care of), 지켜보다, ~에 주의하다

핵심정리

look 관련 숙어
- look back on ~을 뒤돌아보다, 회상하다
- look down on ~을 낮춰 보다[얕보다], ~을 경시하다
- look forward to doing ~을 기대하다(= expect), 고대하다, 손꼽아 기다리다
- look into ~을 들여다보다, 조사[연구]하다
- look out (for) 밖을 내다보다, 경계하다, 주의하다(=watch over), 걱정하다(= be concerned about)
- look over 일일이 조사[음미]하다
- look the other way 못 본[모르는] 척하다
- look upon A as B A를 B로 여기다[간주하다]

16

밑줄 친 부분과 의미가 가장 가까운 것은?

At this company, we will not put up with such behavior.

① evaluate ② tolerate
③ record ④ modify

해설 'put up with'는 '참다, 견디다'라는 뜻으로, 'tolerate(참다, 견디다)'와 그 의미가 가장 가깝다.

해석 이 회사에서, 우리는 그런 행동을 참지 못할 것이다.

어휘
- put up with 참다, 견디다(= endure, tolerate, stand)
- evaluate 평가하다, 감정하다
- tolerate 참다, 견디다 n. tolerance 용인, 관용, 아량
- modify 수정[변경]하다, 바꾸다(= change, reform, convert) n. modification 수정, 변경

17 지방직 9급 기출

밑줄 친 부분에 들어갈 표현으로 가장 적절한 것을 고르시오.

His inaugural address was hilarious. Quite a few people were unable to ________ their laughter.

① cut back ② keep up
③ hold back ④ hold up

해설 취임사가 무척 재미있었다고 했으므로 웃음을 '억제하지(참지)' 못했다는 의미가 가장 자연스럽게 이어질 수 있다.

해석 그의 취임사는 매우 재미있었다. 많은 사람들이 웃음을 참을 수 없었다.

어휘
- inaugural address 취임사, 개회사 (inaugural 취임(식)의, 개시의, 취임식)
- hilarious 즐거운, 유쾌한, 몹시 재미있는, 신나게 노는, 들떠서 떠드는
- quite a few 꽤 많은, 상당수의
- be unable to ~할 수 없다
- laughter 웃음, 웃음소리 (laugh 웃다, 웃음(소리), 웃음거리)
- cut back 줄이다, 삭감하다, 가지를 짧게 치다
- hold back 자제하다, 삼가다, 방해하다, 걷어치우다, 취소하다, 감추다, 망설이다, 주저하다
- keep up 유지하다, 가라앉지 않게 하다, 떨어뜨리지 않다, 선 채로 있다, 꺾이지 않다
- hold up 올리다, 제시하다, 길을 막다, 지지하다, 유효하다, 계속되다, 오래가다

18 국가직 9급 기출

밑줄 친 부분 중 의미상 옳지 않은 것은?

① I'm going to take over his former position.
② I can't take on any more work at the moment.
③ The plane couldn't take off because of the heavy fog.
④ I can't go out because I have to take after my baby sister.

해설 take after → look after
'take after'는 '~를 닮다(=resemble)'라는 뜻으로, 어린 여동생을 돌보아야 한다는 지문의 내용상 '돌보다'의 의미인 'look after'로 바꿔 써야 옳다.

해석 ① 나는 그의 이전 직위를 인계할 예정이다.
② 나는 당장은 더 이상 일을 맡을 수 없다.
③ 비행기가 짙은 안개 때문에 이륙할 수 없었다.
④ 나는 어린 여동생을 돌보아야 해서 나갈 수가 없다.

어휘
- take over ~을 인수하다, ~을 인계받다
- take on ~을 맡다, ~을 책임지다
- take off 이륙하다, 출발하다
- take after ~를 닮다(= resemble)

정답 14 ③ 15 ③ 16 ② 17 ③ 18 ④

19

밑줄 친 부분에 들어갈 표현으로 가장 적절한 것을 고르시오.

To lose consciousness is to ________.

① black out　② blast off
③ blow up　④ come to life

해설 to lose consciousness는 '의식을 잃다'라는 뜻이므로 '기절하다'의 뜻을 가진 'black out'이 답이 된다.

해석 의식을 잃는다는 것은 기절하는 것이다.

어휘
- consciousness 의식, 자각, 알아챔
- black out 기절하다, 의식을 잃게 하다, 불통이 되다
- blast off (로켓 등) 발사되다[하다], 쏘아 올리다, 불어 날리다
- blow up 불어 일으키다, 부풀리다, 폭파하다
- come to life 소생하다, 활기를 띠다

20

다음 문장의 빈칸에 들어갈 말로 알맞은 것은?

I wish Paul and Ted would forget about their old quarrel. It's time they ________________ and become friends again.

① knew their onions
② buried the hatchet
③ flew off the handle
④ turned up trumps

해설 ②번의 bury the hatchet을 '화해하다'의 의미이다. 이 지문 전체의 뜻은 "나는 Paul과 Ted가 그들의 해묵은 싸움에 대해서 잊기를 바란다. 이제 그들이 화해하고 다시 친구가 되어야 할 시점이다."의 의미이다.

21

다음 빈칸에 공통으로 들어갈 말로 알맞은 것은?

- The meeting was called ________ because of the rain.
- Never put ________ till tomorrow what you can do today.

① on　② out
③ over　④ off

해설 '취소하다'의 표현은 call off, '미루다'의 표현은 put off가 적절하다.

해석
- 그 모임은 비 때문에 취소되었다.
- 오늘 할 수 있는 일을 내일로 미루지 마라.

22 국가직 9급 기출

밑줄 친 부분의 의미와 가장 가까운 것을 고르시오.

While at first glance it seems that his friends are just leeches, they prove to be the ones he can depend on through thick and thin.

① in no time
② from time to time
③ in pleasant times
④ in good times and bad times

해설 'through thick and thin'은 '좋을 때나 안 좋을 때나'의 뜻으로, ④의 'in good times and bad times(좋을 때나 나쁠 때나)'와 그 의미가 가장 유사하다.

해석 얼핏 보면 그의 친구들은 꼭 거머리 같지만, 그가 좋을 때나 나쁠 때나 의지할 수 있는 친구들이다.

어휘
- at first glance 첫눈에, 언뜻 보기에
- leech 거머리, 흡혈귀
- through thick and thin 좋을 때나 안 좋을 때나[어떤 고난이 있어도]
- in no time 당장에, 곧

23 국가직 9급 기출

밑줄 친 ㉠과 ㉡에 공통으로 들어갈 가장 적절한 것은?

- In Korea, the eldest son tends to ___㉠___ a lot of responsibility.
- The same words ___㉡___ different meaning when said in different ways.

① take over ② take down
③ take on ④ take off

해설 ㉠에는 '(책임을) 지다[맡다]'라는 의미의 말이 적절하고, ㉡에는 '(의미를) 나타내다[띠다]'라는 의미의 말이 들어가야 한다. 이러한 의미를 모두 지닌 표현은 'take on'이다.

해석
- 한국에서는, 장남이 많은 책임을 떠맡는 경향이 있다.
- 같은 단어들도 다른 방식으로 말할 때에는 다른 의미를 나타낸다.

어휘
- eldest son 장자[장남]
- tend to ~하는 경향이 있다, 돌보다, 간호하다
- responsibility 책임, 의무, 임무, 담당, 책임감
- take on (책임 · 일 등을) 맡다[떠맡다, 책임지다](= undertake), 〈의미 · 성격 · 색채 등을〉 나타내다[띠다, 드러내다], 고용하다, 흥분하다[이성을 잃다], 가장하다[~인 체하다], 흉내 내다, 인기를 얻다
- take over (사업 · 일 등을) 이어받다[떠맡다, 인수하다, 양도받다], 운반해 가다, 우세해지다
- take down 적다[적어두다, 기록하다], 내리다, 헐어버리다[해체하다]
- take off 이륙하다[떠나다], 벗다(↔ put on), 벗기다, 제거하다

24

밑줄 친 부분에 들어갈 말로 가장 적절한 것을 고르시오.

A : What are you getting Ted for his birthday? I'm getting him a couple of baseball caps.
B : I've been ______________ trying to think of just the right gift. I don't have an inkling of what he needs.
A : Why don't you get him an album? He has a lot of photos.
B : That sounds perfect! Why didn't I think of that? Thanks for the suggestion!

① contacted by him
② sleeping all day
③ racking my brain
④ collecting photo albums

해설 윗글은 Ted의 생일 선물을 준비하기 위해 고민하는 대화내용이다. A는 생일 선물로 모자를 주려고 생각했지만, B는 Ted가 필요한 것이 무언인지 적당한 선물을 찾지 못하고 있다. 그러므로 빈칸에 들어갈 말은 'racking my brain(머리를 쥐어짜다)'이다.

해석 A : Ted에게 줄 생일 선물로 뭘 준비할 거니? 난 야구 모자 두 개를 주려고 해.
B : 나는 적당한 선물을 생각해 보려고 머리를 쥐어짜고 있어. 하지만 Ted가 뭘 필요로 하는지 모르겠어.
A : 그에게 앨범을 주는 것은 어때? Ted는 사진이 많잖아.
B : 좋은 생각이야! 그 생각을 왜 못했지? 조언해 줘서 고마워.

어휘
- have an inkling of 눈치를 채다, 짐작하다, 알아차리다
- suggestion 제안, 제의(= recommendation, proposal)
- rack one's brain 머리를 쥐어짜다, 골똘히 생각하다, 궁리하다

정답 19 ① 20 ② 21 ④ 22 ④ 23 ③ 24 ③

실전
문제

제2장 독해(Reading)

대표유형문제

지방직 9급 기출

다음 글의 제목으로 가장 적절한 것은?

Although I learned to speak Danish while I was in Denmark, the accent was difficult to master. When I ordered tea and toast in a restaurant, invariably I received tea and a cheese sandwich. I practiced diligently, and I took special care one day to explain that I wanted toast – I did not want a cheese sandwich, just toast. I asked if the waiter understood. "Yes, Yes," he assured me. He soon returned and placed triumphantly before me a toasted cheese sandwich.

❶ Language Barriers
② Treating Customers
③ How to Teach Danish
④ Ways of Ordering Toast

정답해설 제시된 글은 언어(악센트)가 능숙하지 못해 생기는 어려움을 경험적 사례를 들어 설명한 것이다. 첫 번째 문장(Although I learned to speak Danish while I was in Denmark, the accent was difficult to master.)이 주제문이며, 그 다음은 주제문에 대한 구체적 예에 해당한다.

해석풀이 내가 덴마크에 있는 동안 덴마크어를 배우긴 했지만, 악센트를 습득하기는 어려웠다. 내가 한 식당에서 차와 토스트를 주문했을 때 변함없이 나는 차와 치즈 샌드위치를 받았다. 나는 부지런히 연습했고 어느 날 토스트를 원한다는 것을 설명하려고 특별한 주의를 기울였다 – 나는 치즈 샌드위치를 원한 것이 아니라 그저 토스트를 원했던 것이다. 나는 웨이터가 (내 말을) 이해하는지 물었다. "예, 그럼요." 그는 나를 안심시켰다. 그는 곧 되돌아와서 구운 치즈 샌드위치를 내 앞에 의기양양하게 내려놓았다.

핵심어휘
- Danish 덴마크어, 덴마크인, 덴마크(사람 · 말)의
- accent 악센트, 강세, 강조
- invariably 변함없이, 늘, 반드시(= necessarily, inevitably) (invariable 불변의, 변화 없는)
- take care 주의하다, 조심하다
- assure ~에게 보증하다, 안심시키다(= convince), 납득하다, 확실하게 하다
- triumphantly 의기양양하게, 득의에 차서, 승리한 듯이
- barrier 방벽, 장애, 장벽

❶ 글의 전체적 내용 이해

01 지방직 9급 기출

다음 글의 주제로 가장 적절한 것은?

Today's consumers are faced with a wider range of choices than ever before. To buy economically, as well as to protect the environment, follow these basic principles.
Before making any purchase, do your research. Select products made from renewable resources, such as wood and wool. Buy reusable products. For example, buy washable cloth towels rather than paper cups. Buy local produce that is in season. It is usually cheaper and fresher and has less impact on the environment. Look for all-natural, nontoxic products that break down without leaving harmful residues in the environment.

① Tips for buying economically and eco friendly
② Difficulties in choosing the right things
③ Effects of economy on environment
④ Various kinds of resources

해설 글의 주제는 두 번째 문장(To buy economically, as well as to protect the environment, follow these basic principles)에서 제시되었다. 즉, 이 글은 경제적이고 환경 친화적으로 구매하도록 조언하는 글이므로, ①이 주제로 가장 적절하다.

해석 오늘날의 소비자들은 이전보다 더 광범위한 선택에 직면하게 된다. 환경을 보호할 뿐만 아니라 경제적으로 구매하기 위해서는 다음의 기본적 원칙들을 따른다. 물건을 구매하기 전에 조사를 하라. 목재와 양모와 같은 재생 가능한 자원으로 만들어진 제품을 골라라. 재사용이 가능한 제품을 구매하라. 예를 들어, 종이컵보다는 손빨래가 가능한 천으로 된 타월을 사라. 제철인 지역 농산물을 구매하라. 그것은 대개 더 싸고 신선하며, 환경에 영향을 덜 미친다. 자연환경에 해로운 잔류물을 남기지 않고 분해될 수 있는 천연의, 무독성 제품을 찾아라.
① 경제적이고 환경 친화적으로 구매하기 위한 조언
② 올바른 물건 선택의 어려움
③ 경제가 환경에 미치는 효과(영향)
④ 다양한 종류의 자원

어휘
- be faced with ~에 직면하다[맞닥뜨리다]
- renewable 계속[연장, 갱신, 재생] 가능한, 회복[부활]할 수 있는, 다시 시작할 수 있는
- reusable 재사용[이용] 가능한
- washable 빨 수 있는[물빨래가 가능한], 물빨래를 할 수 있는 직물
- inseason 한창 나도는, 제철이 된, 시기가 적절한, 꼭 알맞은
- have[make] an impact on ~에 영향을 주다
- nontoxic 무독성의[독이 없는], 중독성이 아닌
- break down 분해되다, 고장나다, 분류하다
- residue 나머지, 잔여, 잔류물, 찌꺼기
- eco-friendly 환경 친화적인[환경을 파괴하지 않는, 친환경적인]

정답 01 ①

02

다음 글의 주제를 한 문장으로 요약했을 때, 빈칸에 알맞은 것은?

For many people, work has become an obsession. It has caused burnout, unhappiness and gender inequity, as people struggle to find time for children or passions or pets or any sort of life besides what they do for a paycheck. But increasingly, younger workers are pushing back. More of them expect and demand flexibility—paid leave for a new baby, say, and generous vacation time, along with daily things, like the ability to work remotely, come in late or leave early, or make time for exercise or meditation. The rest of their lives happens on their phones, not tied to a certain place or time—why should work be any different?

increasing call for _________ at work

① grievance
② obsession
③ flexibility
④ advantages

해설 제시된 글은 많은 사람들에게 있어, 강박관념이 되어버린 직장에 대해서 점점 유연성을 기대하고 요구한다고 말하고 있으며 이러한 구체적인 예로 출산에 대한 유급휴가, 원격 근무, 늦게 출근하고 일찍 퇴근하는 것, 운동이나 명상을 위한 시간 마련 등에 대해 말하고 있다. 따라서 글의 주제에 있는 빈칸에 가장 적절한 것은 'flexibility(유연성)'이다.

해석 많은 사람들에게 일은 강박관념이 되었다. 사람들이 아이들, 열정, 애완동물, 또는 어떠한 종류든 봉급을 위해 하는 일 외에 삶을 위한 시간을 찾기 위해 애쓰면서 이는 극도의 피로, 불행, 성불평등을 야기했다. 그러나 점점 더 젊은 근로자들이 이에 반발하고 있다. 더 많은 사람들은 예를 들어 태어난 아기를 위한 유급휴가, 긴 휴가기간과 함께 원격으로 일할 수 있는 능력, 늦게 들어오거나 일찍 퇴근할 수 있는 능력, 또는 운동이나 명상을 위한 시간을 만들 수 있는 능력과 같은 일상적인 것들을 기대하고 요구한다. 그들의 나머지 삶은 특정한 장소나 시간에 얽매이지 않고 전화기에서 일어난다. 왜 일은 달라야 하는가?

어휘
- grievance 불만
- advantages 이점, 장점
- obsession 강박관념, 집착, 망상
- burnout (신체 또는 정신의) 극도의 피로, 쇠진, 소모, 허탈감, 연료 소진, (전기 기기의 합선에 의한) 단선, 과열로 인한 파손
- inequity 불공정, 불공평(= injustice, unfairness)
- struggle 투쟁[고투]하다, 전력을 다하다, 애쓰다, 고심하다(= strive)
- paycheck 급료, 봉급
- flexibility 구부리기[휘기] 쉬움, 굴곡성, 유연성(=flexibleness, pliancy)
- meditation 명상, 묵상, 고찰, 심사숙고(= ponderation

03

다음 글의 요지로 가장 적절한 것은?

Imagine that two people are starting work at a law firm on the same day. One person has a very simple name. The other person has a very complex name. We've got pretty good evidence that over the course of their next 16 plus years of their career, the person with the simpler name will rise up the legal hierarchy more quickly. They will attain partnership more quickly in the middle parts of their career. And by about the eighth or ninth year after graduating from law school the people with simpler names are about seven to ten percent more likely to be partners – which is a striking effect. We try to eliminate all sorts of other alternative explanations. For example, we try to show that it's not about foreignness because foreign names tend to be harder to pronounce. But even if you look at just white males with Anglo-American names – so really the true in-group, you find that among those white males with Anglo names they are more likely to rise up if their names happen to be simpler. So simplicity is one key feature in names that determines various outcomes.

① 복잡한 이름의 발음상 어려움
② 단순한 이름이 가져다주는 장점
③ 복잡한 이름의 놀라운 효과와 출세
④ 단순한 이름이 야기하는 법적 문제

해설 제시문은 단순한 이름을 소유한 사람이 복잡한 이름을 소유한 사람보다 출세할 가능성이 더 높다고 설명하고 있다. 또한 마지막 문장에서 단순함은 이름에서 다양한 결과를 결정하는 하나의 핵심적인 특징이라고 서술되어 있으므로, 단순한 이름이 가져다주는 장점이 요지로 가장 적절하다.

해석 두 사람이 같은 날 한 법률회사에서 일을 시작한다고 상상해 보라. 한 사람은 이름이 아주 간단하다. 다른 사람은 이름이 아주 복잡하다. 우리는 이후 16년 이상의 직장 생활 동안 더 단순한 이름을 가진 사람이 더 빨리 법적 지위에 오를 것이라는 아주 좋은 증거를 갖고 있다. 그들은 직장 생활 도중에 더 빨리 협력관계를 획득할 것이다. 그리고 법과대학을 졸업한 지 8년 내지 9년쯤 되었을 때, 더 단순한 이름을 가진 사람들이 약 7~10% 파트너가 될 가능성이 더 높은데, 이것은 놀라운 효과이다. 우리는 다른 모든 종류의 구차한 설명들을 없애려고 노력한다. 예를 들어, 우리는 외국 이름이 발음하기가 더 어렵기 때문에 이질감에 관한 것이 아니라는 것을 보여주려고 노력한다. 하지만 영미인 이름을 가진 백인 남성들 – 그러니까 정말 실제 내집단에서 본다면 – 여러분은 영미인 이름을 가진 백인 남성들 중에서, 만약 그들의 이름이 더 단순해진다면 출세할 가능성이 더 높다는 것을 알게 될 것이다. 따라서 단순함은 이름에서 다양한 결과를 결정하는 하나의 핵심적인 특징이다.

제2 문제유형별 연습(Exercise)

정답 02 ③ 03 ②

04 국회직 9급 기출

다음 글을 읽고 아래 물음에 답하시오.

The average book readers spend more than one hour a day poring over the pages, often just before bed. Readers are not an idle lot. They are busy people, tennis players, skiers, gardeners. "TV isn't really a problem," insists Jack T. Smith, director of the Center for Books. Reading experts say that television programs based on books actually stimulate book sales. People find time to read because they enjoy reading, and they adjust their schedules to include time to pursue this activity.

The above passage is about ________ ________.

① popular outdoor sports
② educational effects of TV programs
③ life of busy people
④ favorite programs of TV viewers
⑤ the continuing popularity of reading

해설 이 글의 요지는 사람들은 바쁜 일상에서도 시간을 쪼개어 독서를 즐기고 있다는 것이다. 특히 글 전반부에서 '바쁜 사람들도 하루 한 시간 이상 독서를 한다(The average book readers spend more than ~ They are busy people ~)'라는 부분과, 마지막 문장의 '사람들이 독서를 즐기기 위해 시간을 내고 일정을 조정한다(People find time to read … to pursue this activity)'라는 부분 등을 통해 ⑤(계속적인 독서의 인기)의 내용임을 알 수 있다.

해석 보통의 독자들은 잠자기 직전에 하루 한 시간 이상을 열심히 책 읽는 데 보낸다. 독자들이 한가한 사람들은 아니다. 그들은 테니스 선수, 스키어, 정원사로서 바쁜 사람들이다. "TV는 그리 문제가 되지 않습니다."라고 Center for Books의 관리자인 Jack T. Smith는 주장한다. 독서 전문가들은 책을 토대로 하는 텔레비전 프로그램은 실제로 책 판매를 촉진한다고 말한다. 사람들은 독서를 즐기기 때문에 읽을 시간을 찾고, 이러한 활동(독서)을 추구할 시간을 확보하기 위해 그들의 일정을 조정한다.
위의 글은 계속적인 독서의 인기에 관한 내용이다.
① 인기 있는 야외 스포츠
② TV 프로그램의 교육적 효과
③ 바쁜 사람들의 삶
④ TV 시청자들이 좋아하는 프로그램

어휘
- pore over ~을 자세히 조사하다
- idle 게으름뱅이의, 태만한, 한가한
- lot 한 벌[무더기], (사람 · 물건의) 떼, 패
- skier 스키 타는 사람, 스키어
- gardener 원예사, 정원사, 취미로 정원 가꾸는 사람, 채소 재배자
- insist 고집하다, 단언하다, 강조하다
- director 지도자, 지휘자, 장관, 국장, 중역, 연출가
- base on ~에 기초를 두다
- stimulate 자극하다, 활기 띠게 하다, 격려하다
- adjust 조절하다, 적합하게 하다, 맞추다
- schedule 시간표, 예정(표), 일정, 기일, 일람표
- pursue 쫓다, 추구하다, 종사하다
- continuing 연속적인, 영구적인
- outdoor sports 야외 스포츠
- educational 교육상의, 교육적인

05

다음 중 이 글의 주제로 가장 알맞은 것은?

Manic depression is another psychiatric illness that mainly affects the mood. A patient suffering from this disease will alternate between periods of manic excitement and extreme depression, with or without relat ively normal periods in between. The changes in mood suffered by a manic-depressive patient go far beyond the day-today mood changes experienced by the general population. In the period of manic excitement, the mood elevation can become intense enough to result in extended insomnia, extreme irritability, and heightened aggressiveness. In the period of depression, which may last for several weeks or months, a patient experiences feelings of general fatigue, uselessness, and hopelessness, and, in serious cases, may contemplate suicide.

① 우울증이 기분에 영향을 미치는 방법
② 병적으로 흥분한 강렬한 시기
③ 감정이 체력에 미치는 영향
④ 조울증에 있어서의 기분의 변화

해설 제시문은 조울증 환자의 기분이나 감정의 변화에 대한 내용이다.

해석 조울증은 주로 기분에 영향을 미치는 또 하나의 정신 질환이다. 이 질병을 앓는 환자는 병적인 흥분과 극도의 우울의 시기를 번갈아 겪으며, 그 사이에는 비교적 정상적인 시기가 있기도 하고 없기도 한다. 조울증 환자가 겪는 기분의 변화는 일반 대중이 경험하는 일상적인 기분 변화를 훨씬 뛰어넘는다. 병적으로 흥분한 시기에, 고조된 기분은 장기간의 걸친 불면증, 극도의 과민성, 고조된 공격성을 초래할 정도로 강렬할 수 있다. 몇 주 또는 몇 달간 지속될 수 있는 우울의 시기에, 환자는 전반적인 피로감, 무용(無用)성, 절망감을 경험하고 심각한 경우에는 자살을 기도할 수도 있다.

어휘
- manic depression 조울증 (manic-depressive 조울병의, 조울병 환자 / manic 조병(躁病)의, 흥분한, 열광적인, 부자연스러운)
- psychiatric 정신 의학의, 정신과의
- alternate 번갈아 일어나다, 교체하다
- general population 일반 대중
- elevation 높이, 고도, 격상
- intense 강렬한, 열정적인, 긴장된
- extended 연장된, 장기간에 걸친, 광범위에 걸친
- insomnia 불면
- irritability 화를 잘 냄, 성급함, 자극 감수성, 과민성 (irritable 화를 잘 내는, 안달하는)
- heighten 높게 하다, 증가시키다
- aggressiveness 공격성, 침략성, 적극성 (aggressive 공격적인, 저돌적인)
- fatigue 피로, 피곤
- contemplate 심사숙고하다, 응시하다, (~하려고) 생각하다
- physical strength 체력

정답 04 ⑤ 05 ④

06 국회직 8급 기출

What is the main idea of the following passage?

According to anthropologist Irving Hallowell, there is no evidence that humans have an inborn sense of time. A person's temporal concepts are probably determined largely by culture. One study showed that infants, after a few days of listening to speech around them, will move their heads and limbs in rhythm with the speech they hear. As children develop, they adapt more fully to their temporal culture. This temporal culture influences language, music, poetry and dance. It also affects relationships. We tend to get along with people who share our sense of time.

① The innate quality of human nature for language
② The importance of cultural diversity in modern times
③ Arts and anthropological discoveries
④ Different cultural attitudes towards time
⑤ Interdisciplinary approaches to language education

해설 글은 시간 개념이 문화에 의해 결정되며, 시간 문화가 그 사회와 구성원에게 많은 영향을 미친다는 내용이다. 두 번째 문장(A person's temporal concepts are probably determined largely by culture.)을 주제문이라 할 수 있다.

해석 인류학자인 Irving Hallowell에 따르면, 인간이 선천적인 시간 감각을 갖고 있다는 증거는 없다. 사람의 시간 개념은 아마도 크게 문화에 의해 결정되는 듯하다. 한 연구는 유아들이 주변의 말을 수일간 경청한 후 그들이 듣는 말에 리듬을 맞추어 그들의 머리와 팔다리를 움직이려 한다는 것을 보여주었다. 아이들은 성장해 가면서, 그들의 시간 문화에 보다 완전히 적응하게 된다. 이러한 시간 문화는 언어, 음악, 시와 춤에 영향을 끼친다. 그것은 또한 (사람 사이의) 관계에도 영향을 미친다. 우리는 시간에 대한 감각을 공유하는 사람들(같은 시간 감각을 갖은 사람들)과 잘 지내는 경향이 있다.
① 언어에 대한 인간 본성의 선천적인 특성
② 현대의 문화적 다양성의 중요성
③ 미술과 인류학적 발견들
④ 시간에 관한 서로 다른 문화적 태도
⑤ 언어 교육에 대한 학제적(學際的) 접근

어휘
- anthropologist 인류학자 (anthropology 인류학)
- inborn 타고난, 선천적인, 유전성의
- temporal 시간의, 일시적인, 잠시의
- concept 개념, 구상
- infant 유아, 갓난아기, 소아
- limb 손발, 사지
- adapt to ~에 적응하다, 적응시키다
- get along well with ~와 사이좋게 지내다
- innate 타고난, 천부의, 선천적인, 고유의, 본질적인
- diversity 다양성, 변화, 차이(점)
- interdisciplinary 둘 이상 분야에 걸치는, 여러 분야가 제휴하는

07

다음 글의 제목으로 가장 적절한 것은?

Among the first animals to land on our planet were the insects. They seemed poorly adapted to their world. Small and fragile, they were ideal victims for any predator. To stay alive, some of them, such as crickets, chose the path of reproduction. They laid so many young that some necessarily survived. Others, such as the bees, chose venom, providing themselves, as time went by, with poisonous stings that made them formidable adversaries. Others, such as the cockroaches, chose to become inedible. A special gland gave their flesh such an unpleasant taste that no one wanted to eat it. Others, such as moths, chose camouflage. Resembling grass or bark, they went unnoticed by an inhospitable nature.

① 곤충의 진화와 연구 방법
② 지구상에 안착한 최초의 동물, 곤충
③ 곤충의 다양한 생존방법
④ 곤충의 번식 방법과 자기보호

해설 곤충들이 자연에서 살아남기 위해 각각 다른 방법을 채택한다는 내용을 통해 답을 유추할 수 있다.

해석 지구상에 안착한 최초의 동물들 중의 하나가 곤충이었다. 그것들은 그들의 세계에 불완전하게 적응한 것처럼 보였다. 그것들은 작고 연약해서 어떤 포식 동물에게나 이상적인 먹잇감이 되었다. 생존하기 위해 귀뚜라미와 같은 몇몇 곤충들은 번식의 길을 선택했다. 그것들은 아주 많은 새끼들을 낳아서 일부가 반드시 살아남도록 하였다. 벌과 같은 다른 곤충들은 독을 선택해 시간이 지나면서 그들을 무서운 적으로 만들어준 독침을 가지게 되었다. 바퀴벌레와 같은 다른 곤충들은 먹을 수 없게 되는 길을 선택했다. 특별한 분비기관에서 그들의 살에 불쾌한 맛을 분비하여 아무도 먹고 싶지 않도록 했다. 나방 같은 곤충들은 위장이라는 방법을 선택했다. 그것들은 잔디나 나무껍질과 닮아 호의적이지 않은 자연(포식자들이 많은 자연환경)에서 눈에 잘 띄지 않게 되었다.

어휘
- adapt (환경 등에) 적응하다, 순응하다(~ to), 익숙해지다
- fragile 부서지기[깨지기] 쉬운(= brittle), 허약한(=weak), 연약한(= frail), (근거가) 빈약한
- predator 약탈자, 포식 동물, 육식 동물
- cricket 귀뚜라미, (스포츠) 크리켓
- reproduction 재생, 재생산, 번식
- young (동물 등의) 새끼
- venom 독액, 독(= poison), 원한, 앙심
- sting 침, 가시, 찌름, 비꼼, 찔린 상처 (poisonous sting 독침)
- formidable 무서운, 무시무시한, 만만찮은, 강력한
- adversary 적, 대항자, 경쟁 상대
- cockroach 바퀴벌레
- inedible 먹을 수 없는, 식용에 적합지 않은(↔ edible)
- gland (생리 · 식물) 선(腺), 분비기관
- moth 나방
- camouflage 위장, 변장, 기만
- bark 나무껍질, 짖는 소리, 기침 소리
- inhospitable 손님을 냉대하는, 야박한, 불친절한, 머무를 곳이 없는, 황폐한

정답 06 ④ 07 ③

08 서울시 9급 기출

다음 글의 주제로 가장 적절한 것은?

In 1782, J. Hector St. John De Crèvecoeur , a French immigrant who had settled in New York before returning to Europe during the Revolutionary War, published a series of essays about life in the British colonies in North America, Letters from an American Farmer. The book was an immediate success in England, France, and the United States. In one of its most famous passages, Crèvecoeur describes the process by which people from different backgrounds and countries were transformed by their experiences in the colonies and asks, "What then is the American?" In America, Crèvecoeur suggests, "individuals of all nations are melted into a new race of men, whose labors and posterity will one day cause great changes in the world." Crèvecoeur was among the first to develop the popular idea of America as that would come to be called "melting pot."

① Crèvecoeur's book became an immediate success in England.
② Crèvecoeur developed the idea of melting pot in his book.
③ Crèvecoeur described and discussed American individualism.
④ Crèvecoeur explained where Americans came from in his book.

해설 마지막 문장이 윗글의 핵심 주제문으로, Crèvecoeur는 그의 저서를 통해 미국을 지칭하는 대중적 개념인 "melting pot"을 처음으로 발전시킨 선구자 중의 한 사람이었다.

해석 1782년, 독립전쟁이 일어나는 동안 유럽으로 돌아가기 전에 뉴욕에 정착한 프랑스 이민자, J. Hector St. John De Crèvecoeur는 북아메리카 대륙에서의 영국 식민지의 삶에 관한 수필 시리즈인 「미국 농부에게서 온 편지」를 출간하였다. 그 책은 영국, 프랑스 그리고 미국에서 즉시 성공을 거두었다. 그 책의 가장 유명한 구절 중 하나로, Crèvecoeur는 다른 배경과 다른 나라에서 온 사람들이 식민지를 체험하며 변화되는 과정을 묘사하고, "그렇다면 미국인은 누구인가?"라고 묻는다. 미국에서 Crèvecoeur는 "모든 국가의 개인들이 하나의 새로운 인종으로 융합되어 그들의 노동자와 후손들이 언젠가 세계에 커다란 변화를 일으킬 것이다."라고 말했다. Crèvecoeur는 "melting pot"이라고 불리게 될 미국에 대한 대중적 개념을 처음으로 발전시킨 사람들 중의 한 명이다.

① Crèvecoeur의 책은 영국에서 즉시 성공을 거두었다.
② Crèvecoeur는 그의 책에서 용광로라는 관념을 발달시켰다.
③ Crèvecoeur은 미국의 개인주의에 대해 서술하고 논의했다.
④ Crèvecoeur은 그의 책에서 미국인들이 어디서 왔는지 설명했다.

어휘
- immigrant 이민자, 이주민
- the Revolutionary War (미국의) 독립 전쟁
- colony 식민지
- transform 변형시키다, 완전히 바꿔 놓다(= change, convert, alter)
- race 인종, 종족, 민족
- posterity 후세, 후대(↔ ancestor 선조, 조상)
- melting pot 용광로, 도가니
- individualism 개성, 개인주의

09

다음 글의 요지로 가장 적절한 것은?

> There is a crucial difference between self-criticism and low self-esteem. You need a high personal opinion of your aptitudes and the way that you apply them. But you first earn that high personal regard by subjecting your actions and output to rigorous judgment. By acting as your own most severe critic, you avoid complacency and substitute the pursuit of excellence. Just as with others, it is important to make constructive, rather than negative criticisms, and then take positive action to improve areas of weakness. Beware if you find nothing to criticize, however. That is usually a sign of trouble ahead.

① 성공한 사람은 겸손해야 한다.
② 자신감의 부족이 실패의 중요한 요인이다.
③ 스스로 자신의 부족한 점을 찾아보아야 한다.
④ 타인의 비판을 받아들이는 아량을 가져야한다.

해설 'By acting as your own most severe critic(당신 자신의 가장 엄격한 비평가로 행동함으로써)'에서 자기만족을 피하게 되며 부정적인 비판보다 건설적인 비판을 하고 난 뒤에 개선하기 위해 적극적으로 행동하는 것이 중요하다는 것을 말하고 있다. 따라서 '스스로 자신의 부족한 점을 찾아보아야 한다.'가 글의 요지로 가장 적절하다.

해석 자기비판과 낮은 자긍심 사이에는 결정적인 차이가 있다. 당신은 당신의 소질과 당신이 그것들을 적용하는 방식에 대해 후한 개인적 평가를 해야 한다. 그러나 먼저 당신은 당신의 행동과 결과를 엄격한 판단에 맡김으로써, 깊은 개인적 존경을 얻는다. 당신 자신의 가장 엄격한 비평가로 행동함으로써, 당신은 자기만족을 피하게 되고, 우수함의 추구로 대체하게 된다. 다른 사람에게 하는 것과 마찬가지로, 부정적인 비판보다 건설적인 비판을 하고 나서 약한 영역을 개선하기 위한 적극적인 행동을 취하는 것이 중요하다. 그러나 당신이 비판할 것이 없다면 조심해라. 그것은 대개 앞으로 문제가 있을 것이라는 표시이다.

어휘
- crucial 결정적인, 중대한
- self-criticism 자기비판
- self-esteem 자존(심), 자부심
- a high opinion of ~의 높은 평가
- aptitude 경향, 적성, 소질, 재능
- high regard 깊은 존경
- subject 복종[종속]시키다, ~에게 (싫은 일을) 당하게 하다, 겪게 하다
- output 생산, 출력, 산출(량)
- rigorous 엄한, 엄밀한, 엄격한
- judgment 의견, 판단, 재판
- severe 엄한, 엄격한, 심한
- critic 비판하는 사람, 비평가
- complacency 자기만족, 만족을 주는 것, 안주(하는 상태)
- substitute 대체하다, 대신으로 쓰다, 대신하다
- pursuit 추적, 추구
- excellence 우수, 탁월(성), 장점, 미덕
- constructive 건설적인, 구조적인
- negative 부정적인, 금지의, 거부적인(↔ positive)
- criticism 비평, 비판, 평론, 혹평, 비난 (criticize 비평하다, 비난하다, 흠잡다)
- beware 조심하다, 주의하다, 경계하다

정답 08 ② 09 ③

10 국가직 9급 기출

주어진 글의 주제로 가장 적절한 것을 고르시오.

> The space shuttle Challenger had just taken off for its tenth flight in January 1986 when it exploded in the air and killed all seven people inside. Millions of people around the world were watching the liftoff because schoolteacher, Christa McAuliffe was on board. McAuliffe, who had been chosen to be the first teacher in space, was planning to broadcast lessons directly to schools from the shuttle's orbit around Earth. This Challenger disaster led NASA to stop all space shuttle missions for nearly three years while they looked for the cause of the explosion and fixed the problem. They soon discovered that the shuttle had a faulty seal on one of the rocket boosters. Unfortunately, the teacher-in-space program was indefinitely put on hold. So were NASA's plans to send musicians, journalists, and artists to space.

① Schoolteacher Christa McAuliffe's pioneering participation in the space program
② The reason why the American space program was put on hold
③ The importance of the space research and training of astronauts
④ A satire on the unsuccessful or tragic space missions

해설 주어진 글은 우주 왕복선 챌린저호의 공중 폭발로 인해 전개된 이후의 상황을 설명하는 내용이다. 글 중반부의 'This Challenger disaster led ~ explosion and fixed the problem.'과 후반부의 'Unfortunately, the teacher-in-space program ~ artists to space.'에서 알 수 있듯이, 폭발로 인해 3년간 NASA의 우주 왕복선 임무가 중단되었고 관련된 프로그램들이 연기되었다. 이러한 내용을 토대로 할 때, 이 글의 주제로 가장 적절한 것은 ②(미국의 우주 프로그램이 중단된 이유)이다.

① 교사인 Christa McAuliffe의 탑승이 우주 프로그램 참여의 일환인 것을 알 수 있으나, 이를 전체 글의 주제로 볼 수는 없다.
③ 우주 연구와 우주 비생사 훈련의 중요성에 대한 구체적인 내용은 언급되지 않았다.
④ 실패한 우주 임무에 대한 풍자는 글에 나타나지 않았고 글의 분위기에도 부합하지 않는다.

해석 우주왕복선 챌린저호는 1986년 1월 10번째 비행을 위해 이륙하고는 바로 공중에서 폭발했으며 기내에 있던 7명은 모두 사망했다. 학교 교사인 Christa McAuliffe가 탑승해 있었기 때문에, 전 세계의 수백만 명의 사람들이 이륙을 지켜보고 있었다. 우주에 갈 최초의 교사로 선정된 McAuliffe는 지구의 궤도를 도는 왕복선에서 학교로 직접 수업을 방송할 계획이었다. 이 챌린저호 참사로 NASA는 그 폭발의 원인을 찾고 문제를 해결하는 거의 3년 동안 모든 우주 왕복선 임무를 중단하게 되었다. 그들은 곧 로켓 추진체 중의 하나에서 밀폐에 결함이 있다 는 것을 발견했다. 불행하게도, 우주 교사(teacher-inspace)프로그램은 무기한으로 연기되었다. 우주로 음악가, 기자, 예술가를 보내려는 NASA의 계획도 마찬가지였다.

① 학교교사 Christa McAuliffe의 선구적인 우주 프로그램 참여
② 미국의 우주 프로그램이 보류되었던 이유
③ 우주 연구와 우주 비행사 훈련의 중요성
④ 성공적이지 못했거나 비극적이었던 우주 임무에 대한 풍자

어휘
- space shuttle 우주 왕복선 cf. shuttle 우주선, 셔틀, 왕복하다
- take off 이륙하다, 벗다, ~을 떼어 내다
- explode 폭발하다[터지다], 폭발적으로 증가하다, 화내다 n. explosion
- liftoff 발사[이륙] 순간, 상승, (계획 · 프로젝트의) 개시
- on board (배 · 비행기 등에) 탑승[승선 · 승차]한, 기내[선내]의
- broadcast 방송하다, 방영하다

- orbit 궤도, (궤도를) 돌다
- faulty 결함[결점]이 있는, 그릇된, 불완전한 n. fault
- seal 밀폐, 봉인, 도장, 바다표범[물개], 봉쇄하다, 결정[확정]하다
- rocket booster 로켓 부스터[로켓엔진, 로켓 추진체]
- indefinitely 무기한으로, 막연히, 애매하게(↔ definitely)
- put on hold 보류하다, 연기하다 cf. on hold 연기[보류]되어, 보류의
- pioneering 개척의, 선구적인
- participation 참가, 참여, 개입 v. participate
- astronaut 우주 비행사
- satire 풍자, 해학
- tragic 비극적인, 비참한

11

다음 글의 제목으로 가장 적절한 것을 고르시오.

> The definition of success for many people is one of acquiring wealth and a high material standard of living. It is not surprising, therefore, that people often value education for its monetary value. The belief is widespread that the more schooling people have, the more money they will earn when they leave school. This belief is strongest regarding the desirability of an undergraduate university degree, or a professional degree such as medicine or law. The money value of graduate degrees in 'nonprofessional' fields such as art, history, or philosophy is not as great. In the past, it was possible for workers with skills learned in vocational schools to get a high-paying job without a college education. Increasingly, however, the advent of new technologies has meant that more and more education is required to do the work.

① The monetary value of education
② Economy of education
③ Standard of living and job market
④ The advent of new technologies in the fourth industrial revolution

해설 사람들이 종종 교육을 금전적 가치로 평가한다는 두 번째 문장(~ people often value education for its monetary value)의 내용과, 교육을 많이 받을수록 더 많은 돈을 벌 수 있다는 믿음과 관련된 세 번째와 네 번째 문장 등을 토대로 할 때, 이 글은 '교육의 금전적 가치'에 대해 서술한 것임을 알 수 있다. 따라서 ①이 제목으로 가장 적합하다.

② 경제 교육(Economy of education)에 대한 내용은 제시되지 않았다.
③ 성공의 정의를 높은 물질적 생활수준을 통해 설명한 내용은 있으나, 직업시장(job market)에 대한 구체적 내용이나 연결할 만한 내용은 제시되지 않았다.
④ 글 전체의 흐름과 거리가 멀다. 마지막 문장에서 점차적으로 신기술이 도입되며 고수입의 직업을 얻기 위해서는 과거와 달리 더 많은 교육이 요구된다는 내용은 있으나, 제4차 산업 혁명에 대한 내용은 제시되지 않았다.

해석 많은 사람들에게 있어 성공의 정의는 부(富)와 높은 물질적 생활수준을 얻는 것 중의 하나이다. 그러므로 사람들이 종종 교육을 금전적 가치로 평가하는 것은 놀랄 일이 아니다. 많은 학교 교육을 받으면 받을수록, 졸업한 후에 더 많은 돈을 벌게 될 것이라는 믿음이 널리 퍼져 있다. 이러한 믿음은 대학(학사) 학위 또는 의학이나 법률 같은 전문 학위의 바람직함과 관련하여 가장 강력하다. 미술과 역사, 철학과 같은 비전문적(전문직업과 관계없는) 분야에서의 학위의 금전적 가치는 그리 높지 않다. 과거에는 직업학교에서 습득한 기술을 가진 근로자들이 대학 교육 없이도 고수입의 직업을 얻는 것이 가능했다. 그러나 점차적으로 신기술의 도래는 그러한 일을 하기 위해서 더 많은 교육이 요구된다는 것을 의미하게 되었다.

① 교육의 금전적 가치
② 경제 교육
③ 생활수준과 직업시장
④ 제4차 산업 혁명에서의 신기술의 도래

정답 10 ② 11 ①

어휘 ■ definition 정의
■ standard of living 생활 수준
■ monetary 화폐의[통화의], 금전[재정]상의 cf. monetary value 화폐가치[금전적 가치]
■ schooling 학교 교육, 교실 수업, 교수[가르치기], 수업료, 교육비
■ desirability 바람직함, 바람직한 상황
■ undergraduate 대학[학부] 재학생, 대학생
■ nonprofessional 전문직[본업]이 아닌, 직업과 관계없는, 비전문적인
■ in the past 이제까지는, 종래는, 옛날, 이전에
■ vocational school 직업[훈련] 학교
■ advent 출현, 도래

12

다음 글의 제목으로 가장 적절한 것을 고르시오.

Klez. E is the most common world-wide spreading worm. It's very dangerous as it will corrupt your files. Because of its very smart stealth and anti-anti-virus technique, most common anti virus software can't detect or clean it. We developed this free immunity tool to defeat the malicious virus. This tool acts as a fake Klez to fool the real worm. So some anti-virus monitors may cry when you run it. If so, ignore the warning, and select 'continue'. You only need to run this tool once, and then Klez will never come into your PC.

① Malicious Program
② Development of New Vaccine Program
③ Attenuated Form of the Worm
④ Prevention of Worm

해설 세계적으로 널리 퍼진 웜 바이러스 Klez. E는 은밀하게 침투해 안티 바이러스 프로그램까지 막는 기술 때문에 매우 위험하다고 설명하고 있다. 일반적인 안티 바이러스 프로그램은 Klez. E를 치료할 수 없지만 우리는 악의적인 바이러스를 없애기 위해 무료 면역 도구를 개발했고, 다른 안티 바이러스 감시 프로그램이 무료 면역 도구에 대한 대처방법을 설명하고 있으므로 'Development of New Vaccine Program(새로운 백신 프로그램의 개발)'이 적절하다.

해석 Klez. E는 세계적으로 널리 퍼진 가장 일반적인 웜 바이러스이다. 그것은 당신의 파일에 오류를 일으킬 것이므로 매우 위험하다. 매우 영리하게 은밀히 침투하는 특성과 안티 바이러스 프로그램을 막는 기술 때문에, 대부분의 일반적인 안티 바이러스 소프트웨어(백신 프로그램)는 그것을 탐지하거나 치료할 수 없다. 우리는 그 악의적인 바이러스를 없애기 위해 이 무료 면역 도구(백신 프로그램)를 개발했다. 이 도구는 가짜 Klez로 활동하여 진짜 웜 바이러스를 속인다. 그러므로 당신이 그것을 작동할 때 몇몇 안티 바이러스 감시 프로그램이 (바이러스 감염을 알려주기 위해) 작동할지도 모른다. 만약 그렇다면, 그 경고를 무시하고 '계속'을 선택하라. 당신은 이 도구를 한 번만 작동시키면 된다. 그러면 Klez는 당신의 컴퓨터에 절대 침투하지 않을 것이다.
① 치명적인 프로그램
② 새로운 백신 프로그램의 개발
③ 웜 바이러스의 약화된 형태
④ 웜 바이러스의 예방

어휘 ■ world-wide 세계적인, 전 세계로 미치는, 전 세계에 알려진
■ spreading 퍼져 있는
■ worm 벌레, 웜 바이러스(컴퓨터 파괴 프로그램)
■ corrupt 타락시키다, 오류를 일으키다, 타락한, 오류가 있는
■ stealth 몰래 하기, 몰래 사라짐[들어옴]
■ detect 발견하다, 탐색하다
■ immunity 면제, 면역, 면책
■ malicious 악의 있는, 심술궂은
■ fake 위조하다, 속이다, ~인 체하다, 가짜의, 모조품
■ monitor 컴퓨터 모니터, 감시 프로그램, 감시하다, 모니터하다

13

다음 글의 제목으로 가장 적절한 것을 고르시오.

A bill that passed the National Assembly to promote youth employment is gathering strong backlash from job-seekers in their 30s. The new bill obliges the public sector to reserve more than a 3-percent share for job applicants aged between 15 and 29 in hiring quotas from next year. New hiring in public companies generally does not exceed 3 percent of total employment, which means that job-seekers in their 30s virtually won't be able to get jobs in the public sector from next year.

① Promote Youth Employment and Job-Seekers in Their 30s
② Relationship between The New Bill and New Hiring in Public Companies
③ Employment Rate of Public Companies
④ The New Bill and Backlash From Job-Seekers in Their 30s

해설 첫 번째 문장(A bill that passed the National Assembly to promote youth employment)에서 새로운 법안이 청년 고용 촉진을 목표로 통과되었으며, 두 번째 문장(3-percent share for job applicants aged between 15 and 29 in hiring quotas from next year.)에서 15세부터 29세 사이의 3% 이상의 자리를 따로 남겨 두도록 의무화하고 있고 이 때문에 첫 번째 문장(gathering strong backlash from job-seekers in their 30s.)에서 30대 구직자들이 격렬하게 반발하고 있으므로 'The New Bill and Backlash From Job-Seekers in Their 30s(반발하는 30대 구직자들과 새로운 법안)'이 가장 적절하다.

해석 청년 고용을 촉진하기 위해 국회에서 통과된 법안이 30대 구직자들로부터 격렬한 반발을 사고 있다. 새로운 법안은 내년부터 할당제를 실시하여, 공공부문에서 15세에서 29세 사이의 구직자들을 위하여 3% 이상의 자리를 따로 남겨 두도록 의무화하고 있다. 공기업 신규 채용은 보통 전체 고용의 3%를 초과하지 않는데, 이것은 30대 구직자들이 실질적으로 내년부터 공공분야에서 직업을 구할 수 없다는 것을 의미한다.
① 30대 구직자들과 청년 고용 촉진
② 새로운 법안과 공기업들의 신규채용 간의 관계
③ 공기업의 취업률
④ 반발하는 30대 구직자들과 새로운 법안

어휘
- bill (국회에 제출된) 법안, 지폐, 청구서, 계산서
- national assembly 국회, 국민 의회
- promote 촉진[고취]하다, 홍보하다, 승진[진급]시키다
- backlash (사회 변화 등에 대한 대중의) 반발, 반동, 역행
- oblige 의무적으로[부득이] ~하게 하다, 돕다, (도움 등을) 베풀다
- public sector 공공 부문, 정부 관할 사업, 공공부문의
- applicant 지원자, 신청자, 응모자
- quota 한도, 할당, (요구되거나 해야 할) 몫[할당량]
- exceed 넘어서다, 초과하다, 능가하다
- virtually 사실상, 거의, 실질적으로, 가상으로
- acknowledgement (책 서두에 붙이는) 감사의 글[말], 인정 v. acknowledge 인정하다, 확인하다, 승인하다, 감사하다
- declaration 선언문[서], 신고서
- editorial 사설, 논설, 편집의
- inaugural 취임(식)의, 개회의, 첫[최초의]

정답 12 ② 13 ④

14

다음 글의 제목으로 가장 적절한 것을 고르시오.

In 2003, Amos Tversky, my younger colleague, and I met over lunch and shared our recurrent errors of judgement. From there were born our studies of human intuition. We could spend hours of solid work in continuous delight. As we were writing our first paper, I was conscious of how much better it was than the more hesitant piece I would have written by myself. We did almost all the work on our joint projects together, including the drafting of questionnaires. Our principle was to discuss every disagreement until it had been resolved to our mutual satisfaction. If I expressed a halfformed idea, I knew that Amos would understand it, probably more clearly than I did. We shared the wonder of owning a goose that could lay golden eggs.

① Human Intuition and Its Role in Decision Making
② A Recipe for Success: Stick to Your Own Beliefs
③ How Pleasant and Productive Collaborative Work Is
④ Place Yourself in Other's Shoes to Mediate Conflicts

해설 제시된 글은 인간 직관에 관한 공동 작업(연구)에서 느낀 즐거움과 그 효과에 관한 내용이다. 구체적으로 보면, 세 번째 문장(We could spend hours of solid work in continuous delight)에서 공동 작업이 가져오는 즐거움을 언급하였고, 네 번째 문장(As we were writing our first paper … by myself)에서 공동 작업의 효과에 대해 언급하고 있다. 따라서 이러한 내용을 모두 포괄하는 제목으로는 ③(공동 작업의 즐거움과 생산성)이 가장 적절하다.

해석 2003년에, 나보다 어린 동료인 Amos Tversky와 나는 만나 식사를 하면서 반복되는 우리의 판단 착오에 대해 이야기했다. 거기에서 인간 직관에 관한 우리의 연구가 시작되었다. 우리는 계속적으로 즐거움을 느끼며 여러 시간동안 견실한 작업을 할 수 있었다. 우리가 첫 논문을 써나갈 때, 나는 내가 혼자서 썼더라면 더 망설였을 논문보다 이것이 얼마나 좋은 논문인지를 자각하게 되었다. 우리는 질문서 초안 작성을 포함해서, 공동 프로젝트의 거의 모든 작업을 함께했다. 우리의 원칙은 우리가 서로 만족할 정도로 해결될 때까지 모든 이견에 대해 토론하는 것이었다. 만일 내가 아직 덜 성숙된 아이디어를 말하면, Amos는 아마도 나보다 더 명확히 그것을 이해할 것이라는 사실을 나는 알고 있었다. 우리는 황금알을 낳을 수 있는 거위를 소유하는 놀라움을 공유한 것이었다.

① 인간의 직관과 의사결정에 있어서의 그것의 역할
② 성공을 위한 처방 : 당신 자신의 믿음을 고수하라
③ 공동 작업이 얼마나 즐겁고 생산적인가(공동 작업의 즐거움과 생산성)
④ 갈등을 중재하기 위해 다른 사람의 입장이 되어 보라

어휘
- colleague 동료(= associate), 동업자, 연합하다
- recurrent 재발[재현]하는, 빈발하는, 되풀이되는
- intuition 직관(력), 직관적 지식, 통찰(력)
- continuous 연속[계속]적인, 끊임없는
- be conscious of ~을 자각[의식, 인식]하고 있다
- hesitant 망설이는[머뭇거리는, 주저하는], 우유부단한, 싫은[마음 내키지 않는]
- drafting 초안, 밑그림, 기초(방법), 선발
- questionnaire 질문서, 앙케트, 질문 사항
- resolve 결정[결심, 작정]하다, 의결[결의]하다, 분해[분석]하다, 해결하다, 설명[해명]하다
- to one's satisfaction ~가 만족할 정도로, ~가 만족할 때까지
- half formed ideas 아직 덜 성숙된 생각
- decision making 의사결정(의)

- recipe 요리법[조리법], 처방
- stick to 고수하다, 버리지 않다, 벗어나지 않다, 끝까지 해내다
- collaborative 협력적인[협력하는], 합작의, 공동연구[제작]의
- place[put] oneself in another's shoes [place] 남의 처지가[입장이] 되어 보다
- mediate 조정[중재]하다, 성립[실현, 달성]하다

15

다음 글의 제목으로 가장 적절한 것을 고르시오.

Crowding stresses us. The more crowded we feel, the more stressed we get. Work stresses us, too. Workers in manufacturing jobs are likely to suffer serious health problems as a result of the noise, or the stress of being paced by mechanical requirements of the assembly line. The amount of work involved, however, does not necessarily determine the level of stress. Air traffic controllers, for instance, report that the long stretches of doing relatively little are at least as stressful as the times when they are handling many aircraft in the sky.

① Benefits of Stress
② Sources of Stress
③ Effects of Stress
④ Treatment of Stress

해설 스트레스는 다양하고 복잡한 원인이 있다는 내용이므로 ②가 제목으로 가장 적합하다.

해석 혼잡함은 우리에게 스트레스를 준다. 우리가 혼잡하다고 느낄수록 그만큼 더욱더 스트레스를 받는다. 일도 또한 우리에게 스트레스를 준다. 제조업에 종사하는 근로자들은 소음이나 생산라인의 기계적 필요에 보조를 맞추어야 하는 스트레스로 심각한 건강 문제를 겪기 쉽다. 그러나 관련된 작업량이 반드시 스트레스의 정도를 결정하는 것은 아니다. 예를 들어, 항공 교통 관제사들은 상대적으로 하는 일이 거의 없는 시간이 긴 것도 그들이 하늘에서 많은 항공기를 조정할 때 만큼의 스트레스를 준다고 말한다.

① 스트레스의 이점
② 스트레스의 원인
③ 스트레스의 영향
④ 스트레스의 치료

어휘
- stress 강조하다, (사람을) 괴롭히다, 스트레스를 주다
- be likely to ~일 것 같다, ~하기 쉽다
- assembly line 일관 작업, 조립 라인
- air traffic controller 항공 교통 관제사
- stretch (얼마 동안 계속되는) 기간, 시간
- relatively 비교적, 상대적으로
- at least 최소한

정답 14 ③ 15 ②

16

다음 글의 제목으로 가장 적절한 것을 고르시오.

In 1903 the French chemist, Edouard Benedictus, dropped a glass flask one day on a hard floor and broke it. However, to the astonishment of the chemist, the flask did not shatter, but still retained most of its original shape. When he examined the flask he found that it contained a film coating inside, a residue remaining from a solution of collodion that the flask had contained. He made a note of this unusual phenomenon, but thought no more of it until several weeks later when he read stories in the newspapers about people in automobile accidents who were badly hurt by flying windshield glass. It was then he remembered his experience with the glass flask, and just as quickly, he imagined that a special coating might be applied to a glass windshield to keep it from shattering. Not long thereafter, he succeeded in producing the world's first sheet of safety glass.

① Invention From Accident and Serendipity
② The Story of The Chemist
③ Importance of Safety Glass in Automobile Accident
④ Predictive Skills for Effective Prevention

해설 프랑스의 화학자가 단단한 바닥에 유리 플라스크를 깨뜨리게 되는데, 두 번째 문장(However, to the astonishment of the chemist, the flask did not shatter, but still retained most of its original shape.)에서 나머지 플라스크는 산산조각 나지 않았으며 원래 모양을 유지하고 있었다고 제시하고 있다. 글 마지막에서 자동차 사고가 일어나 유리로 인해 심하게 다친 사람들에 대한 이야기를 읽은 것을 계기로 예전의 유리 플라스크에 대한 경험(It was then he remembered his experience with the glass flask)을 떠올려 안전유리를 만들었다는 것을 제시하고 있으므로 제목으로 가장 적절한 것은 'Invention From Accident and Serendipity(사고와 우연한 발견으로부터의 발명)'이다.

해석 1903년 프랑스의 화학자 Edouard Benedictus는 어느 날 단단한 바닥에 유리 플라스크를 떨어뜨려 깨뜨렸다. 그러나, 화학자가 놀랍게도, 나머지 플라스크는 산산조각이 나지 않고, 여전히 원래의 모양 대부분을 유지하고 있었다. 플라스크를 검사해보니 플라스크 안에 필름 코팅이 되어있었고, 플라스크가 함유한 콜라디온 용액의 잔여물이 남아 있었다. 그는 이런 특이한 현상을 메모했지만, 몇 주 후 신문에서 자동차 사고에서 앞 유리 날림으로 심하게 다친 사람들에 대한 이야기를 읽을 때까지는 더 이상 그것에 대해 생각을 하지 않았다. 그때 그는 유리 플라스크에 대한 자신의 경험을 떠올렸고, 그는 유리로 된 자동차 앞 유리창이 산산조각이 나는 것을 막기 위해 특별한 코팅이 적용될 수도 있다고 빠르게 생각했다. 그 후 얼마 지나지 않아 그는 세계 최초의 안전유리를 제작하는 데 성공했다.
① 사고와 우연한 발견으로부터의 발명
② 화학자의 일대기
③ 자동차 사고에 있어서의 안전유리의 중요성
④ 효과적인 예방을 위한 예측의 기술

어휘
- apply to ~에 적용되다
- windshield (자동차 앞면의) 방풍 유리(= windscreen)
- shattering 엄청나게 충격적인, 고막을 찢는 듯한(= deafening), 놀라운, 강렬한
- astonishment 깜짝[크게] 놀람(= amazement), 경악
- contain (무엇의 안에 또는 그 일부로) ~이 들어[함유되어] 있다(= hold), 담고 있다, 포함하다(= include), 품다, (감정을) 억누르다[참다](= restrain), (좋지 않은 일을) 방지하다[억제하다]
- automobile 자동차
- thereafter 그 후에, 그 이래로(= after that time, afterwards)
- serendipity 우연한 발견
- predictive 예측의
- prevention 예방, 방지

17

다음 글의 제목으로 가장 적절한 것을 고르시오.

Many people know the terms polygraph and lie detector test, but many are not familiar with how this test actually works. The test uses a process that analyzes the physiological reactions in person's body while he or she answers questions. First, a device called a pneumograph is attached to a person's chest to record breathing patterns. Any abnormalities in respiratory patterns are recorded during on official interview. Next, a machine similar to those used in doctor's office is attached to the person's upper arm to measure blood pressure. Finally, skin responses are used as part of the lie detection examination. Usually, the tips of a person's fingers are attached to electrodes. An abnormal amount of sweating is an indicator that the person may be lying. After the preceding steps have been followed, polygraph experts analyze the results. From the data, the experts may conclude that the person is telling the truth or they may decide that the person is most likely lying.

① Polygraph Testing
② Pneumograph Testing
③ Checking Blood Pressure
④ Steps of an Official Interview

해설 이 글은 전체적으로 거짓말 탐지기에 대한 내용으로 이루어져 있다.

해석 많은 사람들은 거짓말 탐지기와 거짓말 탐지기 테스트라는 용어를 알고 있다. 그러나 이 테스트가 실제로 어떻게 작동하는지에 대해서는 많은 사람들이 잘 알지 못한다. 이 테스트는 사람이 질문에 대한 대답을 할 때, 그 사람의 몸에서 일어나는 생리학적인 반응을 분석하는 과정을 이용한다. 첫째, 호흡의 형태를 기록하기 위해 호흡 기록기라고 불리는 기구가 가슴에 부착된다. 공식적인 인터뷰를 하는 동안 호흡의 형태에 나타나는 어떠한 변이든 모두 기록된다. 다음으로, 병원에서 사용되는 것과 비슷한 기계가 혈압을 측정하기 위해 사람의 팔 윗부분에 부착된다. 마지막으로, 피부의 반응이 거짓말 탐지 검사의 일부분으로 사용되는데, 통상 조사받는 사람의 손가락 끝에 전극이 부착된다. 비정상적인 땀의 양도 그 사람이 거짓말을 하고 있다는 표시이다. 이러한 선행 과정이 수행된 후, 거짓말 탐지기 전문가는 결과를 분석한다. 이 자료로부터, 전문가들은 그 사람이 진실을 말하고 있다고 결론 내리거나 또는 그 사람이 거짓말을 하고 있을 가능성이 아주 높다고 결정할 수 있다.

① 거짓말 탐지기 테스트
② 호흡 기록기 테스트
③ 혈압 측정
④ 공식 인터뷰의 과정

어휘
- polygraph 거짓말 탐지기(= lie detector)
- lie detector test 거짓말 탐지기에 의한 검사
- be familiar with ~에 정통하다, ~을 훤히 알다
- process 과정, 진행, 경과, 순서, 처리
- analyze 분석하다, 분해하다, 검토하다
- physiological 생리학적인
- device 기구, 장치, 고안, 계획, 방책
- pneumograph 호흡 운동 촬영기, 호흡 (곡선) 기록기
- abnormality 이상, 변칙, 변태, 이상물
- respiratory 호흡의, 호흡을 하기 위한
- blood pressure 혈압
- electrode 전극, 전극봉
- indicator 지시하는 사물[사람], 지표, 표지, 척도, 표시기, 계기
- precede 앞서다, 먼저 일어나다
- most likely to ~할 가능성이 높은, 매우 ~할 것 같은

정답 16 ① 17 ①

18

다음 글의 요지로 가장 적합한 것은?

As the weather changes, joggers, like some exotic species of bird, begin to molt. On frigid winter days, when the wind and snow sweep down from Canada, the joggers wear heavy layers of clothes. Ski masks cover their faces, woolen caps hide their hair, and heavy scarves are wrapped snugly around their necks. Gradually, however, the weather warms, and the bulky layers of clothes are peeled away. First, lightweight jogging suits in terry cloth, velour, and even plastic dot the paths in parks and along streets. As spring changes to summer, winter-pale legs and arms begin to appear, covered only partially by shorts and T-shirts.

① 캐나다에는 조깅 패션이 유행하고 있다.
② 날씨가 변화함에 따라 사람들의 조깅복 에도 변화가 생긴다.
③ 캐나다는 봄에도 추워서 두꺼운 옷을 껴입는다.
④ 조깅하는 사람은 겨울임에도 반바지를 입는다.

해설 캐나다의 조깅하는 사람들은 몹시 추운 겨울에는 두꺼운 옷을 껴입고(the joggers wear heavy layers of clothes.), 점차 날씨가 따뜻해지면 두꺼운 옷이 점점 얇아지며 가벼운 재질의 조깅복을 입기 시작(First, lightweight jogging suits in terry cloth, velour, and even plastic)한다고 언급하고 있다. 여름이 되면 반바지와 티셔츠 차림으로 조깅(covered only partially by shorts and T-shirts.)을 하는 사람들이 나타나기 시작한다고 언급하고 있으므로 글의 요지로 가장 적합한 것은 ②이다.

① 글에서 캐나다에는 조깅 패션이 유행하고 있다는 내용을 언급하지 않았다.
③ 캐나다는 봄에도 춥다는 내용을 언급하지 않았다.
④ 겨울에도 반바지를 입는다는 내용을 찾을 수 없다.

해석 날씨가 변화함에 따라, 조깅하는 사람들은 몇몇 이국적인 조류처럼 털갈이를 하기 시작한다. 캐나다로부터 바람과 눈이 휘몰아치는 몹시 추운 겨울날, 조깅하는 사람들은 두꺼운 옷을 잔뜩 껴입는다. 스키 마스크로 그들의 얼굴을 가리고 양모 모자를 머리에 쓰며, 두꺼운 스카프로 그들의 목을 포근하게 두른다. 그러나 점차 날씨가 따뜻해짐에 따라, 부피가 큰 겹겹의 옷은 벗겨진다. 먼저 테리 직물이나 벨루어, 심지어 비닐 재질의 가벼운 조깅복들이 공원길이나 거리를 따라 군데군데 나타난다. 봄이 여름으로 바뀌면서, 겨울동안 창백해진 팔다리가 일부분만 반바지와 티셔츠로 가려진 채 나타나기 시작한다.

어휘
- jogger 조깅하는 사람
- exotic 이국적인, 이국풍의[색다른], 외래(종)의, 외래종, 외래물
- molt 털갈이하다, 탈피하다, 벗다, 털갈이[허물벗기], 탈피
- frigid 몹시 추운[찬], 쌀쌀한[인정 없는, 냉담한]
- sweep (비바람) 휘몰아치다[세차게 불어가다], 청소하다, 쓸다, 털다
- layer 층, 지층, 계층
- woolen 양모의, 모직(물)의, 방모제의
- wrap (감)싸다, 포장하다, 두르다, 보호하다
- snugly 아늑하게, 포근하게, 편안하게
- bulky 부피가 큰, 커서 다루기 곤란한
- peel (껍질을) 벗기다, 벗다, 벗겨지다, 가시다, 탈피하다
- terry cloth 테리 직물〈양면에 보풀을 고리지게 짠 두꺼운 무명 천〉
- velour 벨루어, (레이온 · 양모 등의) 벨벳 모양의 천
- dot 여기저기 흩어 놓다, 여기저기 흩어져 있다, 점으로 그리다[덮다]
- fashionable 유행의, 최신식인, 사교계의, 상류의

19 국가직 9급 기출

다음 글의 제목으로 가장 알맞은 것을 고르시오.

What causes the differences in intelligence? This is one of the oldest and most enduring questions in all of psychology. As reasonable as it may sound, the question does not have a reasonable answer. There is some evidence that intelligence tends to run in families and may be due in part to innate, inherited factors. There are also data that tell us that a person's environment can and does affect intellectual cognitive functioning.

① Functions of Intelligence
② Nature versus Nurture
③ Inherited Factors of Families
④ From Heredity to Cognitive Functioning

해설 첫 문장에서 짐작할 수 있듯이, 이 글은 지능의 차이를 결정하는 것이 무엇인가에 대한 내용이다. 그리고 이에 대한 답으로 제시하고 있는 것은 선천적(혈통적 · 유전적) 요인과 후천적(환경적) 요인이다. 즉, 네 번째 문장의 'intelligence tends to run in families and may be due in part to innate, inherited factors' 부분은 지능의 선천적(혈통적 · 유전적) 요인에 대한 내용하며, 그 다음 문장의 'a person's environment can and does affect intellectual cognitive functioning' 부분은 지능의 후천적(환경적) 요인에 대한 내용이다. 보기 중 ②의 'Nature(천성, 본성)'은 선천적 요인으로, 'Nurture(양육, 교육)'은 후천적 요인으로 볼 수 있다.

해석 무엇이 지능상에 차이를 일으키는가? 이것은 심리학의 모든 분야에서 가장 오래되고 영속적인 질문들 중의 하나이다. 합당하게 들릴지 모르지만, 그 질문은 합당한 답을 가지고 있지 않다. 지능이란 혈통에 따르는 경향이 있으며 타고난 유전적 요인에 부분적으로 기인한다는 약간의 증거가 있다. 또한 사람의 환경이 지적인 인지 기능에 영향을 미칠 수 있고 또 미치고 있다는 것을 우리에게 알려주는 자료도 있다.
① 지능의 기능들
② 천성 대 교육(타고난 것 vs. 양육)
③ 가족의 유전적 요인들
④ 유전으로부터 인지 기능까지

어휘
- intelligence 지성, 이해력, 사고력, 지능
- enduring 참을성 있는, 영속하는, 영구적인(= lasting)
- psychology 심리학, 심리
- reasonable 분별 있는, 사리를 아는, 이치에 맞는, 정당한, 합당한, 온당한
- tend to 주의하다, 전념하다, ~하는 경향이 있다
- run in the family(blood) 혈통에 있다
- due to ~에 기인하는, ~때문인
- innate 타고난, 선천적인(= inborn, congenital, inherent)
- inherit 상속하다, 물려받다, 유전하다
- intellectual 지적인, 지성의, 지능을 요하는, 이지적인, 지식인, 식자
- cognitive 인지적인, 인식의
- function 기능, 직무, 역할, 의식, 기능을 하다, 활동하다, 직분[구실]을 다하다
- versus ~와 대비[비교]하여
- nurture 양육[훈육], 영양(물), 음식
- heredity 유전, 유전적 형질, 세습, 상속

정답 18 ② 19 ②

20

다음 글의 제목으로 가장 알맞은 것을 고르시오.

About 15 percent of an average American family's income is spent on food. Planning ahead will help to make sure that you will get the most for your money. The first step is to prepare a menu of meals for several days or even for a week or two. Next, make a grocery list of foods you will need to prepare the meals on the menu. Follow this list closely when you shop. It is a good idea to avoid grocery shopping when you are hungry. Otherwise, you will be tempted to buy appealing-looking items that are not on your grocery list.

① Preparing a Menu of Meals
② Planning Ahead for Grocery Shopping
③ American Family's Food Shopping
④ Saving Money in Preparing Breakfast

해설 이 글은 식료품 쇼핑 전에 미리 계획을 세워 효율적인 소비를 하라는 내용으로, 두 번째 문장(Planning ahead will help to make sure that you will get the most for your money.)이 주제문이라 할 수 있다.

해석 평균적인 미국 가정의 수입 중 약 15%가 음식에 지출된다. 미리 계획을 세우는 것은 돈을 최대한 활용하는 데 도움이 될 것이다. 첫 단계는 며칠 또는 심지어 1주일이나 2주일 동안의 식사 메뉴를 미리 작성하는 것이다. 다음으로, 그 메뉴에 있는 식사를 준비하는 데 필요한 식료품 목록을 작성하라. 쇼핑할 때 이 목록을 엄밀히 따르라. 배가 고플 때 식료품 쇼핑을 피하는 것은 좋은 생각이다. 그렇게 하지 않으면, 당신은 식료품 목록상에 없는 매력적으로 보이는 물품을 사고자 하는 유혹을 받게 될 것이다.
① 식사 메뉴 준비하기
② 식료품 쇼핑을 위해 미리 준비하기
③ 미국 가정의 식품 쇼핑
④ 아침 식사 준비 비용 절약하기

어휘
- make sure (that) 확인하다, 꼭 ~하다, 대책을 강구하다
- get the most (for) ~ ~을 가장 잘 이용하다, 최대한 활용하다(= make the most of ~)
- prepare 준비하다, 미리 마련하다
- grocery 식료품류, 잡화류, 식료 잡화점, 식품점
- closely 면밀히, 밀접하게, 친밀하게
- otherwise 그렇지 않으면, 다른 방법으로, 그렇지 않게, 다르게, 달리
- tempt ~의 마음을 끌다, 유혹하다, 부추기다
- appealing 애원하는, 마음에 호소하는, 마음을 끄는, 매력적인
- item 항목, 조목, 조항, 품목, 기사, 한 항목

21

다음 글의 제목으로 가장 알맞은 것을 고르시오.

The evening news on television is very popular with many Americans. They like to find out what is happening in the world. On television they can see real people and places. They believe it is easier than reading the newspaper. Many people think television makes the news seem more real. They also think television makes the news interesting. The television news reporters sometimes tell funny stories and even jokes. This makes the news about wars and crime less terrible.

① Why News Programs Have Funny Stories
② Why Americans Like the Television News
③ What Is Happening in the World
④ What Makes Americans Pleasant

해설 첫 문장에서 텔레비전 뉴스가 미국인들에게 인기가 있다고 했고, 두 번째 문장부터는 그 이유들을 계속하여 제시하고 있다. 따라서 '미국인들이 텔레비전 뉴스를 좋아하는 이유'가 이 글의 제목으로 가장 적합하다.

해석 텔레비전의 저녁 뉴스는 많은 미국인들에게 매우 인기가 있다. 그들은 세상에서 무슨 일이 일어나고 있는지 알고 싶어 한다. 텔레비전에서 그들은 실제 사람들과 장소를 볼 수 있다. 그들은 텔레비전이 신문을 읽는 것보다 더 쉽다고 믿고 있다. 많은 사람들은 텔레비전이 뉴스를 더 현실적인 것으로 보이게 만든다고 생각한다. 그들은 또한 텔레비전이 뉴스를 흥미롭게 해 준다고 생각한다. 텔레비전 뉴스 기자들은 때때로 재미있는 이야기나 농담까지 한다. 이것은 전쟁과 범죄에 대한 뉴스를 덜 끔찍하게 만들어 준다.

① 왜 뉴스 프로그램은 재미있는 이야기를 가지고 있는가
② 왜 미국인들은 텔레비전 뉴스를 좋아하는가
③ 세상에는 무슨 일이 일어나고 있는가
④ 무엇이 미국인들을 즐겁게 하는가

어휘
- find out 발견하다, 생각해 내다, (해답을) 얻어내다, ~임을 알아내다, 간파하다
- real 진짜의, 실재하는, 실제의, (묘사 등이) 박진감있는
- reporter 보고자, 신고자, 신문(취재) 기자, 통신원
- sometimes 이따금, 때때로(= now and then, from time to time, at times, occasionally)
- terrible 무서운, 끔찍한(= dreadful), 굉장한, 심한, 대단한, 지독한
- pleasant 즐거운, 유쾌한, 기분 좋은, 쾌활한, 명랑한

22

다음 글의 제목으로 가장 적절한 것은?

No Matter how satisfying our work is, it is a mistake to rely on work as our only source of satisfaction. Just as humans need a varied diet to supply a variety of needed vitamins and minerals to maintain health, so we need a varied diet of activities that can supply a sense of enjoyment and satisfaction. Some experts suggest that one can start by making an inventory—a list of the things you enjoy doing, your talents and interests, and even new things that you think you might enjoy if you tried them. It may be gardening, cooking, a sport, learning a new language, or volunteer work. If you shift your interest and attention to other activities for a while, eventually the cycle will swing again, and you can return to your work with renewed interest and enthusiasm.

① Human Satisfaction and Its Influence in Varied Activity
② The value of needed vitamins in Life
③ A List for Fun Activities: Search to Your Talent and Interest
④ Satisfaction and Dependence

해설 글에서 만족을 일에서만 찾는 것은 잘못이라고 했고, 바로 다음 문장에서는 즐거움을 만족감을 제공하는 다양한 활동이 필요하다고 하였다. 이어서 몇몇 전문가들은 목록을 만듦으로서 당신이 재능과 흥미를 가지고 있는 것들을 할 것(a list of the things you enjoy doing, your talents and interests, … enjoy if you tried them.)을 언급하고 있으므로 제목으로 가장 적절한 것은 'A List for Fun Activity: Search to Your Talent and Interest(즐거운 활동을 위한 목록 : 당신의 재능과 흥미를 찾아라)'이다.

① 인간의 만족감과 다양한 활동에 있어서의 그것의 영향
② 삶에서의 필수 비타민의 가치
③ 즐거운 활동을 위한 목록 : 당신의 재능과 흥미를 찾아라
④ 의존성과 만족감

해석 우리의 일이 아무리 만족스럽다 해도 우리의 유일한 만족의 원천으로서 일에만 의존하는 것은 잘못이다. 인간이 건강 유지에 필요한 다양한 필수 비타민과 미네랄을 공급하기 위해 다양한 음식물을 필요로 하는 것처럼, 우리는 즐거움과 만족감을 제공할 수 있는 다양한 활동들

정답 20 ② 21 ② 22 ③

을 필요로 한다. 몇몇 전문가들은 목록을 만듦으로서 그러한 일을 시작할 수 있다고 제안하는데, 이러한 목록에는 당신이 즐겁게 할 수 있는 것들, 당신의 재능과 흥미가 있는 것들, 그리고 심지어 당신이 만약 시도해 본다면 재미있을 것 같다고 생각하는 새로운 것들까지 포함된다. 그것은 정원 가꾸기, 요리하기, 스포츠, 새로운 언어 배우기 또는 자원봉사 활동 등이 될 수 있다. 만약 당신이 당신의 관심과 주의를 한동안 다른 활동으로 돌린다면 결국 그러한 사이클은 다시 돌 것이며, 당신은 새로워진 관심과 열정을 가지고 당신의 일에 복귀할 수 있을 것이다.

어휘
- rely on 의지하다, 기대를 걸다, 믿다
- varied 다양한, 변화가 많은, 갖가지의, 다양화된, 바뀐 n. variety 변화, 다양(성), 차이, 갖가지 다른 것, 종류
- diet 일상 음식, 음식(물), 식품, 식이, 규정[특별]식, 다이어트, 미용식, 식이 요법
- inventory 재고(품), 품목 일람, 상품 목록, 재산 목록, 재고 품목, 재고 자산
- volunteer 자원 봉사자, 지원자, 지원병, 자발적인, 지원의
- eventually 결국(은), 드디어, 마침내, 그 언젠가는, 머지않아, 얼마 안 있어
- swing 흔들어 움직이다, 흔들다, 회전시키다, 개폐하다, 휘두르다, 문을 휙 열다[닫다], 방향을 바꾸다, 빙글 돌리다, 매달다, 잘 처리하다, (주의 · 관심 등을) 돌리다[바꾸다]
- enthusiasm 열심, 열광, 열의, 열중

23

다음 글의 요지를 한 문장으로 요약할 때 빈칸에 가장 알맞은 것은?

> What is the purpose of education? It is to prepare the individual for the society in which he must live and to give him the power to change the society. We should not overemphasize the value of the first part. It should be one of the functions of education to preserve for the society all the values essential to it, but it is more important one to cut out the decayed value which would be harmful to a new society. Thus the school should be the inspiration to social change.

> Education should play the role in ______________ rather than in ______ __________.

① changing the society / preserving its tradition

② preserving its tradition / changing the society

③ reforming itself / developing the society

④ developing the society / reforming itself

해설 마지막 문장이 주제문 역할을 하고 있다.(→ 사회를 변화시키는 데 더 중점)

해석 교육의 목적은 무엇인가? 그것은 한 개인을 그가 살아가야만 하는 사회에 준비시키는 것이고, 그에게 사회를 변화시킬 수 있는 힘을 부여하는 것이다. 우리는 전자의 가치를 지나치게 강조해서는 안 된다. 사회에 필수적인 모든 가치를 보존하는 것이 교육의 기능 중 하나이어야 한다. 그러나 더 중요한 것은 새로운 사회에게 해로운 낡은 가치를 없애는 것이다. 그러므로 학교는 사회 변화를 고취하는 곳이 되어야 한다.

어휘
- decayed 쇠퇴한, 타락한, 부패한
- thus 이렇게, 이와 같이, 그러므로
- inspiration 영감, 고취, 격려, 암시

24

다음 글의 요지로 가장 적절한 것은?

> As soon as we are born, the world gets to work on us and transforms us from merely biological into social units. Every human being at every stage of history

or prehistory is born into a society and from his earliest years is molded by that society. The language which he speaks is not an individual inheritance, but a social acquisition from the group in which he grows up. Both language and environment help to determine the character of his thought his earliest ideas come to him from others. As has been well said, the individual apart from society would be both speechless and mindless. The lasting fascination of the Robinson Crusoe myth is due to its attempt to imagine an individual independent of society. The attempt fails. Robinson is not an abstract individual, but an Englishman from York.

① Every act determines our membership of the society.
② History and the individual are complementary to each other.
③ Language and imagination determine our way of thinking.
④ Human beings cannot live independently of society.

해설 인간은 사회에서 태어나 사회의 영향을 받으며 사는 존재로서, 사회와 분리될 수 없다는 것이 제시된 글의 요지이다. 따라서 ④가 요지로 가장 적합하다. 본문의 구체적 내용을 요약하면 다음과 같다.

- 첫 번째 문장 – 인간은 태어나자마자 사회적 개체로 바뀌기 시작한다.
- 두 번째 문장 – 인간은 어느 시대나 사회에서 태어나 사회의 영향을 받는다고 했다.
- 세 번째 문장 – 인간의 언어는 사회적 습득물이다.
- 네 번째 문장 – (사회에서 습득된) 언어와 환경이 사고의 특징을 결정한다.
- 다섯 번째 문장 – 사회에서 격리된 인간은 정상적 언어 사용과 사고가 어렵다.
- 마지막 세 문장 – 사회로부터 독립된 인간을 상상하려는 시도는 실패이다(로빈슨 크루소의 예).

해석 우리가 태어나자마자, 세상은 우리에게 작동을 해서 우리를 단순한 생물학적인 개체에서 사회적인 개체로 바꾸기 시작한다. 역사시대 또는 선사시대의 각 단계에서의 모든 인간은 사회에서 태어나 어린 시절부터 그 사회에 의해 형성된다. 인간이 사용하는 언어는 개인적인 유산이 아니라 인간이 자라나는 집단으로부터 나온 사회적 습득물인 것이다. 언어와 환경 둘 다 인간의 사고의 특징을 결정하는 데 기여하는데, 인간의 초기의 생각은 다른 사람들로부터 얻어진 것이다. 잘 알려진 것처럼, 사회로부터 격리된 개인은 말을 못하고 생각이 없다. 로빈슨 크루소 이야기의 끊임없는 매력은 사회로부터 독립된 개인을 상상하려고 하는 시도에서 기인한다. 그 시도는 실패다. 로빈슨은 추상적인 인간이 아니라 요크에서 온 영국 사람인 것이다.
① 각각의 행동이 사회 구성원으로서의 우리의 지위를 결정한다.
② 역사와 개인은 상보적(相補的)이다.
③ 언어와 상상력은 우리의 사고방식을 결정한다.
④ 인간은 사회와 독립해서 살 수 없다.

어휘
- get to (~에) 도달하다[닿다], (~을) 시작하다
- work on ~에 작용하다, ~을 설득하다, 일을 계속하다
- transform 변형시키다[개조하다], 모양[양상, 구조]를 바꾸다
- prehistory 선사시대
- mold 틀로 만들다[주조하다], (성격 · 인격 등을) 만들다
- inheritance 상속, 유전, 유전적 성질, 상속권, 상속 재산[물건] v. inherit
- acquisition 취득[획득, 입수, 습득], 습득물[획득물]
- mindless 생각이 없는, 지성이 없는, 무심한, 분별없는, 어리석은
- fascination 매혹, 매료(된 상태), 매력, 매혹하는 힘 v. fascinate
- be due to ~ ~ 때문이다, ~에 기인한다
- abstract 추상적인, 이론적인
- complementary 보충[보완]하는, 보충적인, 보충의, 상보의

제 2 편 문제유형별 연습(Exercise)

정답 23 ① 24 ④

25 지방직·서울시 9급 기출

다음 글의 요지로 가장 적절한 것은?

Evolutionarily, any species that hopes to stay alive has to manage its resources carefully. That means that first call on food and other goodies goes to the breeders and warriors and hunters and planters and builders and, certainly, the children, with not much left over for the seniors, who may be seen as consuming more than they're contributing. But even before modern medicine extended life expectancies, ordinary families were including grandparents and even greatgrandparents. That's because what old folk consume materially, they give back behaviorally—providing a leveling, reasoning center to the tumult that often swirls around them.

① Seniors have been making contributions to the family.
② Modern medicine has brought focus to the role of old folk.
③ Allocating resources well in a family determines its prosperity.
④ The extended family comes at a cost of limited resources.

해설 제시문에서는 약자임에도 불구하고 노인들이 음식을 얻을 수 있었던 이유를 그들이 혼란의 시기에 균형과 판단의 중심이 되어주었기 때문이라고 마지막 문장에서 언급하고 있으므로 정답은 ①의 'Seniors have been making contributions to the family.(노인들은 가족에 기여해왔다.)'이다.

해석 진화론적으로, 생존을 희망하는 어떤 생물 종이라도 자신이 가진 자원을 조심스럽게 관리해야 한다. 그것은 식량이나 좋은 것들이 제일 먼저 양육자들, 전사들, 사냥꾼들, 농부들, 건축자들, 그리고 아이들에게 주어지며, 본인들이 기여하는 것 이상으로 소비하고 있는 것으로 여겨질 수 있는 노인들에게는 그다지 많은 양이 돌아가지 않는다는 것을 의미한다. 그러나 현대의학이 기대수명을 연장시키기 이전에도 일반적인 가정들은 조부모, 심지어 조부모까지 포함하고 있었다. 그것은 노인들이 가족들의 주위에서 종종 소용돌이치는 소란이나 소동들에 대해 침착하고 합리적인 중심점을 제공함으로써, 물질적으로 소비하는 것을 행동적으로 돌려주기 때문이다.
① 노인들은 가족에 기여해왔다.
② 현대의학은 노인들의 역할에 초점을 맞추었다.
③ 가족 내에서 자원을 잘 배분하는 것이 그 가족의 번영을 결정한다.
④ 대가족에는 한정된 자원이라는 대가가 따른다.

어휘
- goodie (영화 따위의) 주인공, 좋은 사람, 좋은 것, 맛있는 것, 언제나 예의바른 사람
- life expectancy 기대수명
- great– grandparents 증조부모
- leveling 평평하게 하기, 땅고르기, 수준 측정, 수평[계급 타파] 운동, (어형 변화의) 단순화
- reasoning 추론, 추리, (추론의 결과로서의) 논거, 증명, 논증, 이성적인(= rational)
- tumult 소란, 소동, (마음이) 심란함, 혼란스러움, 폭동, 반란, 뒤섞임, 어지러움
- swirl (빠르게) 빙빙 돌다, 소용돌이치다, (머리가) 어지럽다, 현기증이 나다

26 지방직·서울시 9급 기출

다음 글의 요지로 가장 적절한 것은?

Listening to somebody else's ideas is the one way to know whether the story you believe about the world—as well as about yourself and your place in it remains intact. We all need to examine our beliefs, air them out and let them breathe. Hearing what other people have to say, especially about concepts we regard as foundational, is like opening a window in our minds and in our hearts. Speaking up is important.

Yet to speak up without listening is like banging pots and pans together : even if it gets you attention, it's not going to get you respect. There are three prerequisites for conversation to be meaningful : 1. You have to know what you're talking about, meaning that you have an original point and are not echoing a worn-out, hand-me-down or pre-fab argument 2. You respect the people with whom you're speaking and are authentically willing to treat them courteously even if you disagree with their positions 3. You have to be both smart and informed enough to listen to what the opposition says while handling your own perspective on the topic with uninterrupted good humor and discernment.

① We should be more determined to persuade others.

② We need to listen and speak up in order to communicate well.

③ We are reluctant to change our beliefs about the world we see.

④ We hear only what we choose and attempt to ignore different opinions.

해설 제시문은 의사소통을 잘하기 위해서는 남의 말을 잘 듣고 자신의 목소리를 적절하게 낼 수 있어야 한다는 내용의 글이므로 이 글의 요지로 가장 적절한 것은 ②의 "We need to listen and speak up in order to communicate well.(우리는 의사소통을 잘 하기 위해 경청하고 말해야 한다.)"이다.

해석 다른 누군가의 생각을 듣는다는 것은 당신 자신과 그 안에 있는 당신의 위치뿐만 아니라 세상에 대해 당신이 믿는 이야기가 온전한 것인지를 알 수 있는 한 가지 방법이다. 우리 모두는 우리의 신념을 조사하고 그것들을 밖으로 내보내고 호흡할 수 있게 할 필요가 있다. 다른 사람들이, 특히 우리가 기초라고 여기는 개념에 대해 말해야 하는 것을 듣는 것은 우리 마음과 영혼의 창문을 여는 것과 같다. 목소리를 내는 것은 중요하다. 그러나 듣지 않고 목소리를 내는 것은 냄비와 팬을 동시에 세차게 부딪치는 것과 같고 비록 그것이 당신의 관심을 끌지는 몰라도 당신을 존경하게 하지는 못할 것이다. 대화를 의미 있게 하는 데에는 세 가지 전제조건이 있다 1. 당신이 무엇을 말하고 있는지 알고 있어야 하는데 이는 당신이 독창적인 요점을 가지며 낡고 창의력이 없는 미리 만들어진 주장을 그대로 따라 하지 않는다는 것을 의미한다. 2. 당신은 당신과 이야기 하고 있는 사람들을 존중하고 비록 당신이 그들의 입장에 동의하지 않더라도 진정으로 그들에게 기꺼이 예의를 갖추려고 한다. 3. 당신은 연속된 좋은 유머와 분별력을 가지고 주제에 대한 자신의 관점을 다루면서 상대방의 말에 귀 기울일 만큼 똑똑하고 충분한 정보가 있어야 한다.

① 우리는 다른 사람들을 설득하는 데 더 단호해져야 한다.
② 우리는 의사소통을 잘 하기 위해 경청하고 말해야 한다.
③ 우리는 우리가 보는 세계에 관한 우리의 믿음을 바꾸는 것을 주저한다.
④ 우리는 우리가 선택한 것만 듣고 다른 의견들은 무시하려고 한다.

어휘
- intact 온전한, 완전한, 그대로의(= undamaged, complete)
- belief 신념, 확신(= conviction)
- foundational 기본의, 기초적인(= fundamental)
- even if (비록) ~일지라도, (설사) ~이라고 할지라도
- prerequisite 전제 조건(= precondition)
- worn-out 낡은, 지친, 진부한, 케케묵은(= hackneyed)
- hand-me-down 만들어 놓은(= ready-made), 독창성 없는, 기성복의, 헌 옷의, 고물의
- authentically 확실하게, 진정으로, 정식으로
- courteously 예의바르게, 공손하게, 친절하게, 자상하게
- informed (특정 주제 · 상황에 대해) 잘[많이] 아는, 정보통인(↔ uninformed 지식이 없는)
- uninterrupted 중단[차단]되지 않는, 연속되는(= continuous)
- discernment 식별, 인식, 통찰력(= insight), 판별력, 안목(= discrimination)
- determine 알아내다, 밝히다(= establish), (공식적으로) 확정[결정]하다, 예정하다
- persuade (~하도록) 설득하다, (~이 사실임을) 납득[설득]시키다(= convince)
- reluctant 꺼리는(= unwilling, loath, disinclined), 마지못한, 주저하는, 반항[저항]하는

정답 25 ① 26 ②

27

글의 요지를 가장 잘 나타낸 속담 또는 격언은?

The benefits of exercise extend far beyond physical health improvement. Many people work out as much for mental and spiritual well-being as for staying fit. Can being physically active make you happy? Can it help you deal with life stress? Can it lead to a more spiritual and religious life? For many, the answer is yes. Exercise, such as walking, increases blood flow to the brain. A study of people over 60 found that walking 45 minutes a day at 6 km/h enhanced the participants' thinking skills. They started at 15 minutes of walking and gradually increased exercise time and speed. The result was that the participants were found mentally sharper with this walking program.

① Practice makes perfect.
② A sound mind in a sound body.
③ Experience is the best teacher.
④ Time and tide wait for no man.

해설 제시문은 운동을 통해 신체적인 건강뿐 아니라 정신적인 건강도 지킬 수 있다는 내용이다. 대다수의 사람들이 신체적으로 활동적인 것이 스트레스를 처리하는 데 도움이 되며 영적 · 신앙적인 삶으로 이끌어 준다고 생각한다고 하였으며, 60세 이상의 사람들을 대상으로 한 연구에서도 신체 활동이 사고력에 긍정적인 영향을 준다는 것이 밝혀졌다고 하였다. 따라서 이 글의 요지로 가장 적절한 것은 'A sound mind in a sound body.(건강한 신체에 건강한 정신이 깃든다)'이다.

해석 운동의 이점은 신체적인 건강 증진보다 더 많은 것을 포함한다. 많은 사람들은 건강을 유지하기 위한 것뿐만 아니라 정신적 · 영적 건강을 위해서도 운동을 한다. 신체적으로 활동적인 것이 당신을 행복하게 만들어 줄 수 있는가? 그것이 삶의 스트레스를 처리할 수 있게 당신을 도와줄 수 있는가? 보다 영적이고 신앙적인 삶으로 이끌어 줄 수 있는가? 많은 사람들에게 대답은 '그렇다'이다. 걷기 같은 운동은 뇌로 들어가는 혈액의 흐름을 증가시킨다. 60세 이상의 사람들을 대상으로 한 연구에서 하루에 시속 6킬로미터로 45분을 걷는 것이 참가자의 사고력을 향상시킨 것으로 밝혀졌다. 그들은 15분간 걷기에서 시작하여 운동 시간과 속도를 서서히 높였다. 결과는 이러한 걷기 프로그램으로 인해 참가자들이 정신적으로 더욱 영민해졌다는 것이다.

① 훈련이 완벽을 만든다.
② 건강한 신체에 건강한 정신이 깃든다.
③ 경험은 최고의 선생님이다.
④ 세월은 사람을 기다리지 않는다.

어휘
- work out (건강 · 몸매 관리 등을 위해) 운동하다, (일이) 잘 풀리다[좋게 진행되다]
- spiritual 정신의, 정신적인
- religious 종교의, 독실한, 신앙심이 깊은
- deal 다루다, 처리하다, 취급하다(with)

28 서울시 9급 기출

다음 글을 읽고 대변인의 주장에 가장 가까운 것은?

> Spokesman for a chemical company to residents of a nearby town: We have conducted tests and have found no evidence that the fumes leaking from our waste disposal site are harmful to humans. There is no reason to be alarmed, much less to begin evacuating people from their homes.

① 폐기물 처리장에서 나오는 연기가 인간에게 해롭다.

② 폐기물 처리장에서 나오는 연기 때문에 인근 주민들은 빠른 시간 안에 집을 비워야 한다.

③ 인체에 유해한 실험을 했기 때문에 경각심을 가져야 한다.

④ 실험한 결과 경각심을 갖거나 집을 당장 비울 필요는 없다.

해설 마지막 문장(There is no reason ~ people from their homes)에서, 불안해 할 필요도 없고 집을 비우고 대피할 필요도 없다고 하였다. 따라서 대변인의 주장에 가장 가까운 것은 ④이다.

① 'have found no evidence ~ are harmful to humans'에서, 연기가 인체에 해롭다는 증거는 발견되지 않았다고 하였다.

②·③ 마지막 문장에서 알 수 있듯이, 대변인은 주민들에게 불안해할 필요도 없고 집을 비울 필요도 없다고 주장하였다. 따라서 모두 대변인의 주장과 차이가 있다.

해석 인근 마을 주민에게 전하는 화학 회사 대변인의 말 : 우리는 실험들을 수행하였고, 우리 회사의 쓰레기 처리장에서 누출되는 연기가 인체에 해롭다는 어떤 증거도 발견하지 못했습니다. 불안해하실 이유가 전혀 없으며, 사람들을 집으로부터 대피시키기 시작할 이유는 더더욱 없습니다.

어휘
- spokesman 대변인, 홍보담당자
- chemical 화학의, 화학적인, 화학물질, 화합물
- resident (특정 지역) 거주자, 주민
- conduct (특정한 활동을) 하다, 행동하다, 수행하다
- fume 가스, 연기, 매연
- leak (액체 · 기체가) 새다, 누설하다, 유출하다, 누출, 유출
- disposal (무엇을 없애기 위한) 처리, 처분, 폐기 v. dispose
- site 위치, 장소, 현장, 부지
- alarmed 불안해[두려워]하는, 놀란, 경보장치가 달린
- much less 하물며[더구나] ~은 아니다
- evacuate (위험 지역에서) 대피[피난]시키다, 비우다, 떠나다, 철수하다

정답 27 ② 28 ④

29 국회직 8급 기출

What is the main idea of the passage?

The notion that we live in a global economy is now a commonplace. Supply chains extend halfway around the planet, and no respectable corporation would dare show its face without at least pretending to have a well-defined global strategy. The funny thing about the global economy, though, is how much of the globe has been left out of it. Four billion people still earn less than four dollars a day, and as far as the global economy is concerned they hardly exist—except, of course, as cheap labor. But perhaps it makes better sense for companies to see the poor as patrons worthy of their solicitations. Though developing nations don't have much money on a per capita basis, together they control enormous sums the ten biggest developing countries have about fourteen trillion dollars in annual purchasing power. Most corporations assume that the world's poor are so preoccupied with getting by that they're indifferent to the allure of consumer goods or new technology, but the evidence suggests that poor consumers are similar to rich ones: they like to shop.

① Cheap labor is not assumed to be a target of global marketing.
② Poor people have no interest in high-end products.
③ The individual purchasing power is still low in the developing countries.
④ Big companies tend to have little interest in the low-end market.
⑤ Penny-wise and poor people can be a big opportunity for the global businesses.

해설 글 중반부의 'But perhaps it makes better sense for companies to see the poor as patrons worthy of their solicitations.', 즉, 지구촌 경제 시대에서는 기업들이 가난한 사람들을 가치 있는 고객으로 생각해야 한다는 것이 이 글의 핵심 내용이다. 이를 도출하기 위해 세 번째와 네 번째 문장(The funny thing about the global economy … less than four dollars a day ~)에서 지구촌 경제에서 제외되어 있는 가난한 사람이 40억 명에 이른다(그만큼 잠재된 시장이 크다)는 것을 전제로 제시하였다. 또한 글 후반부에서도, 가난한 사람도 부자들과 마찬가지로 구매욕이 있다는 증거를 제시하여(~ but the evidence suggests that … they like to shop) 이를 뒷받침(강조)하고 있다. 따라서 글의 요지로 가장 알맞은 것은 ⑤이다.

해석 우리가 지구촌 경제 속에 살고 있다는 개념은 이제 흔한 것이다. 공급망은 세계 전역의 절반까지 넓어졌고, 어떤 존경할 만한 기업도 적어도 명확한 세계적 전략을 갖춘 것으로 자처하지 않고서는 감히 얼굴을 내밀지 못할 것이다. 그러나 지구촌 경제에 있어 희한한 것은 지구상의 얼마나 많은 나라가 지구촌 경제에서 빠져 있느냐는 것이다. 40억 명의 사람들이 아직도 하루 4달러 이하를 벌고 있으며, 지구촌 경제에 관한 한 그들은, 물론 저임금 노동으로서가 아니고서는, 거의 존재하지 않는다. 그러나 아마도 기업들은 가난한 사람들을 유혹할 만한 가치가 있는 고객으로 간주하는 것이 더 이치에 맞을 것이다. 개발도상국들은 1인당 기준으로는 많은 돈을 가지고 있지 않지만, 합쳐서 보면 엄청난 총액을 관리한다. 10대 개발도상국들은 연간 구매력에 있어 약 14조 달러를 보유한다. 대부분의 기업들은 세계의 가난한 사람들이 (가난에서) 빠져나가는 것에만 너무 집착하여 소비재나 신기술의 유혹에는 무관심하다고 생각하지만, 가난한 소비자들이 부유한 소비자들과 비슷하다는 것을 여러 증거들이 시사하고 있다. 즉, 그들은 물건 사는 것을 좋아한다는 것이다.

① 저임금 노동은 세계적 마케팅의 목표로 간주되지 않는다.
② 가난한 사람들은 최고급 상품에는 관심이 없다.
③ 개도국에 있어 개인 구매력은 아직도 낮은 수준이다.
④ 큰 회사들은 싼 시장에 있어서는 거의 관심을 두지 않는 경향이 있다.
⑤ 푼돈을 아끼는 가난한 사람들은 세계적 기업들에게 있어 큰 기회가 될 수 있다.

어휘
- notion 관념, 생각, 개념, 의견
- global economy 세계 경제
- commonplace 평범한 일, 다반사, 진부한 말
- supply chain 공급망
- halfway 도중의, 중간의, 중간에서, 거의, 어중되게
- show one's face 얼굴을 내밀다, (모습을) 나타내다
- pretend to ~하는 척하다
- global strategy 전체적인[세계적인] 전략
- leave out of ~에서 빼다[제외하다, 생략하다]
- as far as ~까지, ~하는 한
- cheap labor 저임금 노동
- make sense 이치에 닿다, 도리에 맞다, 뜻이 통하다, 이해할 수 있다
- see as ~로 상상하다, 간주하다
- solicitation 간청, 권유, 유혹
- per capita 1인당, 머릿수로 나누어
- trillion 1조(兆), 1조의
- purchasing power 구매력
- preoccupied with ~에 집착하는
- get by 그럭저럭 헤어나다, 용케 모면하다
- indifferent to ~에게 무관심한
- allure 매력(= charm), 매혹, 유혹(하는 것)
- consumer goods 소비재
- have no interest in ~에 관심[흥미]이 없다
- high- end 최고급의, 고액의, 고성능의(↔ low-end 싼, 저급의)
- tend to ~에 주의[전념]하다, ~하는 경향이 있다
- penny- wise 푼돈을 아끼는

30

다음 글의 요지로 알맞은 것은?

> Back in the early 1960s, when the laser was first being developed, it was viewed by some a fascinating research tool others called it as a science-fiction toy. Since that time, the laser was proved to be an instrument of many uses. In fact in many places, it's becoming a part of every day life.

① The laser was developed in 1960s.
② The laser is research tool.
③ The laser is a science-fiction.
④ The laser is becoming a part of every day life.

해설 레이저가 일상생활 곳곳에서 사용되고 있다는 것이 요지이다. 즉, 마지막 문장(In fact in many places, it's becoming a part of every day life.)이 이 글의 요지가 된다.

해석 레이저가 처음 개발된 1960년대 초반에, 레이저는 어떤 사람들에게는 매혹적인 연구 도구로 생각되었고, 다른 사람들은 그것을 공상과학소설의 장난감으로 불렀다. 그때 이후로 레이저는 많은 용도를 지닌 도구라는 것이 입증되었다. 사실 여러 곳에서 그것은 일상생활의 한 부분이 되고 있다.
① 레이저는 1960년대에 개발되었다.
② 레이저는 연구 도구이다.
③ 레이저는 공상과학소설이다.
④ 레이저는 일상생활의 일부가 되고 있다.

어휘
- fascinating 매혹적인, 황홀한
- tool 도구, 공구, 연장
- science-fiction 공상과학소설(영화)
- instrument 기계, 기구, 도구, 악기, 수단(= means)

정답 29 ⑤ 30 ④

31 국가직 9급 기출

다음 글의 요지로 가장 적절한 것은?

It's long been part of folk wisdom that birth order strongly affects personality, intelligence and achievement. However, most of the research claiming that firstborns are radically different from other children has been discredited, and it now seems that any effects of birth order on intelligence or personality will likely be washed out by all the other influences in a person's life. In fact, the belief in the permanent impact of birth order, according to Toni Falbo, a social psychologist at the University of Texas at Austin, comes from the psychological theory that your personality is fixed by the time you're six. That assumption simply is incorrect. The better, later and larger studies are less likely to find birth order a useful predictor of anything. When two Swiss social scientists, Cecile Ernst and Jules Angst, reviewed 1,500 studies a few years ago they concluded that "birth order differences in personality are nonexistent in our sample. In particular, there is no evidence for a firstborn personality."

① A firstborn child is kind to other people.
② Birth order influences a person's intelligence.
③ An elder brother's personality is different from that of his younger brother.
④ Birth order has nothing to do with personality.

해설 출생 순서가 성격 등에 영향을 미친다는 오랜 믿음은 잘못된 것이라는 것이 주어진 글의 요지이다. 특히, 두 번째 문장(However, most of the research ~ other influences in a person's life.)에서 첫째 아이가 다른 아이들과 다르며 지능이나 성격에 출생 순서가 영향을 미친다는 주장을 반박하였고, 글 후반부 내용(When two Swiss social scientists ~ no evidence for a firstborn personality.)에서도 이러한 내용을 뒷받침하는 연구 결과를 제시하였다. 따라서 ④(출생 순서와 성격은 아무런 관련이 없다.)가 글의 요지로 가장 적절하다.
① 첫째 아이가 친절하다는 것은 출생 순서가 성격에 영향을 준다는 주장과 관련되므로, 글의 내용과 배치된다.
② 주어진 글은 출생 순서가 지능이나 성격 등에 영향을 미친다는 주장을 반박하는 내용이므로, 글의 요지와는 거리가 멀다.
③ 형의 성격과 동생의 성격이 다르다는 것도 출생 순서에 따른 성격의 차이를 주장하는 내용이므로, 역시 글의 흐름과 배치된다.

해석 출생 순서가 성격, 지능, 성취에 강하게 영향을 미친다는 것은 오랫동안 민간 지혜의 일부분이었다. 하지만, 첫째아이가 다른 아이들과 근본적으로 다르다고 주장하는 대부분의 연구는 신빙성이 없어졌고, 이제는 지능이나 성격에 출생 순서가 미치는 어떠한 영향도 개인의 삶에 미치는 다른 모든 영향들에 의해 없어질 것으로 보인다. 사실, 출생 순서의 영구적인 영향에 대한 믿음은, 오스틴 에 있는 텍사스 대학교의 사회 심리학자, Toni Falbo에 따르면, 당신의 성격은 6살 무렵 정해진다는 심리학 이론에서 비롯된다. 그 가설은 아주 부정확한 것이다. 더 훌륭하고, 나중에 나온, 더 큰 규모의 연구들은 출생 순서가 어떤 것에서도 유용한 예측 변수가 된다는 것을 찾을 가능성이 더 적다. 스위스의 사회 과학자인 Cecil Ernst와 Jules Angst가 몇 년 전에 1,500개의 연구 자료들을 검토했을 때, 그들은 "성격에 있어서의 출생 순서 차이는 우리의 표본에 존재하지 않는다. 특히, 첫째의 성격에 대한 증거는 없다."라고 결론지었다.
① 첫째 아이는 다른 사람들에 친절하다.
② 출생 순서는 한 개인의 지성에 영향을 미친다.
③ 형의 성격은 그 동생의 성격과 다르다.
④ 출생 순서는 성격과 아무런 상관이 없다.

어휘
- folk wisdom 민간 지식[지혜], 민중의 지혜
- achievement 성취, 업적 v. achieve
- firstborn 맏이[첫째], 장남[장녀], 맏이의, 장남의
- radically 근본적으로, 원래, 급진적으로, 철저히
- discredit 의심하다, ~을 신용하지 않다, 신빙성을 없애다, 존경심을 떨어뜨리다

- wash out 없애다, 씻어 내다
- permanent 영구적인[영원한], 상설의, 정규직의
- assumption 가정, 추측[추정], 가설 v. assume
- predictor 예언자, 전조가 되는 것, 예측 변수
- nonexistent 존재하지 않는(↔ existent)
- in particular 특히, 특별히, 상세히
- have nothing to do with ~와 관계가 없다

32 국가직 9급 기출

다음 글의 요지로 가장 적절한 것은?

How on earth will it help the poor if governments try to strangle globalization by stemming the flow of trade, information, and capital – the three components of the global economy? That disparities between rich and poor are still too great is undeniable. But it is just not true that economic growth benefits only the rich and leaves out the poor, as the opponents of globalization and the market economy would have us believe. A recent World Bank study entitled "Growth Is Good for the Poor" reveals a one-forone relationship between income of the bottom fifth of the population and per capita GDP. In other words, incomes of all sectors grow proportionately at the same rate. The study notes that openness to foreign trade benefits the poor to the same extent that it benefits the whole economy.

① Governments must control the flow of trade to revive the economy.
② Globalization can be beneficial regardless of one's economic status.
③ The global economy grows at the expense of the poor.
④ Globalization deepens conflicts between rich and poor.

해설 세계화와 시장 경제를 반대하는 사람들의 말처럼 경제 성장이 부유층에게만 이롭다는 것은 사실이 아니며, 최근 세계은행의 연구 결과 해외 무역에 대한 개방이 전체 경제에 혜택을 주는 것과 같은 정도로 빈민층에게도 혜택을 주는 것으로 나타났다. 그러므로 "Globalization can be beneficial regardless of one's economic status. (세계화는 개인의 경제 상태에 상관없이 이익이 될 수 있다.)"는 ②의 설명이 윗글의 요지로 가장 적절하다.

해석 정부가 세계 경제의 세 가지 요소 즉, 무역, 정보 그리고 자금 흐름을 막음으로써 세계화를 옥죈다면, 도대체 그것이 어떻게 가난한 사람들을 돕는 것인가? 빈부의 격차가 여전히 크다는 것은 부인할 수 없다. 그러나 세계화와 시장 경제를 반대하는 사람들이 우리를 믿게 만든 것처럼, 경제 성장이 부유층에게만 혜택을 주고 빈민층을 배제시킨다는 것이 꼭 사실은 아니다. "성장이 빈민층에게 유익한가?"라는 제목이 붙여진 최근 세계은행의 연구는 인구의 하위 5% 소득과 1인당 국내총생산의 상관관계를 보여준다. 바꾸어 말하면, 모든 분야의 소득은 동일 비율로 비례해서 성장한다. 그 연구는 해외 무역에 대한 개방이 전체 경제에 혜택을 주는 것과 같은 정도로 빈민층에게도 혜택을 준다고 말하고 있다.

① 정부는 경제를 회복시키기 위해 무역의 흐름을 통제해야 한다.
② 세계화는 개인의 경제 상태에 상관없이 이익이 될 수 있다.
③ 세계 경제는 빈민층의 희생으로 성장한다.
④ 세계화는 빈부의 갈등을 심화시킨다.

어휘
- strangle 목 졸라 죽이다, 옥죄다(= throttle, choke, asphyxiate)
- stem 막다, 저지하다
- component 구성요소, 성분 cf. the car component industry 자동차 부품 산업
- disparity 차이, 격차 cf. disparity between rich and poor 빈부격차
- undeniable 부인할 수 없는, 명백한(= obvious)
- opponent 상대, 반대자(= adversary, rival, enemy)

제2편 문제유형별 연습(Exercise)

정답 31 ④ 32 ②

- per capita 1인당 cf. per capita GDP 1인당 국내총생산, per capita national income 1인당 국민 소득
- sector 부문, 분야, 구역(= part, division)
- proportionately 비례해서
- revive 회복[소생]하다, 되살리다
- regardless of ~에 상관없이
- deepen 깊게 하다, 심화시키다

33 국가직 9급 기출

다음 글의 요지로 가장 적절한 것은?

When giving performance feedback, you should consider the recipient's past performance and your estimate of his or her future potential in designing its frequency, amount, and content. For high performers with potential for growth, feedback should be frequent enough to prod them into taking corrective action, but not so frequent that it is experienced as controlling and saps their initiative. For adequate performers who have settled into their jobs and have limited potential for advancement, very little feedback is needed because they have displayed reliable and steady behavior in the past, knowing their tasks and realizing what needs to be done. For poor performers – that is, people who will need to be removed from their jobs if their performance doesn't improve – feedback should be frequent and very specific, and the connection between acting on the feedback and negative sanctions such as being laid off or fired should be made explicit.

① Time your feedback well.

② Customize negative feedback.

③ Tailor feedback to the person.

④ Avoid goal–oriented feedback.

해설 제시문은 성장 가능성이 높은 성과자들, 자신의 직무에 안주하는 적당한 성과자들 그리고 성과가 낮은 성과자들 각각에 맞는 피드백을 주문하고 있다. 그러므로 ③의 'Tailor feedback to the person(개인에게 맞는 피드백을 조정하라.)'이 윗글의 요지로 가장 적절하다.

해석 성과 피드백을 제공할 때, 피드백을 받는 사람의 과거성과와 그 빈도, 양 및 내용을 계획하는데 있어 그 사람의 장래 잠재력에 대한 평가를 고려해야 한다. 성장 잠재력이 높은 성과자들에게 피드백은 그들을 재촉해서 잘못된 행동을 바로잡을 만큼 빈번해야 하지만, 너무 빈번해서 통제당한다고 느끼거나 진취성을 약화시킬 만큼은 아니다. 직업에 안주하고 발전 가능성이 제한된 적당한 성과자들에게, 자신의 직무를 이해하고 무엇을 해야 하는지를 알고 있어서 과거에 그들이 믿을 만하고 일관된 행동을 보여 왔기 때문에 피드백은 거의 요구되지 않는다. 성과가 낮은 사람들, 즉 성과가 향상되지 않는다면 그들의 일에서 배제될 필요가 있는 사람들에게 피드백은 빈번하고 아주 구체적이어야 하며, 피드백에 대한 행위와 해고되는 것과 같은 부정적인 제재 사이의 연관성은 명백해야만 한다.

① 피드백의 시기를 잘 맞춰라.
② 부정적인 피드백의 설정을 바꿔라.
③ 개인에게 맞는 피드백을 조정하라.
④ 목표 지향적인 피드백을 피하라.

어휘
- recipient 수령인, 수취인
- estimate 견적, 평가
- potential 가능성, 잠재력
- frequency 빈도, 빈발 a. frequent 잦은, 빈번한
- prod A into B A에게 B하도록 재촉[촉구]하다
- corrective 바로잡는, 수정의, 교정의
- sap 약화시키다, 차츰 무너뜨리다
- initiative 진취성, 자주성, 주도권
- adequate 충분한, 적당한, 적절한(= sufficient)
- reliable 믿을 수 있는, 신뢰 할 수 있는(=dependable)
- sanction 제재, 허가, 승인(= authorization)
- lay off ~을 해고하다
- explicit 분명한, 명쾌한(= obvious)
- tailor 맞추다, 조정하다
- customize 주문 제작하다, 맞추다, 설정을 바꾸다
- goal–oriented 목표 지향적인

34 지방직 9급 기출

다음 글의 요지로 가장 적절한 것은?

Novelty-induced time expansion is a well-characterized phenomenon which can be investigated under laboratory conditions. Simply asking people to estimate the length of time they are exposed to a train of stimuli shows that novel stimuli simply seem to last longer than repetitive or unremarkable ones. In fact, just being the first stimulus in a moderately repetitive series appears to be sufficient to induce subjective time expansion. Of course, it is easy to think of reasons why our brain has evolved to work like this – presumably novel and exotic stimuli require more thought and consideration than familiar ones, so it makes sense for the brain to allocate them more subjective time.

① Response to stimuli is an important byproduct of brain training.
② The intensity of stimuli increases with their repetition.
③ Our physical response to stimuli influences our thoughts.
④ New stimuli give rise to subjective time expansion.

해설 윗글의 마지막 문장에서 새롭고 색다른 자극은 익숙한 자극보다 더 많은 사고와 숙고를 필요로 하며, 따라서 뇌에게 더 많은 주관적인 시간을 할애하도록 하는 의미가 있다고 하였으므로, "New stimuli give rise to subjective time expansion. (새로운 자극은 주관적인 시간 연장을 유발한다.)"는 ④의 설명이 윗글의 요지로 가장 적절하다.

해석 신종 유발된 시간 연장은 실험실 조건에서 조사될 수 있는 잘 특징지어진 현상이다. 사람들에게 단순히 일련의 자극에 노출된 시간의 길이를 측정해보라는 요청을 하면 새로운 자극이 반복적이고 평범한 자극보다 더 오래 지속되는 것처럼 보인다고 한다. 사실, 평범하게 반복되는 자극의 연속 중 첫 번째 자극도 주관적인 시간 연장을 유발하기에 충분한 것처럼 보인다. 물론 우리의 뇌가 이처럼 작동하도록 진화해 온 이유를 생각하기란 쉽다. – 아마도 새롭고 색다른 자극은 익숙한 자극보다 더 많은 사고와 숙고를 필요로 하며, 따라서 뇌에게 더 많은 주관적인 시간을 할애하도록 하는 의미가 있다.
① 자극에 대한 반응은 두뇌훈련의 중요한 부산물이다.
② 자극의 강도는 반복을 통해 증가한다.
③ 자극에 대한 신체반응은 우리의 사고에 영향을 미친다.
④ 새로운 자극은 주관적인 시간 연장을 유발한다.

어휘
- novelty-induced 신종 유발된
- expansion 확장, 연장, 팽창 v. expand 확장[확대/팽창]시키다
- well-characterized 잘[훌륭하게] 특징지어진
- phenomenon 현상, 사건
- investigate 수사[조사]하다, 살피다 cf. investigate by questioning 탐문 수사를 벌이다
- expose 드러내다, 폭로하다(= uncover, show, reveal) n. exposition 설명[해설], 전시회, 박람회, exposure[exposal] 노출, 폭로
- a train of 일련의, 연속의 cf. a train of successful battles 연전연승
- repetitive 반복적인, 되풀이되는 n. repetition 반복, 되풀이
- unremarkable 특별할 것 없는, 평범한
- moderately 적당히, 알맞게
- induce 설득하다, 유도하다, 유발[초래]하다 n. induction 인도[소개], 유도 분만, 귀납법
- evolve 진화하다, 발달하다(= develop, metamorphose) n. evolution 진화, 발달
- presumably 아마, 짐작컨대
- exotic 외국의, 이국적인, 색다른
- allocate 할당[할애]하다, 분배[배정]하다(= assign, grant, distribute)
- by-product 부산물, 부작용
- intensity 강렬함, 강도[세기] a. intense 극심한, 강렬한
- give rise to 낳다, 일으키다, 유발하다

정답 33 ③ 34 ④

35 국가직 9급 기출

다음 글의 요지로 가장 적절한 것은?

Through discoveries and inventions, science has extended life, conquered disease and offered new material freedom. It has pushed aside gods and demons and revealed a cosmos more intricate and awesome than anything produced by pure imagination. But there are new troubles in the peculiar paradise that science has created. It seems that science is losing the popular support to meet the future challenges of pollution, security, energy, education, and food. The public has come to fear the potential consequences of unfettered science and technology in such areas as genetic engineering, global warming, nuclear power, and the proliferation of nuclear arms.

① Science is very helpful in modern society.

② Science and technology are developing quickly.

③ The absolute belief in science is weakening.

④ Scientific research is getting more funds from private sectors.

해설 이 글은 앞부분에서 생명 연장과 질병 극복 등 과학의 업적에 대해 언급하다가 마지막 문장 (The public has come to ~ genetic engineering, global warming, nuclear power, and the proliferation of nuclear arms)에서 과학과 기술로 인한 잠재적 문제들로 인해 대중이 두려움을 갖게 되었다고 하며 끝맺고 있다. 따라서 이 글의 요지로 가장 적절한 것은 'The absolute belief in science is weakening. (과학의 절대적인 믿음이 약해지고 있다.)'이다.

해석 발견과 발명을 통해 과학은 생명을 연장하고 질병을 정복했으며, 새로운 물질적 자유를 제공했다. 그것은 신과 악마를 한쪽으로 밀어냈고, 순수한 상상력에 의해 만들어진 그 무엇보다 더 복잡하고 엄청난 우주를 드러냈다. 그러나 과학이 창조한 그 독특한 천국에는 새로운 문제들이 있다. 과학은 공해, 안보, 에너지, 교육, 그리고 식량이라는 미래의 시련에 잘 대처하기 위한 대중적 지지를 상실하는 것처럼 보인다. 대중은 유전공학, 지구 온난화, 원자력, 그리고 핵무기의 확산 같은 영역에서 규제 없는 과학과 기술의 잠재적인 결과를 두려워하게 되었다.

① 과학은 현대 사회에서 매우 유용하다.
② 과학과 기술은 빠르게 발전하고 있다.
③ 과학에 대한 전적인 믿음이 약해지고 있다.
④ 과학 연구가 민간 부문에서 더 많은 자금을 얻고 있다.

어휘
- extend 연장하다, 더 길게[크게/넓게] 만들다, 늘이다, 늘리다, 펼치다
- conquer 정복하다[극복하다], 이기다[물리치다]
- aside 한쪽으로; (길을) 비켜, 따로, …외에는, 방백, 여담
- reveal (보이지 않던 것을) 드러내 보이다, (비밀 등을) 드러내다
- intricate (여러 부분 · 내용으로 되어 있어) 복잡한
- awesome 경탄할 만한, 어마어마한, 엄청난, 기막히게 좋은, 굉장한
- meet the challenge 난국[시련]에 잘 대처하다, 임기응변으로 처리하다
- peculiar (불쾌하거나 걱정스러울 정도로) 이상한[기이한]
- consequence 결과, 중요함 a. consequent …의 결과로 일어나는
- unfettered 제한받지 않는, 규제가 없는
- proliferation 급증, 확산 v. proliferate

36 국회직 8급 기출

Which of the following is the best characterization of the passage below?

> Death is as much a reality as birth, growth, maturity and old age—it is the one certainty of life. If the time comes when I can no longer take part in decisions for my own future, let this statement stand as an expression of my wishes and directions, while I am still of sound mind. If at such a time the situation should arise in which there is no reasonable expectation of my recovery from extreme physical or mental disability, I direct that I be allowed to die and not be kept alive by medications, artificial means or "heroic measures." I do, however, ask that medication be mercifully administered to me to alleviate suffering even though this may shorten my remaining life. This statement is made after careful consideration and is in accordance with my strong convictions and beliefs. I want the wishes and directions here expressed to be carried out to the extent permitted by law. Insofar as they are not legally enforceable, I hope that those to whom this document is addressed will regard themselves morally bound by these provisions.

① a living will
② a business contract
③ a personal missive
④ an ordinance
⑤ a certified testimonial

해설 두 번째 문장(If the time comes … still of sound mind)에서 이 글이 어떤 것에 대한 내용인지 짐작할 수 있다. 특히 두 번째 문단 전체는 'living will(사망 선택 유언, 생전 유서)'의 의미를 설명한 것이다.

해석 죽음은 탄생, 성장, 성숙 및 노령과 마찬가지로 현실이다. 그것은 삶에 있어서 하나의 확실한 것이다. 만일 내가 더 이상 나 자신의 미래에 대한 결정에 참여할 수 없는 때가 오면(죽을 때가 오면), 내가 아직 제정신인 동안 이 진술이 나의 소망과 지시의 표현으로서 유효하도록 해 두자. 만일 그러한 때에 극단적인 육체적 · 정신적 장애로부터 내가 회복할 만한 합당한 예상이 없는 상황이 생긴다면, 나는 죽도록 허용되어야 하고 약물 치료나 인공적 수단 또는 '극단적인 조치'로 살려 두도록 해서는 안 된다는 것을 지시한다. 하지만, 나는 약물 치료가 비록 나의 남아 있는 생명을 단축시킬지라도 고통을 완화시키기 위하여 나에게 자비롭게 투약될 것을 요구한다. 이 진술은 신중한 고려 뒤에 작성된 것이며 나의 강한 확신과 신념에 따른 것이다. 나는 여기에 표현된 소망과 지시가 법으로 허용되는 정도까지 이행되기를 원한다. 그것들이 법적으로 시행될 수 없는 한, 나는 이 문서를 받게 될 사람들이 스스로를 이러한 조항들을 이행할 도덕적 의무가 있는 것으로 간주하기를 바란다.
① 사망 선택 유언(생전 유서)
② 사업계약서
③ 개인적 서한
④ 법령(포고문)
⑤ 공인 증명서

어휘
- maturity 성숙(기), 완성(기) (mature 성숙한, 성숙(발달)시키다)
- certainty (객관적) 확실성, 확신(= conviction)
- statement 말함, (문서, 구두에 의한) 진술 (state 진술하다, 미리 정하다)
- stand (일어) 서다, (어떤 상태 · 관계 · 입장에) 있다, 위치하다
- be of a sound mind 제정신이다
- arise 일어나다, 생기다, 피어오르다
- extreme 극도의, 극심한(= utmost), 과격한, 몹시 급격한(= very severe)
- disability 무능, 무력, 장애[불리한 조건] (disable 무능하게 하다)
- medication 약제, 약물, 투약, 약물 치료
- artificial 인조의, 인공적인, 인공물, 모조품
- heroic 영웅의, 용맹스러운, (의학적 효과가) 큰 (a heroic drug 특효약)

정답 35 ③ 36 ①

- mercifully 자비롭게, 관대히 (mercy 자비 / merciful 자비로운)
- administer 관리하다, 실행하다, (약 등을) 투여하다
- alleviate (고통 등을) 완화하다(= relieve, lessen, assuage)
- suffering 고통, 재해, 손해
- consideration 고려, 숙고, 고려할 사항
- in accordance with ~에 따라서(= according to), ~와 일치하여, ~대로
- conviction 유죄 판결, 설득(력)(= persuasion), 확신 (convince 확신시키다)
- carry out 수행하다, 실행하다, 집행하다
- to the extent ~정도까지(= to the degree)
- insofar as ~하는 한에 있어서(는)(= as far as, so far as)
- enforceable 시행[집행]할 수 있는
- address 주소와 성명을 쓰다, (우편물을) 보내다, ~에게 말을 걸다, 연설하다, 호칭을 쓰다, 다루다
- regard ~으로 여기다, 대하다, 관계, 고려
- bound 묶인, 의무가 있는, 속박된(~ by)
- provision (법) 조항, 규정, (필수품) 공급, 지급량, 준비, (복수형) 식량, 식료품
- living will 생전(生前) 유서[식물인간 상태로 살기보다는 죽기를 원한다는 뜻을 미리 작성하여 둔 유서]
- contract 계약, 계약하다, 수축시키다 (contraction 수축, 축소)
- missive 서한, 편지, 보내진, 공문의
- ordinance 법령, 명령, 규정, (기독교) 의식
- certified 보증[증명]된, 공인의
- testimonial (인물 · 자격 등의) 증명서, 추천장, 감사장 (testimony 증언, 공술서)

37 국가직 9급 기출

빈칸에 들어갈 말로 가장 적절한 것을 고르시오.

> Thank you for inviting me to speak to you today. I'd like to take this opportunity to tell you about our Silver Service activities and why we believe it is important for everyone to be involved in helping the elderly in our community. Did you know that one in every six people over the age of 60 in this community needs some kind of help in his or her home? Those of us who have experience in this kind of work know that our small "investments" in time and effort are nothing compared to the kind of satisfaction and fulfillment we get in return.

> The speech is delivered by a ________.

① salesperson　② fund-raiser
③ pediatrician　④ social worker

해설 두 번째 문장의 '~ helping the elderly in our community'와 세 번째 문장의 '~ needs some kind of help in his or her home', 마지막 문장의 'our small "investments" in time and effort' 등을 통해 이 글이 사회사업가의 연설임을 알 수 있다.

해석 제가 오늘 여러분에게 말할 수 있도록 초대해 주셔서 감사드립니다. 저는 이 기회를 통해서 저희들의 실버 서비스 활동과 저희들이 왜 모든 사람이 우리 지역 사회의 노인들을 돕는 데 참여하는 것이 중요하다고 생각하는지에 대하여 여러분께 말씀드리고자 합니다. 여러분은 이 지역 사회의 60세 이상 노인들 여섯 명 중 한 명은 자신의 가정에서 몇몇 종류의 도움을 필요로 한다는 것을 알고 있습니까? 이런 종류의 일에 경험이 있는 저희들은 시간과 노력에서 저희들의 작은 '투자'가 보답으로 받게 되는 만족감과 성취감에 비하면 아무것도 아니라는 것을 알고 있습니다. 이 연설은 사회사업가에 의해 행해지고 있다.

어휘
- opportunity 기회, 호기
- involved in ~에 관련된, 뒤얽힌 (involve 포함하다, 수반하다, 관련시키다)
- elderly 나이가 지긋한, 늙숙한
- community 공동체, 공동 사회
- satisfaction 만족, 만족함, 만족을 주는 것
- fulfillment 이행, 완수, 실현, 성취
- in return 답례로, 회답으로, 그 대신에
- deliver(make) a speech 연설하다 (deliver 배달하다, 넘겨주다, 연설하다)
- social worker 사회사업가

- salesperson 판매원, 점원, 외판원
- fund-raiser 기금 조달자, 기금 마련 행사
- pediatrician 소아과 의사

38 서울시 9급 기출

다음 중 'extraterrestrial intelligence'에 대한 작가의 태도는?

People have often wondered whether life, especially intelligent life, exists beyond Earth. Although some people claim there is a lot of evidence for alien life, I found none to be compelling.

① Optimistic ② Skeptical
③ Approving ④ Ambivalent

해설 제시된 글은 사람들이 외계의 지적 생명체의 존재에 대해 궁금하게 여겨 왔지만 이에 관한 흥미로운 어떤 것도 발견하지 못했다는 내용이다. 따라서 작가는 지구 밖의 지적 존재에 대해 회의적인(skeptical) 생각을 가지고 있다고 할 수 있다.

해석 사람들은 종종 생명체, 특히 지적 생명체가 지구 밖에 존재하는지에 대해 궁금히 여겼다. 비록 어떤 사람들은 외계 생명체에 대한 증거가 많이 있다고 주장하지만, 나는 흥미진진한 어떤 것도 발견하지 못했다.

어휘
- extraterrestrial 지구(대기권) 밖의, 지구 밖의 생물, 우주인
- intelligence 지능, 지성, 정보, 지적 존재 (intelligent 이해력이 있는, 지적인, 총명한)
- wonder ~이 아닐까 생각하다, 놀라다, 의심하다, 경이, 경이로운 것
- compelling 강제적인, 어쩔 수 없는(= irresistible), 칭찬[존경]하지 않을 수 없는
- optimistic낙천적인, 낙천주의의 (optimist 낙천주의자)
- skeptical 의심 많은, 회의적인, 회의를 나타내는, 회의론자 같은, 무신론적인
- approving 찬성하는, 만족해하는
- ambivalent 서로 용납하지 않는, 양면 가치의

39 지방직 9급 기출

다음 글의 내용을 가장 잘 요약한 것은?

Zero percent interest for the next six months, or even a year, on all balance transfers. No annual fees. Reward points for everyday purchases. Choose airline tickets, hotel stays, car rentals, a variety of great brand-name products or just get cash back. What red-blooded American credit-card holder could resist such a deal? Well, if you're smart, maybe you. Tantalizing offers like these from your credit-card issuers are increasingly filled with traps that can pile on unexpected fees or trigger punitive interest, as high as 35%. These details are spelled out in the fine print of promotions and cardholder agreements. But, says Curtis Arnold of CardRatings.com, "You have to be incredibly diligent to avoid the pitfall."

① Lower rates and other deals sound great, until you find out what you're really paying.
② Credit-card companies do not always behave badly towards their customers.
③ Credit-card companies will be fined unless they provide the details of cardholder agreements.
④ Reward points or low punitive interests are being added to the existing benefits.

제2편 문제유형별 연습(Exercise)

정답 37 ④ 38 ② 39 ①

해설 제시문은 신용카드의 경우 이율이나 거래 조건 등에 있어 여러 혜택들이 제공되는 것 같이 보이지만, 실제로는 수수료나 높은 연체 이자 등의 함정들이 숨겨져 있다는 내용으로 요약할 수 있다(글 중반부의 'Tantalizing offers like these … as high as 35%'에서 집약적으로 제시되어 있다). 이는 신용카드의 실제 지불 내용을 알기 전에는 좋은 조건과 혜택에 현혹될 수 있다는 것을 의미하므로, ①이 요약문으로 가장 적절하다.

② 신용카드 회사들이 고객들에게 나쁘게 행동하지 않는다는 내용은 언급되지 않았다.

③ 세부 내용을 제공하지 않으면 벌금이 부과된다는 것도 언급되지 않은 내용이다.

④ 징벌적이자(연체 이율)는 35%로 높다고 하였다.

해석 향후 6개월 또는 심지어 일 년 동안의 모든 계정 이전에 대한 이자 0%. 연회비 면제. 매일의 구매에 대한 보상 포인트 적립. 항공권 구입, 호텔 숙박, 자동차 렌탈, 다양한 유명 상품 등을 고르거나 그냥 현금으로 돌려받아라. 어떤 혈기 왕성한 미국인이 이러한 거래를 거부할 수 있겠는가? 자, 여러분이 현명하다면, 그럴 수 있다. 신용카드 발급자의 이러한 감질 나는 제안들이 예기치 못한 수수료라든가 35%나 되는 징벌적 이자(연체 이자 등)를 유발할 수 있는 함정들로 점점 채워지게 된다. 이러한 세부 사항들은 판촉 상품이나 카드 약관에 (잘 안 보이도록) 작은 활자로 적혀 있다. 그러나 CardRatings.com의 Curtis Arnold는, "당신은 그 함정에 빠지지 않기 위해서 믿기지 않을 정도로 부지런해야 한다."고 말한다.

① 당신이 실제로 무엇을 지불해야 하는지 알기까지는 낮은 이율과 다른 거래 조건들이 좋아 보인다.

② 신용카드 회사들이 항상 고객들에게 나쁘게 행동하지는 않는다.

③ 신용카드 회사들이 신용카드 약관에 세부 내용을 제공하지 않으면 벌금이 부과될 것이다.

④ 보상 포인트나 낮은 연체 이자율이 현재의 혜택에 추가되고 있다.

어휘
- balance 잔여, 차감 잔고, 균형을 잡다, 비교하여 헤아리다, 가늠하다
- transfer 옮기다, 양도하다, 이동, 전임, 양도 (transferable 이동할 수 있는)
- annual fee 연회비
- reward 보수, 보상, 보답, 응보, 보답하다, 보상하다
- purchase 사다, 구입하다, 획득하다, 얻다, 구매, 구입(물)
- car rental 렌터카 요금 (rental 임대료, 사용료, 임대물건)
- variety 변화, 다양(성), 갖가지 (various 가지각색의, 여러 가지의 / vary 바꾸다)
- red-blooded 기운찬, 씩씩한, 남자다운 (blooded 기질의, 순혈의, 새로운 경험을 쌓은)
- credit-card holder 신용카드 보유자 (credit-card issuer 신용카드 발행자)
- tantalizing 애타게 하는, 감질나게 하는 (tantalize 감질나게 하다)
- increasingly 점점, 더욱더 (increasing 증대하는, 증가의)
- trap 덫, 속임수, 덫으로 잡다, 덫을 놓다
- pile 쌓아 올린 더미, 퇴적, 대량, 큰돈, 쌓아 올리다, 축적하다
- trigger 방아쇠를 당기다, 유발하다, 방아쇠, 계기
- punitive 형벌의, 응보의, 징벌의, 가혹한
- detail 세부, 항목, 상세한 설명
- spell out 철자하다, 다 쓰다, 자세히 말하다
- fine print 작은 활자, 작은 글자 부분(보기 어렵게 인쇄된 불리한 조건 등을 의미함)
- cardholder 신용카드 발행을 받은 사람, 정식 당원(조합원), 대출 등록자
- agreement 일치, 조화, 합의, 승낙, 협정
- pitfall 함정, 위험(곤란), 유혹

40 국가직 9급 기출

다음 글을 가장 잘 요약한 것은?

Everyone worries at one time or another. It is a part of our every day lives. We worry about deadlines, about financial problems, and about our relationships with others. Surprisingly, the fact is that worrying is not always a bad thing. Some amount of worry is necessary because it gives us time to concentrate on a problem and find possible solutions or ways to deal with it. Some worry is stimulating. It can propel you to do better work or to complete work on time. In other cases, however, our worries can interfere with our problem-solving abilities. We worry so much that it stops us from taking the steps needed to solve the problem. If it continues, worrying can take away our energy and lead to physical problems such as fatigue, headache, muscle pain, and insomnia.

① Some amount of worry can be useful.
② Worry has both positive and negative effects on us.
③ Worry can bring about a variety of problems to our body.
④ Too much worry may keep us from concentrating on our problems.

해설 이 글은 걱정이 지니는 장점(긍정적 효과)와 단점(부정적 효과)에 대한 내용이다. 구체적으로 보면, 네 번째 문장인 'Surprisingly, the fact is that ~'부터는 걱정의 긍정적 효과에 대한 내용이며 중간 부분의 'In other cases, however, our worries ~'이하는 걱정의 부정적 효과에 대한 내용이다. 따라서 이 글을 가장 잘 요약한 것은 이러한 두 가지 측면을 모두 설명한 ②이다.
① 걱정의 긍정적 측면에 대한 내용이다.
③ · ④ 걱정의 부정적 측면에 대한 내용이다.

해석 모든 사람은 이런 저런 때 걱정을 한다. 그것은 우리의 일상생활의 일부이다. 우리는 마감시한에 대해, 금전 문제에 대해, 그리고 다른 사람들과 우리의 관계에 대해 걱정한다. 놀랍게도, 사실 걱정하는 것이 항상 나쁜 것만은 아니다. 어느 정도의 걱정은 필요한데, 그것은 걱정이 우리에게 문제에 대해 집중하고 그것을 처리할 만한 해결책들이나 방법들을 찾을 시간을 주기 때문이다. 어떤 걱정은 자극제가 된다. 그것은 당신이 일을 더 잘 하거나 제시간에 일을 완료할 수 있도록 촉진한다. 그러나 다른 경우에는, 우리의 걱정이 우리의 문제 해결력을 방해할 수 있다. 너무 걱정을 많이 하면 그 결과 그것(걱정)이 문제를 해결하기 위해 필요한 조치를 취하지 못하게 한다. 만약 걱정이 지속된다면, 그것은 우리의 에너지를 빼앗아 가고 피로, 두통, 근육통, 불면증 같은 신체적 문제들을 초래할 수 있다.
① 어느 정도의 걱정은 유용할 수 있다.
② 걱정은 우리에게 긍정적 영향과 부정적 영향을 모두 준다.
③ 걱정은 우리의 신체에 여러 가지 문제점을 유발할 수 있다.
④ 너무 많은 걱정은 우리가 우리의 문제에 집중하지 못하게 할 수 있다.

어휘
- deadline (신문, 잡지의) 원고 마감 기한, 넘지 못할 선
- financial 재정(상)의, 재무의, 금융(상)의
- surprisingly 놀랄 만큼, 놀랍게도
- amount 총액, 총계, 양, 액수, 총계가 ~에 이르다, 결과적으로 ~이 되다
- concentrate on 집중하다, ~에 전력을 기울이다
- solution 해결, 해석, 설명
- deal with ~을 다루다, 처리하다, 취급하다
- stimulating 자극하는, 활기를 띠게 하는, 격려하는
- propel 추진하다, 나아가게 하다, 몰아대다
- on time 시간에 맞게, 정각에
- interfere with ~을 방해하다, 훼방하다
- stop ~ from V-ing ~가 -하는 것을 막다, ~을 못하게 하다(= keep(prevent) ~ from V-ing)
- take a step 조치를 취하다, 방도를 강구하다
- take away 가져가다, 덜다
- lead to ~으로 이끌다, ~로 이어지다, ~을 초래하다
- physical 육체의, 신체의, 자연의, 물질의, 물리학(상)의
- fatigue 피로, 피곤, 피곤하게 하다
- insomnia 불면(증)
- have an effect on ~에 효과를 나타내다
- keep(prevent) ~ from V-ing ~가 -하지 못하도록 막다

정답 40 ②

❷ 글의 흐름 이해

01 국가직 9급 기출

다음 글에서 전체적인 흐름과 관계없는 문장은?

According to government figures, the preponderance of jobs in the next century will be in service-related fields, such as health and business. ① Jobs will also be plentiful in technical fields and in retail establishments, such as stores and restaurants. ② The expansion in these fields is due to several factors: an aging population, numerous technical breakthroughs, and our changing lifestyles. ③ However, people still prefer the traditional types of jobs which will be highly-paid in the future. ④ So the highest-paying jobs will go to people with degrees in science, computers, engineering, and health care.

해설 첫 번째 문장에서 다음 세기(미래)에 우위를 차지할 직업 분야에 관해 언급하였고, 전체적으로 이러한 미래의 유망 직업 분야와 관련된 내용이 전개되고 있다. 그런데 ③의 경우 전통적 유형의 직업에 대한 사람들의 선호에 관한 내용이므로 전체적 흐름과 거리가 멀다.
① 미래에 증가할 직업을 기술 분야와 소매업종으로 구체화하여 언급하고 있다.
② 앞에서 언급된 직업 분야가 확대되는 요인을 제시하였다.
④ 미래에 확대될 분야에서 학위를 가진 사람들이 고수입의 직업을 가지게 될 것이라는 내용이다.

해석 정부가 발표한 자료에 따르면 다음 세기에 우위를 차지할 직업은 건강과 비즈니스와 같은 서비스 관련 분야가 될 것이다. ① 직업 또한 기술 분야와 상점과 식당과 같은 소매점 분야에서 많아질 것이다. ② 이러한 분야의 확대는 몇 가지 요인들에 기인하는데, 인구의 노령화(고령화), 수많은 기술의 비약적 발전, 변화하는 생활 방식 등이 그것(요인)이다. ③ 그러나 사람들은 여전히 미래에 고수입을 보장할 전통적인 유형의 직업을 선호한다. ④ 그러므로 가장 높은 수입의 직업은 과학, 컴퓨터, 엔지니어링, 보건의료에 학위를 가진 사람들에게 돌아갈 것이다.

어휘
- preponderance 우세, 우월, 능가하기, 다수 a. preponderant v. preponderate
- retail 소매, 소매의, 소매로
- breakthrough 큰 발명[발전], 돌파, 타개, 극복
- health care 보건 의료[진료], 건강관리

02 국가직 9급 기출

다음 글의 흐름상 가장 어색한 문장은?

When the brain perceives a threat in the immediate surroundings, it initiates a complex string of events in the body. It sends electrical messages to various glands, organs that release chemical hormones into the bloodstream. Blood quickly carries these hormones to other organs that are then prompted to do various things. ① The adrenal glands above the kidneys, for example, pump out adrenaline, the body's stress hormone. ② Adrenaline travels all over the body doing things such as widening the eyes to be on the lookout for signs of danger, pumping the heart faster to keep blood and extra hormones flowing, and tensing the skeletal muscles so they are ready to lash out at or run from the threat. ③ The whole process is called the fight-or-flight response, because it prepares the body to either battle or run for its life. ④ Humans consciously control their glands to regulate the release of various hormones. Once the response is initiated, ignoring it is impossible, because hormones cannot be reasoned with.

해설 제시된 글은 뇌가 위협을 감지하면 신체의 여러 기관에 신호를 보내 이 위험에 대비하는 과정을 설명하는 글이므로 ④의 인간은 다양한 호르몬의 방출을 규제하기 위해서 의식적으로 분비샘을 조절한다는 내용은 전체 글의 흐름상 어색하다.

해석 가까운 환경에서 뇌가 위협을 인지하면, 그것은 신체에 복잡한 일련의 일들을 발생시킨다. 그것은 혈류에 화학 호르몬을 분비시키는 조직인 다양한 분비샘에 전기 메시지를 보낸다. 혈액은 빠르게 이러한 호르몬을 이후 다양한 일을 하도록 촉진되는 다른 조직으로 운반한다. ① 예를 들어, 신장 상부의 부신은 신체의 스트레스 호르몬인 아드레날린을 분출한다. ② 아드레날린은 위험 신호를 경계하기 위해 눈을 확장시키고, 혈액과 추가적인 호르몬이 계속해서 흐르도록 하기 위해 심장을 더 빨리 뛰게 하고, 위협을 후려갈기거나 위협으로부터 도망칠 준비가 되어있도록 골격근을 긴장시키는 것과 같은 일들을 하며 전신을 순환한다. ③ 전 과정은 투쟁 도피 반응이라 불리는데, 왜냐하면 그것이 신체를 싸우거나 필사적으로 도망치도록 준비시키기 때문이다. ④ 인간은 의식적으로 다양한 호르몬 분출을 조절하도록 자신의 분비샘을 통제할 수 있다. 호르몬은 설득될 수 없기 때문에 일단 반응이 시작되면, 그것을 무시하는 것은 불가능하다.

어휘
- perceive 감지[인지]하다(= observe), 지각하다, 눈치 채다, 알아차리다
- initiate 시작하다(= begin), 일으키다, 창시하다(=originate, start)
- organ(인체 내의) 장기[기관], 조직
- bloodstream 혈류, 혈액 순환
- prompt 즉석의, 즉각적인, 지체 없는(= immediate)
- adrenal 신장 부근의
- gland 분비 기관(= pituitary)
- kidney 신장, 콩팥
- tense 팽팽한, (긴장하여) 부자연스러운, 딱딱한(=stiff), 긴장[긴박]한(= strained)
- consciously 의식[자각]하여, 의식적으로
- release 풀어주다, 석방[해방]하다(= set free, relieve), 자유롭게 하다(↔ capture 억류하다)

정답 01 ③ 02 ④

03

다음 문장이 들어갈 위치로 가장 알맞은 것은?

Philosophy students seldom study or show serious interest in anthropology.

Philosophers have not been as concerned with anthropology as anthropologists have with philosophy. [A] Few influential contemporary philosophers take anthropological studies into account in their work. [B] Those who specialize in philosophy of social science may consider or analyze examples from anthropological research, [C] but do this mostly to illustrate conceptual points or epistemological distinctions or to criticize epistemological or ethical implications. [D] They may learn about experimental methods in science, but rarely about anthropological fieldwork.

① A ② B
③ C ④ D

해설 제시된 문장은 철학을 공부하는 학생은 인류학에 대한 연구를 크게 고려하지 않는 것이 내용으로 [A] 다음에는 영향력 있는 철학자들이 인류학적 연구를 고려하지 않는 것이 중심 내용이고, [B] 다음에는 사회과학 전공자가 인류학적 연구 사례의 고려, [C] 다음에는 연구 사례가 인식론적 또는 의미를 비판하기 위함이며, [D] 다음에는 그들이 인류학의 현장 연구에 대해 배우지 않다는 것이 중심 내용이므로 제시된 문장은 [D]의 위치에 들어가는 것이 자연스럽다.

해석 인류학자가 철학에 관심을 가지는 것만큼 철학자는 인류학에 관심을 가지지 않았다. [A] 영향력 있는 현대의 철학자들 중 그들의 연구에 인류학적 연구를 고려한 사람은 거의 없었다. [B] 사회과학에 대한 철학을 전공으로 하는 사람들은 인류학적 연구로부터의 사례를 고려하거나 분석할 수도 있지만, [C] 이는 주로 개념적인 요점이나 인식론적 차이를 보여주거나 혹은 인식론적 혹은 윤리적 의미를 비판하기 위해서였다. [D] [철학을 공부하는 학생들은 인류학을 공부하거나 또는 진지한 관심을 잘 보이지는 않는다.] 그들은 과학에서 실험적인 방법을 배울 수는 있지만, 인류학의 현장 연구에 대해서는 좀처럼 배우지 않는다.

어휘
- seldom 좀처럼[거의] ~않는(= rarely), 드문, 간혹
- anthropology 인류학
- concerned with ~에 관련 있는[관심 있는]
- philosophy 철학, 형이상학, 인생관, 세계관
- influential 영향을 미치는, 영향력이 큰, 유력한(= powerful)
- contemporary 동시대의, 현대의, 당대의(= modern), 동시에 발생한(= simultaneous)
- take into account ~을 고려하다, 참작하다, 계산에 넣다
- specialize in ~을 전문으로 하다
- analyze ~을 분석하다, ~으로 분해하다(↔ synthesize 합성하다), ~을 검토하다, 꼼꼼히 살펴보다, 해석하다
- illustrate (책 등에) 삽화[도해]를 쓰다[넣다], (실례 · 도해 등을 이용하여) 분명히 보여주다, 실증하다(= demonstrate)
- conceptual 개념의, 구상의
- epistemological 인식론의
- distinction 차이[대조](= difference), 뛰어남, 탁월함, 특별함, 구분, 차별, 식별, 특징, 특질, 특이성, 우대, 예우, 우수성
- criticize 비판[비난]하다(↔ praise 칭찬하다), 비평[평론]하다, ~의 흠을 찾다
- ethical 윤리적인(= moral), 도덕적인, 선악에 관한, 처방전 없이 판매할[살] 수 없는 약
- implication (행동 · 결정이 초래할 수 있는) 영향[결과], 함축, 암시, 연루(= involvement)
- experimental (아이디어 · 방법 등이) 실험적인, 실험의, 실험용의, 실험에 입각한, 경험적인, 경험을 통해 얻은
- fieldwork 현장 연구, 야외 작업

04

다음 문장 뒤에 이어질 글의 순서로 가장 적절한 것은?

When I was growing up, my father used to count out loud to ten when he was angry with my sisters and me. It was a strategy he used to cool down before deciding what to do next.

(A) Then, relax your entire body as you breathe out. What you are doing here is clearing your mind with a mini version of a meditation exercise.
(B) The combination of counting and breathing is so relaxing that it's almost impossible to remain angry once you are finished.
(C) I've improved this strategy by incorporating the use of the breath. All you have to do is this: When you feel yourself getting angry, take a long, deep breath, and as you do, say the number one to yourself.

① (B) – (A) – (C)
② (B) – (C) – (A)
③ (C) – (B) – (A)
④ (C) – (A) – (B)

해설 제시된 문장은 아버지가 화가 났을 때, 그가 무엇을 할지 결정하기 전에 마음을 진정시키기 위해 큰 소리로 열까지 셌던 전략을 경험한 것에 대한 내용이다. (C)는 아버지로부터의 경험을 토대로 호흡법을 결합하여 전략을 발전시켰다는 것이 중심 내용이므로 제시된 문장 다음으로 이어지며, (B)는 숨을 내쉬며 전신을 이완하고 명상 수행의 축소판으로 마음을 가다듬는 것으로 (C) 다음이고, (A)는 숫자를 세는 것과 호흡의 결합이 내 안의 화를 거의 누그러뜨린다는 것으로 (B) 다음에 이어지는 것이 적절하다.

해석 내가 자랄 무렵, 나의 아버지는 나의 누이와 나에게 화가 나셨을 때 큰 소리로 열까지 세곤 하셨다. 그것은 그가 다음에 무엇을 할지를 결정하기 전에 (마음을) 진정시키기 위해 사용한 전략이었다.
(C) 나는 호흡법을 결합하여 이 전략을 발전시켰다. 당신이 해야 할 것은 이것뿐이다 : 당신이 화났다고 느낄 때, 길고 깊은 숨을 쉬어라. 그리고 이렇게 하면서 혼자말로 일(1)을 세어보아라.
(B) 다음에 숨을 내쉬면서 전신을 이완하라. 지금 당신이 여기에서 하고 있는 것은 명상 수행의 축소판으로 마음을 가다듬는 것이다.
(A) 숫자를 세는 것과 호흡의 결합은 마음을 충분히 누그러지게 하여, 일단 하고 나면 화가 남아 있는 것이 거의 불가능하게 된다.

어휘
- cool down 식다[진정되다, 냉정해지다], 서늘해지다[차가워지다]
- incorporating 결합[합체]시키는, 일체가 되게 하는 v. incorporate 연합[결합, 합병]하다
- say[talk] ~ to oneself 혼잣말을 하다, 자신에게 말하다
- meditation 명상, 묵상, 숙고 v . meditate a . meditative 묵상적인, 사색형의, 묵상에 잠기는
- combination 결합, 조합, 합동, 연합체[결합체], 맞춘 것
- relaxing 사람을 느슨해지게 하는, 마음을 부드러워지게[누그러지게] 하는

정답 03 ④ 04 ③

05

다음 빈칸에 들어갈 표현으로 적절한 것은?

According to some experts, we are leaving our children and grandchildren a frightening inheritance: an increased accumulation of so-called greenhouse gases in the atmosphere and the potentially disastrous climate changes that this increase may bring about. ________, the scientific community is not speaking with one voice. Other scientists claim that the evidence for global warming is inconclusive and argue that predictions based on it are questionable. The scientific debate has been intense. It has also fueled a political controversy about what measures, if any, should be taken to address the possible problem of climate changes.

① Indeed ② Nevertheless
③ However ④ Therefore

해설 제시된 문장은 우리의 자녀들과 손자들에게 온실 가스의 증가가 초래하는 재난이라는 유산을 남기고 있으며 과학계의 한 목소리를 내지 못하는 격렬한 논쟁과 가열되는 정치적 논쟁이 글의 주제이다. 온실 가스의 증가로 재난을 일으키며, 빈칸 이후의 문장에서 다른 과학자들은 지구온난화에 대해 확정적이지 않으며 예측들은 의심스럽다 주장하고 있으므로 역접의 접속부사인 'However'가 빈칸에 들어갈 표현으로 적절하다.

해석 일부 전문가들에 따르면, 우리는 우리의 자녀들과 손자들에게 끔찍한 유산을 남기고 있다고 한다. 즉, 대기권에서의 소위 온실 가스라는 증가된 축적물과 이러한 증가가 초래할지도 모르는 잠재적으로 재난을 일으키는 기후 변화가 그것이다. 그러나, 과학계는 한목소리를 내지 못하고 있다. 다른 과학자들은 지구 온난화에 대한 증거는 확정적이지 않다고 주장하고, 이에 기초한 예측들은 의심스럽다고 주장한다. 이 과학적인 논쟁은 격렬했다. 그것은 또한 기후 변화라는 일어날 법한 문제를 다룰 조치가 있다면 어떤 조치가 취해져야 하는지에 대한 정치적 논쟁을 가열시켜 왔다.

어휘
- greenhouse 온실, 온실 효과의
- atmosphere 대기, 공기, 분위기
- disastrous 비참한, 피해가 막심한, 재해를 일으키는
- bring about 야기하다, 초래하다
- global warming 지구 온난화
- inconclusive (증거, 의논 등이) 결정적이지 않은, 요령부득의
- questionable 의심나는, 수상쩍은, 문제가 되는
- be concerned about ~을 걱정하다
- Indeed 정말, 실제로
- Nevertheless 그럼에도 불구하고
- Therefore 그러므로

06

다음 문장이 들어갈 위치로 가장 알맞은 곳은?

The processes of agriculture, the food we eat, the clothes we wear and our social relations were all at one time under the domain of religion and itshigh priests.

Belief in a supreme being does not always play the uplifting and civilizing role that it has in the past. [A] Religion, though it has undoubtedly brought comfort to innumerable human beings and stabilized society by its values, has checked the tendency to change and progress inherent in human society. [B] As knowledge advances, the domain of religion shrinks. The more we understand life and nature, the less we look for supernatural causes. [C] Whatever we can understand and control ceases to be a mystery. [D] Gradually they have passed out of its control and become subjects for scientific study.

① A ② B
③ C ④ D

해설 본문의 [D] 다음에 오는 'Gradually they have passed out of its control ~'에서 'they'는 제시문의 'The processes of agriculture, the food we eat, the clothes we wear and our social relations'를 지칭한다. 따라서 제시문은 [D]에 들어가는 것이 가장 알맞다. 한편, 여기서 제시문과 그 다음 문장(Gradually they have passed out of its control and become subjects for scientific study.)은 그 앞의 문장들([B]와 [C] 다음의 문장들)의 구체적 예에 해당한다.

해석 신의 존재에 대한 믿음이 과거에 했던 역할, 즉 정신을 고양하고 교화시키는 역할을 항상 하는 것은 아니다. [A] 종교는, 비록 의심의 여지없이 수많은 사람들에게 위안을 가져다주고 그 가치관으로 사회를 안정시켰다고 할지라도, 인류 사회에 내재된 변화하고 진보하려는 경향을 억눌러 왔다. [B] 지식이 발전함에 따라 종교의 영역은 줄어든다. 우리가 삶과 자연에 대해 더 많이 이해하면 할수록, 초자연적인 원인들을 더 적게 찾게 된다. [C] 우리가 이해할 수 있고 통제할 수 있는 것이면 무엇이든지 수수께끼로 남아 있길 그친다. [D] [농업의 과정, 우리가 먹는 음식, 우리가 입는 옷과 우리의 사회적 관계는 모두 한때 종교의 영역과 고위 성직자의 영향 아래에 있었다.] 차츰 그것들은 종교의 통제를 벗어나 과학적 연구의 주제가 되었다.

어휘
- agriculture 농업, 농학
- relation 관계, 친족[친척]관계
- at one time 한때, 일찍이, 동시에[단번에]
- priest 성직자
- supreme being 하느님, 신 (supreme 최고의, 최고의 것)
- uplifting 사기를 높이는, 격려하는, 정신을 고양하는
- civilizing 개화[교화, 문명화]하는 (civilize 개화하다)
- undoubtedly 의심할 여지없이

정답 05 ③ 06 ④

07 국가직 9급 기출

주어진 문장이 들어갈 위치로 가장 적절한 것은?

He knew, though, he would never become an Olympic runner, so he looked for other sports that he could play.

Many people have faced great obstacles in their lives but have found ways to overcome and actually benefit from these obstacles. For example, Greg Barton, the 1984, 1988, and 1992 U.S. Olympic medalist in kayaking, was born with a serious disability. (A) He had deformed feet, his toes pointed inward, and as a result, he could not walk easily. Even after a series of operations, he still had limited mobility. (B) Even so, Greg was never defeated. First, he taught himself to walk, and even to run. Then, he competed in his high school running team. (C) Happily, he discovered kayaking, a perfect sport for him because it required minimal leg and foot muscles. Using his upper body strength, he was able to master the sport. (D) Finally, after many years of training and perseverance, Greg made the 1984 Olympic team.

① A ② B
③ C ④ D

해설 주어진 문장의 의미는 '(장애로 인해) 그 자신은 올림픽 주자가 될 수 없다는 것을 알았으므로 그가 할 수 있는 다른 운동 경기를 찾아보았다'는 것인데, 문장 속의 'though'로 보아 앞에는 그가 주자가 될 수 있는 운동에 관한 내용이 나오고, 다음에는 그가 할 수 있는 다른 운동에 관한 내용이 나오는 것이 자연스럽다. 제시된 (A)~(D) 중 이에 부합하는 것은 (C)이다. 즉, (C)의 앞에는 그가 고교 육상팀에서 뛰었다는 내용(he competed in his high school running team)이 제시되었고, 다음에는 그가 그에게 적합한 카약 경기를 발견했다(he discovered kayaking, a perfect sport for him)는 내용이 제시되어 있다. 여기서는 'running team → Olympic runner → other sports → kayaking'의 흐름을 파악하면 보다 빨리 답을 고를 수 있다.

해석 많은 사람들이 그들의 인생에서 큰 장애물에 직면하지만, 극복하는 방법을 찾아내고 오히려(실제로) 이러한 장애물에서 이익을 얻는다. 예를 들어, 1984년과 1988년, 1992년의 올림픽 카약 경기 메달리스트인 미국인 Greg Barton은 심각한 장애를 가지고 태어났다. (A) 그는 기형인 발을 갖고 있었고 발가락이 안쪽을 향해 있어서, 그 결과 쉽게 걸을 수 없었다. 일련의 수술을 받은 후에도, 그는 여전히 움직임에 제한이 있었다. (B) 그렇지만, Greg은 절대 좌절하지 않았다. 우선, 그는 걷는 법, 심지어는 달리는 법을 스스로 익혔다. 그리고 나서 그는 고등학교 육상팀에서 경쟁했다. (C) [하지만, 그는 자신이 결코 올림픽 주자가 될 수 없다는 것을 알았고, 그래서 그가 할 수 있는 다른 운동 경기를 찾아보았다.]다행히도, 그는 그에게 완벽한 스포츠인, 카약 경기를 발견했다. 그것이 다리와 발 근육을 거의 필요로 하지 않기 때문이었다. 그는 그의 상체 힘을 이용하여, 그 경기를 완전히 숙달할 수 있었다. (D) 마침내, 수년간의 훈련과 인내 끝에, Greg은 1984년 올림픽 팀에 들어갔다.

어휘
- obstacle 장애(물), 방해
- actually 사실은, 실제로, 정말로
- benefit from ~에서 득을 보다 , ~에서 이익을 얻다
- kayaking 카약 타기, 카약 경기 cf. kayak 카약〈에스키모인의 사냥용 작은 배〉
- disability 장애, 무력, 무능
- deformed 불구의, 기형의, 형태가 망가진[변형된] v. deform
- point 향하다, 지적하다
- inward 안(쪽)으로, 중심으로, 내부의, 내면
- as a result 그 결과, 결과적으로, 결국
- a series of 일련의 ~

- operation 운영, 작전, 사업, 수술, 활동
- mobility 움직임, 이동성, 움직이기 쉬움, 기동성
- defeat 패배시키다, 좌절시키다
- compete 경쟁하다, 경기하다, 참가하다, 겨루다, 경합하다
- minimal 최소의, 아주 작은, 거의 ~하지 않는, 최저의
- perseverance 인내, 불굴의 의지, 끈기 v .persevere
- make a team 팀에 들어가다

08 서울시 9급 기출

다음 문장이 들어갈 곳으로 가장 적합한 곳은?

> Like most other human scientific feats, however, it threatens social and industrial relations.

> [A] The decoding of the human genome is a phenomenal development. [B] It is a transcendental discovery in humanity's effort to improve miserable health conditions caused by pollution, wars and poverty. [C] It has the potential to throw people out of work and shake up families. [D] Effective laws must be passed to guard against converting this scientific feat into a tool of racism.

① [A]　　② [B]
③ [C]　　④ [D]

해설 제시문은 인간 게놈 해독에 대한 부정적 측면(사회적 · 산업적 관계 위협)에 대한 설명이다. 그런데, 본문의 [A]와 [B] 다음에 있는 문장은 인간 게놈 해독의 긍정적 측면에 대한 내용이며, [C] 다음의 문장(It has the potential to throw people out of work and shake up families.)은 인간 게놈 해독으로 초래될 수 있는 부정적인 문제를 구체적으로 설명한 것이며, [D] 다음의 내용은 이러한 부정적 측면을 막기 위한 방안을 제시한 것이다. 따라서 제시문은 [C]의 위치에 들어가는 것이 가장 적합하다.

해석 [A] 인간 게놈의 해독은 경이적인 발전이다. [B] 그것은 환경오염과 전쟁, 가난에 의해 초래된 비참한 보건(건강) 상태를 개선하기 위한 인류의 노력에 있어 탁월한 발견인 것이다. [C] [하지만 대부분의 다른 인간의 과학적 위업과 마찬가지로, 그것은 사회적 · 산업적 관계를 위협한다.] 그것은 사람들을 실직시키고 가족관계를 흔들어 놓을 가능성이 있다. [D] 이러한 과학적 위업이 인종차별의 도구로 전환되는 것을 막기 위한 효과적인 법들이 통과되어야 한다.

어휘
- feat 위업, 공(적), 공훈(= exploit, achievement, accomplishment, attainment)
- decoding 판독, 해독 (decode 풀다, 번역하다, 해독하다)
- genome 게놈 (생존을 위한 최소 유전자군을 담고 있는 염색체의 한 세트)
- phenomenal 현상의[현상적인], 인지할 수 있는, 놀라운, 굉장한(= extraordinary)
- transcendental 초월적인, 탁월한, 헤아릴 수 없는, 심원한
- miserable 불쌍한, 비참한, 가련한(= pitiable), 슬픈, 초라한, 빈약한
- pollution 오염(= contamination), 환경 파괴, 공해(=air pollution), 더러움, (정신적) 타락
- poverty 가난, 빈곤, 결핍
- potential 잠재적인, 가능한, 가능성이 있는, 가능성, 잠재력(potentiality)
- throw ~ out of work ~를 실직시키다
- shake up 흔들어 섞다, 휘젓다, 긴장시키다, 어지럽히다, 재편성하다
- convert 전환하다(= change, alter, transform), 개종하다, 전향하다[시키다]
- racism 인종 차별주의, 인종적 편견

정답 07 ③　08 ③

09 국가직 9급 기출

다음 문장 뒤에 들어갈 글의 순서로 가장 적절한 것은?

Once, there was a little boy who had a temper. His father gave him a bag of nails and told him that every time he lost his temper, he must hammer a nail into the back of the fence.

(A) The father took his son by the hand led him to the fence. He said, "You have done well, my son, but look at the holes in the fence. The fence will never be the same. When you say things in anger, they leave a scar just like this one."

(B) He told his father about it and the father suggested that the boy now pull out one nail for each day that he was able to hold his temper. The days passed and the young boy was finally able to tell his father that all the nails where gone.

(C) The first day the boy had driven six nails into the fence. Over the next few weeks, as he learned to control his anger, the number of nails hammered daily gradually dwindled. Finally the day came when the boy didn't lose his temper at all.

① (B) – (A) – (C)　② (B) – (C) – (A)
③ (C) – (A) – (B)　④ (C) – (B) – (A)

해설 제시된 문장은, 아버지가 아이에게 화가 날 때마다 못을 박으라고 하는 내용이다. (C)는 아이가 첫날에는 화를 참지 못하였으나 점차 화를 통제하게 되어 결국 화를 전혀 내지 않게 된 날이 왔다는 내용이므로, 제시문 다음에 바로 이어질 수 있다. (C)의 'The first day'는 힌트가 될 수 있다. 다음으로는 아버지의 새로운 제안(화를 참을 수 있는 날마다 못을 뽑으라는 제안)에 대해 제시한 (B)가 오는 것이 자연스럽다. (B)의 'He told his father about it ~'에서 'it'은 (C)의 내용(특히 (C)의 마지막 문장)을 지칭한다는 것을 파악하면 보다 빨리 순서를 찾을 수 있다. 마지막으로는 앞의 경험들을 통해 얻을 수 있는 교훈에 대해 언급한 (A)가 연결된다. (A)의 '구멍(holes in the fence)'은 못을 박았다가 빼낸 자국이므로, 내용상 (C)와 (B) 다음에 이어져야 한다.

해석 옛날에 화를 잘 내는 한 아이가 있었다. 그의 아버지는 그에게 한 주머니의 못을 주고는, 화날 때마다 울타리 뒷면에 망치로 못을 박아야 한다고 말했다.

(C) 첫날 그 아이는 울타리에 6개의 못을 박았다. 다음 몇 주 동안에 아이는 자신의 화를 통제하는 것을 배우면서 매일 망치질하는 못의 개수가 점차 줄어들었다. 결국 그 소년이 화를 전혀 내지 않게 된 날이 왔다.

(B) 그는 그의 아버지에게 이것에 대해 말했고, 아버지는 이제는 화를 참을 수 있는 날마다 못을 하나씩 빼낼 것을 제안했다. 여러 날들이 지나고 그 소년은 마침내 못이 모두 사라졌다고 아버지에게 말할 수 있게 되었다.

(A) 아버지는 아들의 손을 잡고 그를 울타리로 데리고 갔다. 그는 "아들아, 잘했어. 하지만 울타리에 있는 구멍들을 봐. 저 울타리는 결코 똑같을 수는 없을 거야. 네가 화가 나서 말을 하면, 그 말들은 이같이 상처를 남긴단다."라고 말했다.

어휘
- have a temper 성미가 급하다, 화를 잘 내다
  cf.temper 기질, 성품, 기분, 화, 짜증
- nail 못, 손톱, 발톱
- lose one's temper 화를 내다
- hammer 망치로 두드리다[때리다, 박아넣다], 못박다, 못으로 박아 붙이다
- dwindle 점점 작아[적어]지다, 줄어들다, 쇠퇴하다
- scar 상처, 흉터, 자국

10 지방직 9급 기출

주어진 문장에 이어질 글의 순서로 가장 적절한 것은?

A well-known reply, when demands for expenditure seem unrealistic or wasteful, is that "money does't grow on trees."

(A) Given these characteristics, the challenge of making a profit from forest management is daunting.
(B) Furthermore, because of the longterm nature of forest management, the risk of such investment can be a major deterrent to potential investors.
(C) Ironically, investing in forest management is one area where this is particularly true. Apart from a few exceptions, trees grow relatively slowly compared with other crops, timber harvests are infrequent, and forest product prices are held down by competition from other materials.

① (A) − (B) − (C) ② (A) − (C) − (B)
③ (B) − (A) − (C) ④ (C) − (B) − (A)

해설 (A)의 경우 '이러한 특성들(these characteristics)'에 해당하는 내용이 주어진 문장에 언급되어 있지 않으므로, 주어진 문장 바로 다음에 이어질 수 없다. 또한 (B)의 경우도, 'Furthermore'로 시작된다는 점에서 볼 때 삼림과 관련된 투자의 위험성(the risk of such investment)을 언급하는 내용이 앞서 제시되어야 하는데, 주어진 문장에는 이러한 내용이 없으므로 역시 주어진 문장 다음에 바로 이어질 수 없다. 이에 비해 (C)의 경우는 내용상 주어진 문장 다음에 바로 연결될 수 있는데, (C)는 주어진 문장에서 지출에서의 낭비를 비판하기 위해 제시된 표현("money doesn't grow on trees")이 아이러니하게도 삼림 사업에 대한 투자에 적용된다는 내용이 된다. 여기에서 (C)의 첫 문장 속의 'this'가 주어진 문장에서 언급된 'money doesn't grow on trees'를 지칭한다는 점을 파악하면 보다 쉽게 연결 순서를 파악할 수 있다. 그리고 (C)의 두 번째 문장(Apart from a few exceptions ~ competition from other materials.)은 목재와 임산물에 대한 투자가 위험한 이유에 관한 내용인데, (B)는 이를 부연 설명하고 있는 내용이므로 (C) 다음에 바로 이어질 수 있다. 마지막으로 (A)는 (B)와 (C)에서 언급된 삼림 관리와 관련된 특성을 고려할 때 이윤창출이 어렵다는 결론을 내리고 있다. 따라서 주어진 문장에 이어질 순서로 가장 적절한 것은 ④이다.

해석 지출에 대한 요구(소비하고자 하는 요구)가 비현실적이거나 낭비하는 것으로 보일 때, 잘 알려진 대답(반응)은, "돈은 나무에서 열리는 것이 아니다."이다.
(C) 아이러니하게도, 삼림 관리(삼림 사업)에 투자하는 것은 이 말이 특히 들어맞는 분야이다. 몇몇 예외를 제외하고는, 나무는 다른 작물과 비교했을 때, 비교적 천천히 자라고, 목재 수확은 횟수가 잦지 않으며, 임산물 가격은 다른 자재들과의 경쟁으로 인해 억제되어 있다.
(B) 뿐만 아니라, 삼림 관리의 장기적인 특성으로 인해, 그러한 투자의 위험성이 잠재적인 투자자들에게 주된 방해물이 될 수 있다.
(A) 이러한 특성들을 고려하면, 삼림 관리에서 이윤을 만들어 내고자 하는 도전은 쉽지 않다.

어휘
- expenditure 소비, 소모, 지출, 비용
- ironically 얄궂게도, 빗대어, 반어적으로
- forest management 삼림 관리[임업 경영]
- apart from ~을 제외하고[제쳐 놓고], 별도로, ~이외에
- exception 예외[이례], 제외, 반대[이의]
- relatively 비교적(으로), 상대적으로, 비하여
- crop 농작물[작물], 곡식, 수확
- timber 목재, (목재용) 수목[산림]
- infrequent 잦지 않은, 드문, 드물게 일어나는 (↔frequent), 부정기적인
- forest product 목제, 임산물
- hold down 억제하다, 유지하다, 억제
- furthermore 뿐만 아니라, 더욱이, 게다가
- deterrent 제지하는 것, 억지력, 제지하는, 방해하는
- potential (~이 될) 가능성이 있는, 잠재적인
- given ~을 고려해 볼 때, 감안하면
- characteristic 특성, 특징, 특질, 독특한, 특징적인
- make a profit 이윤을 내다, 이익을 내다, 돈을 벌다
- daunting 벅찬, 곤란한, 쉽지 않은, 주눅 들게 하는, 위협적인(↔ intimidating)

정답 09 ④ 10 ④

11

다음 문장에 이어질 글의 순서로 적절한 것은?

Many people don't realize that soap can strip the good oils from your skin, as well as the bad oils.

(A) Why? Because you can actually see a difference in just one week you use it daily.
(B) Oil of Argan facial products were created to add natural oils back to your skin, thereby reducing signs of aging.
(C) Oil of Argan has been rated the most popular product for toning and firming skin on the face, neck and around the eyes.

① (C) – (A) – (B) ② (C) – (B) – (A)
③ (B) – (A) – (C) ④ (B) – (C) – (A)

해설 제시된 문장의 내용은 비누가 좋은 기름도 제거할 수 있다(~ soap can strip the good oils from your skin)고 했다. (B)는 아르간 오일이 지닌 여러 장점을 설명하였고 (C)에서는 그 이유에 대해 언급하고 있으므로, 제시문 다음에 (B)가 이어진다는 것을 알 수 있다.
(B)에서 아르간 오일이 노화의 흔적을 줄여준다(reducing signs of aging)고 했는데, (C)에서는 이와 관련된 구체적 내용(~ toning and firming skin on the face, neck and around the eyes)에 대해 언급하고 있으므로 (B) 다음에 (C)가 이어지며 마지막으로 (A)가 온다. 따라서 문맥상 가장 알맞은 순서는 '(B) – (C) – (A)'이다.

해석 많은 사람들이 비누가 피부에서 나쁜 기름뿐만 아니라 좋은 기름도 제거할 수 있다는 것을 알지 못합니다.
(B) 아르간 오일 화장품은 천연 오일을 당신의 피부에 되돌려 주어 노화의 흔적을 줄여주도록 만들어졌습니다.
(C) 아르간 오일은 얼굴과 목, 눈 주변의 피부 색조를 밝게 하고 탄탄하게 하기 위한 가장 인기 있는 제품으로 평가받아 왔습니다.
(A) 왜 그렇냐고요? 여러분이 이것을 매일 사용하면 단 일주일 내에 그 차이를 실제로 볼 수 있습니다.

어휘
- strip 제거하다, 빼앗다, 없애다, 벗기다
- argan 아르간(모로코 산의 상록수 ; 씨에서 추출한 기름은 화장품과 식용으로 사용)
- aging 노화[나이를 먹음], 숙성, 늙어 가는
- tone 색조를 조정하다[더하다], 조율하다, 어떤 어조로 하다, 어떤 가락으로 타다

12 지방직·서울시 9급 기출

주어진 글 다음에 이어질 글의 순서로 가장 적절한 것은?

Nowadays the clock dominates our lives so much that it is hard to imagine life without it. Before industrialization, most societies used the sun or the moon to tell the time.

(A) For the growing network of railroads, the fact that there were no time standards was a disaster. Often, stations just some miles apart set their clocks at different times. There was a lot of confusion for travelers.

(B) When mechanical clocks first appeared, they were immediately popular. It was fashionable to have a clock or a watch. People invented the expression "of the clock" or "o'clock" to refer to this new way to tell the time.

(C) These clocks were decorative, but not always useful. This was because towns, provinces, and even neighboring villages had different ways to tell the time. Travelers had to reset their clocks repeatedly when they moved from one place to another. In the United States, there were about 70 different time zones in the 1860s.

① (A) – (B) – (C) ② (B) – (A) – (C)
③ (B) – (C) – (A) ④ (C) – (A) – (B)

해설 주어진 문장에서 산업화 이전 시간 판단의 기준에 대해 언급하고 있으므로, 이후에는 시계의 최초 등장 이후 상황에 대해 설명하는 (B)가 이어지는 것이 적절하다. 이후 (B)에서 언급된 시계들을 'These clocks'를 이용해 가리키는 (C)가 이어진 후, 마지막으로 (C)에서 언급된 70가지 다른 시간대가 초래한 결과를 설명하는 (A)가 이어지는 것이 자연스럽다. 따라서 주어진 문장 다음에 이어질 글의 순서는 (B) – (C) – (A) 순이다.

해석 요즘 시계는 우리의 삶을 너무 많이 지배하고 있어서 시계가 없는 삶은 상상하는 것조차 어렵다. 산업화 이전에 대부분의 사회는 시간을 알기 위해서 태양이나 달을 사용했다.

(B) 기계적인 시계가 처음 등장했을 때, 그 시계들은 곧바로 인기를 끌었다. 시계나 손목시계를 가지는 것이 최신 유행이 되었다. 사람들은 시간을 말하는 이러한 새로운 방법을 표현하기 위해서 "of the clock"이나 "o'clock"이라는 표현을 만들어내기도 했다.

(C) 이러한 초기의 시계들은 예쁘긴 했으나, 늘 유용하지는 않았다. 왜냐하면 마을들과 지방들, 그리고 심지어 이웃마을들도 시간을 표시하는 방식이 제각기 달랐기 때문이다. 여행자들은 그들이 한 장소에서 다른 곳으로 이동할 때마다 반복해서 그들의 시계를 다시 맞춰야 했다. 1860년대에 미국에는 70개의 다른 표준 시간대가 존재했다.

(A) 철도망이 발달하면서, 기준시간대가 없다는 사실은 재앙이 되었다. 단 몇 마일 떨어진 역들도 자주 다른 시간대로 시계를 맞추었다. 여행자들에게는 많은 혼란이 있었다.

어휘
- dominate 지배[군림]하다, 가장 중요한[두드러지는] 특징이 되다, (어떤 장소에서) 가장 크다[높다/두드러지다], (경기에서) 압도적으로 우세하다, (격정 등을) 억누르다, 조절하다
- industrialization 산업[공업]화
- confusion (정신의) 혼란, 혼동, 당혹, 정신 착란, 의식장애
- fashionable 유행하는, 유행을 따른, 사교계의, 상류 사회의, 일류의(↔ unfashionable 유행에 어울리지 않은)
- expression 표현, 표시, 표출, 표정(= look),
- refer 알아보도록 하다, 조회하다, (서적 등을) 참조하게 하다, (사실 등에) 주목하게 하다, (사건, 문제 등을) 위탁[부탁]하다, 맡기다, 회부하다, (이유 · 원인 · 기원 등을) ~에 돌리다, ~의 탓으로 하다(= attribute), 지시하다, 나타내다, 주목시키다, 언급하다, 인용하다, 적용되다
- decorative 장식이 된, 장식용의, 장식적인, 화려한
- province 주[도], (수도 외의) 지역, 지방, (개인의 특정 지식 · 관심 · 책임) 분야

제2장 문제유형별 연습(Exercise)

정답 11 ④ 12 ③

13

다음 문장이 들어갈 곳으로 가장 적절한 곳은?

Some of these sounds echo off flying insects as well as tree branches and other obstacles that lie ahead.

Microbats, the small, insect-eating bats found in North America, have tiny eyes that don't look like they'd be good for navigating in the dark and spotting prey. But, actually, microbats can see as well as mice and other small mammals. (A) The nocturnal habits of bats are aided by their powers of echolocation, a special ability that makes feeding and flying at night much easier than one might think. To navigate in the dark, a microbat flies with its mouth open, emitting high-pitched squeaks that humans cannot hear. (B) The bat listens to the echo and gets an instantaneous picture in its brain of the objects in front of it. From the use of echolocation, or sonar, as it is also called, a microbat can tell a great deal about a mosquito or any other potential meal. (C) With extreme exactness, echolocation allows microbats to perceive motion, distance, speed, movement, and shape. (D) Bats can also detect and avoid obstacles no thicker than a human hair.

① A　　② B
③ C　　④ D

해설 제시문은 소리 중의 일부는 나뭇가지와 앞에 있는 다른 장애물뿐만 아니라 날아다니는 곤충에도 메아리친다는 내용이다. 글에서 곤충을 잡아먹는 작은 크기의 박쥐인 마이크로뱃에 대해 소개하고 있다. (A) 뒤에는 박쥐의 야행성 습관과 반향 위치 측정이라는 능력과 인간이 들을 수 없는 고음을 내며, (B) 뒤에는 박쥐가 메아리를 듣고 물체의 이미지를 뇌에 포착하는 것, (C) 뒤에는 박쥐의 반향 위치 측정과 음파 탐지기를 활용한 정확성 및 동작, 속도, 움직임에 대해 파악하며 (D) 뒤에는 사람의 머리카락보다 가느다란 장애물을 탐지하고 피하는 내용으로 (B) 뒤에 제시문이 들어가야 적절하다.

해석 북아메리카에서 발견된 작고 곤충을 잡아먹는 박쥐인 마이크로뱃은 어둠 속에서 날아다니며 먹이를 찾는 데 좋을 것 같지 않은 작은 눈을 갖고 있다. 그러나 사실, 마이크로뱃은 쥐와 다른 작은 포유류들만큼 잘 볼 수 있다. (A) 박쥐의 야행성 습관은 생각보다 훨씬 쉽게 밤에 먹이를 잡고 날도록 반향 위치 측정이라는 특별한 능력에 의해 도움을 받는다. 어둠 속에서 비행하기 위해, 마이크로뱃은 입을 벌린채 날아다니며 인간이 들을 수 없는 고음의 짹 소리를 낸다. (B) [이 소리 중 일부는 나뭇가지와 앞에 있는 다른 장애물뿐만 아니라 날아다니는 곤충에도 메아리친다.] 박쥐는 그 메아리를 듣고 그 앞에 있는 물체에 대한 순간적인 이미지를 뇌 속에 포착한다. 반향 위치 측정 또는 음파 탐지기를 사용하여 마이크로뱃은 모기 또는 다른 가능한 먹잇감에 대해 많은 것을 알 수 있다. (C) 극도의 정확성으로 반향 위치 측정은 마이크로뱃이 동작, 거리, 속도, 움직임 및 형태를 감지할 수 있게 한다. (D) 박쥐는 또한 사람의 머리카락보다도 가느다란 장애물을 탐지하고 피할 수 있다.

어휘
- tiny 아주 작은, 조그마한
- spot 찾다, 발견하다(= detect)
- prey 먹이, 밥, 사냥감
- nocturnal 밤에 일어나는, 야행성의(↔ diurnal 주행성의)
- navigate 항해하다, 날다
- microbat 작은 박쥐류
- emit 내다, 방출하다(= give off) n. emission 배출, 방출
- high-pitched 아주 높은, 고음의
- squeak 끼익[짹/찍]하는 소리
- obstacle 장애, 방해(= hindrance)

- instantaneous 순간의, 즉각적인
- echolocation (돌고래 · 박쥐) 반향 위치 측정
- sonar 음파 탐지(기)
- mosquito 모기
- potential 가능성이 있는, 잠재적인
- extreme 극도의, 극심한(= utmost)
- exactness 정확, 엄밀
- perceive 감지[인지]하다, 깨닫다 n. perception 지각, 통찰력 cf. perceive A as B A를 B로 여기다
- detect 발견하다, 탐지하다 n. detection 발견, 탐지

14

밑줄 친 부분에 들어갈 가장 적절한 말은?

> Thirty years ago, smoking had nothing to do with professional success or failure. At the present time, however, being a smoker can seriously interfere with one's career. One-third of Korean businesses restrict or prohibit smoking and another 20 percent are investigating such policies. ________, employees who don't smoke are complaining more and more about having to work side by side with employees who do. The nonsmokers are demanding that management take their complaints into account and refuse to hire smokers who will not limit their smoking to one specific area far away from nonsmokers.

① However ② For example
③ In addition ④ Consequently

해설 빈칸의 앞 문장에서 '흡연이 직업적인 성공 및 실패와 아무런 관계가 없었다고 하면서 현재에는 흡연자라는 것이 경력에 방해될 수 있으며 기업의 1/3이 흡연을 제한하거나 금지라고 있으며 다른 20%는 심사 중이다. 빈칸 다음 내용은 비흡연자가 흡연자와 같이 일해야 하는 것에 불만을 제기하고 있으며 특정한 구역에서 흡연을 하지 않는 흡연자를 고용하지 말아야 한다는 내용이 있으므로 빈칸에 가장 적절한 말은 'In addition(게다가)'이다.

해석 30년 전에는, 흡연이 직업적인 성공 혹은 실패와 아무런 관계가 없었다. 그러나 현재에는 흡연자라는 것이 경력에 상당한 방해가 될 수 있다. 한국 기업의 1/3이 흡연을 제한하거나 금지하고 있고, 다른 20% 정도는 그러한 정책을 심사 중에 있다. 게다가, 흡연을 하지 않는 직원들이 흡연하는 직원들과 나란히 일해야 하는 것에 대해 점점 더 불만을 제기하고 있다. 비흡연자들은 경영진들이 그들의 불만을 고려해서, 비흡연자들로부터 멀리 떨어진 특정한 구역으로 그들의 흡연을 제한하지 않는 흡연자들은 고용하지 말아야 한다고 요구하고 있다.

어휘
- have nothing to do with ~와 아무 관계가 없다, ~와 교제하지 않다
- professional 직업의, 지적 직업에 종사하는, 지적 직업인, 직업 선수
- at the present time 요즈음에는, 현재에는
- interfere 방해하다, 간섭하다
- take ~ into account ~을 고려하다, 참작하다
- specific 분명히 나타난, 구체적인, 명확한, 특정한
- consequently 따라서

정답 13 ② 14 ③

15

밑줄 친 부분에 들어갈 가장 적절한 말은?

In Europe, where biometeorology began and has flourished, it's assumed that ordinary weather affects ordinary human beings in myriad ways. In one study, biometeorologists suggested a statistical correlation between bone density and temperature. Some Hungarian scientists found an increase in dental periostitis(gum inflammation) with the passage of a warm front. According to some Swedish doctors, migraine headaches increase three days after a change in barometric pressure and temperature. ________, researchers in Japan noticed an increase in asthma attacks when the wind changes direction.

① Meanwhile ② Moreover
③ Likewise ④ For example

해설 글의 첫 문단에서 유럽의 생물 기상학의 시작과 번성 및 인간에게 영향을 미침을 소개하고 있다. 두 번째 문단에서는 한 연구에서 생물 기상학자들이 골밀도와 온도 간의 상관관계를 제시하면서 일부 헝가리 과학자들은 온난 전선이 통과하면 치은염이 증가한다는 연구 결과와 일부 스웨덴 의사들은 편두통은 기압, 기온의 변화가 생긴 3일 후에 증가한다고 제시하고 있다. 빈칸 뒤의 문단은 일본 연구자들은 풍향이 바뀌면 천식이 증가한다는 결과를 말하고 있으므로 빈칸에는 'Meanwhile(한편)'이 적절하다.

해석 생물 기상학이 시작되고 번성해 온 유럽에서는, 보통의 날씨가 보통 사람들에게 무수한 방법으로 영향을 미친다고 여겨지고 있다. 한 연구에서, 생물 기상학자들이 골밀도와 온도 사이의 통계적 상관관계를 제시했다. 일부 헝가리 과학자들은 온난 전선이 통과하면서 치 골막염(치은염)이 증가한다는 것을 알아냈다. 일부 스웨덴 의사들에 따르면, 편두통은 기압과 기온에 변화가 있은 지 3일 후에 증가한다. 한편, 일본의 연구자들은 바람이 방향을 바꿀 때 천식 발작이 증가한다는 것을 알아챘다.

어휘
- biometeorologist 생물 기상학자 (biometeorology 생물 기상학) a. statistical 통계적인, 통계학상의, 통계에 근거한
- correlation 상관관계
- bone density 골밀도
- dental periostitis 치(齒) 골막염 (gum inflammation 치은염)
- passage 통행, 통로, 여행
- warm front 온난 전선
- migraine (headaches) 편두통
- barometric pressure 기압 (barometric 기압(계)의)
- flourish 번성하다, 무성하게 자라다, 활약하다
- assume 가정하다, 추측하다
- ordinary 평상의, 보통의
- myriad 무수한, 막대한 (in myriad ways 무수한 방법으로)
- meanwhile 그동안, 한편
- asthma attacks 천식 발작 (asthma 천식)

16 국가직 9급 기출

다음 밑줄 친 부분에 들어갈 가장 적절한 것을 고르시오.

Girls and women feel it is crucial that they be liked by their peers, a form of involvement that focuses on symmetrical connections. Boys and men feel it is crucial that they be respected by their peers, a form of involvement that focuses on asymmetrical status. Being disliked is a more devastating punishment for girls and women, because of their need for affiliation. Marjorie Harness Goodwin, in her study of teen and preteen boys and girls at play, found that when a girl's behavior was strongly disapproved, the other girls ostracized her for a month and a half the ultimate means of social control. ________, although boys sometimes left the group when they felt they were insulted too much, Goodwin did not find boys excluded for an extended period of time.

① In addition ② Accordingly
③ In contrast ④ Furthermore

해설 빈칸 앞뒤에는 소녀와 소년들의 행동 및 사고방식에 차이가 있다는 대조적인 연구 결과가 제시되어 있다. 즉, 빈칸 앞의 내용은 소녀들의 경우 다른 소녀들로부터 장기간 배척된다는 것이며 뒤의 내용은 소년들의 경우는 장기간 배척되지 않는다는 것이다. 따라서 빈칸에는 역접이나 대조를 표현하는 연결어가 적합하다.

해석 소녀들과 여성들은 그들의 동료들이 좋아해 주는 것을 중요하게 여기는데, 이는 대칭적 연결에 초점을 둔 관계의 형태이다. 소년들과 남자들은 그들의 동료들이 존경해 주는 것을 중요하게 여기는데, 이는 비대칭적 신분에 초점을 둔 관계의 형태이다. 남들이 싫어한다는 것은 소녀들과 여성들에게는 그들의 연결에 대한 필요 때문에 더 가혹한 형벌이 된다. Marjorie Harness Goodwin은 놀이를 하고 있는 십대와 그 이전 연령의 소년 소녀들을 대상으로 한 연구에서, 어떤 소녀의 행위가 강하게 거부될 때 다른 소녀들이 사회 통제의 최종 수단으로 그녀를 한 달 반 동안 배척하는 것을 발견했다. 이와는 대조적으로, 소년들은 그들 자신이 심하게 모욕을 당한다고 느낄 때 집단을 떠나기는 했지만, Goodwin은 소년들이 장기간 배제되는 것은 발견하지 못했다.

어휘
- crucial 결정적인, 중대한
- peer 동등한 사람, 동료, 동등한 것
- involvement 관련, 포함, 어려움(곤란) (involve 포함하다, 수반하다, 관련시키다)
- symmetrical 대칭적인, 균형이 잡힌, 조화된
- asymmetrical 비대칭적인, 불균형의
- status 지위, 신분
- devastating 파괴적인, 황폐시키는, 치명적인 (devastate 황폐하게 하다, 망연자실케 하다)
- punishment 형벌, 처벌, 징계
- affiliation 입회(가입), 합병(합동, 제휴), 양자 결연, (정치적) 제휴
- preteen 사춘기 직전의 (어린이)
- disapprove 불만을 나타내다, 찬성하지 않다
- ostracize 추방하다, 배척하다
- ultimate 최후의, 궁극의, 결정적인, 최고의
- insult 모욕하다, ~에게 무례한 짓을 하다
- exclude 배척하다, 제외하다, 몰아내다, 추방하다
- in addition 게다가, 더구나 (= besides)
- accordingly 따라서, 그러므로, 그래서
- in contrast ~와 달리, 대조적으로
- furthermore 더군다나, 더욱이

정답 15 ① 16 ③

17 국가직 9급 기출

밑줄 친 (A), (B)에 들어갈 말로 가장 적절한 것은?

Advocates of home schooling believe that children learn better when they are in a secure, loving environment. Many psychologists see the home as the most natural learning environment, and originally the home was the classroom, long before schools were established. Parents who homeschool argue that they can monitor their children's education and give them the attention that is lacking in a traditional school setting. Students can also pick and choose what to study and when to study, thus enabling them to learn at their own pace. (A), critics of home schooling say that children who are not in the classroom miss out on learning important social skills because they have little interaction with their peers. Several studies, though, have shown that the home-educated children appear to do just as well in terms of social and emotional development as other students, having spent more time in the comfort and security of their home, with guidance from parents who care about their welfare. (B), many critics of homeschooling have raised concerns about the ability of parents to teach their kids effectively.

	(A)	(B)
①	Therefore	Nevertheless
②	In contrast	In spite of this
③	Therefore	Contrary to that
④	In contrast	Furthermore

해설 (A) 빈칸 이전에는 홈스쿨링 옹호자들의 의견, 즉, 홈스쿨링 찬성 의견을 제시하고, 빈칸 이후에는 홈스쿨링 비판자들의 의견, 즉, 홈스쿨링 반대 의견을 제시하고 있으므로, '대조'를 나타내는 'In contrast(그에 반해)'가 빈칸에 알맞다.

(B) 빈칸 이전에는 홈스쿨링을 하는 아이들의 발달에 문제가 없다는 연구 결과를 언급하며, 홈스쿨링의 긍정적인 측면을 제시하고 있으나, 빈칸 이후에는 비판자들의 홈스쿨링을 하는 부모의 교육 능력 대한 염려에 대해 설명하고 있으므로, '양보'를 나타내는 'Nevertheless(그럼에도 불구하고)' 또는 'In spite of this(이것에도 불구하고)'가 빈칸에 알맞다.

해석 홈스쿨링 지지자들은 아이들이 안전하고 애정이 넘치는 환경에 있을 때 더 잘 배운다고 믿는다. 많은 심리학자들은 집을 가장 자연스러운 학습 환경으로 보는데, 학교가 설립되기 훨씬 전에 집이 원래 교실이었다. 홈스쿨링을 하는 부모들은 그들이 자기 자녀들의 교육을 관찰할 수 있으며 전통적인 학교 환경에서는 부족한 관심을 그들에게 줄 수 있다고 주장한다. 학생들은 또한 무엇을 그리고 언제 공부할 것인지를 고르고 선택할 수 있기 때문에, 그들 자신의 속도에 맞춰 학습할 수 있다. (A) 그에 반해, 홈스쿨링에 대한 비평가들은 교실에 있지 않은 아이들이 또래들과 상호작용을 거의 못하기 때문에 중요한 사회적 기술을 배우는 것을 놓친다고 한다. 하지만, 몇몇 연구들은 가정에서 교육을 받은 아이들이 자신의 행복에 대해 신경 써주는 부모로부터의 지도와 더불어, 가정의 편안함과 안정감 속에서 더 많은 시간을 보내면서, 다른 학생들만큼 사회적 그리고 정서적 발달 면에서 잘 하는 것 같다는 것을 보여줬다. (B) 그럼에도 불구하고, 홈스쿨링에 대한 많은 비평가들은 자신의 아이들을 효과적으로 가르칠 수 있는 부모들의 능력에 대해 우려를 제기해왔다.

어휘
- secure 안심하는(↔ insecure 불안정한), 안전한(=safe), 확실한(= sure, certain)
- psychologist 심리학자 cf. an educational psychologist 교육 심리학자
- argue 언쟁하다(= dispute), 논의하다(= discuss), 논증[입증]하다(= prove)
- lacking ~이 없는[부족한], 결핍된(= missing), 모자라는(= deficient)
- enabling (특별한) 권능을 부여하는, 합법화하는

- interaction 상호 작용[영향] 대화, 접촉
- peer 친구, 동료, 동아리, (나이 · 지위 · 능력이) 동등한 사람, (법률상) 대등한 사람
- emotional 정서적인, 감정을 자극하는(= emotive)
- comfort 위안하다, 위로하다(= console), 격려하다, ~을 안심시키다(= relieve), (몸을) 편하게 하다
- welfare (개인 · 단체의) 안녕[행복], 복지[후생], 번영(= well-being, prosperity)
- concern about ~에 대한 관심[염려]

18 지방직·서울시 9급 기출

밑줄 친 (A), (B)에 들어갈 말로 가장 적절한 것은?

Assertive behavior involves standing up for your rights and expressing your thoughts and feelings in a direct, appropriate way that does not violate the rights of others. It is a matter of getting the other person to understand your viewpoint. People who exhibit assertive behavior skills are able to handle conflict situations with ease and assurance while maintaining good interpersonal relations. ___(A)___, aggressive behavior involves expressing your thoughts and feelings and defending your rights in a way that openly violates the rights of others. Those exhibiting aggressive behavior seem to believe that the rights of others must be subservient to theirs. ___(B)___, they have a difficult time maintaining good interpersonal relations. They are likely to interrupt, talk fast, ignore others, and use sarcasm or other forms of verbal abuse to maintain control.

	(A)	(B)
①	In contrast	Thus
②	Similarly	Moreover
③	However	On one hand
④	Accordingly	On the other hand

해설 첫 번째 빈칸은 문두의 'Assertive behavior(적극적 행동)'과 빈칸 뒤의 'Aggressive behavior(공격적 행동)'을 서로 대조하는 문장이므로 'In contrast(대조적으로)'가 적절하며 두 번째 빈칸은 바로 앞문장의 어조가 부정이고 빈칸 뒤의 어조도 부정이므로 순접 관계가 되기 때문에 결론문을 이끄는 'Thus(따라서)'가 적절하다.

해석 확신에 찬 행동은 당신의 권리를 옹호하고, 타인의 권리를 침해하지 않는 직접적이고 적절한 방식으로 당신의 생각과 느낌을 표현하는 것을 포함한다. 그것은 타인이 당신의 관점을 이해하도록 하는 일이다. 확신에 찬 행동 기술을 보여주는 사람들은 좋은 대인관계를 유지하면서 쉽게, 확신을 가진 채로 갈등 상황을 처리할 수 있다. (A) 대조적으로, 공격적인 행동은 타인의 권리를 공공연히 침해하는 방식으로 당신의 생각과 느낌을 표현하고 당신의 권리를 옹호하는 것을 포함한다. 공격적인 행동을 보여주는 사람들은 타인의 권리가 자신들의 것보다 덜 중요함에 틀림 없다고 믿는 것 같다. (B) 따라서, 그들은 좋은 대인관계를 유지하는 데 힘겨운 시간을 갖는다. 그들은 통제권을 유지하기 위해 방해하고, 빨리 말하고, 타인을 무시하고, 비꼬는 것이나 다른 형태의 언어폭력을 사용할 가능성이 높다.

어휘
- assertive 적극적인(↔ submissive 순종적인, 고분고분한), 단정적인(= positive), 독단적인 (= dogmatic), 확신에 찬, 자기주장이 강한, 자신이 있는
- stand up for ~을 지지하다, 옹호하다(= support)
- with ease 쉽게, 용이하게
- with assurance 확신을 가지고
- handle (상황, 사람, 작업, 감정을) 다루다[다스리다/처리하다], (손으로) 만지다[들다/옮기다], (차량 등이) 말을 잘 듣다, (상품을) 취급[거래]하다(= deal in)
- right (도덕적으로) 옳은, 올바른, 맞는, 정확한(↔wrong 틀린, 잘못된, 잘못 생각하는), 오른쪽의
- aggressive 공격적인(= offensive), 호전적인, 적극적인, 의욕적인, 활동적인(= active), 저돌적인, 지나친
- interpersonal 대인관계에 관련된, 인간 사이에 존재하는[일어나는]
- interrupt (말 · 행동을) 방해하다[중단시키다/가로막다], (계속 이어지는 선 · 표면 · 전망 등을)

제2편 문제유형별 연습(Exercise)

정답 17 ② 18 ①

19 국가직 9급 기출

밑줄 친 부분에 들어갈 가장 적절한 것을 고르시오.

You as the parent must try to read their crying to be able to help them. This will also help you assess your children's perception of your discipline. In many cases, when a child feels that he has been punished wrongly, it is more difficult to console him. He cried pathetically. Others may receive the punishment in a defiant mood. ________, when a child feels guilty and he is not punished or assured of forgiveness, he is likely to feel insecure and timid. In such a case when punished they may cry but quickly compose themselves and seek to attract love from the parent. Children usually want the crisp and clean punishment followed by fellowship rather than living with uncertainty.

① As a result
② For example
③ In other words
④ On the other hand

해설 밑줄 친 부분의 앞에는 아이가 부당하게 처벌을 받는다고 느낄 때(when a child feels that he has been punished wrongly) 아이에게 미치는 영향이나 아이의 반응에 대한 내용이며, 밑줄 다음은 아이가 죄책감을 느끼지만 처벌받지 않을 때(when a child feels guilty and he is not punished or assured of forgiveness) 미치는 영향이나 반응을 설명하고 있다. 따라서 밑줄 친 부분에는 역접 또는 대조의 의미를 지닌 접속어 'On the other hand'가 들어가는 것이 가장 적절하다.

해석 당신은 부모로서 아이들을 도울 수 있기 위하여 그들의 울음을 읽도록 노력해야 한다. 이것은 또한 당신의 훈육에 대한 자녀의 인지를 평가하는 데 도움을 줄 것이다. 많은 경우, 아이가 부당하게 벌을 받는다고 느낄 때에는, 아이를 위로하기가 더 힘들다. (그런 경우에) 아이는 가여울 정도로 애처롭게 운다. 다른 아이들은 반항적인 마음가짐으로 벌을 받을 수도 있다. 반면에, 아이가 죄의식을 느끼는데 벌을 받지 않거나 용서받을 것이 확실하면, 그 아이는 불안해하거나 소심해지기 쉽다. 이런 경우에 벌을 받으면 그들은 울겠지만, 빠르게 자신의 감정을 가다듬고 부모로부터 사랑을 받으려고 노력한다. 아이들은 대개 불확실한 상태로 살아가는 것보다는 간결하고 깔끔한 벌에 뒤이은 유대감을 원한다.

어휘
- assess 평가하다, 부과하다, 결정하다
- perception 지각, 인식, 직관
- discipline 훈련, 훈육, 규율
- console 위로하다
- pathetically 가여울 정도로, 불쌍하리만큼
- defiant 도전적인, 반항적인, 무례한
- on the other hand 반면에, 한편으로는, 반대로
- assure 확신시키다, 보장하다, 확인하다, 분명히 ~이다
- forgiveness 용서(하기), 면제, 탕감, 관용 v. forgive
- be likely to ~하기 쉽다, 일어날 가능성이 있다, 개연성이 있다
- insecure 불안정한, 불안한, 확신이 안가는(↔ secure)
- timid 소심한, 겁 많은, 내성적인
- compose 조립하다, 작곡하다, (감정 · 표정 등을) 가다듬다, 가라앉히다
- attract 끌다, 유치하다, 유혹하다, 유인하다
- crisp 상쾌한, 바삭바삭한, 차가운, 튀김, 간결한
- fellowship 동료 의식, 친교[우정], 협력, 단체, 협회, 연구비, 장학금
- uncertainty 반신반의, 불확실, 확신이 없음(↔ certainty)
- as a result 그 결과, 결과적으로, 결국
- in other words 다시 말해서, 즉, 바꾸어 말하면

20 서울시 9급 기출

글의 흐름으로 보아 빈칸에 들어갈 가장 적절한 것은?

Both novels and romances are works of imaginative fiction with multiple characters, but that's where the similarities end. Novels are realistic romances aren't. In the 19th century, a romance was a prose narrative that told a fictional story dealt with its subjects and characters in a symbolic, imaginative, and nonrealistic way. ________________, a romance deals with plots and people that are exotic, remote in time or place from the reader, and obviously imaginary.

① Typically
② On the other hand
③ Nonetheless
④ In some cases

해설 앞 문장에서 소설과 비교하여 19세기 로맨스의 정의에 대해 서술하고 있고, 뒤의 문장에서는 로맨스의 일반적인 특징들에 대해 설명하고 있다. 그러므로 'Typically(일반적으로)'가 빈칸에 들어갈 말로 가장 적절하다.

해석 소설과 로맨스 둘 다 다수의 등장인물들이 나오는 상상력이 풍부한 허구 작품이지만, 그것이 유사성의 전부이다. 소설은 현실적인 것에 반해, 로맨스는 그렇지 않다. 19세기에 로맨스는 상징적이고, 창의적이고, 비현실적인 방법으로 주제와 등장인물을 다루었던 허구를 말하는 산문체 이야기였다. 일반적으로 로맨스는 독자로부터 시공간적으로 멀리 떨어진 이국적인 줄거리와 인물들을 다루며, 확연히 공상적이었다.

어휘
- imaginative 창의적인, 상상력이 풍부한
- multiple 많은, 다수[복수]의, 다양한
- similarity 유사성, 닮은 점(= resemblance)
- realistic 현실적인, 사실적인(↔ idealistic 이상적인)
- prose 산문
- narrative 묘사, 기술, 이야기
- exotic 외국의, 이국적인
- obviously 분명하게, 명확하게
- imaginary 상상의, 가상의, 공상의(↔ actual 사실의, 실제적인)

정답 19 ④ 20 ①

❸ 글의 세부적 내용 이해

01

다음 밑줄 친 부분에 들어갈 가장 적절한 말은?

Trade exists for many reasons. No doubt it started from a desire to have something different. People also realized that different people could make different products. Trade encouraged specialization, which led to improvement in quality. Trade started from person to person, but grew to involve different towns and different lands. Some found work in transporting goods or selling them. Merchants grew rich as the demand for products increased. Craftsmen were also able to sell more products at home and abroad. ____________________

① Trade grew from interpersonal to international scales.
② Merchants are putting their money into Company in a big way.
③ Trade helped develop new transportation systems.
④ People in general had a greater variety of things to choose.

해설 첫 문단에서 교역이 존재하는 이유인 다른 것을 가지고자 하는 사람들의 욕망과 다른 상품을 제작하면서 전문화의 촉진과 질적 향상을 이룬 내용을 말하고 있다. 두 번째 문단에서는 사람 간 일대일로 시작하였던 교역이 점차 지역을 지나 국가 간 교역으로 확대되었고, 상품의 운송과 판매를 담당하는 일자리가 생기며 상인들은 부유해졌으며 장인들은 더 많은 제품을 생산할 수 있게 된 내용을 말하고 있다. 따라서 빈칸에 들어갈 적절한 말은 상인과 장인의 생산과 교역으로 혜택을 보게 된 사람에 관한 문장이 들어가야 하므로 'People in general had a greater variety of things to choose(일반적으로 사람들은 선택할 수 있는 엄청나게 다양한 물건을 얻게 되었다.)'가 적절하다.

해석 교역은 많은 이유로 존재한다. 의심할 바 없이 그것은 다른 어떤 것을 가지고자 하는 욕망에서 시작했다. 사람들은 또한 다른 사람들이 다른 상품을 만들 수 있다는 것을 알게 되었다. 교역은 전문화를 촉진하였고, 이는 질적 향상을 일으켰다. 교역은 사람에서 사람으로 시작했지만, 점차 다른 지역과 다른 나라로 확대되었다. 어떤 사람들은 상품의 운송이나 판매에서 일자리를 찾았다. 제품에 대한 수요가 증가하면서 상인들은 부유해졌다. 장인들도 또한 국내외에서 더 많은 제품들을 팔 수 있었다. 일반적으로 사람들은 선택할 수 있는 엄청나게 다양한 물건을 얻게 되었다.
① 교역은 개인 간으로부터 국가 간 규모로 성장했다.
② 상인들은 그들의 자금을 대거 회사에 투자하고 있다.
③ 교역은 새로운 운송체계의 발달에 기여했다.

어휘
- no doubt 의심할 바 없이, 확실히, 아마, 다분히
- encourage 용기를 북돋우다, 자신감[희망]을 주다, 권하다, 격려하다
- specialization 전문화, 특수화, 전문[전공], 분화
- merchant 상인, 무역상, 소매상, 가게 주인
- craftsman 장인, 숙련공, 기술자
- interpersonal 사람과 사람 사이의, 사람 간에 생기는, 대인 관계의
- in a big way 대규모로[대대적으로], 거창하게, 열광적으로(= in a great[large] way)
- transportation 수송, 운송, 운수, 수송기관 v. transport

02

다음 글의 내용과 일치하지 않는 것은?

It is common knowledge that ability to do a particular job and performance on the job do not always go hand in hand. Persons with great potential abilities sometimes fall down on the job because of laziness or lack of interest in the job, while persons with mediocre talents have often achieved excellent results through their industry and their loyalty to the interests of their employers. It is clear, therefore, that the final test of any employee is the person's performance on the job.

① 평범한 재능을 가진 사람이라도 근면성과 고용주의 이익에 대한 충성심으로 뛰어난 결과를 달성하기도 한다.
② 엄청난 잠재력을 가진 사람이 평범한 사람보다 시간대비 더욱 뛰어난 결과를 달성하는 것이 당연하다.
③ 특정한 일을 할 수 있는 능력과 그 일에 대한 성과는 일치하지 않으며 어느 피고용자에 대한 최종 테스트는 직장에서의 성과에 의해 결정된다.
④ 엄청난 잠재력을 가진 사람이 게으름 또는 일에 대한 관심이 부족하다면 일에 실패할 수도 있다.

해설 글의 주제 중 엄청난 잠재력을 가진 사람이 게으름과 일에 대한 관심부족으로 일에 실패하거나, 평범한 재능을 가진 사람이 근면성이나 고용주에 대한 충성심으로 뛰어난 결과를 달성하기도 한다는 것이다. ②의 엄청난 잠재력을 가진 사람이 평범한 사람보다 시간대비 더욱 뛰어난 결과를 달성한다는 것은 글의 내용과 일치하지 않는다.
① 'while persons with mediocre talents … interests of their employers.'에서 알 수 있다.
③ 글의 첫 부분과 마지막 부분을 통해 일에 대한 성과 불일치와 피고용자의 최종 테스트가 성과로 결정됨을 알 수 있다.
④ 'Persons with great potential abilities … lack of interest in the job.'에서 알 수 있다.

어휘
- common knowledge 주지의 사실, 상식
- performance 실행[수행], 성취[성과, 실적], 상연[공연], 흥행, 행동, 솜씨[수완]
- go hand in hand 밀접한 관계가 있다, 협력하다
- fall down on the job 일에 실패하다 cf. fall down 실패하다, (강을) 내려가다
- mediocre 보통의, 평범한
- industry 산업[공업], 근면[노력]
- employee 종업원, 피고용자

03 국가직 9급 기출

다음 글의 내용과 일치하지 않는 것은?

The Second Amendment of the U.S. Constitution states : "A well regulated Militia, being necessary to the security of a free State, the right of the people to keep and bear Arms, shall not be infringed." Supreme Court rulings, citing this amendment, have upheld the right of states to regulate firearms. However, in a 2008 decision confirming an individual right to keep and bear arms, the court struck down Washington, D.C. laws that banned handguns and required those in the home to be locked or disassembled. A number of gun advocates consider ownership a birthright and an essential part of the nation's heritage. The United States, with less than 5 percent of the world's population, has about 35~50 percent of the world's civilian-owned guns, according to a 2007 report by the Switzerlandbased Small Arms Survey. It ranks number one in firearms per capita. The United States also has the highest homicide-by-firearm rate among the world's most developed nations.

정답 01 ④ 02 ② 03 ④

> But many gun-rights proponents say these statistics do not indicate a cause-andeffect relationship and note that the rates of gun homicide and other gun crimes in the United States have dropped since highs in the early 1990's.

① In 2008, the U.S. Supreme Court overturned Washington, D.C. laws banning handguns.

② Many gun advocates claim that owning guns is a natural-born right.

③ Among the most developed nations, the U.S. has the highest rate of gun homicides.

④ Gun crimes in the U.S. have steadily increased over the last three decades.

해설 제시된 글의 마지막 문장인 "the rates of gun homicide and other gun crimes in the United States have dropped since highs in the early 1990's."에서 1990년대 초 최고치를 찍은 이후 미국의 총기 범죄가 감소해 왔다고 했으므로 글의 내용과 일치하지 않는 것은 ④의 "Gun crimes in the U.S. have steadily increased over the last three decades.(미국에서의 총기 범죄는 지난 30년 동안 꾸준히 증가해왔다.)"이다.

해석 미국 수정 헌법 제2조는 "잘 규제된 민병대는 자유 국가의 안보에 필요하므로, 무기를 소지 할 수 있는 국민의 권리는 침해되어서는 안 된다."고 명시하고 있다. 대법원의 판결은 이 개정안을 인용하여 총기 규제권을 유지했다. 그러나 2008년 개인의 무기 보유 및 소지 권리를 확정한 판결에서 법원은 권총을 금지하고 집에 있는 권총은 자물쇠로 잠그거나 분해하도록 한 Washington D.C.의 법을 기각했다. 많은 총기 옹호자들은 소유권을 타고난 권리이며 국가 유산의 필수적인 부분이라고 생각한다. 스위스에서 작성된 2007년 소형무기 조사 보고서에 따르면, 세계 인구의 5% 미만인 미국은 세계 민간 소유 총기의 약 35~50%를 보유하고 있다. 1인당 총기류 순위 1위다. 미국은 또한 선진국들 중에서 총기 살인 사건 비율이 가장 높다. 그러나 많은 총기 권리 옹호론자들은 이러한 통계들이 인과관계를 나타내지는 않으며 미국의 총기 살인이나 기타 총기 범죄율이 1990년대 초 이래 최고치 이후로 감소해왔다는 점에 주목한다.

① 2008년에 미국 연방 대법원은 총기를 금지하는 Washington D.C.의 법을 뒤집었다.

② 많은 총기 옹호자들은 총기를 소유하는 것은 타고난 권리라고 주장한다.

③ 선진국들 중에서, 미국이 가장 높은 총기 살인사건 비율을 가진다.

④ 미국에서의 총기 범죄는 지난 30년 동안 꾸준히 증가해 왔다.

어휘
- Amend (법 등의) 개정[수정], 변경, 개선, 정정
- well-regulated 조정이 잘 된, 잘 정돈[정비]된, 규칙이 잘 서 있는
- Militia 민병대, 의용군, 시민군, 무장 사병 조직
- infringe (법 · 계약 · 의무 등을) 어기다, 위반하다, (법적 권리를) 제한[침해]하다(= violate, break, encroach)
- Supreme Court ruling 최고 법원의 재정
- uphold (법 · 원칙 등을) 유지시키다[옹호하다], (이전의 판결을) 확인하다, (요구 사항의 타당성을) 인정하다(= approve)
- firearm 화기
- bear arms 무기를 들다[싸우다]
- ban 금지하다(= prohibit)
- advocate (공개적으로) 지지하다[옹호하다, 변호하다](= support)
- birthright 타고난 권리, 장자 상속권
- heritage 유산, 전승, 전통, 천성, 운명, 숙명, 상속재산(= inheritance)
- homicide 살인(= murder)
- proponent (어떤 사상 · 행동 방침의) 지지자, 옹호자(= advocate), 제안[제의 · 주창]자
- statistics 통계
- indicate (사실 · 조짐 · 가능성을) 나타내다[보여주다](= show)
- overturn 뒤집히다, 뒤집다[번복시키다], 넘어뜨리다, 타도하다, (계획을) 좌절시키다

04 서울시 9급 기출

다음 글의 내용과 가장 일치하는 것은?

Around the world, people are wrestling with the question of humane death especially in the face of painful terminal illnesses. The dilemma has become more complicated in recent years, as advanced medical technology has enabled doctors to keep patients alive much longer in even the most extreme cases. Of course, patients have the right to refuse medical treatment at any time requesting lethal injections, however, is another matter. Therefore, although it officially endorsed euthanasia in 1984, the Netherlands issued strict guidelines on how to perform it, and proclaimed that doctors who don't follow the guidelines can be imprisoned for up to 12 years.

① 진보된 의학은 사람들의 예상 수명을 그들이 원하는 만큼 길게 늘려주었다.
② 말기의 병을 앓는 환자는 세계 어디서든 안락사를 요구할 수 있다.
③ 안락사에 대한 권리는 완전히 개인에게 주어져야 한다.
④ 네덜란드에서 인간적인 죽음은 오직 엄격한 지침에 의해 시행될 때만 허락된다.

해설 ④ 'although it officially endorsed euthanasia in 1984, the Netherlands issued strict guidelines on how to perform it'에서 ④의 내용을 알 수 있다.
① 진보된 의학 기술이 기대 수명을 늘린 것은 사실이나 원하는 만큼 살게 하는 것은 아니다.
② 네덜란드에서 안락사가 엄격한 지침에 따라 허용된다고 했을 뿐이며, 세계 어디서든 안락사를 요구할 수 있다는 내용은 제시되지 않았다.
③ 'patients have the right to refuse medical treatment at any time; requesting lethal injections, however, is another matter'에서 안락사는 치료 거부의 권리와는 다른 문제라고 했으므로, 개인의 권리로 완전히 보장해야 한다는 것이 아니다.

해석 전 세계적으로 사람들은 특히 고통스런 말기의 질병에 직면해서, 인간적인 죽음에 대한 문제와 씨름하고 있다. 이 딜레마는 진보된 의학 기술이 가장 극단적인 경우에서조차 의사가 환자를 더 오래 살도록 할 수 있기 때문에 최근에 더 복잡한 문제가 되었다. 물론, 환자는 어느 때라도 의학적 치료를 거절할 권리가 있다. 그러나 죽음에 이르는 치명적 주사를 요구하는 것은 또 다른 문제이다. 그러므로, 네덜란드에서는 1984년에 안락사를 공식적으로 승인했음에도 불구하고, 그것을 실행하는 방법에 있어서는 엄격한 지침을 설정했고, 이 지침을 따르지 않는 의사는 12년까지 수감될 수 있다고 공포하였다.

어휘
- wrestle 맞붙어 싸우다, 레슬링을 하다, (문제 등과) 씨름하다
- humane 자비로운, 인도적인
- terminal(치명적인 병이) 말기의, (환자가) 말기 증상의, 불치의
- complicated 복잡한, 까다로운, 알기 어려운
- lethal 죽음을 가져오는, 치사의, 치명적인
- injection 주사(액), 주입
- endorse (계획 등을) 승인[확인 · 시인]하다, 찬성하다, (어음 따위에) 배서(背書)하다
- euthanasia 안락사
- issue (명령 · 법률 따위를) 내다, 발하다, 발포하다, (지폐 · 책 따위를) 발행하다
- guideline (장래 정책 등을 위한) 지침
- proclaim 포고[선언]하다, 공포하다, 성명하다
- imprison 투옥하다, 수용하다, 감금하다, 구속하다
- life expectancy 예상 수명

정답 04 ④

05 국가직 9급 기출

다음 글의 내용과 일치하지 않는 것은?

Britain, the biggest single beneficiary of the first age of globalization, was unlikely to gain much from its end. In the 1920s the old and tested policies no longer seemed to work. Paying for World War 1 had led to a tenfold increase in the national debt. Just paying the interest on that debt consumed close to half of total central government spending by the mid-1920s. The assumption that the budget should nevertheless be balanced meant that public finance was dominated by transfers from income tax-payers to bondholders. The increase power of the trade unions during and after the war not only intensified industrial strife but also meant that wage cuts were slower than price cuts. Rising real wages led to unemployment: during the Depression year of 1932 nearly three million people close to a quarter of all insured workers, were out of work.

① 영국은 세계화 초기에 가장 큰 수혜를 입은 나라였으나, 1920년대에 과거 정책들은 효과를 발휘하지 못했던 듯하다.

② 제1차 세계대전 당시 진 빚에 대한 영국의 이자지출은 1920년대 중반까지 중앙정부 예산지출의 약 10%를 잠식했다.

③ 전쟁 중 그리고 전쟁 후 노동조합의 커진 힘은 영국에서의 노동쟁의를 격렬하게 만들었다.

④ 대공황해인 1932년에 영국의 실업자 수는 보험가입 노동자의 25%에 육박했다.

해설 네 번째 문장(Just paying the interest on that debt … government spending by the mid-1920s)에서, 제1차 대전 당시 진 빚에 대한 이자지출이 1920년대 중반까지 중앙정부 총지출액의 절반 정도가 된다고 하였으므로, ②는 글의 내용과 다르다.

해석 세계화 초기의 가장 큰 유일한 수혜국인 영국은, 그 말기에는 그다지 많은 것을 얻을 것 같지는 않았다. 1920년대에는 오래되고 검증된 정책들이 더 이상 유효하게 작동하지 못하는 것처럼 보였다. 1차 세계 대전의 비용 지불로 인해 국가 부채는 10배로 증가하였다. 그 부채에 대한 이자를 지불하는 것만으로도 1920년대 중반까지 중앙정부 총 지출액의 절반 가까이를 소비했다. 그럼에도 불구하고 예산은 균형이 유지되어야 한다는 가정은 국가재정이 소득세 납세자들로부터 채권 소유자로의 이전에 의해 장악되었음을 의미했다. 전쟁 중과 전쟁 후에 노동조합의 힘이 증가된 것은 산업분쟁을 격화시켰을 뿐만 아니라 임금삭감이 가격인하보다 더 더디게 되었다는 것을 의미했다. 실질임금의 인상은 실업을 유발하였는데, 1932년 경제대공황 동안에 전체 보험가입 노동자의 4분의 1에 육박하는 거의 3백만 명이 실직 상태에 있었다.

어휘
- beneficiary 이익[은혜]을 받는 사람, 수혜자, 수익자, 수취인[수령인]
- globalization 세계화, 국제화
- tested 검사필의, 시험을 거친, 경험이 풍부한
- tenfold 10배의, 10겹의, 열 배로
- national debt 국채[국가 부채, 국가 채무]
- assumption 가정, 전제, 가설, 떠맡기, 인수, 거만, 주제넘음
- nevertheless 그럼에도 불구하고, 그렇기는 하지만, 그래도 역시
- income tax 소득세
- bondholder 채권 소유자
- trade union 노동조합, 직능별 조합
- intensify ~을 격렬하게 하다, 정도를 더하다, 증대하다, 강하게 하다
- strife 투쟁, 쟁의, 불화, 반목, 싸움, 분쟁
- real wage 실질임금
- the (Great) Depression 경제[세계]대공황
- quarter 4분의 1, 25센트(4분의 1달러), 15분, 1분기(分期), 지역, 지방
- out of work 실직 중인, 실직한, 실직하여

06 국회직 9급 기출

다음 글을 읽고 물음에 답하시오.

Part of the relation between genes and weight is also due to each person's "set point" for his or her body weight. A person's body will naturally try to keep the level of fat at one level, the person's set point. Every time a person loses or gains weight, the body's set point tries to change the person's metabolism to regain or lose the new weight. For example, when a person goes on a diet, her or his weight goes below the set point. Then the person's body slows down the metabolism to gain the weight back. When a person gains weight over the body's set point, the person's metabolism speeds up to lose the extra weight by burning calories faster. It is possible to change a person's set point if the person does not get enough exercise over a long period of time, or continues to eat foods with a lot of fat. A person's genes may also make it easier to change the normal set point in the person's body.

Which of the following is NOT correct?

① Genes may contribute to one's weight problems.
② A person can change his or her set point.
③ A person's set point tries to keep the level of fat constant.
④ When the fat amount in the body changes, a person's metabolism will either speed up or slow down.
⑤ A person's set point changes as soon as the person gains weight.

해설 글 후반부의 'It is possible to change a person's set point if the person does not get enough exercise over a long period of time, or continues to eat foods with a lot of fat.'에서 알 수 있듯이, 사람의 체중 증가(변화)로 인해 세트 포인트가 변하기까지는 오랜 시간이 걸린다. 따라서 ⑤의 내용은 옳지 않다.

해석 유전자와 체중 사이의 연관성 중 일부는 체중에 대한 각 개인의 '세트 포인트'에 기인한다. 사람의 신체는 자연적으로 지방의 수준을 어떤 한 수준, 즉 그 사람의 세트 포인트로 유지하려 할 것이다. 사람의 체중이 줄거나 증가할 때마다, 신체의 세트 포인트는 체중을 다시 늘리기 위해 혹은 늘어난 체중을 빼기 위해 사람의 신진대사를 변화시키려고 노력한다. 예를 들어, 어떤 사람이 다이어트를 하면 그의 체중은 세트 포인트 밑으로 내려간다. 그러면 그 사람의 신체는 체중을 다시 늘리기 위하여 신진대사의 속도를 줄인다. 어떤 사람이 신체의 세트 포인트 이상으로 체중이 늘어나면, 그 사람의 신진대사는 더 빨리 칼로리를 소모함으로써 늘어난 체중을 줄이기 위하여 속도를 낸다. 만약 어떤 사람이 오랜 기간에 걸쳐 충분한 운동을 하지 않거나 지방이 많은 음식을 계속해서 먹는다면, 그 사람의 세트 포인트를 변화시키는 것이 가능하다. 사람의 유전자는 또한 신체의 정상적인 세트 포인트를 변화시키는 것을 보다 용이하게 할 수도 있다.
다음 중 옳지 않은 것은?
① 유전자는 체중 문제의 원인이 될 수도 있다.
② 사람은 그의 세트 포인트를 변화시킬 수 있다.
③ 사람의 세트 포인트는 지방 수준을 일정하게 유지하려고 한다.
④ 신체의 지방 양이 변화하면, 사람의 신진대사는 속도를 내거나 속도를 줄일 것이다.
⑤ 사람의 세트 포인트는 그 사람의 체중이 증가하자마자 변한다.

어휘
- relation 관계, 관련 (relate 관계시키다, 이야기하다, 말하다, 설명하다)
- gene 유전자, 유전인자
- due to ~에 기인하는, ~ 때문인
- set point 세트 포인트 이론(인체가 에너지 균형을 맞추어 체중을 일정하게 유지하려고 한다는 이론)

정답 05 ② 06 ⑤

- metabolism 대사, 신진대사
- go on a diet 식이요법을 하다, 다이어트를 시작하다
- slow down 속도를 줄이다
- speed up 속도를 내다
- extra 여분의, 추가의, 여분으로, 특별히
- burn calories 칼로리를 소비하다
- normal 표준의, 평균의, 정상의, 상태, 표준, 평균
- contribute 기여[공헌]하다, 기부하다, ~의 원인이 되다
- constant 불변의, 일정한, 끊임없이 계속하는

07 국가직 9급 기출

다음 글의 'Broom jumping'에 관한 내용과 일치하지 않는 것은?

> Broom jumping is most famous in the United States as an African-American wedding custom. The broom holds spiritual significance for many African people, representing the beginning of homemaking for a couple. The ritual itself in America was created during slavery. Because slaves could not legally marry, they created their own ways to honor their unions. Broom jumping is a ritual in which the bride and the groom, either at the ceremony or at the reception, signify their entrance into a new life and their creation of a new family by symbolically sweeping away of their former single lives, and jumping over the broom to enter upon a new adventure as wife and husband.

① It is a well-known African-American wedding custom.

② Its origin traces back to the period of slavery in America.

③ It was performed by the slaves who got legally married.

④ It signifies the union of the bride and the groom and their entrance into a new life.

해설 ③ 이 글 중반부의 'Because slaves could not legally marry, they created their own ways to honor their unions.'의 내용과 반대되는 내용이다.

① 첫 문장(Broom jumping is most famous in the United States as an African-American wedding custom.)에 언급된 내용이다.

② 세 번째 문장(The ritual itself in America was created during slavery.)에서 언급된 내용이다.

④ 마지막 문장의 '~ jumping over the broom to enter upon a new adventure as wife and husband'에서 알 수 있는 내용이다.

해석 빗자루 뛰어넘기(broom jumping)란 아프리카계 미국인들(미국 흑인들)의 결혼 풍습으로서 미국에서 가장 유명하다. 빗자루는 많은 아프리카 사람들에게 영적인 의의를 지니고 있으며, 한 쌍의 부부가 가정을 시작하는 것을 나타낸다. 미국에서 이런 의식 자체는 노예 제도가 있던 시절에 만들어졌다. 노예들은 법적으로 결혼을 할 수가 없었기 때문에, 그들은 자신들의 결합을 존중하는 그들만의 방식을 만들었다. 빗자루 뛰어넘기는 신부와 신랑이 결혼식이나 결혼 피로연에서, 이전의 독신 생활을 상징적으로 (빗자루로) 쓸어 내고 아내와 남편으로서 새로운 모험을 시작하기 위해 빗자루를 뛰어넘음으로써 새로운 생활로 들어섬과 새로운 가족을 창조하는 것을 나타내는 의식이다.

① 그것은 잘 알려진 아프리카계 미국인들의 결혼 풍습이다.

② 그것의 기원은 미국에서 노예 제도가 있던 시기로 거슬러 올라간다.

③ 그것은 법적으로 결혼한 노예들에 의해 시행되었다.

④ 그것은 신부와 신랑의 결합과 새로운 생활로 들어섬을 나타내는 것이다.

어휘
- broom 비, 자루 브러시
- hold 갖고 있다, 담다, 소유하다
- spiritual 정신의, 정신적인, 영적인, 영혼의
- significance 중요성, 의미, 의의 (significant 중요한, 의미 있는)
- represent 나타내다, 의미하다, 표현하다, 대표하다
- homemaking 가사, 가정 관리, 가사의
- ritual 종교적인 의식, 의식적인 행사, (의식처럼) 반드시 지키는 일

- slavery 노예 제도
- honor 존경[존중]하다, 명예를 주다, 명예, 영광
- union 결합, 연합, 결혼
- bride 신부
- groom 신랑 [bride and groom 신랑 신부 (어순주의)]
- reception 환영, 응접, 평판, 환영회, 리셉션
- signify 의미하다, 표명하다, ~의 전조가 되다
- entrance 들어감, 입장, (새 생활, 직업 등에) 들어섬
- symbolically 상징적으로
- sweep away 쓸어 내다, 파괴하다, 완전히 없애 버리다
- jump over ~을 뛰어넘다
- enter upon(on) 시작하다(= begin)
- trace back to ~까지 거슬러 올라가다

08 국가직 9급 기출

다음 글의 내용과 일치하는 것은?

> Upstate New York florist Patricia Woysher has been in the business for forty years. She's sold flowers to tens of thousands of folks in the area and even received one of the best assignments a florist could hope for, decorating the White House for the Christmas season. "I had to take a deep breath. I mean, you see pictures of the place all your life, then one day you're in the Oval Office." Despite the excitement, Patricia's focus remained on her day-to-day concerns. "Doing the White House was exciting and rewarding, but my job is to run my business. I want to have some-thing here that will last forever, that I can pass on to my children."

① Patricia runs a flower shop in the White House.

② Patricia was invited to the White House for a party.

③ Patricia worked for the White House and forgot her daily routines.

④ Patricia hopes to turn her business over to her offspring.

해설 마지막 문장(I want to have something here that will last forever, that I can pass on to my children.)에서 ④의 내용을 알 수 있다.

①·② 두 번째 문장(She's sold flowers … White House for the Christmas season)에서 수 있듯이, Patricia는 백악관에서 꽃가게를 운영하는 것이 아니라 뉴욕 주 북부 지역에서 꽃을 팔아 왔다. 또한 파티를 위해 백악관에 초대된 것이 아니라 크리스마스 시즌 동안 백악관에 꽃 장식하는 일을 하게 된 것 이다.

③ 글 후반부의 'Despite the excitement, Patricia's focus remained on her day-to-day concerns' 부분과 배치된다.

해석 뉴욕 주 북부에 거주하는 화훼장식가 Patricia Woysher는 40년 동안 그 사업을 해 왔다. 그녀는 그 지역의 수만 명의 사람들에게 꽃을 팔아 왔으며, 화훼장식가가 희망하는 최고의 일들 중 하나인, 크리스마스 시즌에 백악관을 (꽃으로) 장식하는 일을 받기까지 했다. "저는 심호흡을 해야 했습니다. 그러니까 제 말은, 평생 그곳 사진을 봐 왔는데, 어느 날 당신이 대통령 집무실에 있는 거예요." 그런 흥분에도 불구하고, Patricia의 초점은 그녀의 일상적인 관심사에 남아 있었다. "백악관 일을 한다는 것은 신나고 보람 있었지만, 제 일은 저의 사업을 경영하는 것입니다. 저는 여기에서 무언가 영원이 지속될 일, 제가 저의 아이들에게 전해 줄 수 있는 그런 일을 갖고 싶습니다."

① Patricia는 백악관에서 꽃가게를 운영한다.
② Patricia는 파티를 위해 백악관에 초청되었다.
③ Patricia는 백악관을 위해 일했고, 그녀의 일상적인 일은 잊어버렸다.
④ Patricia는 그녀의 사업을 자식에게 물려주기를 바란다.

어휘
- upstate (주(州) 내의) 시골, (특히, New York 주의 북부 지방)
- florist 화훼 장식가, 화초 재배자, 꽃가게 주인(꽃장수)
- tens of thousands 몇 만이나, 수만
- folk 사람들, 가족
- assignment 할당된 일, 숙제
- decorate 장식하다

정답 07 ③ 08 ④

- take a deep breath 숨을 크게 들이쉬다
- Oval Office (White House의) 대통령 집무실, 미국정부
- remain 여전히 ~이다, 남다
- rewarding ~할 만한 가치(보람)가 있는
- run a business 사업을 경영하다
- last 계속하다, 지속(존속)하다, 견디다
- pass on to ~로 전하다(옮기다)
- daily routine 평범한 일상, 일상적인 일
- turn over 물려주다, 인계(인도)하다, 넘기다
- offspring 자식, 후손

09 지방직·서울시 9급 기출

다음 글의 내용과 일치하지 않는 것은?

Carbonate sands, which accumulate over thousands of years from the breakdown of coral and other reef organisms, are the building material for the frameworks of coral reefs. But these sands are sensitive to the chemical make-up of sea water. As oceans absorb carbon dioxide, they acidify—and at a certain point, carbonate sands simply start to dissolve. The world's oceans have absorbed around one-third of human-emitted carbon dioxide. The rate at which the sands dissolve was strongly related to the acidity of the overlying seawater, and was ten times more sensitive than coral growth to ocean acidification. In other words, ocean acidification will impact the dissolution of coral reef sands more than the growth of corals. This probably reflects the corals' ability to modify their environment and partially adjust to ocean acidification, whereas the dissolution of sands is a geochemical process that cannot adapt.

① The frameworks of coral reefs are made of carbonate sands.
② Corals are capable of partially adjusting to ocean acidification.
③ Human-emitted carbon dioxide has contributed to the world's ocean acidification.
④ Ocean acidification affects the growth of corals more than the dissolution of coral reef sands.

해설 본문 중후반의 "In other words, ocean acidification will impact the dissolution of coral reef sands more than the growth of corals.(다시 말해, 해양 산성화는 산호의 성장보다 산호초 모래 소멸에 더 많은 영향을 미칠 것이다.)"를 통해, ④의 "Ocean acidification affects the growth of corals more than the dissolution of coral reef sands.(해양 산성화는 산호초 모래 소멸보다 산호의 성장에 더 많은 영향을 미친다.)"는 글의 내용과 일치하지 않음을 알 수 있으며 'A than B'의 구조를 'B than A'로 표현한 것이 잘못되었다.

해석 산호와 다른 암초 유기체의 분해로부터 수천 년 동안 축적된 탄산염 모래는 산호초의 골격 형성을 위한 재료다. 그러나 이 모래들은 바닷물의 화학적 구성에 민감하다. 바다는 이산화탄소를 흡수하면서 산성화되며, 어느 순간 탄산염 모래가 용해되기 시작한다. 세계 바다는 인간이 배출한 이산화탄소의 약 3분의 1을 흡수하고 있다. 모래가 녹는 속도는 과잉해수의 산도와 밀접한관계가 있으며, 산호 생장보다 해양 산성화에 10배나 더 민감했다. 즉, 해양 산성화는 산호의 성장보다 산호초 모래가 사라지는 것에 더 큰 영향을 미칠 것이다. 이것은 아마도 산호들의 환경을 수정하고 부분적으로 해양 산성화에 적응하는 능력을 반영하고 있는 반면, 모래의 용해는 적응할 수 없는 지질학적 과정이다.
① 산호초의 틀은 탄산염 모래로 만들어진다.
② 산호는 부분적으로 해양 산성화에 적응할 수 있다.
③ 인간이 방출하는 이산화탄소가 전 세계의 해양 산성화에 기여했다.
④ 해양 산성화는 산호초 모래 소멸보다 산호의 성장에 더 많은 영향을 미친다.

어휘
- carbonate 탄산염 모래
- breakdown (차량 · 기계의) 고장, 파손, 붕괴, 몰락, 와해(= downfall), (관계 · 논의 · 시스템의) 실패[결렬/와해], 명세(서), 분해, 분업, (건강 따위의) 쇠약, 쇠퇴, 장애, 좌절
- coral 산호
- reef 암초
- lagoon 석호, 초호, (강 · 호수 인근의) 작은 늪, 갯벌, (하수 처리용의) 저수지, (강 · 호수로 통하는) 연못
- make-up 구성 (요소 · 방식), (사람의) 기질, 체질, 화장, 화장품(= cosmetics), 결산, 청산, 차액(=balance)
- absorb (액체 · 가스 등을) 흡수하다[빨아들이다], (정보를) 받아들이다(= take in), (관심을) 빼앗다, 빠지게 만들다(= engross), (돈이나 시간을) 차지하다[잡아먹다], (경비 · 손실 등을) 부담하다, (기업 등을) 흡수 병합하다, (벌 따위를) 받다
- acidify 산성화되다[하다] n. acidification 산성화
- dissolve 녹다, 용해되다, (조직, 단체 등을) 해산하다, 사라지다, 흩어지다, (물건을) 분해하다, 무효화하다, 폐기하다 n. dissolution 해산, 소멸, 용해
- emit (빛, 열, 가스, 소리 등을) 내다, 방출하다, (의견 · 말 등을) 토로하다, (지폐 · 어음 등을) 발행하다 (=issue), (법령 등을) 발포[공포]하다
- overlie ~위에 가로놓이다[눕다, 엎드리다]
- geochemical 지구화학적
- adjust (약간) 조정[조절]하다, 적응하다(= adapt), 바로잡다[정돈하다], (환경 등에) 순응하다, 조직화하다, (보험금 청구 · 손해의) 지불액을 결정하다, ~을 체계화하다 cf. well adjusted 적응을 잘하는

10 지방직 9급 기출

다음 글의 내용과 일치하는 것은?

Prehistoric societies some half a million years ago did not distinguish sharply between mental and physical disorders. Abnormal behaviors, from simple headaches to convulsive attacks, were attributed to evil spirits that inhabited or controlled the afflicted person's body. According to historians, these ancient peoples attributed many forms of illness to demonic possession, sorcery, or the behest of an offended ancestral spirit. Within this system of belief, called demonology, the victim was usually held at least partly responsible for the misfortune. It has been suggested that Stone Age cave dwellers may have treated behavior disorders with a surgical method called trephining, in which part of the skull was chipped away to provide an opening through which the evil spirit could escape. People may have believed that when the evil spirit left, the person would return to his or her normal state. Surprisingly, trephined skulls have been found to have healed over, indicating that some patients survived this extremely crude operation.

① Mental disorders were clearly differentiated from physical disorders.
② Abnormal behaviors were believed to result from evil spirits affecting a person.
③ An opening was made in the skull for an evil spirit to enter a person's body.
④ No cave dwellers survived trephining.

해설 제시문에 단순한 두통에서 경련 발작에 이르기까지 비정상적인 행동은 아픈 사람의 몸에 들어가 조종하는 악령의 탓이라고 서술되어 있다. 그러므로 "Abnormal behaviors were believed to result from evil spirits affecting a person. (비정상적인 행동은 사람에게 영향을 끼친 악령에서 비롯된 것으로 여겼다.)"는 ②의 설명은 제시문의 내용과 일치한다.

① 정신장애는 신체장애와 분명히 구별되었다.
→ 약 50만 년 전 선사시대의 사회는 정신장애와 신체장애를 뚜렷하게 구분하지 않았다.

③ 사악한 영혼이 사람의 몸에 들어가도록 두개골에 구멍이 생겼다.

정답 09 ④ 10 ②

→ 석기시대의 동굴 거주자들은 천공술이라는 외과적 방법으로 행동 장애를 치료했을 수도 있는데, 이 방법으로 두개골의 일부가 절개되어 열린 구멍을 통해 악령이 빠져나갈 것으로 여겼다.

④ 천공술로 살아남은 동굴 거주자는 없다.

→ 놀랍게도 천공된 두개골이 치유된 것으로 밝혀져, 일부 환자들이 이 극도의 조잡한 수술에서 살아남았음을 보여주었다.

해석 약 50만 년 전 선사시대의 사회는 정신장애와 신체장애를 뚜렷하게 구분하지 않았다. 단순한 두통에서 경련 발작에 이르기까지 비정상적인 행동은 아픈 사람의 몸에 들어가 조종하는 악령의 탓이었다. 역사가들에 따르면, 이 고대의 사람들은 여러 형태의 질병을 악마의 빙의, 마법 또는 성난 조상의 명령 탓으로 돌렸다. 악마학이라고 불리는 이 신앙의 체계 내에서, 희생자는 적어도 부분적으로 그 불행에 책임을 졌다. 석기시대의 동굴 거주자들은 천공술 이라는 외과적 방법으로 행동 장애를 치료했을 수도 있는데, 이 방법으로 두개골의 일부가 절개되어 열린 구멍을 통해 악령이 빠져나갈 것으로 여겼다. 사람들은 악령이 떠나면 그 사람이 정상적인 상태로 돌아올 거라고 믿었을 것이다. 놀랍게도 천공된 두개골이 치유된 것으로 밝혀져, 일부 환자들이 이 극도의 조잡한 수술에서 살아남았음을 보여주었다.

① 정신장애는 신체장애와 분명히 구별되었다.
② 비정상적인 행동은 사람에게 영향을 끼친 악령에서 비롯된 것으로 여겼다.
③ 사악한 영혼이 사람의 몸에 들어가도록 두개골에 구멍이 생겼다.
④ 천공술로 살아남은 동굴 거주자는 없다.

어휘
- prehistoric 선사시대의
- distinguish between A and B A와 B를 구별하다
- disorder 장애, 이상
- convulsive 경련성의, 발작적인 cf. convulsive attack 경련 발작
- be attributed to ~에 기인하다, ~의 탓으로 돌리다
- inhabit 살다, 거주하다
- afflicted 괴로워하는, 고민하는 cf. be afflicted at[by] ~으로 괴로워하다, 마음 아파하다
- demonic 악령의, 악마의(= devilish) cf. demonic possession 악령의 빙의
- sorcery 마법, 마술(= witchery)
- behest 명령, 지령 cf. at one's behest ~의 명령[요청]에 따라
- offended 불쾌한, 화가 난, 성난
- ancestral 선조의, 조상의
- demonology 귀신학[론], 악마 연구
- victim 피해자, 희생자(= casualty)
- dweller 거주자, 주민(= inhabitant)
- surgical 외과의, 수술의 n. surgery 외과, 수술
- trephine 관상톱으로 수술하다
- skull 두개골(= cranium)
- chip 깨다, 절개하다 cf. chip away ~을 조금씩 잘라내다
- crude 조잡한, 거친

11 지방직 9급 기출

글의 내용과 일치하지 않는 것을 고르시오.

What an Indian eats depends on his region, religion, community, and caste. It also depends on his wealth. A vast proportion of the Indian population is made up of the rural poor who subsist on a diet that meets only about 80 percent of their nutritional requirements. Many of the poor, unable to find work all year round, and therefore unable to buy food everyday, have to manage their hunger by fasting on alternate days. In Bengal, the meals of the poor are made up of rice, a little dhal flavored with salt, chillies, and a few spices, some potatoes or green vegetables, tea and paan. Paan, which is an areca nut mixed with spices and rolled up in a betel leaf, is chewed after the meal. Although it seems a luxury, in fact, the poor use it to stave off hunger.

① Indians' diets vary across their religion and wealth.
② The food the rural poor in India take doesn't meet their nutritional requirements.
③ Many poor Indians go without food every other day.
④ In Bengal, paan is luxurious food for the poor.

해설 글의 마지막 문장(Although it seems a luxury ~ stave off hunger)에서, 판(paan)은 호화스러운 음식처럼 보이지만 사실 빈민이 굶주림을 면하기 위해 먹는 것이라 하였다. 따라서 ④는 이러한 내용과 배치된다.
① 첫 번째 문장(What an Indian eats ~ and caste.)에서 인도인이 먹는 것은 지역과 종교, 카스트 등에 따라 다르다고 했는데, ①은 이 내용에 부합한다.
② 세 번째 문장(A vast proportion of the Indian ~ their nutritional requirements.)에서, 인도의 가난한 시골 사람들은 영양 요구량의 80%만을 충족한다고 했으므로, ②도 글의 내용과 부합한다.
③ 네 번째 문장(Many of the poor ~ fasting on alternate days.)에서 인도의 많은 빈민들은 격일로 굶는다고 하였다.

해석 인도인이 먹는 것은 그의 지역, 종교, 공동체 그리고 카스트 계급에 따라 다르다. 그것은 또한 부유함에 달려있다. 인도 인구의 대부분은 영양 요구량의 약 80퍼센트만을 충족하는 음식으로 연명하는 시골의 가난한 사람들로 이루어져 있다. 많은 가난한 사람들은 일 년 내내 일을 찾지는 못하여 매일 음식을 사 먹을 수는 없고, 하루걸러 하루씩 굶으면서 그들의 배고픔을 감당해 내야 한다. 벵골에서, 가난한 사람들의 식사는 쌀, 소금 · 고추 · 몇몇 향신료를 가미한 약간의 콩 요리, 감자나 녹색 채소, 차와 판(paan)으로 이루어진다. 판은 향신료와 버무려 구장나무 잎으로 말은 빈랑나무 열매로서, 식사 후에 씹어 먹는다. 비록 그것은 호화스런 음식처럼 보이지만, 사실 가난한 사람들은 굶주림을 면하기 위해 그것을 먹는다.

① 인도인들의 음식은 그들의 종교와 부(富)에 따라 다르다.
② 인도의 가난한 시골 사람들이 섭취하는 음식은 영양 요구량을 충족하지 못한다.
③ 많은 가난한 인도인들은 이틀에 한 번 식사 없이 지낸다(먹지 못한다).
④ 뱅골에서, 판은 가난한 사람들에게 호화스러운 음식이다.

어휘
- region 지역, 지방, 지대
- vast 광대한, 방대한, 거대한, 막대한
- proportion 비율, 비례, 부분, 균형
- rural 시골의, 농촌의, 지방의, 농업의, 전원의
- subsist on ~으로 연명하다, (아주 적은 돈 · 식량으로) 생존하다, 살아가다, 존속하다
- nutritional requirement 영양 요구량, 필요 영양분 cf. nutritional 영양(상)의, 영양에 관한
- all year round 1년 내내
- fast 단식하다, 굶다
- on alternate days 격일로 cf. alternate 교대의, 번갈아
- dhal 콩 요리
- flavored with ~맛이 나는, ~의 풍미를 들인
- paan 판〈구장나무(betel)의 잎〉
- areca 빈랑나무, 아시아 열대산 야자나무
- betel 구장(나무)
- stave off 피하다[비키다], 저지하다[늦추다]
- every other day 이틀에 한 번

정답 11 ④

12 국가직 9급 기출

다음 글의 내용과 일치하지 않는 것은?

Dubrovnik, Croatia, is a mess. Because its main attraction is its seaside Old Town surrounded by 80-foot medieval walls, this Dalmatian Coast town does not absorb visitors very well. And when cruise ships are docked here, a legion of tourists turn Old Town into a miasma of tank-top-clad tourists marching down the town's limestone-blanketed streets. Yes, the city of Dubrovnik has been proactive in trying to curb cruise ship tourism, but nothing will save Old Town from the perpetual swarm of tourists. To make matters worse, the lure of making extra money has inspired many homeowners in Old Town to turn over their places to Airbnb, making the walled portion of town one giant hotel. You want an "authentic" Dubrovnik experience in Old Town, just like a local? You're not going to find it here. Ever.

① Old Town은 80피트 중세 시대 벽으로 둘러싸여 있다.

② 크루즈 배가 정박할 때면 많은 여행객이 Old Town 거리를 활보한다.

③ Dubrovnik시는 크루즈 여행을 확대하려고 노력해 왔다.

④ Old Town에서는 많은 집이 여행객 숙소로 바뀌었다.

해설 제시된 글은 Dubrovnik의 오래된 마을이 관광객들로 몸살을 앓고 있다는 내용으로 그 원인 중 하나로 크루즈선이 정박할 때 쏟아져 나오는 관광객들을 문제 삼고 있으므로 "Yes, the city of Dubrovnik has been proactive in trying to curb cruise ship tourism, but nothing will save Old Town from the perpetual swarm of tourists.(그렇다, Dubrovnik시는 유람선 관광을 억제하기 위해 적극적으로 노력해 왔지만, 그 어떤 것도 Old Town을 끊임없는 관광객 무리로부터 구하지는 못할 것이다.)"가 단서가 된다. 따라서 ③의 설명은 본문의 내용과 일치하지 않는다.

해석 크로아티아의 Dubrovnik은 엉망인 상황이다. 이곳의 주요 명소는 80피트의 중세 성벽으로 둘러싸인 해변의 오래된 마을이기 때문에, 이 Dalmatian 해변 마을은 관광객들의 마음을 잘 빼앗지 못한다. 그리고 크루즈선이 이곳에 정박하면, 그 오래된 마을을 탱크톱을 입은 많은 관광객들이 그 마을의 석회암으로 뒤덮인 거리를 행진하는 불건전한 분위기로 바꾼다. 그렇다, Dubrovnik시는 크루즈선 관광을 억제하려고 노력함으로써 사전 대책을 강구해왔지만, 어떤 것도 끊임없이 몰려드는 관광객 무리들로부터 그 오래된 마을을 지키지 못할 것이다. 설상가상으로, 추가적인 돈을 버는 것에 대한 유혹은 오래된 마을의 많은 주택소유자들이 그들의 공간을 Airbnb(숙박업소)로 바꾸도록 자극했고, 도시의 벽으로 둘러싸인 부분을 하나의 거대한 호텔로 만들었다. 여러분들이 지역 주민처럼 오래된 마을에서 "진정한" Dubrovnik 경험을 원하는가? 여러분들은 여기서 그것을 찾지 못할 것이다. 결코.

어휘
- mess 엉망진창인 상태(= disorder, confusion),
- attraction (사람을 끄는) 명소[명물], 매력적인 요소(= charm), 끌어당기는 힘
- absorb 흡수하다[빨아들이다]
- limestone 석회암
- blanket 온통 뒤덮다
- proactive 상황을 앞서서 주도하는
- perpetual 끊임없이 계속되는(= continuous)
- portion (더 큰 것의) 부분[일부]
- authentic 진품인, 정확한(↔ inauthentic 진짜가 아닌)

13 지방직 9급 기출

다음 글에 의하면, 사람들이 세제를 구입할 때 고려하지 않는 사항은?

Every year, people spend approximately 400 million dollars on detergents to clean, and help keep their laundry fresh. Most consumers of detergents are not novices, meaning that they have tried various brands of detergents and carefully selected the best product. To each customer, the best product may have a different priority. For example, some people may select the most well-known product, while others purchased according to how economical the product may be. Still, for others buying environmentally safe products is their priority. However, many customers do not actually compare what is inside the box of various detergents. A surprising study showed that while each brand had its own marketing strategy, over 90% of the same basic ingredients were identical to all brands. Another interesting result was found when veteran detergent customers were not shown the box, and were asked to choose their favorite brand based only on the result of the detergent. Only 3% were able to identify their brand and even then, most of them were not entirely sure. This goes to show that while detergents may seem different, marketing is just giving basically the same products different clothes.

① How environmentally safe the products are
② How famous the products are
③ How economical the products are
④ What ingredients are in the products

해설 ④ 첫 번째 단락의 네 번째와 다섯 번째 문장(For example, some people … is their priority)에 사람들이 세제를 구매할 때 고려하는 내용이 언급되어 있는데, 여기서 제품(세제) 성분에 대한 내용은 언급되어 있지 않다. 이는 두 번째 단락의 첫 번째 문장(However, many customers … various detergents)을 통해 명확히 확인할 수 있다.

① 첫 번째 단락의 마지막 문장(Still, for others buying environmentally safe products is their priority)에서 언급된 내용이다.

②·③ 첫 번째 단락의 네 번째 문장(For example, some people … economical the product may be)에서, 제품을 구매할 때 어떤 사람들은 유명한 제품을 선택하고, 어떤 사람들은 경제적인 면을 고려한다고 하였다.

해석 매년, 사람들은 청소를 하고 세탁물을 깨끗이 유지하는 데 도움이 되기 위하여 약 4억 달러의 비용을 세제에 소비하고 있다. 대부분의 세제 소비자는 초보가 아니며, 이는 그들이 다양한 브랜드의 세제를 사용해 보았고 가장 좋은 제품을 신중하게 선택했다는 것을 의미한다. 각각의 고객에게 있어, 가장 좋은 제품은 다른 우선순위를 가질 수 있다. 예를 들면, 어떤 사람들은 가장 잘 알려진 제품을 선택할 수 있을 것이며, 반면에 다른 이들은 제품이 얼마나 경제적인지에 따라 구매할 수 있을 것이다. 또한, 다른 사람들에게는 환경적으로 안전한 제품을 사는 것이 그들의 우선순위이다. 그러나 많은 소비자들은 다양한 세제 상자 안에 무엇이 들어있는지 실제로 비교하지는 않는다. 한 놀라운 연구는 각 브랜드가 제각기 개별적인 마케팅 전략을 갖고 있음에도, 90%가 넘는 동일한 기본 성분들이 모든 제품에 동일하게 들어 있다는 사실을 보여주었다. 또 다른 흥미로운 결과는, 경험 많은 세제 소비자들에게 제품 상자를 보여주지 않고 오로지 세제의 결과에만 의존해서 가장 선호하는 제품을 고르라고 요청했을 때 나타났다. 단 3%만의 사람들이 자신의 브랜드를 식별할 수 있었고, 심지어 그때에도 대부분의 사람들은 전적으로 확신을 할 수 없었다는 것이다. 이는 세제들이 서로 다른 것처럼 보일지라도, 마케팅이라는 것이 근본적으로 같은 제품들에게 다른 옷을 주는 것일 뿐임을 증명하는 것이다.

정답 12 ③ 13 ④

① 제품이 얼마나 환경적으로 안전한가
② 제품이 얼마나 유명한가
③ 제품이 얼마나 경제적인가
④ 어떤 성분이 제품 속에 있는가

어휘
- approximately 대략, 대체로, 거의(= nearly)
- detergent 세정제, 세제, 깨끗이 씻어 내는
- keep 보유하다, (어떤 상태를) 계속하다, 유지하다, 두다
- laundry 세탁물, 세탁장, 세탁소
- consumer 소비자 (consume 소비하다, 다 써 버리다)
- novice 풋내기, 무경험자, 초심자(= beginner)
- various 가지각색의, 여러 가지의(= different), 여러, 많은
- brand 상표, 브랜드, (상표가 나타내는) 특정 제품
- product 산출물, 생산품, 소산, 결과
- priority (시간 · 순서적으로) 우선함, 상위, 우위, 우선권, 선취권, 우선하는 일
- well-known 잘 알려진, 유명한
- purchase 사다, 구매하다, 획득하다, 얻다, 취득하다
- according to ~에 따라, ~에 의하여, ~ 나름으로
- economical 경제적인, 절약이 되는(= saving), 절약하는(= thrifty)
- still 여전히, 그래도, 더욱, (another, other와 함께) 게다가, 그 위에
- environmentally safe 환경적으로 안전한
- actually 실제로(= in fact), 사실은, 정말로(= really)
- compare 비교하다, 비유하다
- marketing strategy 마케팅 전략
- ingredient (혼합물의) 성분, 원료, 재료 (~ of, for), 구성 요소
- identical to ~와 동일한
- veteran 경험 많은 대가, 베테랑, (특히) 퇴역 군인, 노련한, 퇴역의
- favorite 마음에 드는, 매우 좋아하는, 특히 좋아하는 사람
- based on ~에 기초를 둔, ~을 근거로 하는
- identify (~가 틀림없다고) 확인하다, (~임을) 알다, 증명하다, 식별하다, 동일시하다
- even then 심지어 그때에도, 그때라 할지라도, 그렇다 하더라도, 그래도
- entirely 완전히, 아주(= completely), 전적으로, 전혀
- it goes to show ~ ~임을 알 수 있다, ~임을 증명하다
- basically 근본적으로, 원래

14 지방직 9급 기출

다음 글의 요지로 가장 적절한 것은?

My students often believe that if they simply meet more important people, their work will improve. But it's remarkably hard to engage with those people unless you've already put something valuable out into the world. That's what piques the curiosity of advisers and sponsors. Achievements show you have something to give, not just something to take. In life, it certainly helps to know the right people. But how hard they go to bat for you, how far they stick their necks out for you, depends on what you have to offer. Building a powerful network doesn't require you to be an expert at networking. It just requires you to be an expert at something. If you make great connections, they might advance your career. If you do great work, those connections will be easier to make. Let your insights and your outputs – not your business cards – do the talking.

① Sponsorship is necessary for a successful career.
② Building a good network starts from your accomplishments.
③ A powerful network is a prerequisite for your achievement.
④ Your insights and outputs grow as you become an expert at networking.

해설 윗글에서 인생에서 좋은 사람을 아는 것은 분명 도움이 되지만, 그들이 당신을 위해 얼마나 열심히 돕는지 그리고 얼마나 큰 위험을 감수할 지는 당신이 제공하는 것에 달려 있다고 설명하고 있다. 즉, 강력한 인맥을 형성하기 위한 전제조건이 성과라는 의미이므로, ②의 "Building a good network starts from your accomplishments. (좋은 인맥을 형성하는 것은 성과로부터 비롯된다.)"가 윗글의 요지로 가장 적절하다.

해석 우리 학생들은 단순하게 그들이 더 중요한 사람들을 만난다면, 일이 잘 될 거라고 종종 믿는다. 그러나 그 세계에 가치 있는 어떤 것들을 이미 내놓지 않는 이상 그 사람들과 관계를 맺기란 몹시 어렵다. 그것은 조언자들과 후원자들의 호기심을 불쾌하게 하는 것이다. 성과는 무언가를 꼭 성취하는 것이 아니라, 기여할 수 있는 무언가를 보여주는 것이다. 인생에서 좋은 사람을 아는 것은 분명 도움이 된다. 그러나 그들이 당신을 위해 얼마나 열심히 돕는지, 얼마나 큰 위험을 감수할 지는 당신이 제공하는 것에 달려 있다. 강력한 인맥을 구축하는 것은 인맥 전문가가 되는 것을 필요로 하지 않는다. 단지 무언가에 전문가가 되기를 요구할 뿐이다. 만약 좋은 인연을 만든다면, 경력에 큰 도움이 될 수도 있다. 만약 일을 잘 해내면, 그러한 인연을 만들기가 더욱 쉬워질 것이다. 명함이 아닌 통찰력과 성과로 이야기 하라.

① 성공적인 경력을 쌓으려면 후원은 필수적이다.
② 좋은 인맥을 형성하는 것은 성과로부터 비롯된다.
③ 강력한 인맥은 성과를 위한 전제조건이다.
④ 인맥 전문가가 됨에 따라 통찰력과 성과는 성장한다.

어휘
- remarkably 두드러지게, 현저하게, 몹시, 매우
- engage with ~와 관계를 맺다[어울리다]
- pique 불쾌하게 하다, 언짢게 하다 n. piquancy 톡[탁] 쏘는 듯한 맛, 짜릿한 느낌
- achievement 성취, 업적, 달성(= accomplishment)
- go to bat for ~를 도와주다
- stick one's neck out 무모한 짓을 하다, 위험을 자초하다
- business card 명함
- prerequisite 선행[필요, 전제] 조건
- achievement 업적, 성취, 성과

15 국회직 8급 기출

What can be inferred from the passage?

> Thinking of language as an instinct inverts the popular wisdom, especially as it has been passed down in the canon of the humanities and social sciences. Language is no more a cultural invention than upright posture. It is not a manifestation of a general capacity to use symbols : a three-year-old, we shall see, is a grammatical genius, but is quite incompetent at the visual arts, religious iconography, traffic signs, and the other staples of the semiotics curriculum. Though language is a magnificent ability unique to Homo sapiens among living species, it does not call for sequestering the study of humans from the domain of biology, for a magnificent ability unique to a particular living species is not that unique in the animal kingdom. Some kinds of bats home in on flying insects using Doppler sonar. Some kinds of migratory birds navigate thousands of miles by calibrating the positions of the constellations against the time of day and year. In nature's talent show we are simply a species of primate with our own act, a knack for communicating information about who did what to whom by modulating the sounds we make when we exhale.

① It is difficult to apply knowledge about bird communication to human speech.
② Any behavior on the part of one animal has an effect on the current or future behavior of another animal.

제 2 편 문제유형별 연습(Exercise)

정답 14 ② 15 ④

③ The less educated members of the middle class speak a simpler or coarser language than three-year-old children.
④ Language is not the ineffable essence of human uniqueness but a biological adaptation to communicate information.
⑤ The ubiquity of complex language among human beings is a gripping discovery and compelling proof that language is not innate.

해설 글 중반부의 '~ for a magnificent ability unique to a particular living species is not that unique in the animal kingdom'과 마지막 문장의 '~ we are simply a species of primate with our own act, a knack for communicating information about who did what to whom by modulating the sounds we make when we exhale'을 통해 ④의 내용을 추론할 수 있다.

해석 지문으로부터 추론될 수 있는 것은?
언어를 본능으로 간주하는 것은 통설을 뒤집는 것으로, 특히 그것이 인문학과 사회 과학의 규범으로 전해 내려온 것이기에 그렇다. 직립 자세가 문화적 발명품이 아닌 듯 언어도 문화적 발명품이 아니다. 언어는 상징 사용의 일반적인 능력을 보여주는 징후도 아니다. 세 살 난 아이가 문법에는 천재라도 시각 예술, 종교적 도상(圖上), 교통 표지 및 기타 기호학 교과 과정의 주요 사항에 대해서는 완전히 무능하다는 것을 우리는 잘 안다. 언어가 현존하는 종(種)들 중 호모 사피엔스만 유일하게 갖고 위대한 능력일지라도, 그것이 인간에 관한 연구를 생물학의 영역으로부터 격리시킬 것을 필요로 하지는 않는데, 그것은 현존하는 특정 종에게만 있는 위대한 능력이 동물의 왕국에서는 그렇게 독특한 것이 아니기 때문이다. 일부 종류의 박쥐들은 Doppler sonar(도플러 효과를 이용한 음파 탐지)를 이용하여 날아다니는 곤충을 향해 곧장 날아간다. 일부 종의 철새들은 일(日)과 년(年)의 시간과 별자리의 위치를 비교하여 측정함으로써 수천마일을 이동한다. 자연의 탤런트 쇼에서(자연이 보여주는 다재다능한 모습에서) 우리는 단지 우리 자신의 고유한 행동, 즉 숨을 내쉴 때 내는 소리를 조절함으로써 누가 누구에게 무엇을 했는지에 대한 정보를 전달하는 요령을 가진 영장류의 한 종일 뿐이다.

① 새의 의사소통에 관한 지식을 인간의 언어에 적용하기란 어렵다.
② 한 동물의 어떤 행동은 다른 동물의 현재나 미래의 행동에 영향을 미친다.
③ 보다 적게 교육받은 중산층의 사람들은 세 살 난 아이들보다 더 단순하거나 더 거친 언어를 말한다.
④ 언어란 인간의 고유함의 말로 표현할 수 없는 본질이 아니라 정보를 전달하기 위한 생물학적 적응요소이다.
⑤ 인간들 가운데 복잡한 언어가 편재한다는 것은 주의를 끌 만한 발견이자 언어란 타고난 것이 아니라는 이해할 만한 증거이다.

어휘
- think of A as B A를 B로 간주하다
- invert 전도시키다, 뒤집다 (inversion 역, (어순) 전도, 도치)
- canon 교회법, 카논(그리스도교적 신앙 · 행위의 기준), 규범, 근본 원리
- the humanities (그리스 · 라틴의) 인문학, 고전 문학 (humanity 인류, 인성, 인간애)
- social science 사회 과학
- invention 발명(품), 창안(물), 고안, 날조
- upright posture 직립 자세
- manifestation 표명, 명시, 정견 발표, (유전 형질의)발현 (manifest 명백한, 명시하다)
- incompetent 무능한(= incapable, inept), 자격 없는 (incompetence 무능력, 무자격)
- iconography 도해(법), 초상 연구, 성상(聖像) 연구, 초상화
- staple 주요 산물, 주성분, 주요 테마, 주요한, 중요한
- semiotics 기호(언어)학, (의학) 증후학
- curriculum 교과 과정, 이수 과정, 활동 계획
- magnificent 웅장한, 훌륭한, 격조 높은, 숭고한
- unique to ~에 독특한, ~ 특유의
- homo sapiens 호모 사피엔스, (현재 존재하는) 인류
- call for ~을 필요로 하다(= require, demand)
- sequester 격리하다, 은퇴시키다, 고립시키다
- domain 영토, 세력 범위, (학문 · 사상 · 활동 등의)범위
- home in on ~을 향해 곧장 나아가다
- Doppler sonar 도플러 효과(Doppler effect)를 이용하는 수중 음파 탐지기
- migratory 이주성의, 방랑벽이 있는 (migrate 이주하다)
- navigate 항해하다, 배로 수송하다, 조종하다 (navigation 항해, 항공, 항법)
- calibrate (총포 등의) 구경을 재다, 눈금을 정하다, (~을 향하여) 조정하다

- constellation 별자리, 성좌, 성위(星位)
- talent show 탤런트 쇼(아마추어들이 연예계 진출을 위해 펼치는 공연), 장기 자랑
- primate (수석) 대주교, 영장류의 동물
- knack 기교, 솜씨, 요령, 기교를 요하는 일
- modulate 조정하다, 변조하다 (modulation 조절, 변화, 억양)
- exhale (숨 등을) 내쉬다, 발산하다 (exhalation 발산, 증발, 숨을 내쉼)
- coarse 조잡한, 열등한, 결이 거친, (소리가) 귀에 거슬리는
- ineffable 말로 표현할 수 없는, 입에 올리기에도 황송한
- ubiquity 도처에 있음, 편재성 (ubiquitous 어디에나 있는, 편재하는)
- gripping 주의를 끄는, 매력 있는
- compelling 강제적인, 어쩔 수 없는(= irresi-stible), 흥미진진한
- innate 타고난, 선천적인(= inborn, congenital, inherent)

16

다음 글에서 밑줄 친 표현이 가리키는 사람은?

Mr. Schwarzenegger also steps into the political ring with virtually none of the preparation of Mr. Reagan. When Mr. Reagan ran for governor in 1966, he had not only been a well-known actor, the host of a popular Sunday television show and a dashing figure around Los Angeles, but a visible Republican activist across the country. Mr. Reagan's entry into elective politics was a fore-gone conclusion after the defeat of the Republican presidential nominee Barry M. Goldwater in 1964. However, <u>he</u> doesn't have a group of people who two years before the election, as in Reagan's case, were going to do everything they could to advance him."

① Mr. Reagan
② Mr. Schwarzenegger
③ Barry M. Goldwater
④ Republican

해설 첫 번째 문장에서 'Mr. Reagan'처럼 아무런 준비 없이 정치의 장에 들어섰다는 내용이 있으며, 마지막 문장에 Mr. Reagan의 경우와 같이 선거 2년 전에 뒤를 밀어주기 위해 일하던 무리를 가지고 있지 않다고 했으므로 밑줄이 가리키는 사람은 'Mr. Schwarzenegger'이다.
① Mr. Reagan는 Mr. Schwarzenegger와 같이 비슷한 배경을 가지고 정치의 장에 들어가 진입한 사람에 해당된다.
③ Barry M. Goldwater는 공화당 대통령 후보자로 밑줄과 관련 없는 사람이다.
④ Republican은 Mr. Reagan의 뒤를 밀어주기 위해 어떤 일이라도 하던 사람들이다.

해석 Schwarzenegger 역시, Reagan처럼 사실상 아무런 준비 없이, 정치의 장에 들어선다. Reagan이 1966년에 주지사에 입후보했을 때, 그(Reagan)는 잘 알려진 배우이자, 인기 있는 일요일 텔레비전 쇼의 진행자이자, Los Angeles의 저명 인사였을 뿐만 아니라, 전국적으로 눈에 띄는 공화당 행동 주의자였다. 1964년에 공화당 대통령 후보자 Barry M. Goldwater의 패배 이후 Reagan의 선거 정치에의 진입은 기정사실이었다. 하지만, 그는 Reagan의 경우처럼 선거 2년 전에 그의 뒤를 밀어주기 위해 어떤 일이라도 하려던 한 무리의 사람들을 가지고 있지 않다.
① Reagan 씨(氏)
② Schwarzenegger 씨(氏)
③ Barry M. Goldwater
④ 공화주의자

어휘
- step into ~에 들어서다
- ring 정치적 경쟁의 장, 투쟁의 장
- virtually 사실상, 실질적으로는, 거의
- preparation 준비, 태세, 각오
- visible 활동이 눈에 띄는, 눈에 보이는, 명백한, (사람 · 사건 등이)빈번하게 뉴스에 나오는
- Republican 공화당의, 공화당원
- nominee 지명[임명, 추천]된 사람
- advance ~의 뒤를 밀어주다, 나아가게 하다, 진보시키다

정답 16 ②

17

다음 글에서 밑줄 친 표현이 가리키는 기업은?

The "Dear Jim" letter from IBM Chairman Louis Gerstner to Lotus Development Corp. President Jim P. Manzi was brief, unprecedented–and potentially momentous. IBM, Gerstner said, planned to acquire Lotus for $ 3.3 billion in cash, the largest offer ever made for a software company and the first time Big Blue had mounted hostile take over. At $60 a share, nearly double what Lotus had been selling for, it was a preemptive strike. The stunning thrust signaled that the newly resurgent IBM, which reported record profits in its first quarter this year, was to take on Microsoft, the undisputed leader of personal computer software, in an effort to change the way people use computers. For Gerstner, who has been quietly stabilizing and reorganizing the world's largest computer company since coming from tobacco and food conglomerate RJR two years ago, it was the first real defining moment of his tenure. His reputation could depend on how well he carries off this daring initiative.

① IBM　　② Lotus
③ Microsoft　　④ RJR

해설 이 글에서 Lotus사에 대한 적대적 기업인수(hostile takeover)의 주체가 IBM이므로 Big Blue는 IBM을 지칭한다고 할 수 있다.

해석 IBM 회장 Louis Gerstner가 Lotus사의 회장 Jim P.Manzi에게 보낸 '친애하는 Jim에게'라는 편지는 간결하고 전례가 없으며, 잠재적으로 중요한 것이었다. Gerstner 회장은, IBM은 Lotus사를 현금 33억 달러에 인수할 계획이라 말했는데, 이 금액은 소프트웨어 회사에 대해 지금껏 제시된 금액 중 최대이며, Big Blue(IBM)가 처음으로 시도한 적대적 기업인수이기도 했다. 주당 60달러는 Lotus가 그동안 매각해 왔었던 가격의 거의 두 배이며, 그것은 (IBM사의) 선제공격이었다. 이런 놀라운 공습은 올해 1/4 분기에 기록적인 순익을 기록하며 새롭게 부활하는 IBM이, 사람들의 컴퓨터 사용방식을 바꾸려는 노력의 일환으로 논란의 여지가 없는 개인용 컴퓨터 소프트웨어의 선두 기업인 Microsoft와 대결하려는 신호였다. 2년 전 담배, 식품 및 식품 종합기업인 RJR로부터 와서 세계 최대의 컴퓨터 회사를 조용히 안정화시키고 개편해 온 Gerstner에게 그것은 자신의 재임 기간 중 처음으로 진짜 자신의 능력이 밝혀지는 결정적 순간이었다. 이러한 대담한 도전을 얼마나 잘 수행하느냐에 그의 명성이 달려 있을 것이다.

어휘
- momentous 중요한, 중대한
- in cash 현금으로
- hostile takeover 적대적 기업인수, (기업 주식의) 공개 매입
- preemptive 선제의, 선매의, 우선적인
- stunning 아연하게 하는, 놀라게 하는, 기절시키는
- thrust 밀침, 찌름, 공격, 습격, 공세
- resurgent 소생하는, 부활하는, 재기하는
- take on 대결하다, 대전하다
- undisputed 논쟁의 여지가 없는, 이의 없는
- stabilize 안정시키다, 고정시키다, 안정 장치를 하다
- reorganize 재편성하다, 개편하다
- defining moment (정체가 밝혀지는) 결정적 순간
- daring 대담한, 용기 있는, 용기, 대담성
- initiative 시작, 솔선, 주도(권), 독창력, 창업의 재간

18

다음 글에서 밑줄 친 'it'이 의미하는 것은?

For me as a person and a business woman every day is a challenge that needs to be faced. History has taught me that if I am to achieve my goals, I should never set limits for myself. I believe it is within each and everyone of us to achieve greatness.

① to achieve greatness
② a business woman
③ every day
④ a challenge

해설 이는 '진목적어 가목적어' 구문이 아닌 접속사 that 이 생략된 '진주어 가주어' 구문이다.

해석 사람으로서, 그리고 비지니스 여성으로서 나에게는 매일이 내가 직면해야 할 도전이다. 나의 목표를 달성하고자 한다면, 나에게 한계를 정해서는 안된다 라는 것을 과거 경험을 통해 배웠다. 나는 위대함을 이루는 것은 우리들 각자의 마음 속에 있다고 믿는다.

어휘
- challenge 도전, 난제
- achieve 달성하다, 성취하다
- limit 제한, 한계

19 서울시 9급 기출

What does the underlined you refer to?

It was a very emotional time for memy youngest son was about to leave for basic training. I took the day off so we could spend his last day as a civilian together. My son likes to pass himself off as a tough guy, but as we climbed into the car, he blurted out in a halting, sad voice, "I'm going to miss you." Well, I just about lost it. The tears flowed from my eyes as I turned to say how much I was going to miss him too. That's when I saw that he was addressing a can of Pepsi he'd just opened.

① mother ② brother
③ sister ④ drink

해설 마지막 문장(That's when I saw that he was addressing a can of Pepsi he'd just opened.)에서 아들이 그리울 것이라 말한 대상(a can of Pepsi)을 알 수 있다.

해석 내게는 매우 감정이 복받칠 때였다–나의 막내아들이 군 기초 훈련을 받으러 막 떠나려 하고 있었다. 나는 일을 하루 쉬어서 우리가 민간인으로서 그의 마지막 날을 함께 보낼 수 있게 했다. 나의 아들은 터프 가이로 행세하는 것을 좋아하지만, 우리가 차에 탈 때 그는 말을 더듬으며 슬픈 목소리로 "난 네가 그리울 거야."라고 불쑥 내뱉었다. 나는 그 말을 거의 놓칠 뻔했다. 나도 그를 얼마나 많이 그리워할 것인지 말하려고 몸을 돌렸을 때 나의 눈에서는 눈물이 흘러내렸다. 그때가 바로 그가 막 뚜껑을 딴 펩시 캔에게 말을 걸고 있는 것을 내가 보았던 때이다.

어휘
- emotional 감정적인, 정에 무른, 감수성이 강한, 감정에 호소하는, 감동적인
- be about to ~ (이제 막) ~하려고 하다(= be going to V, be on the point of V–ing)
- basic training (미군) 초년병 기초 훈련
- take a day off 일을 하루 쉬다
- civilian 일반 시민, 민간인, 일반인의
- pass oneself off as ~로 행세하다, ~인 체하다
- tough guy 강인한 사람, 완력이 센 사람
- climb into (차 등에) (기는 것처럼) 타다
- blurt out 불쑥 말하다
- halting (말을) 더듬는(stumbling), 더듬거리는
- just about 그럭저럭 겨우, 간신히(= barely), 거의(= almost, very nearly)
- address 말을 걸다

제 2 편 문제유형별 연습(Exercise)

정답 17 ① 18 ① 19 ④

20

다음 글의 빈칸에 들어갈 가장 적절한 것은?

Increasingly, nursery schools are introducing schoolwork once thought appropriate for first and second grades. This is one of the practices that prove American educators are more interested in being trendy than in following sound educational principles. Preschool youngsters should not be forced to do academic work. High-pressure instruction of children who just need time to play is downright crazy. Attempting reading, writing, and arithmetic at too young an age can make small children feel like failures and lead to dislike of school.

Activities that build independence and self-esteem are far more appropriate to nursery schools than ___________ academics.

① careful
② stressful
③ doubtful
④ skillful

해설 제시된 글은 취학 전 아이들이 학업을 하도록 강요받아선 안 되며, 자립심과 자존심을 형성하는 활동들이 보육원에 훨씬 더 적절하다는 내용이므로 '스트레스를 주는(stressful)'이 빈칸에 적절한 단어이다.

해석 점점, 보육원들은 한때 1~2학년에 적합하다고 여겨지던 학교 공부를 도입하고 있다. 이것은 미국의 교육자들이 건전한 교육 원칙을 따르기보다 유행을 따르는 데 더 많은 관심을 가지고 있다는 것을 증명하는 사례 중 하나이다. 취학 전 아이들은 학업을 하도록 강요받아서는 안 된다. 그저 놀 시간이 필요한 아이들에 대한 강압적 교육은 순전히 미친 짓이다. 너무 어린 나이에 읽기, 쓰기, 셈하기를 시도하는 것은 어린 아이들에게 실패한 듯한 느낌이 들게 하고, 학교에 대한 혐오로 연결될 수 있다. 스트레스를 주는 공부보다 자립심과 자존심을 형성하는 활동들이 보육원에 훨씬 더 적절하다.

어휘
- nursery schools 보육원, 유아원(5세 이하의 유아교육)
- appropriate for ~에 적합한
- sound 건전한, 온전한, 정상적인, 정통의
- preschool 취학 전의, 학령 미달의, 유치원, 보육원
- academic work 학업
- high-pressure 고압의, 급박한, 강요하는, 강압적인
- instruction 교수, 교육, 교훈, 훈령
- downright 철저한, 순전한
- attempt 시도, 시도하다
- arithmetic 셈, 산수, 산수의
- lead to ~로 이어지다[연결되다], ~을 초래하다
- self-esteem 자신감, 자아존중, 자존심, 자긍심
- academics 학과, 학문
- careful 세심한, 조심하는, 주의 깊은
- doubtful 불확실한, 의심스러운, 가짜 같은
- skillful 숙련된, 잘 만들어진, 교묘한

21

밑줄 친 부분에 들어갈 말로 가장 적절한 것을 고르면?

Hurricane Michael was headed toward Florida on Monday, and expected to pick up speed "like a rocket" and thousands of residents had been ordered to evacuate. The southern half of Florida's peninsula was under a hurricane warning on Tuesday. Although still far from the state, Michael's outer cloud of rain had already caused street flooding in south Florida. Meteorologists said the heart of the storm is expected to roar across the state on Wednesday. The time for preparation ________________________ as people are evacuating. (Hurricane center director would increase.) "It's really going to take off like a rocket", and he said, "it's going to start moving like 160mph."

① is slowly moving into time of action
② is rapidly moving into time of action
③ is cautiously moving into time of action
④ is secretly moving into time of action

해설 허리케인 Michael이 일요일에 플로리다를 향해 로켓 같은 속도로 온다고 예상하고 주민들의 대피명령과 함께 수요일에는 태풍의 중심이 플로리다를 휘몰아치며 지나갈 것을 예상하고 있다. 빈칸에 들어갈 말은 "is rapidly moving into time of action(빠르게 대피해야 할 행동의 시간)"이 적절하다.

해석 허리케인 Michael는 월요일에 플로리다로 향했고 마치 로켓 같은 속도가 예상된다. 그리고 수천의 주민들은 집을 비울 것을 지시받았다. 플로리다 반도의 남쪽 절반은 화요일에 허리케인 위험지역에 들 것이다. 비록 그 주로부터 아직 떨어져 있다고 해도 Michael의 바깥쪽 비구름이 이미 남쪽 플로리다 거리에 홍수를 일으켰다. 기상학자들은 수요일에 태풍의 중심이 그 주를 휘몰아치듯 지나갈 것이 예상된다고 말했다. 준비할 시간은 빠르게 대피해야 할 행동의 시간으로 흘러가고 있다. (허리케인 센터 관리자가 긴장을 고조시켰다.) "정말 로켓처럼 날아올 것입니다." 그리고 그는 "거의 160마일의 속도로 움직이기 시작할 것입니다."라고 말했다.
① 느리게 대피해야 할 행동의 시간
② 빠르게 대피해야 할 행동의 시간
③ 조심스럽게 대피해야 할 행동의 시간
④ 은밀하게 대피해야 할 행동의 시간

어휘
- be headed toward(for) ~로 향해가다
- pick up speed 속도가 빨라지다
- resident 거주자[주민]
- evacuate (vi) 피난하다, (vt) 피신[소개]시키다
- peninsula 반도
- warning 경보
- flooding 범람, 홍수
- meteorologist 기상학자
- roar (파도 따위가) 몰아치다, 으르렁거리다
- take off 이륙하다, 출발하다

제2장 문제유형별 연습(Exercise)

정답 20 ② 21 ②

22 국가직 9급 기출

다음 글을 읽고 아래 문장의 빈칸에 들어갈 가장 적절한 것을 고르면?

Euthanasia generally refers to mercy killing, the voluntary ending of the life of someone who is terminally or hope-lessly ill. Euthanasia has become a legal, medical and ethical issue over which opinion is divided. Euthanasia can be either active or passive. Active euthanasia means that a physician or other medical personnel takes a deliberate action that will induce death. Passive euthanasia means letting a patient die for lack of treatment or suspending treatment that has begun. A good deal of the controversy about mercy killing stems from the decision making process. Who decides if a patient is to die? This issue had not been established legally in the United States. The matter is left to state law, which usually allows the physician in charge to suggest the option of death to a patient's relatives, especially if the patient is brain-dead.

The article suggests that euthanasia should be ____________________.

① primarily an ethical issue
② decided by physicians
③ determined by the federal government
④ a controversial issue not to be easily resolved

해설 제시된 글에서는 안락사가 법률적 · 의학적 · 윤리적 측면에서 많은 논쟁이 따르는 문제(Euthanasia has become a legal, medical and ethical issue over which opinion is divided.)이며, 아직 법적으로도 정립되지 않은 문제(This issue had not been established legally in the United States.)라 하였다. 이러한 내용을 토대로 할 때, 안락사는 쉽게 해결되기 어려운 논쟁적인 문제라 볼 수 있다. 따라서 ④가 빈칸에 들어갈 내용으로 가장 적합하다.

해석 안락사는 일반적으로 mercy killing, 즉 말기 또는 불치병에 걸린 사람의 목숨을 자발적으로 끝내는 것을 말한다. 안락사는 의견이 분분한 법률적 · 의학적 · 윤리적인 문제가 되었다. 안락사는 능동적 또는 수동적일 수 있다. 능동적인 안락사는 의사나 다른 의료진이 죽음을 유도하는 의도적인 조치를 취하는 것을 의미한다. 수동적인 안락사는 치료를 충분히 하지 않거나 시작된 치료를 중단함으로써 환자를 사망에 이르게 하는 것을 의미한다. 안락사에 대한 많은 논쟁은 의사 결정 과정에서 발생한다. 환자가 죽게 될 것인지를 누가 결정하는가? 이 문제는 미국에서 법적으로 정립되지 않았다. 이 문제는 주(州) 법에 맡겨져 있는데, 주 법에서는 담당 의사가 환자가 특히 뇌사 상태에 빠진 경우 환자의 가족이나 친지들에게 죽음에 대한 선택을 제시할 수 있도록 허용하고 있다.
이 글은 안락사가 쉽게 해결되지 않는 논쟁적인 문제라고 제시하고 있다.
① 주로 윤리적 문제
② 의사에 의해 결정되어야
③ 연방정부에 의해 결정되어야
④ 쉽게 해결되지 않는 논쟁적인 문제

어휘
- euthanasia 안락사(= mercy killing), 안락사술
- voluntary 자발적인, 임의의, 지원의, 고의의(의도적인)
- terminally 끝으로, 말기로[말기 증상으로] (terminal 종말의, 궁극적인, (병 등이) 말기의, 불치의)
- hopelessly 절망하여, 절망적으로, 가망 없이
- legal 법률(상)의, 합법의(= lawful) (legally 법률적으로, 법률상 / legality 적법, 합법)
- medical 의학의, 의료의, 의사의, 의약의, 건강 진단의 (medicine 약, 의학)
- ethical 도덕상의, 윤리적인, 도덕적인
- active euthanasia 적극적 안락사 (↔ passive euthanasia 소극적 안락사)
- physician 내과 의사, 의사
- personnel (총) 인원, (전) 직원, 인사과, 직원의, 인사의

■ take action 행동[조치]을 취하다, 착수하다, 소송을 제기하다
■ deliberate 신중한, 사려 깊은, 침착한, 의도적인, 계획적인, 숙고하다, 심의하다
■ induce 권유하다, 설득하여 ~시키다(= persuade), 야기하다 (induction 유도, 유발)
■ for lack of ~이 부족하기 때문에
■ suspend 매달다, 일시 중지하다, 연기하다 (suspension 매달(리)기, 부표, 미결정)
■ agood deal of 다량(의)(= a lot of)
■ controversy 논쟁, 언쟁, 분쟁 (controversial 논쟁의, 논쟁을 좋아하는)
■ stem from ~에서 생기다(일어나다, 유래하다, 시작하다)
■ decision-making process (정책 · 방향 등의) 결정 과정
■ relative 친척, 관계물, 비교상의, 상대적인, 관련된 (relatively 상대적으로, 비교적)
■ resolve 용해하다, 분해하다, 풀다, 결의하다, 결정하다, 결심, 결의

23

밑줄 친 부분에 들어갈 표현으로 가장 적절한 것을 고르시오.

As early as the stage when human groups subsisted wholly by gathering and hunting, they were already making a strong imprint on the landscape. Their chief agent in doing so was fire. Fire is self-generating : its heat causes further material to ignite. As long as fuel and air are present, the fire will continue to burn and spread. Once human groups came to possess fire, therefore, they were in a position not only to prolong the burning of a single fire but also to reproduce it, to use it for ______________. In a way, the very word fire is ambiguous and somewhat misleading, since it may refer both to a fire-a singular, isolated event-and to fire in general-a process that occurs over and over again. The point is that with a fire people could continually make more fires. Their control of fire enabled them to proliferate fire.

① making other fires
② keeping a single fire
③ developing entertainment
④ improving their mobility

해설 빈칸 앞의 문장에서 인간이 수렵으로 생존하던 초기에 풍경(주위)에 강한 흔적을 남겼다고 하였으며(As early as the stage when human groups … a strong imprint on the landscape) 주요 동인은 불이라고 하였다. 불은 연료와 공기가 있으면 불은 계속해서 타고 번져 나간다고 하였다(As long as fuel and air are present, the fire will continue to burn and spread). 빈칸 앞에 하나의 불을 태우는 것을 연장할 뿐만 아니라 그것(불)을 재생산하는 위치에 있게 되었다(Once human groups came to possess fire, … burning of a single fire but also to reproduce it)고 하였고, 빈칸 앞에는 어떠한 것을 사용하기 위해(to use it for) 라는 내용이 있으므로 빈칸에는 '다른 불을 피우는데(making other fires)'가 적절하다.

해석 인간 집단이 전적으로 채집과 수렵으로 생존했던 초기 단계에, 이미 인간은 풍경에 강한 흔적을 남기고 있었다. 그렇게 하게 된 주요 동인은 불이었다. 불은 자가 발생적이다. 불의 열은 더 많은 물질을 발화하게 한다. 연료와 공기가 있는 한, 불은 계속해서 타고 번져 나갈 것이다. 일단 인간 집단이 불을 소유하게 되자, 그들은 하나의 불을 태우는 것을 연장할 뿐만 아니라 다른 불을 피우는 데 사용하기 위해 그것을 재생산하는 위치에 있게 되었다. 어떤 면에서, 불이라는 바로 그 단어는 모호하며 어느 정도 오해의 여지가 있는데, 왜냐하면 그것은 하나의 불(단일하고 고립되어 일어난 일로서의 불)과 일반적인 불(몇 번이 다시 발생하는 과정으로서의 불), 둘 다를 가리킬 수 있기 때문이다. 요점은 사람들은 불을 가지고 계속해서 더 많은 불을 피울 수 있었다는 것이다. 그들의 불에 대한 지배(관리)는 그들이 불을 확산시킬 수 있게 해 주었다.

제2장 문제유형별 연습(Exercise)

정답 22 ④ 23 ①

① 다른 불을 피우는 데(만드는 데)
② 하나의 불을 보존하는 데
③ 오락을 발달하는 데
④ 그들의 이동성을 향상하는 데

어휘
■ subsist 생존하다, 존속하다, 먹고살다
■ agent 대리인, 행위자, 작인, 동인(動因)
■ self-generating 스스로 발생하는, 자가 발생적인
■ in a way 보기에 따라서는, 다소, 어느 정도는
■ ambiguous 다의의, 모호한
■ somewhat 얼마간, 다소, 약간
■ misleading 오도하는, 오해시키는

24 국가직 9급 기출

밑줄 친 부분에 들어갈 표현으로 가장 적절한 것을 고르시오.

There's a company based in London, Great Britain, that offers a unique service : You can hire people to wait in line for you. Of course there's a fee. The "Waiters" will queue up for anything from concert tickets, to passports, to a line for a driver's license. The company says it has done some research showing that people in Britain spent about a year of their entire lives waiting in lines. Some people just don't want to spend time doing that. How much does the waiting service cost? Twenty nine dollars an hour. The company so far has eighty employees, most of them recruited from the long-term unemployed because "It's a job that doesn't require a lot of skill or experience." The one thing it does require is ____________.

① creativity ② patience
③ practice ④ license

해설 바로 앞 문장에서 줄 서기 서비스는 특별한 기술이나 경험이 필요하지 않는 일이라고 했는데(It's a job that doesn't require a lot of skill or experience), 이러한 일에서 요구하는 한 가지로 가장 적절한 것은 ②이다. 즉, 줄 서기 서비스는 인내(참을성)만 있으면 별다른 능력이나 경험이 없이도 할 수 있는 일이다.

해석 영국 런던에 본사를 둔 한 회사가 독특한 서비스를 제공하고 있다. 즉, 당신은 당신을 대신해 줄 서서 기다려 줄 사람을 고용할 수 있다. 물론 요금이 든다. 그 '기다리는 사람들(줄을 대신 서주는 사람들)'은 콘서트 티켓에서 여권, 운전면허증을 받기 위한 줄까지 어떤 것을 위해서도 줄을 설 것이다. 그 회사는 영국에 있는 사람들은 그들의 일생 동안 대략 1년을 줄 서서 기다리는 데 소비한다는 것을 보여주는 조사가 있다고 한다. 어떤 사람들은 그런 일을 하면서 시간을 보내는 것을 원하지 않는다. 줄 서기 서비스는 비용이 얼마나 들까? 시간당 29달러이다. 그 회사는 지금까지 80명의 직원을 고용했으며, '그것은 많은 기술이나 경험을 필요로 하는 일이 아니기' 때문에 그들 대부분은 장기간의 실직 상태에 있다가 채용되었다. 그 일이 요구하는 한 가지는 인내이다.
① 창조성 ② 인내
③ 연습 ④ 면허증

어휘
■ license 면허, 허가, 승낙, 면허증, 인가[허가]증, 수료증서
■ hire 고용하다, 빌리다, 세내다, 임차하다
■ fee 요금, 수수료, 보수, 사례금, 수업료
■ queue 줄을 짓다, 줄에 서다, (머리를) 땋아 늘이다
■ recruit 신병으로 만들다, 입대시키다, 징집[모집]하다, 조달하다, 보충하다, 되찾다, 회복하다, 보급을 받다
■ patience 인내, 참을성, 끈기

25 지방직 9급 기출

다음 글의 내용으로 보아 밑줄 친 부분에 들어갈 가장 알맞은 단어는?

A survey reveals that most adults consider themselves "well informed about the affairs of the nation and the world." Yet a regularly taken Roper poll that asks, "From where do you obtain most of your information about the world?" has found the percentage of people who reply, "Television" has been increasing steadily over the past decade. The latest questionnaire found that well over 60 percent of the respondents chose television over other media as their major source of information. These two facts are difficult to ________ since even a casual study of television news reveals it is only a headline service and not a source of information enabling one to shape a world view.

① reconcile ② confirm
③ demonstrate ④ discern

해설 빈칸 앞의 두 가지 사실(These two facts)이란 대부분의 성인들이 자신이 국내외 정세에 박식하다고 생각한다는 것(~ most adults consider themselves "well informed about the affairs of the nation and the world.")과 그러한 정보를 사람들 다수가 텔레비전에서 얻는다는 것(~ over 60 percent of the respondents chose television over other media as their major source of information)이다. 그런데 마지막 문장의 '~ television news … not a source of information enabling one to shape a world view'에서 텔레비전은 세계관을 형성할 수 있는 정보원으로 보기 어렵다고 했으므로, 위의 두 가지 사실은 양립하거나 조화시키기 어렵다는 결론을 도출할 수 있다.

해석 한 설문조사는 대부분의 성인들은 자신들이 '국내와 세계 정세에 대하여 박식하다'고 여기고 있다는 사실을 드러낸다. 그러나 "당신은 세계에 관한 당신의 정보 대부분을 어디에서 얻습니까?"라고 묻는 정기적으로 시행되는 Roper 여론조사에 의하면 '텔레비전'이라고 응답한 사람들의 백분율이 지난 10년에 걸쳐 꾸준히 증가해 오고 있다는 사실을 알 수 있다. 최근의 설문조사에 의하면 응답자의 60퍼센트가 훨씬 넘는 사람들이 그들의 주요 정보원으로 다른 매체보다 텔레비전을 선택했다는 것을 알 수 있다. 텔레비전 뉴스에 대해 통상적인 검토만 해 보아도 그것은 단지 주요 제목(헤드라인)을 제공할 뿐, 한 사람이 세계관을 형성할 수 있게 하는 정보원은 아니라는 것이 드러나기 때문에 이러한 두 가지 사실은 조화시키기가 어렵다.

어휘
- survey (설문) 조사, 개관, 측량, 조사하다, 전망하다
- reveal 드러내다, 밝히다, 보이다, 나타내다
- well informed 박식한, 견문이 넓은, 전문적 지식을 갖고 있는
- affair 사건, 일거리, 상황, 정세
- yet 하지만, 그래도, 아직
- regularly 규칙적으로, 정기적으로
- poll 투표, 여론조사, 투표하다
- obtain 얻다, 손에 넣다, 획득하다 (obtainable 얻을 수 있는, 입수 가능한)
- steadily 착실하게, 꾸준히
- decade 10년간, 10권(편)
- latest 최신의, 최근의, 가장 늦은
- questionnaire 설문지, 질문서
- respondent 대답하는, 반응하는, 응답자, 피고 (respond 대답하다)
- media medium (매개물, 매체, 수단)의 복수형
- casual 우연의, 무심결의, 평상복의, 약식의, 표면적인, 가벼운
- study (문제 · 현상 등의) 세심한 검토, 조사, 연구, 수고, 노력
- headline (신문, 방송 등의) 큰 표제, 주요 제목
- enable ~할 수 있게 하다, ~하는 힘[권리]을 부여하다
- world view 세계관
- reconcile 화해시키다, 조정하다 (reconciliation 화해, 조정, 조화, 일치)
- confirm 확인(확증)하다, 승인하다 (confirmation 확정, 확인)
- demonstrate 논증하다, 설명하다, 시위하다 (demonstration 논증, 시연, 데모)
- discern 식별하다, 분간하다, 차이를 알다

정답 24 ② 25 ①

26 지방직 9급 기출

다음 글의 밑줄 친 부분에 들어갈 가장 적절한 단어는?

Emily is a writer and is always writing things down. Even when she can't find paper, she scrambles to find envelopes, napkins, anything she can use to write down her thoughts. She does this because she is both realistic and disciplined enough to know humans run across too many ideas to remember all of them or even most of them. Good ideas come floating into our heads and will easily float out. Writers acknowledge they carry around a notebook so that the best of those ideas can make it to paper. You don't have to be a writer, however, to have good ideas floating through you. Keep a notebook and pen ___________ and you will be able to hold onto those floating thoughts.

① neat　　② handy
③ fancy　　④ remote

해설 'Writers acknowledge they carry around a notebook so that the best of those ideas can make it to paper.'에서 알 수 있듯이, 떠다니는 좋은 생각들을 붙잡을 수 있으려면 노트와 펜을 항상 가지고 다녀야 할 것이다. 이러한 의미가 되도록 빈칸에 알맞은 것을 찾아보면, 'handy(곁에, 바로 가까이에)'가 가장 적합하다.

해석 Emily는 작가이며 항상 무언가를 적는다. 심지어 그녀가 종이를 찾을 수 없을 때도, 그녀는 봉투, 냅킨, (그 밖에) 자신의 생각을 적는 데 사용할 수 있는 무언가를 찾기 위해 급히 움직인다. 그녀가 이렇게 하는 이유는, 그녀가 인간은 너무나 많은 생각을 우연히 떠올리기 때문에 그것들 모두 또는 심지어 그것들 대부분을 기억할 수 없다는 사실을 알 만큼 충분히 현실적이고 잘 훈련되어 있기 때문이다. 좋은 생각들은 우리 머릿속에 떠올랐다가 쉽게 흘러 나간다. 작가들은 그들이 생각들 중 가장 좋은 생각들을 종이에 적기 위해서 공책을 가지고 다닌다는 것을 인정한다. 그러나 좋은 생각들이 당신에게 떠오르게 하기 위해 당신이 작가일 필요는 없다(꼭 작가가 아니더라도 좋은 생각을 잡을 수 있다). 공책과 펜을 바로 곁에 두라. 그러면 당신은 그 떠다니는 생각들을 붙잡을 수 있을 것이다.

어휘
- write down 써 두다, 적다, 기록하다
- scramble 긁어모으다, 뒤섞다, 기어오르다, 급히 움직이다
- realistic 현실적인, 현실주의의, 사실주의의
- disciplined 훈련받은, 잘 통솔된 (discipline 훈련하다, 훈련, 수양, (교과) 학과)
- run across ~을 우연히 만나다(찾아내다), (도로 등을) 뛰어 건너다
- float 뜨다, 떠오르다, 띄우다, 떠돌게 하다, (소문을) 퍼뜨리다, 전하다
- come into one's head 머리에 떠오르다
- acknowledge (~이 사실임)을 인정하다, 감사하다 (acknowledgment 승인, 사례)
- carry around ~을 가지고 다니다
- make it 제시간에 도착하다, 제대로 수행하다, 출석하다, 오다
- hold onto ~을 꼭 잡고 있다, 손을 놓지 않다, ~에 의지하다
- neat 단정한, 산뜻한, 솜씨 좋은
- handy 바로 곁에 있는, 편리한, 손재주 있는
- fancy 장식적인, 상상의, 공상, 홀연히 내킨 생각, 변덕, 기호, 공상하다
- remote 먼, 멀리 떨어진, 외딴, 먼 옛날의, 먼 훗날의

27 지방직 9급 기출

다음 글의 문맥상 밑줄 친 부분에 들어갈 가장 적절한 표현은?

> Rosa Lopez was a maid working quietly and anonymously until she became a key witness in the O. J. Simpson trial. Suddenly, she was the focus of intense scrutiny. Lopez __________ cameras and reporters everywhere she went. Her every move was analyzed. She eventually returned to her native country to escape the pressure, only to find that the media followed her there.

① followed

② was hounded by

③ enjoyed treating

④ liked being interviewed by

해설 첫 번째 문장의 '재판의 중요 참고인이 되었다(~became a key witness in the O. J. Simpson trial)'라는 내용에서 답을 어느 정도 짐작할 수 있다. 특히 마지막 문장의 '(언론의) 압박을 피하고자 고국으로 돌아왔지만 그곳까지 미디어가 따라왔다(~ returned to her native country to escape the pressure, only to find that the media followed her there)'라는 내용을 통해, 카메라와 기자들에 의해 집요한 시달림이나 추적을 받았음을 알 수 있다. 이러한 내용에 부합하는 것은 ②뿐이다. 'be hounded by'는 '~에 의해 집요하게 시달리다(추적당하다)'라는 의미이다.

해석 Rosa Lopez는 그녀가 O. J. Simpson 재판의 중요 참고인이 될 때까지는 조용하게 이름도 없이 일하던 가정부였다. 갑자기 그녀는 강도 높은 정밀조사의 초점이 되었다. Lopez는 가는 곳마다 카메라와 기자들에 의해 집요하게 시달렸다. 그녀의 일거수일투족이 분석되었다. 그녀는 결국 (언론의) 압박을 피하기 위해 그녀의 고국으로 돌아갔지만, 그곳에서도 언론이 자신을 따라왔다는 것을 알게 되었다.

어휘
- maid 하녀, 가정부, 소녀, 아가씨, 미혼의 여성
- anonymously 익명으로 (anonymity 익명, 무명, 작자 불명)
- key witness 중요 증인[참고인] (witness 증언, 증인, 목격자, 목격하다)
- trial 재판, 시도[시험], 시련[고통].
- intense 강렬한, 격렬한, 열정적인 (intensity 강렬, 격렬, 강도)
- scrutiny 정밀조사, 감시, 감독 (scrutinize 세밀히 조사하다, 유심히 보다)
- eventually 결국, 드디어, 마침내(= at last, ultimately, in the long run)
- hound 사냥개로 사냥하다, 맹렬하게 추적하다, 사냥개

정답 26 ② 27 ②

28 국가직 9급 기출

밑줄 친 부분에 들어갈 말로 가장 적절한 것은?

All creatures, past and present, either have gone or will go extinct. Yet, as each species vanished over the past 3.8-billion-year history of life on Earth, new ones inevitably appeared to replace them or to exploit newly emerging resources. From only a few very simple organisms, a great number of complex, multicellular forms evolved over this immense period. The origin of new species, which the nineteenth century English naturalist Charles Darwin once referred to as "the mystery of mysteries," is the natural process of speciation responsible for generating this remarkable ____________ with whom humans share the planet. Although taxonomists presently recognize some 1.5 million living species, the actual number is possibly closer to 10 million. Recognizing the biological status of this multitude requires a clear understanding of what constitutes a species, which is no easy task given that evolutionary biologists have yet to agree on a universally acceptable definition.

① technique of biologists
② diversity of living creatures
③ inventory of extinct organisms
④ collection of endangered species

해설 제시된 글의 초반부에서 종들이 사라지고 있지만, 그에 맞춰 새로운 종들이 나타난다고 말하면서, 그 뒤에서도 새로운 종에 대한 이야기를 하고 있다. 빈칸 앞에서 몇 안 되는 단순한 유기체로부터 아주 많은 수의 형태가 나타났다고 나와 있고, 빈칸 뒤의 문장에서도 분류학자들이 현재는 150만의 유기체를 인식하지만, 실제는 아마도 1,000만에 가까울 것이라고 말하고 있으므로 빈칸에도 생명체가 더 늘어났다는 의미를 포함하는 ②의 'diversity of living creatures(생명체의 다양성)'이 들어가는 것이 옳다.

해석 과거와 현재를 막론하고 모든 생물은 사라졌거나 멸종될 것이다. 그러나 각 종들이 지구상의 38억 년의 생명체 역사에 걸쳐 사라짐에 따라, 불가피하게 새로운 종들이 그들을 대체하거나 새롭게 생겨난 자원을 이용하기 위해 나타났다. 아주 간단한 몇몇 유기체로부터, 수많은 복잡하고 다세포적인 형태들이 이 거대한 기간에 걸쳐 진화했다. 19세기 영국의 자연주의자 Charles Darwin이 한때 "미스테리 중의 미스테리"라고 일컬었던 새로운 종의 기원은 인간이 지구를 함께 공유하는 이 놀라운 생물들의 다양성을 만들어내는 것을 담당했던 종 분화의 자연스러운 과정이다. 비록 분류학자들이 현재 약 150만 종의 생물 종을 인정하고 있지만, 실제 개체 수는 아마도 1,000만 종에 가까울 것이다. 이 다수의 생물학적 상태를 인정하는 것은 종을 구성하는 것이 무엇인지에 대한 명확한 이해를 요구하는데, 그것은 진화 생물학자들이 아직 보편적으로 용인할 수 있는 정의에 대해 합의하지 못했다는 점을 감안하면 쉬운 일이 아니다.
① 생물학자들의 기술
② 생명체의 다양성
③ 멸종한 유기체들의 목록
④ 멸종위기에 처한 종들의 채집

어휘
- inevitably 아니나 다를까, 예상한 대로, 불가피하게, 필연적으로, 아무래도
- exploit (부당하게) 이용하다, 착취하다, (최대한 잘) 활용하다
- multicellular 다세포의
- evolve (점진적으로) 발달[전진]하다, 진화하다, (법칙을) 이끌어내다, 도출하다, 전개하다
- immense 엄청난, 어마어마한(= enormous), 거대한, 막대한, 광대한(= huge), 멋진, 굉장한
- taxonomist 분류학자
- definition (어떤 개념의) 의미[정의], 한정, 명확성
- endangered 멸종 위기에 처한

29 국가직 9급 기출

다음 글의 빈칸 (ㄱ), (ㄴ)에 들어갈 말로 적절한 것은?

> It is a great nuisance that knowledge cannot be acquired without trouble. It can only be acquired by hard work. It would be fine if we could swallow the powder of profitable information made palatable by the jam of fiction. But the truth is that, so made palatable, we cannot be sure that the powder will be profitable. I suggest to you that the knowledge the novelist imparts is (ㄱ) and thus (ㄴ) and it is better not to know a thing at all than to know it in a distorted fashion. If readers wish to inform themselves of the pressing problems of the day, they will do better to read, not novels but the books that specifically deal with them. I suggest to you that it is enough for a novelist to be a good novelist. It is unnecessary for him to be a prophet, a politician or leader of thought. Fiction is an art and the purpose of art is to please.

	(ㄱ)	(ㄴ)
①	reasonable	believable
②	naive	wholesome
③	biased	unreliable
④	impartial	realistic

해설 두 번째와 세 번째 문장의 'the powder of profitable information made palatable by the jam of fiction'과 'we cannot be sure that the powder will be profitable'을 통해, 소설 또는 소설의 내용(지식)이 유익하다고 확신할 수 없다는 것을 알 수 있다. 또한 빈칸 다음의 '~ it is better not to know a thing at all than to know it in a distorted fashion'을 통해 소설의 내용이 왜곡되어 사실과 다를 수 있으므로 이를 그대로 믿기보다는 차라리 모르는 것이 낫다는 필자의 주장을 파악할 수 있다. 이상을 토대로 빈칸에 적합한 것을 찾아 본다면, (ㄱ)의 경우 '왜곡되어' 또는 '편향되어' 등의 의미가 적합하며, (ㄴ)은 '사실(현실)과 다른', '신뢰할 수 없는' 등의 의미가 적합할 것이다.

해석 지식이 수고 없이 얻어질 수 없다는 것은 대단히 성가신 일이다. 지식은 오직 근면한 노력에 의해서만 얻어질 수 있다. 만일 우리가 소설이라는 잼으로 맛있게 만들어진 유익한 정보(지식)라는 가루를 삼킬 수 있다면 좋을 것이다. 하지만 사실은, 아주 맛있게 만들어진다고 해도 우리는 그 가루가 유익할 것이라는 확신을 할 수 없다는 점이다. 나는 여러분에게 소설가가 전해 주는 지식은 편향되어 있으며 그리하여 신뢰할 수 없고, 왜곡된 방식으로 아는 것보다 아예 모르는 것이 더 낫다고 말하고자 한다. 만일 독자들이 지금의 긴급한 문제를 알기 원한다면, 그들은 소설이 아니라 그런 문제들을 명확하게 다루는 책을 읽는 것이 더 나을 것이다. 나는 여러분에게 소설가는 훌륭한 소설가가 되는 것으로 충분하다고 말하고자 한다. 소설가가 예언자, 정치가 또는 사상의 지도자일 필요는 없다. 소설은 예술이며 예술의 목적은 사람들을 즐겁게 하는 것이다.

① 합리적인 – 믿을 수 있는
② 순진한 – 건강한(건전한)
③ 편향된 – 신뢰할 수 없는
④ 편견 없는(공평한) – 현실적인

어휘
- nuisance 불쾌한[성가신] 물건[일]
- trouble 고생, 노력, 수고
- hard work 힘든 일, 근면한 노동
- swallow 삼키다, 삼킴
- palatable 맛 좋은, 입에 맞는, 비위에 맞는, 즐거운
- impart 나누어 주다, 주다, 전하다, 알리다, 가르치다
- in a ~ fashion ~의 방법[방식]으로
- distorted 비뚤어진, 곡해된, 왜곡된, 기형의 (distort 비틀다, 왜곡하다)
- pressing 긴급한, 절박한, 간청하는
- specifically 명확하게
- deal with ~을 다루다, 상대하다
- prophet 예언자
- please 기쁘게 하다, 즐겁게 하다
- reasonable 도리에 맞는, 합리적인, 온당한
- believable 믿을 수 있는, 신용할 수 있는

정답 28 ② 29 ③

■ naive 순진한, 소박한, 순진한 사람
■ wholesome 건전한, 건강에 좋은
■ biased 치우친, 편견을 지닌, 편향된 (bias 선입견, 편견)
■ unreliable 신뢰할 수 없는
■ impartial 치우치지 않은, 공평한 (impartiality 불편부당)
■ realistic 현실주의의, 현실적인, 사실적인

30 지방직·서울시 9급 기출

밑줄 친 부분에 들어갈 말로 가장 적절한 것은?

All of us inherit something : in some cases, it may be money, property or some object–a family heirloom such as a grandmother's wedding dress or a father's set of tools. But beyond that, all of us inherit something else, something ______________, something we may not even be fully aware of. It may be a way of doing a daily task, or the way we solve a particular problem or decide a moral issue for ourselves. It may be a special way of keeping a holiday or a tradition to have a picnic on a certain date. It may be something important or central to our thinking, or something minor that we have long accepted quite casually.

① quite unrelated to our everyday life
② against our moral standards
③ much less concrete and tangible
④ of great monetary value

해설 빈칸 이전에는 돈, 재산, 물건과 같은 실체가 있는 유산에 관해 언급하고 있는 반면, 빈칸 이후에서는 우리가 인식하지 못할 수도 있는 실체가 없거나 모호한 유산에 관해 언급하고 있으므로 ③이 정답이다.

해석 우리는 모두 무언가를 물려받는다. 어떤 경우에는 돈, 부동산, 또는 어떤 물건, 즉 할머니의 웨딩드레스나 아버지의 도구와 같은 가보일 수도 있다. 하지만 그것을 넘어서, 우리는 모두 다른 것을 물려받는데, 그것은 실체가 없거나, 만질 수 없는 것들, 우리가 인식조차 하지 못하는 것들이다. 그것은 일상적인 일을 하는 방법일 수도 있고, 특정한 문제를 해결하거나 스스로 도덕적인 문제를 결정하는 방법일 수 있다. 휴가를 보내거나 특정한 날에 소풍을 가는 전통을 지키는 특별한 방식일 수도 있다. 그것은 우리의 생각에서 중요하거나 중심적인 것일 수도 있고, 오랫동안 받아들여 오던 사소한 것일 수도 있다.

① 우리의 일상과 상당히 관련이 없는
② 우리의 도덕적 기준에 반하는
③ 실체가 없거나, 만질 수 없는 것들
④ 금전적으로 매우 가치가 있는

어휘 ■ inherit 상속받다, 물려받다, 유전되다, (전임자로부터) 인계받다, 물려받다, 계승하다
■ heirloom 가보, 세습 재산, (부동산과 함께 상속되는) 법정 상속 동산
■ concrete 콘크리트로 된, 고체의, 현실의, 사실에 의거한, 구체적인(↔ abstract 추상적인), 실체가 있는
■ tangible 분명히 실재하는[보이는], 유형의(↔intangible 무형의), 만질[감지할] 수 있는, 현실의, 명백한

31

문맥상 빈칸에 들어갈 가장 적절한 것을 고르면?

Gasoline and diesel fuels are normally dyed to standard color which is a means of identification. Variation from the normal color may also be ______________ of contamination. When naphthas and kerosenes are used for cleaning purposes and paint thinner, it is sometimes ______________ for them to be colorless or white.

① removal – important
② indication – necessary

③ decrease – rememberable

④ amplification – identical

해설 가솔린과 디젤은 식별을 위해 표준색으로 염색되고 색의 변화를 통해 오염을 '확인(indication)'할 수 있다. 나프타나 등유가 사용될 때에는 무색 또는 흰색일 '필요(necessary)'가 있다.

해석 가솔린과 디젤 연료는 보통 식별을 위해 표준색으로 염색된다. 정상적인 색에서 얼마나 변화되었는지를 통해 오염을 확인할 수 있다. 나프타와 등유가 세탁이나 페인트 희석제로 사용될 때 때때로 무색이나 흰색일 필요가 있다.

① 제거 – 중요한
② 확인 – 필요
③ 감소 – 생각나는
④ 확장 – 동일한

어휘
- identification 신원 확인, 동일함
- variation 변화, 변화량
- contamination 오염
- thinner 희석제
- removal 제거, 없애기, 철폐, 해고
- indication 말[암시/조짐](무엇이 존재하거나 일어나고 있음을 보여주는 사건, 행동, 사실을 가리킴)
- rememberable 생각나는, 상기할 수 있는, 기억에 남아 있는
- amplification 확대, 확장, (광학) 확대율, (전기) 증폭

32 국회직 8급 기출

Which of the following best completes the blank?

Commonly used medications could be a culprit in some older people's ___________ problems, a new report shows. Elderly patients are often more susceptible to "drug-induced dementia and delirium." The report includes a list of 136 commonly prescribed drugs that are potentially dangerous to seniors' cognitive health. "Sadly, doctors don't always recognize cognitive impairment as a side effect, so many patients needlessly suffer from this debilitating but reversible condition," says Sidney Wolfe`, director of public Citizen's Health Research Group. It is said that a group of drugs referred to as the "anticholinergics" are risky in this age group. The drugs are used for various reasons (for instance, to treat allergy symptoms), but they can interfere with a chemical called acetylchol ine, which helps transmit signals between nerve cells in the brain. The cholinergic system, which basically drives memory, is worse in older people. These drugs can make someone with dementia more confused.

① addiction
② coronary
③ allergy
④ drug
⑤ memory

해설 이 글은 흔히 사용되는 약물이 노인들의 인지나 기억작용에 해롭다는 내용이다. 글의 두 번째 문장(Elderly patients are often more susceptible to "druginduced dementia and delirium.")과 세 번째 문장의 '~ dangerous to seniors' cognitive health', 글 후반부의 '~ which basically drives memory, is worse in older people', '~ make someone with dementia more confused' 등을 통해, 빈칸에 가장 적합한 것은 'memory'임을 알 수 있다.

해석 일반적으로 사용되는 약물이 일부 노인들의 기억력 문제(장애)에 있어 범인(주요 원인)일 수 있다는 것을 새로운 한 연구 보고서가 보여주고 있다. 노인 환자들은 종종 '약물로 인해 유발된 치매나 정신 착란'에 더욱 취약하다. 이 보고서는 노인들의 인지적 건강에 잠재적으로 위험한 136종의 일반적으로 처방되는 약물 목록을 포함하고 있다. "슬프게도, 의사들이 언제나 인지상의 장애를 부작용으로 인정하는 것은 아닙니다. 그래서 많은

정답 30 ③ 31 ② 32 ⑤

환자들이 불필요하게 이와 같이 쇠약하지만 회복 가능한 상태로 고통을 겪고 있습니다."라고 Public Citizen's Health Research Group의 이사인 Sidney Wolfe는 말한다. '콜린 억제제(항콜린제)'로 일컬어지는 일단의 약물들은 이 연령 집단에서 위험한 것으로 전해지고 있다. 이 약물들은 여러 가지 이유로(예를 들어, 알레르기 증상을 치료하기 위해서) 사용되지만, 뇌 안의 신경 세포 간의 신호를 전달하게 도와주는 아세틸콜린이라 불리는 화학 물질을 방해할 수 있다. 기본적으로 기억을 유도하는 콜린계가 노인들에게서는 더욱 악화되어 있다. 이런 약물은 치매가 있는 사람을 더욱 혼란스럽게 만들 수 있다.

어휘
- commonly 일반적으로, 보통
- medication 약제, 약물, 투약, 약물 치료
- culprit 범죄자, 범인 (= offender), 형사 피고인
- elderly 나이가 지긋한, 고령의
- susceptible to ~에 걸리기 쉬운, ~의 영향을 받기 쉬운, 감염되기 쉬운
- drug-induced 약물로 인해 유발된 (induce 권유하다, 야기하다)
- dementia 백치, 치매, 광기(= madness)
- delirium (일시적) 정신 착란, 맹렬한 흥분 (상태)
- prescribe 규정하다, 처방하다 (prescription 처방, 규정)
- potentially 잠재적으로, 어쩌면(= possibly) (potential 가능한, 잠재적인)
- senior 손위의, 고령자의, 손윗사람, 고령자, 노인
- cognitive 인식의, 인식력 있는, 지적 작용의
- recognize 인정하다, 알아보다 (recognition 인식, 승인 / recognizable 인식할 수 있는)
- impairment (신체적 · 정신적) 장애, 손상 (impair 손상시키다, 해치다)
- side effect (약물 등의) 부작용
- needlessly 불필요하게 (needless 필요 없는)
- debilitate 쇠약하게 하다 (debility 쇠약)
- reversible 거꾸로 할 수 있는, 철회[취소] 가능한
- refer to A as B A를 B라고 일컫다(= cite A as B)
- anticholinergic 콜린 억제성의(억제제)
- allergy 알레르기, 과민증, 질색, 반감, 혐오
- symptom 증상, 징후, 징조, 전조, 조짐
- interfere with 방해하다, 훼방하다(= impede, hinder, prevent)
- acetylcholine 아세틸콜린 (혈압 강하제, 신경 전달 물질의 한 가지)
- transmit 보내다, 부치다, 전달하다 (transmission 전달, 전송)
- nerve cell 신경 세포(= neuron)
- confused 당황한, 어리둥절한, 구별할 수 없는
- addiction 중독, 탐닉 (addict 중독시키다)
- coronary 관상(동맥)의, 심장의

33 국회직 8급 기출

Select the answer that best suits the context of the following passage.

> As its name suggests, 'formalistic' criticism has for its sole object the discovery and explanation of form in the literary work. This approach assumes the ____________ of the work itself and thus the relative unimportance of extraliterary considerations the author's life his times sociological, political, economic, or psychological implications.

① background ② autonomy
③ reputation ④ advantage
⑤ history

해설 형식주의 비평에 대한 배경지식이 있다면 보다 수월하게 답을 찾을 수 있겠으나, 그렇지 않고 문맥만으로 답을 찾기는 다소 어렵다. 여기서 작품 그 자체의 '____________'를 중시한다는 것은, 문학 외의 고려 사항들(작가의 삶과 시대, 사회적 · 정치적 · 경제적 · 심리적 측면)을 상대적으로 중요하게 생각하지(의식하지) 않고 작품 그 자체에 집중한다는 것이다. 이를 토대로 보기 중 빈칸에 어울릴 수 있는 것을 찾아본다. ① · ③ · ⑤는 외적 측면과 연결되므로 답에서 제외할 수 있다. 그리고 외적 측면에 연연하거나 얽매이지 않는다는 것에서 ②의 '자율(성)'이 가장 적합함을 알 수 있다.

해석 그 이름이 시사하는 것처럼, '형식주의' 비평은 문학 작품의 형식 안에서의 발견과 설명을 유일한 목적으로 한다. 이러한 접근은 작품 그 자체의 자율이 있고 따라서 문학 밖의 고려사항들, 즉 작가의 삶, 그의 시대, 사회적,

정치적, 경제적, 또는 심리적 함축(암시)은 상대적으로 중요하지 않다고 본다.

어휘
- formalistic criticism 형식주의 비평(formalistic 형식주의의, 형식에 얽매이는)
- sole 유일한(= only), 고독한, 독신의, 독점적인(= exclusive)
- literary work 문학 작품, 저작물
- relative 비교상의, 상대적인, 관계있는, 대응하는
- unimportance 중요하지 않음, 하찮음, 사소함
- extraliterary 문학 밖의
- consideration 숙고, 고찰, 고려할 사항
- sociological 사회학(상)의, 사회 문제의
- psychological 심리학(상)의, 심리학적인
- implication 내포[함축, 암시], 연루[관계, 관련]
- autonomy 자치(권), 자율
- reputation 평판, 명성, 호평

34 국회직 8급 기출

Which of the following best completes the blank?

Inventor Ray Kurzweil, in his 2005 futurist manifesto "The Singularity Is Near," extrapolates current trends in computer technology to conclude that machines will be able to out-think people within a few decades. In his eagerness to salute our robotic overlords, he neglects some key differences between brains and computers that make his prediction unlikely to come true. Brains have long been compared to the most advanced existing technology including, at one point, telephone switchboards. Today people talk about brains as if they were a sort of biological computer, with pink mushy "hardware" and "software" generated by life experiences. However, any comparison with computers misses a messy truth. Because the brain arose through natural selection, it contains layers of systems that arose for one function and then were adopted for another, even though they don't work perfectly. An engineer with time to get it right would have started over, but it's easier for evolution to adapt an old system to a new purpose than to come up with an entirely new structure. Our colleague David Linden has compared the evolutionary history of the brain to the task of building a modern car by adding parts to a 1925 Model T that never stops running. As a result, brains differ from computers in many ways, from their highly efficient use of energy to their tremendous ____________.

① rigidity
② sensitivity
③ adaptability
④ compactness
⑤ memory capacity

해설 글 중반부의 '뇌는 하나의 기능을 위해 생겼다가 그 다음 또 다른 기능을 위해 채택되기도 한다는 내용(~it contains layers of systems that arose for one function and then were adopted for another ~)'과, 그 다음 문장의 '엔지니어와 달리 진화에 있어서는 전적으로 새로운 구조를 내놓는 것보다 오래된 시스템을 새로운 목적에 적응시키는 것이 더 용이하다(but it's easier for evolution to adapt an old system to a new purpose than to come up with an entirely new structure)'는 내용 등에서 알 수 있는 뇌의 가장 두드러진 특성(컴퓨터와 가장 뚜렷이 구분되는 뇌의 특성)은 '적응성'이다.

해석 발명가인 Ray Kurzweil는, 그의 2005년 미래학자적인 선언 "특이점이 온다(The Singularity Is Near)"에서 컴퓨터 기술의 최근 추세에 의거해 추정하여 수십 년 내

정답 33 ② 34 ③

에 기계가 사람들보다 생각을 더 잘 할 수 있게 될 것이라고 결론 내리고 있다. 우리의 로봇 지배자에게 경의를 표하려는 일념에서, 그는 두뇌와 컴퓨터 사이의 몇 가지 핵심적인 차이점들을 간과하고 있는데 그것들은 그의 예측이 실현될 가망이 없게 한다. 뇌는 오랫동안, 한때 전화 교환대를 포함하여, 가장 발전된 현존하는 기술과 비교되어 왔다. 오늘날 사람들은 뇌가 분홍색의 걸쭉한 '하드웨어'와 인생 경험에 의해 발생하게 된 '소프트웨어'를 갖춘, 일종의 생물학적 컴퓨터인 것처럼 말한다. 하지만, 컴퓨터와의 어떤 비교도 껄끄러운(성가신) 진실을 놓쳐 버리고 만다. 뇌는 자연 선택을 통해 생겨난 것이기 때문에, 비록 완벽하게 작동하지는 않는다 할지라도 하나의 기능을 위해 생겼다가 그 다음 또 다른 기능을 위해 채택이 된 여러 층의 시스템을 담고 있다. 올바르게 대처할 시간이 있는 엔지니어는 다시 시작했을 것이지만, 진화에 있어서는 전적으로 새로운 구조를 내놓는 것보다는 오래된 시스템을 새로운 목적에 적응시키는 것이 더 용이하다. 우리의 동료인 David Linden은 뇌의 진화의 역사를, 결코 달리는 것을 멈추지 않는 1925년 T모델 자동차에 부품을 더함으로써 현대적인 차를 만드는 일에 비유해 왔다. 결과적으로 뇌는 고도로 효율적인 에너지의 활용에서부터 엄청난 적응성에 이르기까지 여러 가지 면에서 컴퓨터와 다르다.

어휘
- futurist 미래파 예술가, 미래학자 (futurism 1910년경 이탈리아에서 일어난 예술 운동), 미래주의, 초현대적(전위적) 예술
- manifesto 선언, 성명, 성명을 발표하다
- singularity 색다름, 특이성(= peculiarity)
- extrapolate (~을 기반으로) 추론[추정]하다, 기지의 자료에 의거해 추정하다(= conjecture)
- out-think ~ 보다 깊이[빨리] 생각하다, ~보다 우수한 생각을 갖다
- eagerness 열의, 열심, 열망 (eager 열망하는, 간절히 하고 싶어 하는)
- salute 경례하다, 경의를 표하다, 인사하다 (salutation인사(말), 절)
- robotic 로봇을 이용하는, 로봇식의, 로봇과 관련된
- overlord 대군주, 지배자, 권력자, 천제(天帝), 신(神)
- neglect 무시하다, 등한시하다, 경시하다, (~하는 것을) 잊다, 무시, 등한시, 경시
- prediction 예언, 예측, 예보, 예상
- telephone switchboard 전화 교환대
- mushy (죽처럼) 걸쭉한, (기능이) 둔한, 연약한(감상적인)
- generate 일으키다, 발생시키다, (새로운 개체를) 낳다
- comparison 비교, 유사, 비유
- messy 흐트러진, 산란한, 성가신, 몸을 더럽히는
- natural selection 자연 선택
- layer 겹, 막, 층
- adopt 채용하다, 고르다, 받아들이다, 입양하다 (adoption 채택, 채용, 입양)
- get it right 올바르게 이해시키다, 제대로 이해하다
- start over 다시 시작하다
- evolution 진화, 발달, 발달의 산물 (evolve 서서히 발전시키다, 진화시키다)
- adapt 적응시키다, 개조하다 (adaptation 적응, 개조/adaptability 적응성)
- come up with ~을 제안하다, ~을 내놓다
- differ from ~와 다르다
- efficient 능률적인, 유능한, 실력 있는 (efficiency 능력, 능률)
- rigidity 단단함, 강도, 엄격함, 불굴
- sensitivity 민감(성), 감수성, 자극 반응성, 감도
- compactness 조밀함, 촘촘함, 밀집함
- capacity 용량, 용적, 재능, 자격, (컴퓨터) 기억 용량

35

다음 글의 빈칸에 들어갈 가장 적절한 것은?

It's too cold. You're too busy. You can think of every reason in the book to get out of exercising. Well, we've rounded up the expertise of fitness trainer Alster Hanman. He's squashing those excuses with the hottest indoor work out this winter! There's no need to venture out to the gym. And don't even think of trying to brave the sleet or snow. You can ______________ and still get the same effects. Try Alster's workout any time, any place.

① try playing outdoors
② register at a sports center
③ work out in a warm place
④ replace workout with dancing

해설 앞의 두 문장에서 힘들고 고생스럽게 밖에서 운동할 필요가 없다고 했고, 다음 문장에서 Alster의 실내 운동법을 추천하고 있다.

해석 날씨는 너무 춥고 여러분은 너무 바쁩니다. 여러분은 운동을 안 하려고 온갖 핑계를 생각해 볼 수도 있을 것입니다. 그래서 여기에 헬스 트레이너 Alstar Hanman의 전문 지식을 모아 정리했습니다. 그는 올 겨울 인기 좋은 실내 운동으로 그런 핑계를 꺽소리 못하게 하고 있습니다. 굳이 위험하게 체육관으로 나갈 필요가 없습니다. 진눈깨비나 눈을 헤치고 나가려고 생각할 필요도 없습니다. 여러분은 따뜻한 곳에서 운동을 하면서도 똑같은 효과를 얻을 수 있습니다. 언제 어디서든지 Alstar의 운동법대로 해 보세요.
① 밖에서 운동하는 것을 시도하다
② 스포츠 센터에 등록하다
③ 따뜻한 곳에서 운동하다
④ 운동을 춤으로 대체하다

어휘
- get out of ~을 피하다, 벗어나다
- round up 모으다, 끌어 모으다
- expertise 전문적 지식[기술]
- squash 짓누르다, 짜다, 찌그러뜨리다, 으깨다
- workout 운동, 체조, 연습, 연습 경기 (work out 운동하다, 연습하다)
- venture 위험을 무릅쓰고 하다[나서다], 모험, 모험적 사업
- sleet 진눈깨비
- replace A with B A를 B로 대체하다

36 국가직 9급 기출

밑줄 친 부분에 들어갈 말로 가장 적절한 것은?

Why bother with the history of everything? ____________________. In literature classes you don't learn about genes in physics classes you don't learn about human evolution. So you get a partial view of the world. That makes it hard to find meaning in education. The French sociologist Emile Durkheim called this sense of disorientation and meaninglessness anomie, and he argued that it could lead to despair and even suicide. The German sociologist Max Weber talked of the "disenchantment" of the world. In the past, people had a unified vision of their world, a vision usually provided by the origin stories of their own religious traditions. That unified vision gave a sense of purpose, of meaning, even of enchantment to the world and to life. Today, though, many writers have argued that a sense of meaninglessness is inevitable in a world of science and rationality. Modernity, it seems, means meaninglessness.

① In the past, the study of history required disenchantment from science
② Recently, science has given us lots of clever tricks and meanings
③ Today, we teach and learn about our world in fragments
④ Lately, history has been divided into several categories

해설 빈칸 다음의 문장들을 보면 문학 수업에서는 유전자에 대해 배우지 않고, 물리학 수업에서는 인간의 진화에 대해 배우지 않으므로 세상에 대한 편파적인 관점을 갖게 된다고 서술하고 있다. 그러므로 ③의 "Today, we teach and learn about our world in fragments. (오늘날, 우리는 단편적으로 세상에 대해 가르치고 배운다.)"가 빈칸에 들어갈 말로 가장 적절하다.

해석 왜 모든 것들의 역사에 신경 쓰는가? 오늘날, 우리는 단편적으로 세상에 대해 가르치고 배운다. 문학 수업에서는 유전자에 대해 배우지 않고, 물리학 수업에서는 인간의 진화에 대해 배우지 않는다. 그래서 당신은 세계에 대한 편파적인 관점을 갖게 된다. 그것은 교육에

정답 35 ③ 36 ③

서 의미를 찾기 어렵게 만든다. 프랑스 사회학자 Emile Durkheim은 이 혼란과 무의미함을 아노미라고 불렀고, 절망과 심지어 자살로 이어질 수 있다고 주장했다. 독일의 사회학자 Max Weber는 세계의 '각성'에 대해 이야기했다. 과거에 사람들은 자신의 세계에 대한 통일된 시각을 가지고 있었는데, 이는 보통 자신의 종교적 전통의 근원 설화에 의해 제공되는 시각이었다. 그 통일된 시각은 목적, 의미, 심지어 세상과 삶에 대한 황홀감을 주었다. 그러나 오늘날 많은 작가들은 과학과 합리성의 세계에서 무의미한 감각이 불가피한 것이라고 주장해 왔다. 현대적이라는 것은 무의미함을 의미하는 것처럼 보인다.

① 과거에는 역사에 대한 연구가 과학으로부터의 각성을 요구했다.
② 최근, 과학은 우리에게 많은 영리한 속임수와 의미를 제공했다.
③ 오늘날, 우리는 단편적으로 세상에 대해 가르치고 배운다.
④ 최근에 역사는 몇 가지 범주로 나뉘었다.

어휘
- bother 신경 쓰다, 애를 쓰다
- gene 유전자
- evolution 진화, 발전 v. evolve 진화하다
- partial 일부분의, 부분적인, 편파적인(↔ impartial 공정한)
- disorientation 방향 감각 상실, 혼미
- meaninglessness 무의미함, 무익함
- anomie 아노미, 사회적[도덕적] 무질서
- despair 절망, 자포자기(= despondency)
- suicide 자살 cf. commit suicide 자살하다
- disenchantment 미몽에서 깨어남, 각성
- unified 통일된, 통합된
- origin story 근원 설화
- enchantment 황홀감, 매혹 v. enchant 황홀하게 만들다, 넋을 잃게 하다
- inevitable 불가피한, 필연적인(= unavoidable)
- rationality 순리성, 합리성
- modernity 현대적임, 근대성, 현대풍
- fragment 조각, 파편, 단편(= fraction)

37 국가직 9급 기출

다음 밑줄 친 부분에 들어갈 가장 적절한 것을 고르시오.

Only in 1978, more than half a century after all adult women in the United States got the vote, the first female senator was elected rather than appointed. The Democrats' first female senator was voted in only 14 years before Hillary Clinton's election for New York. Even now, women make up only 16 percent of the members of the US Congress, as distinct from 45 percent of MPs in Sweden, and 49 percent in Rwanda. Of the just 58 women across the globe who has thus far served as an elected prime minister or president, only one has come from North AmericA : Kim Campbell, who was briefly prime minister of Canada. The US ______________________________.

① has been the leader in promoting the career of talented women such as Hillary Clinton
② must realize that it will be in a better position to lead the world with a woman president
③ will always remain the role model for other countries, despite these figures
④ has lagged behind other parts of the world in admitting women to top political positions

해설 이 글의 내용은 미국의 경우 여성의 정치 참여가 다른 나라보다 뒤떨어진다는 것이다. 특히, 빈칸 바로 앞의 문장(Of the just 58 women … prime minister of Canada)에서, 다른 나라와 달리 미국은 여성 총리나 대통령이 없었다는 것을 알 수 있다. 보기 중 이러한 내용을 가장 잘 설명한 것은 ④이다.

해석 미국에서 모든 성인 여성들이 투표권을 얻은 지 반세기 이상이 지난 1978년에서야 최초의 여성 상원의원이 임명에 의해서가 아니라 선출되었다. 민주당 최초의 여성 상원의원이 선출된 것은 뉴욕에서 Hillary Clinton이 선출되기 겨우 14년 전이었다. 심지어 오늘날에도 여성은 미국 의회 의원의 겨우 16%를 구성하는데, 이는 스웨덴에서 45%, 르완다에서 49%인 것과 구별된다. 선출된 총리나 대통령으로 근무해 온 전 세계 58명의 여성 중에 단 한 명만이 북미 출신인데, 그녀는 Kim Campbell이며 캐나다의 총리로 잠시 근무했었다. 미국은 최고 정치 직책에 여성을 받아들이는 데 있어 세계의 다른 나라보다 뒤떨어져 있다.

① Hillary Clinton 같은 유능한 여성들의 경력을 증진시키는 데 있어 선도자였다.
② 여성 대통령이 세계를 이끌어가는 데 더 유리할 것이라는 점을 깨달아야 한다.
③ 이러한 수치에도 불구하고 여전히 다른 나라에 대한 역할 모델로 남을 것이다.
④ 여성을 최고 정치 직책에 수용하는 데 있어 세계의 다른 나라에 뒤쳐졌다.

어휘
- senator 상원의원, 원로원 의원, 정치가
- appoint 임명하다, 지시하다, 약속하다
- make up 구성하다, 작성하다, 창작하다, 화장하다
- Congress 의회, 국회
- MP 하원의원(Member of Parliament)
- prime minister 국무총리, 수상
- briefly 간단히, 짧게
- lag behind 처지다, 뒤떨어지다
- talented 재능이 있는, 유능한
- role model 역할 모델, 롤 모델
- figure 숫자, 계산, 꼴, 형태, 모습, 인물(상), 그림, 도형

38

다음 빈칸에 가장 알맞은 것은?

Newspaper headlines scream almost with glee at a bloody murder rape is good copy, and armed robberies get bigger headlines if there's lots of shooting involved. Television news thrives on the same diet of crime and violence, though newsmen can usually film only a pool of blood or a zipped-up body bag. Entertainment programming, however, can be tailormade with all kinds of violent "action." Movies, now that there are so few real "family" movies to see, share similar tastes. Crime and violence are ________________.

① staple items of mass media content
② twice-told tales in television programs
③ the most preferred materials by viewers
④ banned subjects in programs for children

해설 본문은 신문과 TV, 영화 등의 대중매체가 지속적으로 선호하는 기삿거리(소재, 주제)인 범죄나 폭력에 관한 내용이다.

해석 신문의 머리기사는 유혈이 낭자한 살인사건에 거의 환희에 넘쳐 소리를 지르다시피 하고, 성폭행은 훌륭한 기삿거리이며, 무장 강도 사건은 충격이 많으면 많을수록 더 큰 머리기사가 된다. 취재기자가 카메라에 담을 수 있는 것이라고는 단지 흥건한 피나 지퍼로 잠긴 시체 가방에 불과하지만, TV 뉴스는 범죄와 폭력의 동일한 메뉴로 번성하고 있다. 그러나 오락 프로그램은 온갖 종류의 폭력적인 '행동'에 꼭 맞추어 제작할 수 있다. 볼만한 진정한 '가족' 영화가 거의 없는 영화계도 이와 취향이 비슷하다. 범죄와 폭력은 대중매체 내용의 주요 구성 항목이다.

① 대중매체 내용의 주요 구성 항목

정답 37 ④ 38 ①

② TV 프로그램에서의 진부한 이야기
③ 시청자들이 가장 선호하는 소재들
④ 어린이 프로그램에서 금지되는 주제들

어휘
- copy 기사, 기삿거리
- glee 기쁨, 즐거움, 환희 (scream with glee 기쁨에 넘쳐 소리 지르다)
- bloody 피나는, 피를 흘리는(= bleeding), 유혈의, 피투성이의
- rape 강간하다, 성폭행하다, 강간, 성폭행
- thrive 번창하다, 번영하다(~ on)
- diet (오락 등에서의) 습관적인[지긋지긋한] 것, 일상의 음식물, 규정식, 식이 요법
- film 촬영하다, 영화화하다
- zip-up 지퍼로 잠그는
- staple 중요한, 주요한, 주요 산물, 중요 상품
- tailor-made 꼭 맞는, 주문에 따라 맞춘
- twice-told 두 번 말한, 고리타분한, 진부한
- tale (꾸민) 이야기, 설화
- ban 금지하다

39

다음 글의 빈칸에 들어갈 가장 적절한 것은?

The country with the highest rate of crime in the world is Vatican City, with 1.5 crimes per resident. However, this high ratio is due to the country's tiny population of only around 840 people. It is likely that the vast majority of the crimes, which consist mainly of pick-pocketing and shop-lifting, are committed by outsiders. The Vatican has a special police force with 130 members responsible for criminal investigation, border control and protection of the pope. There is no prison in Vatican City, with the exception of a few detention cells to hold criminals before trial. The majority of criminals are ____________ ____________.

① overruled by Italian courts
② tried by detention cells
③ tried by Italian courts
④ manipulated by Italian courts

해설 바티칸 시국이 범죄율이 높은 이유는 단지 840명밖에 안 되는 그 나라의 적은 인구 때문이며, 범죄의 대부분이 외부인들에 의해 저질러질 가능성이 있다. 주로 소매치기와 상점털이로 범죄가 이루어지며 바티칸 시국에는 재판 전에 죄수들을 가두기 위한 몇 유치장을 제외한 교도소가 없으므로 죄수들의 대부분은 이탈리아 법정에서 재판을 받으므로, '재판을 받는다(tried by Italian courts)'가 빈칸에 들어가야 한다.

해석 세계에서 범죄율이 가장 높은 나라는 바티칸 시국이며, 주민 1인당 1.5건의 범죄가 발생한다. 그러나 범죄율이 높은 이유는 단지 840명밖에 안 되는 그 나라의 적은인구 때문이다. 주로 소매치기와 상점털이로 구성된 범죄의 대부분이 외부인들에 의해 저질러질 가능성이 있다. 바티칸은 범죄 수사, 출입국 관리 그리고 교황 경호를 위한 130명의 특수 경찰 병력이 있다. 바티칸 시국에는 재판 전에 죄수들을 가두기 위한 몇몇 유치장을 제외하고는 교도소가 없다. 죄수들의 대다수는 이탈리아 법정에서 재판을 받는다.
① 이탈리아 법정에서 기각된다.
② 유치장에서 재판을 받는다.
③ 이탈리아 법정에서 재판을 받는다.
④ 이탈리아 법정에서 조작된다.

어휘
- safeguard 보호[보장]하다(= protect), 호위[호송]하다(= convoy)
- safekeeping 보호, 보관
- turn over ~를 넘기다[맡기다]
- turn to ~에 의지하다
- storage 저장고, 보관소
- goldsmith 금세공인
- vault 금고
- redeem 현금으로 바꾸다[교환하다] n. redemption 상환[현금화]
- payment 지불(금), 납입(금)
- payee (금전 · 수표의) 수취인, 수령인 cf. payee
- bank 수납은행, payee of the bill 어음수취인
- potential 가능성, 잠재력(= possibilities, capacity)
- arrangement 정리, 배열, 방식

■ depositor 예금자[주] cf. a time depositor 정기 예금자
■ fee 수수료, 요금[회비]

40 서울시 9급 기출

글의 흐름으로 보아 빈칸에 들어갈 가장 적절한 것은?

Modern banking has its origins in ancient England. In those days people wanting to safeguard their gold had two choices – hide it under the mattress or turn it over to someone else for safekeeping. The logical people to turn to for storage were the local goldsmiths, since they had the strongest vaults. The goldsmiths accepted the gold for storage, giving the owner a receipt stating that the gold could be redeemed at a later date. When a payment was due, the owner went to the goldsmith, redeemed part of the gold and gave it to the payee. After all that, the payee was very likely to turn around and give the gold back to the goldsmith for safekeeping. Gradually, instead of taking the time and effort to physically exchange the gold, business people ________________.

① began to exchange the goldsmiths receipts as payment
② saw the potential for profit in this arrangement
③ warned the depositors against redeeming their gold
④ lent the gold to somebody else for a fee

해설 윗글은 은행의 유래에 대해 설명한 글이다. 금 주인들은 금세공인에게 금을 보관한 후 현금으로 교환할 수 있는 영수증을 받았고, 나중에 상환일이 되면 금 대신 현금으로 받아 수취인에게 주었다. 수취인은 다시 금세공인에게 금을 맡겼으므로 결국 금세공인들이 발행한 영수증을 금 주인과 수취인이 직접 교환하면 물리적으로 시간과 노력을 아낄 수 있다. 그러므로 빈칸에 들어갈 말은 금세공인들이 발행한 영수증의 교환이다.

해석 현대 은행은 고대 영국에 그 기원을 둔다. 그 당시에 금을 안전하게 지키기를 원했던 사람들은 두 가지 선택이 있었는데, 매트리스 아래 숨기거나 보관을 위해 다른 사람에게 맡기는 것이었다. 보관을 위해 믿고 맡길 사람들은 현지 금세공인들이었는데, 그들이 가장 강한 금고를 소유했기 때문이었다. 금세공인들은 보관용 금을 수령했고, 나중에 그 금을 현금으로 바꿀 수 있음을 명시하는 영수증을 주인에게 주었다. 상환일이 되었을 때, 그 주인은 금세공인에게 가서 금의 일부를 현금으로 교환받아 수취인에게 주었다. 그러고 나서, 그 수취인은 보관을 위해 다시 금세공인에게 돌아가 금을 주는 식이었다. 점차 금을 교환하기 위해 물리적으로 시간과 노력을 들이는 대신에, 사업가들은 지불금으로 금세공인들의 영수증을 교환하기 시작했다.

① 지불금으로 금세공인들의 영수증을 교환하기 시작했다.
② 이러한 방식에서 수익의 잠재 가능성을 보았다.
③ 그들의 금을 현금으로 교환하는 것에 맞서 예금자들에게 경고했다.
④ 수수료를 받고 다른 사람에게 금을 빌려주었다.

어휘
■ safeguard 보호[보장]하다(= protect), 호위[호송]하다(= convoy)
■ safekeeping 보호, 보관
■ turn over ~를 넘기다[맡기다]
■ turn to ~에 의지하다
■ storage 저장고, 보관소
■ goldsmith 금세공인
■ vault 금고
■ redeem 현금으로 바꾸다[교환하다] n. redemption 상환[현금화]
■ payment 지불(금), 납입(금)
■ payee (금전 · 수표의) 수취인, 수령인 cf. payee bank 수납은행, payee of the bill 어음수취인
■ potential 가능성, 잠재력(= possibilities, capacity)
■ arrangement 정리, 배열, 방식
■ depositor 예금자[주] cf. a time depositor 정기 예금자
■ fee 수수료, 요금[회비]

제2편 문제유형별 연습(Exercise)

정답 39 ③ 40 ①

41 국가직 9급 기출

밑줄 친 부분에 들어갈 표현으로 가장 적절한 것을 고르시오.

> Given our awesome capacities for rationalization and self-deception, most of us are going to measure ourselves ____________ : I was honest with that blind passenger because I'm a wonder person. I cheated the sighted one because she probably has too much money anyway.

① harshly
② leniently
③ honestly
④ thankfully

해설 앞에서 우리가 '자기합리화와 자기기만에 대한 놀라운 포용력(awesome capacities for rationalization and self-deception)'을 가지고 있다고 했는데, 이 경우 우리가 우리 자신들에 대해 어떻게 평가하게 될지 생각해 보면 쉽게 답을 고를 수 있다. 제시된 ①~④ 중 'leniently'가 빈칸에 가장 적절하다.

해석 합리화와 자기기만에 대한 우리의 놀라운 포용력을 감안해 볼 때, 우리들 중 대부분은 우리 자신들을 관대하게 평가할 것이다 : 나는 대단한 사람이기 때문에 저 눈먼 승객에게 솔직하게 말했어. 나는 눈이 보이는 사람을 속였는데 그건 아마도 그녀가 어쨌든 너무 많은 돈을 가지고 있기 때문이야.
① 가혹하게, 심하게
② 관대하게, 인정 많게
③ 솔직하게, 정직하게
④ 고맙게도, 감사하여

어휘
- given 감안하면, 고려하면, ~라는 점에서
- awesome 두려움[외경심]을 느끼게 하는, 무서운, 최고의, 멋진
- capacity 능력, 용량[수용량, 수용능력], 포용력, 가능성, 자격, 기능
- rationalization 합리화, 이론적 설명
- self-deception 자기기만 cf. deception 기만, 사기, 허상
- leniently 관대하게, 인정 많게(= mercifully ,generously)
- cheat 속이다, 기만하다, 부정행위, 속임수
- sighted 눈이 보이는, 시력이 있는, 시력이 ~인
- harshly 가혹하게, 심하게, 거칠게, 맹비난

제3장 작문(Composition)

실전 문제

대표유형문제

지방직 9급 기출

우리말을 영어로 잘못 옮긴 것은?

① 그들은 지구상에서 진화한 가장 큰 동물인데, 공룡보다 훨씬 크다.
→ They are the largest animals ever to evolve on Earth, larger by far than the dinosaurs.

② 그녀는 나의 엄마가 그랬던 것만큼이나 아메리카 원주민이라는 용어를 좋아하지 않았다.
→ She didn't like the term Native American any more than my mother did.

③ 우리가 자연에 대해 정보로 받아들이는 것의 4분의 3은 눈을 통해 우리 뇌로 들어온다.
→ Three-quarters of what we absorb in the way of information about nature comes into our brains via our eyes.

❹ 많은 의사들이 의학에서의 모든 최신의 발전에 뒤떨어지지 않기 위해서 열심히 공부한다.
→ The number of doctors study hard in order that they can keep abreast of all the latest developments in medicine

정답해설 'a number of'는 '많은(다수의)'이라는 의미이며, 'the number of ~'는 '~의 수'라는 의미이므로, '많은 의사들'은 'A number of doctors'로 표현해야 한다. 'in order that'은 '~하기 위해, ~할 목적으로'라는 의미이다.

오답해설 ① 최상급의 형태(the + largest + 명사)와 '최상급 + ever to do(지금까지 ~한 것 중 가장 ~하다)'가 모두 적절하다. 여기에서 'to evolve'는 앞의 명사 'animals'를 수식하는 형용사적 용법에 해당한다. '(by) far'는 비교급을 강조하는 수식어구로, '훨씬, 한층 더'라는 의미가 된다. 비교급을 강조하는 어구에는 much, even, far(by far), a lot, still, yet, a good(great) deal 등이 있다.

② 'not A any more than B(= no more A than B)'는 'B가 아닌 것처럼 A도 아니다' 또는 'A가 아닌 것은 B가 아닌 것과 같다'의 표현이다. 여기에서 'did'는 앞의 'didn't like the term Native American'을 받는다.

③ 분수 'Three-quarters'가 문장의 주어인데, '분수(주어) + of + 명사 + 동사'의 구조에서 동사의 수는 앞의 명사의 수에 따라 결정된다. 여기에서는 of 다음에 명사절 'what we absorb in the way of information about nature(우리가 자연에 대해 정보로 받아들이는 것)이 왔으므로, 다음 동사(comes)의 수는 단수가 된다. 'via'는 '~을 경유하여, 거쳐'라는 의미이다.

핵심어휘
- evolve 진화하다, 발전하다, 변하다
- term 용어, 표현, 정의, 설명, 임기, 기간, 계약조건, 관계, 말하다
- absorb 흡수하다, 받아들이다, 빨아들이다, 빼앗다, 열중하다
- keep abreast of 뒤처지지 않다[유지하다, 따라가다](= keep up with)

핵심정리 비교급과 최상급의 강조 어구
- 비교급을 강조하는 어구 : much, even, (by) far, a lot, still, yet, a good[great] deal 등
- 최상급의 강조하는 어구 : much, the very, (by) far, far and away 등이 있다.

정답 41 ②

01 지방직·서울시 9급

우리말을 영어로 가장 잘 옮긴 것을 고르시오.

① 나는 너의 답장을 가능한 한 빨리 받기를 고대한다.
→ I look forward to receive your reply as soon as possible.

② 그는 내가 일을 열심히 했기 때문에 월급을 올려 주겠다고 말했다.
→ He said he would rise my salary because I worked hard.

③ 그의 스마트 도시 계획은 고려할 만했다.
→ His plan for the smart city was worth considered.

④ Cindy는 피아노 치는 것을 매우 좋아했고 그녀의 아들도 그랬다.
→ Cindy loved playing the piano, and so did her son.

해설 앞 문장에 대한 긍정동의는 'so + V + S'를 취하고 앞에 나온 동사 'loved'에 맞춰 과거형 대동사 'did'가 적절하게 쓰였다.

02 서울시 9급 기출

주어진 우리말을 영어로 가장 잘 옮긴 것은?

> 폭설로 인해 열차가 많이 늦어져서 자정까지 집에 도착할 수 있을지 걱정이 되었다.

① The heavy snow delayed my train a lot, and I was worrying about my arrival at home until midnight.

② The heavy snow delayed the train so much that I felt worried about whether I could get home by midnight.

③ The train was very late thanks to the heavy snow; I felt worrying whether I could arrive home in the midnight.

④ As the train had been long delayed owing to the heavy snow, I felt worrying about whether I could get home till midnight.

해설 ②에서 사용된 'so ~ that …'은 '너무(대단히) ~해서 …하다'라는 구문이다. 명사절의 이끄는 접속사 whether와 전치사 by의 용법도 모두 이상이 없다. 전치사 by(~까지)와 till/until(~까지 (줄곧))은 의미상 유사하나, by는 행위나 동작이 그때까지 완료되는 경우(미래의 어떤 순간이 지나기 전 행위가 발생하게 되는 경우)에 사용되며, till/until은 상태나 동작이 그때까지 계속되는 경우(미래의 어느 순간까지 행위가 계속되는 경우)에 사용된다는 점에서 구분된다.

① '자정까지 집에 도착하다'라는 것은 자정까지 줄곧(계속) 도착한다는 것이 아니라 그때까지 완료(도착)하겠다는 의미이므로 by를 써야 한다(until midnight →by midnight).

③ felt worrying → felt worried (about), in the midnight → by midnight

④ felt worrying about → felt worried (about), till midnight → by midnight

어휘
- thanks to ~ 덕택에
- owing to ~ 때문에[덕분에]
- snowstorm 눈보라, 눈보라 같은 것
- whether ~ (or not) ~ 인지 아닌지[어떤지]

03 지방직·서울시 9급

우리말을 영어로 잘못 옮긴 것을 고르시오.

① 경찰 당국은 자신의 이웃을 공격했기 때문에 그 여성을 체포하도록 했다.
→ The police authorities had the woman arrested for attacking her neighbor.

② 네가 내는 소음 때문에 내 집중력을 잃게 하지 말아라.
→ Don't let me distracted by the noise you make.

③ 가능한 한 빨리 제가 결과를 알도록 해 주세요.
→ Please let me know the result as soon as possible.

④ 그는 학생들에게 모르는 사람들에게 전화를 걸어 성금을 기부할 것을 부탁하도록 시켰다.
→ He had the students phone strangers and ask them to donate money.

해설 'let'이 사역동사로 쓰여 목적격 보어에 수동이 위치할 경우엔 'let + O + be p.p.'의 형태로 써야 한다. 따라서 'distracted'를 'be distracted'로 고쳐야 한다.

04

다음 우리말을 영작한 것 중 옳은 것은?

> 한국의 인구는 스웨덴의 인구보다 훨씬 많다.

① The population of Korea is much more than that of Sweden.

② The population of Korea is much larger than that of Sweden.

③ Korean people are much more than Swedish people.

④ The population of Korea is much bigger than those of Sweden.

해설 the population은 단수이므로 that으로 받는다. much는 형용사와 부사의 비교급을 수식한다.

05

우리말을 영어로 잘못 옮긴 것을 고르시오.

① 그는 시험에 통과하기 위해서 열심히 공부했다.
→ He studied hard so that he might pass the exam.

② 그는 젊었을 때 담배를 너무 많이 피운 것이 틀림없다.
→ He must have been smoking too much when he was young.

③ 그는 하루 종일 일했다. 그는 피곤해할 것이다.
→ He has been working all day. He must be tired.

④ 당신은 그들의 제안을 수용할 필요가 없다.
→ You must not accept their offer.

해설 must not은 ~해서는 안 된다라는 의미이다. 따라서 해석은 당신은 그들의 제안을 수용해서는 안 된다가 된다.

정답 01 ④ 02 ② 03 ② 04 ② 05 ④

06

우리말을 영어로 잘못 옮긴 것을 고르시오.

① 그녀가 어리석은 계획을 포기하도록 설득해 줄래요?
→ Can you talk her out of her foolish plan?

② 그녀의 어머니에 대해서는 나도 너만큼 아는 것이 없다.
→ I know no more than you don't about her mother.

③ 그의 군대는 거의 2대 1로 수적 열세였다.
→ His army was outnumbered almost two to one.

④ 같은 나이의 두 소녀라고 해서 반드시 생각이 같은 것은 아니다.
→ Two girls of an age are not always of a mind.

해설 ② 'A no more ~ than B(= A not ~ any more than B)'는 부정 비교 구문으로 'A가 ~이 아닌 것은 B가 ~이 아닌 것과 같다'로 해석된다.
→ I know no more than you do about her mother. (그녀의 어머니에 대해서는 나도 너만큼 아는 것이 없다.)
① 'talk out of'는 '설득해서 ~을 그만두게 하다'는 의미로 옳게 표현되었다.
③ 'outnumber'는 '수적으로 우세하다'는 뜻으로, 해당 문장에서는 'be outnumbered'의 수동태로 사용되어 '수적으로 열세이다'의 뜻으로 옮겨지며, '2대 1'의 표현도 전치사 'to'를 사용하여 'two to one'으로 옳게 표현되었다.
④ 'of an age'와 'of a mind'에서 'a(n)'은 모두 'same'의 뜻으로 사용되어, '같은 나이'와 '같은 생각'이라는 뜻으로 옳게 표현되었다.

어휘 ■ talk out of 설득해서 ~을 그만두게 하다(= dissuade)
■ outnumber ~보다 수가 더 많다, 수적으로 우세하다

07 국가직 9급 기출

우리말을 영어로 잘못 옮긴 것을 고르시오.

① 제가 당신께 말씀드렸던 새로운 선생님은 원래 페루 출신입니다.
→ The new teacher I told you about is originally from Peru.

② 나는 긴급한 일로 자정이 5분이나 지난 후 그에게 전화했다.
→ I called him five minutes shy of midnight on an urgent matter.

③ 상어로 보이는 것이 산호 뒤에 숨어 있었다.
→ What appeared to be a shark was lurking behind the coral reef.

④ 그녀는 일요일에 16세의 친구와 함께 산 정상에 올랐다.
→ She reached the mountain summit with her 16-year-old friend on Sunday.

해설 ②'shy of'는 '부족한, 모자라는'의 의미로 'five minutes shy of midnight'은 '자정이 되기 5분 전'을 뜻한다. 그러므로 '자정이 5분이나 지난 후'는 영어로 'five minutes after midnight'이라고 옮겨야 적절하다.
① 선행사 'teacher' 뒤에 전치사 'about'의 목적어인 관계대명사 'whom'이 생략된 것으로 올바른 표현이다.
③ 선행사를 포함한 관계대명사 'what'이 사용되었고, 자동사 'appear' 다음에 to부정사가 와서 '~처럼 보이다'의 의미로 옳게 사용되었다.
④ 'reach'는 타동사로서 전치사 없이 사용되며, '16-year-old'는 뒤의 명사 'friend'를 수식하는 형용사의 형태로 '16-years-old'라고 복수 형태로 쓰지 않는다.

어휘 ■ originally 원래, 본래
■ shy of 부족한, 모자라는

08 국가직 9급 기출

다음의 우리말을 영어로 옮긴 것으로 적절하지 않은 것은?

> 내가 집을 나오자마자, 비가 몹시 내리기 시작했다.

① The moment I left home, it began to rain heavily.

② No sooner had I left home than it began to rain heavily.

③ As soon as I left home, it began to rain heavily.

④ I never left home without beginning to rain heavily.

해설 '~하자마자 …하다'의 표현으로는 'the moment(the instant/the minute) S + V', 'as soon as S + V', 'no sooner had + S + P.P. + than + S + V(과거동사)' 등이 있다. 'never A without B'는 이중 부정의 표현으로, 'A하면 반드시(언제나) B한다(B하지 않고는 결코 A하지 않는다)'라는 의미이다. 따라서 ④는 '내가 집을 나오면 언제나 비가 몹시 내리기 시작했다'는 의미이며, 이는 'Whenever I left home, it began to rain heavily.', 'When I left home, it always began to rain heavily.'로 바꾸어 쓸 수 있다.

어휘 ■ as soon as ~하자마자

09 국가직 9급 기출

다음 우리말을 영어로 가장 잘 옮긴 것을 고르시오.

> 미국 우주비행사들을 대상으로 실험한 결과 강하고 튼튼한 뼈를 유지하기 위해서는 신체활동이 매우 중요하다는 것이 입증되었다.

① With an experiment conducted on American astronauts, it has been proven how important is body movement in maintaining strong, healthy bones.

② An experiment done on American astronauts made clear that physical activity is important to retain strong, healthy bones.

③ An experiment done with American astronauts made it clear how important physical activity is in maintaining strong, healthy bones.

④ With an experiment conducted on American astronauts proved that body movement is important to retain strong, healthy bones.

해설 전치사 on이 아니라 with를 써야하며, made 뒤에 it이라는 가목적어가 있어야 어법상 알맞다.

정답 06 ② 07 ② 08 ④ 09 ③

10

우리말을 옮긴 것 중 어법상 옳은 것은?

① 병원에서 일하는 동안 그녀는 그녀의 첫 번째 에어쇼를 봤다.
→ While worked at a hospital, she saw her first air show.

② 네가 아무리 지치게 되더라도, 너는 그 프로젝트를 반드시 해야 한다.
→ However weary you may be, you must do the project.

③ 내가 본 흥미진진한 게임 중 하나는 2010년 월드컵 결승전이었다.
→ One of the exciting games I saw were the World Cup final in 2010.

④ 그것은 그녀가 찾고 있던 중앙 출입구였다.
→ It was the main entrance for that she was looking.

해설 ② 양보의 부사절로 however + 형용사 + 주어 + 동사의 어순으로 바르게 쓰였다.
① 분사구문의 생략된 주어는 she이고, '그녀가' 병원에서 일하는 것이므로 수동분사 'worked'를 능동분사 'working'으로 고쳐야 한다.
③ 'one of the 복수 명사'에서 주어는 복수 명사가 아니라 'one'이므로 단수 동사가 와야 한다. 따라서 복수 동사 'were'를 단수 동사 'was'로 고쳐야 한다.
④ 관계 대명사 'that'은 전치사 뒤에 올 수 없다.

어휘 ▪ weary (몹시) 지친, 피곤한, 지치게[피곤하게] 하는, ~에 싫증난, 지치게[피곤하게] 하다
▪ entrance (출)입구, 문, 입장, 등장

핵심정리

복합관계부사의 종류

• whenever
예 Whenever(= At any time when) I visited her, she was not at home.
(내가 그녀를 방문할 때마다 그녀는 집에 없었다.) [시간의 부사절]
예 Whenever(= No matter when) you may come, I am always ready.
(당신이 언제 오더라도 나는 준비가 되어 있다.) [양보의 부사절]

• wherever
예 I will follow you wherever(= at any place where) you go.
(당신이 가는 곳은 어디든지 따라가겠다.) [장소의 부사절]
예 Wherever(= No matter where) you (may) go, remember me.
(당신이 어디를 가더라도 나를 기억해라.) [양보의 부사절]

• however
예 However(= No matter how) hard you may try, you can't master English in a month.
(당신이 아무리 열심히 노력하더라도 영어를 한 달 안에 마스터할 수 없다.) [양보의 부사절]
However(= No matter how) fast you may run, you won't be able to overtake him.
(당신이 아무리 빨리 달려도 당신은 그를 따라 잡을 수 없을 것이다.)

11

우리말로 옮긴 것 중 어법상 옳지 않은 것은?

① 어떤 때에는 이 문이 안 잠겨 있을 수도 있다.
→ At certain times may this door be left unlocked.

② 그녀는 설득력 있었지만, 그를 설득할 수는 없었다.
→ Eloquent though she was, she could not persuade him.

③ 그가 너무 강하게 항의해서 그들은 그의 사건을 재고하기로 했다.
→ So vigorously did he protest that they reconsidered his case.

④ 바다는 강과 호수가 그렇듯이 그것의 흐름이 있다.
→ The sea has its currents, as do the river and the lake.

해설 ① 시간의 부사구가 강조되어 문장의 앞에 나오더라도 주어와 동사는 도치되지 않으므로 어순을 'At certain times this door may be left unlocked.'와 같이 고쳐야 한다.
② 양보의 부사절이 동사 다음의 형용사(eloquent)를 접속사 앞으로 도치시킨 것이다.
③ '주어 + 동사 + so + 형용사/부사 + that + 주어 + 동사' 구문에서 so가 문두로 갈 경우 주어와 동사가 도치된다.
④ 'has'가 본동사로 쓰였으므로 조동사 'do'가 대동사의 역할(has its currents)을 하고 있다.

어휘
- certain 어떤, 무슨(구체적 정보 없이 사람이나 사물을 언급할 때 씀), 어느 정도의, 약간의, 확실한, 틀림없는
- eloquent 웅변[연설]을 잘 하는, 유창한
- persuade (…을 하도록) 설득하다, 설득하여 …하게 하다
- vigorously 발랄하게, 힘차게 a. vigorous 활발한, 격렬한, 활기찬, 건강한
- protest 항의, 시위, 항의[반대]하다, 이의를 제기하다
- reconsider 재고하다

12

우리말로 옮긴 것 중 어법상 옳은 것은?

① 2014년에 중국의 러시아산 원유 수입이 36% 급등했다.
→ China's imports of Russian oil skyrocketed by 36 percent in 2014.

② 오랫동안 사람들 사이에서 수면은 기억력 향상과 관련되어 왔다.
→ Sleeping has long been tied to improve memory among humans.

③ 어젯밤, 그녀는 차에 거의 치일 뻔한 위기를 모면했다.
→ Last night, she nearly escaped from running over by a car.

④ 그 실패는 돌이킬 수 없는 사태를 초래했던 우주왕복선 참사의 원인들을 둘러싼 문제들을 연상케 한다.
→ The failure is reminiscent of the problems surrounded the causes of the fatal space shuttle disasters.

해설 ② 'tied to'에서 'to'가 전치사이므로 뒤에 동사인 'improve'가 올 수 없다. 그러므로 'improve'를 동명사 'improving'으로 수정해야 한다.
③ 그녀가 차로 인하여 치일 뻔했으므로 수동태 be + p.p.를 사용해야 한다. 그러므로 'running'을 'being run'으로 수정해야 한다.
④ 의미상 우주왕복선 참사가 일어난 원인들을 문제들이 둘러싸야 하므로 'surrounded'를 'surrounding'로 수정해야 한다.

어휘
- skyrocket (물가 등이) 급등하다
- tied to ~와 관련 있는
- improve 개선되다, 나아지다; 개선하다, 향상시키다
- run over (그릇이나 그 안의 내용물이) 넘치다, 차량 또는 그 운전자가 (사람 · 동물을) 치다
- reminiscent 연상시키는, 추억에 잠긴 듯한
- fatal 죽음을 초래하는, 치명적인, 돌이킬 수 없는

정답 10 ② 11 ① 12 ①

13 지방직 9급 기출

우리말을 영어로 옮긴 것 중 가장 어색한 것은?

① 그녀는 젊었을 때 더 열심히 일하지 않았던 것을 후회한다.
→ She regrets not having worked harder in her youth.

② 그는 경험과 지식을 둘 다 겸비한 사람이다.
→ He is a man of both experience and knowledge.

③ 분노는 정상적이고 건강한 감정이다.
→ Anger is a normal and healthy emotion.

④ 어떤 상황에서도 너는 이곳을 떠나면 안 된다.
→ Under no circumstances you should not leave here.

해설 ④ 'Under no circumstances'는 부정의 부사구로 강조를 위해 문두에 위치하면 주어와 동사가 도치되어야 한다. 또한 부정어 'not'이 필요하지 않다. 'Under no circumstances should you leave here.'로 고쳐 써야 한다.

① '젊었을 때 열심히 일하지 않았던' 과거 사실에 대해 현재 후회하는 것이므로 완료형 동명사 'having p.p'를 사용해야 한다.

② 'a man'은 'He'의 보어로 동사와 수가 일치하고, 'of~'이하의 전치사구는 'a man'을 수식하는 형용사적 용법으로 바르게 사용되었다.

③ 'Anger'는 추상명사로 관사 없이 주어로 사용됐고, 'normal and healthy'는 둘 다 형용사로 뒤의 'emotion'을 바르게 수식하고 있다.

어휘
- regret 후회하다
- knowledge 지식

14 지방직 9급 기출

밑줄 친 문장을 영어로 가장 적절히 옮긴 것은?

China's government has talked about introducing a fully fledged tax on home ownership since 2003. What has stopped it? The logistical barriers should not be underestimated. <u>정부는 누가 무엇을 소유하고 있는지, 또한 자산의 가치가 얼마인지 규명해야 한다</u>. Fair valuations need expertise and independent judgment–both in short supply in China.

① The government must estimate who has which and how much properties.

② The government must clarify who owns what and what a property is worth.

③ The government should decide whose property and what amount to tax.

④ The government had to find out the ownership and valuation of properties.

해설 ②의 경우 동사 'clarify(명백히 하다)'는 의미상 적절하고 동사의 두 개의 목적어(who owns what / what a property is worth)도 의미상 · 구조상 모두 적절하다. 여기에서 목적어(명사절)는 간접의문문에 해당하므로 '의문사 + 주어 + 동사'의 어순이 되는데, 'who(의문사, 주어) + owns(동사) + what(목적어)'와 'what(의문사) + a property(주어) + is(동사) + worth(보어)' 모두 이러한 어순 구조로 적합하다.

해석 중국정부는 2003년 이후로 전면적인 주택 소유세의 도입에 대해 논의해 왔다. 무엇이 도입을 막아왔는가? 물류상의 장벽이 과소평가 되어서는 안 된다. 정부는 누가 무엇을 소유하고 있는지, 또한 자산의 가치가 얼마인지 규명해야 한다. 공정한 평가를 위해서는 전문지식과 독립적 판단력이 필요하다. 중국에서 둘 다 공급이 부족하다(부족한 요소이다).

어휘
- fully fledged(full fledged) 충분히 발달된, 깃털이 다 난, 날 수 있게 된
- ownership 소유권, 지배권, 지분
- logistic(logistical) 업무조직에 관한, 물류에 관한, [군사] 병참(학)의
- underestimate 과소평가하다, 과소평가[경시]
- clarify 분명히[명백하게] 하다, 맑게 하다
- valuation 평가, 감정, 사정, 평가[사정]액, 가치판단
- in short supply 공급이 부족한

15

다음 중 우리말의 영작이 옳지 않은 것은?

① 그들은 이메일을 보내는 사람들이 누구인지를 알 필요가 있다.
→ They need to know who e-mail senders are.

② 그녀는 이제 모든 것을 하는 것이 매우 힘들다는 것을 알고 있다.
→ She now finds very hard to do everything.

③ 나는 이처럼 대접받는 것은 신경 쓰지 않는다.
→ I don't mind being treated like this.

④ 나는 이 일을 하는 것이 올바른 일이었는지 아니었는지가 궁금하다.
→ I wonder whether this was the right thing to do.

해설 ② find는 종종 다음에 목적어와 목적보어를 수반하는 5형식 동사로 사용되는데, 목적어가 길어 뒤로 이동하는 경우 목적보어 앞에 가목적어(it)를 써서 'find + 가목적어 + 목적보어 + 진목적어'의 형식이 된다. ②의 경우도 목적어(to do everything)가 후치되었으므로 가목적어를 써서 '~ finds it very hard to do everything'이 되어야 한다.

① need는 to부정사를 목적어로 취할 수 있다. 그리고 know의 목적어가 되는 종속절(who 이하의 명사절)은 간접의문문의 어순이 되어 '의문사(who) + 주어(e-mail senders) + 동사(are)'의 순서가 되었다.

③ mind는 목적어로 동명사를 취하는 동사이다. 여기에서는'대접을 받는'이라는 수동의 관계이므로 동명사의 수동 형태인 'being + P.P.(treated)'가 되었다.

④ 동사(wonder)의 목적어는 접속사 whether가 이끄는 명사절이다. 이 절은 간접의문문의 형태가 되므로 '의문사(whether) + 주어(this) + 동사(was) + 보어(the right thing to do)'의 어순이 되었다.

제 2 편 문제유형별 연습(Exercise)

정답 13 ④ 14 ② 15 ②

16 국가직 9급 기출

우리말을 영어로 옮긴 것으로 가장 적절한 것은?

① 그들이 10년간 살았던 집이 폭풍에 심하게 손상되었다.
→ The house which they have lived for 10 years badly damaged by the storm.

② 수학 시험에 실패했을 때에서야 그는 공부를 열심히 하기로 결심했다.
→ It was not until when he failed the math test that he decided to study hard.

③ 냉장고에 먹을 것이 하나도 남아있지 않아서, 어젯밤에 우리는 외식을 해야 했다.
→ We had nothing to eat left in the refrigerator, we had to eat out last night.

④ 우리는 운이 좋게도 그랜드캐니언을 방문했는데, 거기에는 경치가 아름다운 곳이 많다.
→ We were enough fortunate to visit the Grand Canyon, that has much beautiful landscape.

해설 ② 의 경우 'it ~ that' 강조구문을 통해 'not until' 구문을 강조한 것으로, 'it is not until ~ that …'은 '~해서야 비로소, ~이 되어서야 겨우', '~할 때까지는 (않다)'의 의미이다. 'not until when he failed the math test that' 에서 'until'을 전치사로 보고 다음에 시간을 나타내는 선행사(the time)가 생략되었다고 보기도 하나, 이 경우와 같이 다음에 절이 오는 경우, until을 접속사로 보아 다음의 when을 생략하고 'not until + 절'의 구조로 표현하는 것이 일반적이다.

① 선행사 'the house'와 관계대명사절의 동사 'lived'의 관계에서 볼 때 전치사(in)가 필요하다. 따라서 'The house in which they have lived' 또는 'The house where they have lived'가 되어야 한다. 여기서 where는 관계부사이다. 또한, 문장의 주어 'The house'와 타동사 'damaged'의 의미관계상 수동태 문장이 되어야 하므로, 'was damaged'로 고쳐야 한다. 이 경우 문장의 동사(was) 시제가 과거이므로 앞의 관계사절의 동사(have lived) 시제 또한 과거분사시제(had lived)로 고치는 것이 적절하다.

③ 과거분사(left)와 to부정사(to eat)가 모두 부정대명사 'nothing'을 뒤에서 수식하고 있는데, 그 순서가 'nothing left to eat'이 되어야 한다. 또한, 두 개의 절(We had nothing left to eat in the refrigerator / we had to eat out last night)을 연결하는 접속사가 없으므로, 가운데 적절한 접속사(so)를 넣어주어야 한다.

④ 'enough'가 부사로 사용되는 경우는 수식을 받는 말(형용사, 부사 등)의 뒤에서 수식하므로(후치수식), 'fortunate enough'가 되어야 한다. 또한, 관계대명사 'that'은 제한적(한정적) 용법에서만 사용하고 계속적 용법에서는 사용할 수 없으므로, 이를 'which'로 고쳐야 한다.

어휘
- damaged 손해를 입은, 하자가 생긴
- refrigerator 냉장고
- fortunate 운 좋은
- landscape 풍경

제4장 생활영어(Daily Conversation)

실전문제

대표유형문제

지방직·서울시 9급

밑줄 친 부분에 들어갈 말로 가장 적절한 것은?

A : Did you have a nice weekend?
B : Yes, it was pretty good. We went to the movies.
A : Oh! What did you see?
B : Interstellar. It was really good.
A : Really? ______________________
B : The special effects. They were fantastic. I wouldn't mind seeing it again.

❶ What did you like the most about it?
② What's your favorite movie genre?
③ Was the film promoted internationally?
④ Was the movie very costly?

정답해설 B가 주말에 본 영화에 관해 대화하는 상황이다. B가 영화가 재미있었다고 말한 후, A의 질문에 B가 '특수 효과'라고 답하고 있으므로, 빈칸에서 A가 영화에서 좋았던 점을 구체적으로 물어봤음을 알 수 있다. 따라서 빈칸에 들어갈 말로 가장 적절한 것은 ① '어떤 점이 가장 좋았어?'이다.

오답해설 ② 네가 가장 좋아하는 영화 장르가 뭐야?
③ 그 영화는 전 세계적으로 홍보가 되었니?
④ 그 영화가 매우 비쌌어?

핵심어휘
- special effects 특수효과
- promote 홍보하다
- genre (예술 작품의) 장르

해석풀이 A : 주말 잘 보냈어?
B : 응, 아주 좋았어. 우리는 영화 보러 갔었어.
A : 오! 뭘 봤는데?
B : 〈인터스텔라〉. 정말 재미있었어.
A : 정말? 어떤 점이 가장 좋았어?
B : 특수 효과야. 정말 환상적이었어. 다시 봐도 괜찮을 것 같아.

정답 16 ②

01

다음 대화의 빈칸에 알맞은 것은?

A : I like reading very much.
B : ____________
A : Reading gives one pleasure.
B : Oh, I believe it gives more than one pleasure.

① So am I. ② So do I.
③ So it is. ④ I do it, too.

해설 「역시 ~하다」를 의미할 때 「So + 동사 + 주어」는 긍정문에, 「Neither + 동사 + 주어」는 부정문에 쓴다. 그리고 동사는 be동사인 경우 be동사를, 일반동사인 경우 do동사를, 조동사는 조동사를 사용한다. like는 일반동사이므로 do를 사용해야 한다.

해석 A : 나는 독서를 아주 좋아해
B : 나도 그래.
A : 독서는 즐거움 한 가지를 주지.
B : 아 글쎄, 나는 한 가지 이상의 즐거움을 준다고 생각하는데.

02 국가직 9급 기출

다음 대화 내용 중 가장 어색한 것은?

① A : Are we still going on a picnic tomorrow? It might rain.
B : Let's wait and see.
② A : Would you like to have a dinner with me this weekend?
B : I'm sorry I can't make it. Can you give me a rain check?
③ A : Can you hand in the report as soon as possible?
B : Be my guest.
④ A : Is it true that Mr. Smith is out of town?
B : Not that I know of.

해설 'be my guest(좋으실 대로 하세요, 그러세요)'는 상대방의 간단한 부탁을 들어주거나 허락하면서 하는 표현이다. ③에서 A는 가능한 빨리 보고서를 제출해 달라고 요청했는데, 이에 대해 'be my guest'로 답하는 것은 어색하다.

해석 ① A : 우리 내일 소풍 가는 것 맞지요? 비가 올지도 몰라요.
B : 좀 더 두고 보아요.
② A 이번 주말에 저와 함께 저녁 같이 하실래요?
B : 미안하지만 안 될 것 같아요. 다음 기회에 할 수 있을까요?
③ A : 가능한 한 빨리 보고서를 제출해 주시겠어요?
B : 그러세요.
④ A : Smith씨가 도시를 떠나 있는 것이 사실인가요?
B : 제가 알기로는 아닌데요.

어휘
- Let's wait and see 잠시 두고 보자, 잠시 관망하기로 하자
- make it 성공하다, 해내다, 솜씨 좋게 완성하다
- give a rain check 다음에 한 번 더 초대하다, 다음 기회를 주다 cf. rain check 우천 교환권[순연권], 초대의 순연[순연 요청], 다른[다음] 기회[때]
- be my guest (예) 그러세요, 좋으실 대로 하세요
- hand in 손으로 건네다, 제출하다
- Not that I know of 내가 아는 한 ~은 아니다

03 국가직 9급 기출

밑줄 친 부분에 들어갈 말로 가장 적절한 것을 고르시오.

A : Were you here last night?
B : Yes, I worked the closing shift. Why?
A : The kitchen was a mess this morning. There was food spattered on the stove, and the ice trays were not in the freezer.
B : I guess I forgot to go over the cleaning checklist.
A : You know how important a clean kitchen is.
B : I'm sorry. ______________________

① I won't let it happen again.
② Would you like your bill now?
③ That's why I forgot it yesterday.
④ I'll make sure you get the right order.

해설 어젯밤 마감 근무를 하며 주방 청소를 깨끗이 하지 않은 B에게 A가 주의를 주는 상황이다. 따라서 B가 사과의 말과 함께 할, 빈칸에 들어갈 말로 가장 적절한 것은 ① '미안해요. 다시는 그러지 않을게요.'이다.

해석 A : 어제 여기에 있었나요?
B : 네, 저는 마감조로 일했어요. 왜 그러시죠?
A : 오늘 아침 주방이 엉망이었어요. 음식이 화로 위에 널려져 있고 제빙 그릇은 냉동실에 없었어요.
B : 제가 청소 체크리스트 검토를 깜박한 것 같아요.
A : 청결한 주방이 얼마나 중요한지는 당신도 아시죠.
B : 미안해요. 다시는 그러지 않을게요.

어휘 ■ closing shift 마감조
■ ice trays (냉장고의 각빙을 만드는) 제빙 그릇
■ freezer 냉동고 (→ fridge-freezer)

04 국가직 9급 기출

밑줄 친 부분에 들어갈 말로 가장 적절한 것을 고르시오.

A : Have you taken anything for your cold?
B : No, I just blow my nose a lot.
A : Have you tried nose spray?
B : ______________________
A : It works great.
B : No, thanks. I don't like to put anything in my nose, so I've never used it.

① Yes, but it didn't help.
② No, I don't like nose spray.
③ No, the pharmacy was closed.
④ Yeah, how much should I use?

해설 A가 빈칸 앞에서 비강 스프레이를 써봤냐고 물어보고 빈칸 뒤에서 효과가 좋다며 권유하지만, B는 코에 무언가 넣는 것을 싫어해 써본 적이 없다며 거부하고 있다. 따라서 비강 스프레이 사용 권유에 대한 답변이 들어갈 자리이다. 적절한 것은 ② '아니, 난 비강 스프레이를 좋아하지 않아.'이다.

해석 A : 네 감기에 뭐라도 해본 거 있어?
B : 아니, 그냥 코를 많이 풀어.
A : 비강 스프레이는 해봤어?
B : 아니, 난 비강 스프레이를 좋아하지 않아.
A : 그거 효과가 좋아.
B : 괜찮아. 난 내 코에 뭘 넣는 걸 싫어해서 한 번도 그걸 써본 적 없어.

어휘 ■ nose spray 비강 스프레이
■ pharmacy 약국

정답 01 ② 02 ③ 03 ① 04 ②

05

밑줄 친 부분에 들어갈 표현으로 가장 적절한 것은?

A : Hi, Betty. Why the long face? Do you have something on your mind?
B : Yes, I'm worried about the exams next week. I haven't cracked a book in ages.
A : Well, you'd better get on with it.
B : Yes, I know I should. Do you think you could help me with my Japanese?
A : ______________________________

① Sure, it's all Greek to me.
② Sorry, it's completely beyond me.
③ No way, I have a gift for it.
④ Right, I totally agree with you.

해설 시험 준비가 제대로 되어있지 않아 우울한 표정(long face)인 베티가 도와줄 수 있냐고 물었고, 그에 대한 대답으로 가장 적절한 것을 찾는다. 능력 밖이어서 도움을 줄 수 없다는 대답이므로, 빈칸에는 ②가 가장 적절하다.

해석 A : 안녕, 베티. 왜 시무룩한 얼굴을 하고 있어? 마음 속에 무언가 (걱정거리라도) 있니?
B : 네, 다음 주 시험이 걱정돼. 나는 오랫동안 책을 읽지 않았어.
A : 저런, 너는 서두르는 게 나을 거야.
B : 그래, 나도 알아 내가 그래야 한다는 걸. 내 일본어 실력 좀 도와줄 수 있어?
A : 미안, 그건 완전히 내 능력 밖이야.

06 지방직 7급 기출

밑줄 친 부분에 들어갈 말로 적절하지 않은 것은?

A : There's not a lot of variety in this men's clothing department.
B : I know, but wouldn't you say that the quality of the clothing they have is extraordinary?
A : ______________________________

① I'll say!
② Without question!
③ I couldn't agree with you more!
④ Like hell they are!

해설 구어적 표현인 'Like hell ~' 즉, '절대 아니다'는 부정의 응답도 불가능하지만은 않으나 품질을 단수로 받는 것이 맞으므로 Like hell it is!가 더 적합할 것이다.

해석 A : 여기 남성의류 매장엔 옷 종류가 많지가 않아.
B : 알아, 하지만 여기 갖춰진 옷의 품질만큼은 뛰어나다고 생각하지 않아?
A : 퍽이나!

07 국가직 9급 기출

밑줄 친 부분의 의미로 가장 적절한 것을 고르시오.

A : Why do you have to be so stubborn?
B : I don't know. That's just the way I am. I guess I'm just a chip off the old block.

① I'm just like my father.
② I'm just in a bad mood.
③ I just have confidence in my intuition.
④ I just like to have fun with old friends.

해설 자신이 고집 센 것에 대해 인정하면서 그 뒤에 덧붙이는 말이다. 그러므로 단순히 기분이 나쁘다거나(②) 옛 친구와 재미있게 놀고 싶다는 것(④)은 적절하지 않다. 또한, 흔히 고집이 세거나 기질(성격)상의 어떤 특징이 두드러질 때 '(어떤 점이) 부모를 빼 닮았다'라고 표현한다는 점에 착안하면 비교적 쉽게 답을 고를 수 있겠다. 여기서 'a chip off the old block'은 '(기질 · 외모 등이) 부모를 빼 닮은 아이(판박이)'라는 표현이다.

해석 A : 왜 넌 그렇게 고집을 부리니?
B : 모르겠어. 나는 원래 이래(그게 바로 나야). 난 부모님을 빼 닮았나 봐.
② 난 그냥 기분이 안 좋아.
③ 난 나의 직관에 대한 확신을 가지고 있을 뿐이야.
④ 난 그저 옛 친구들과 재미있게 놀고 싶어.

어휘
- stubborn 완고한, 고집 센, 완강한(= obstinate, tenacious), 다루기 어려운
- a chip off the old block (부모의) 판박이, (기질 · 외모 등이) 부모를 빼 닮은 아이
- bad mood 불쾌한 기분
- have confidence in ~에 대해 자신[확신]을 가지고 있다
- intuition 직관, 직감
- have fun 재미있게 놀다[즐기다], 흥겨워하다

08 지방직·서울시 9급 기출

밑줄 친 부분에 들어갈 말로 가장 적절한 것은?

A : Oh, another one! So many junk emails!
B : I know. I receive more than ten junk emails a day.
A : Can we stop them from coming in?
B : I don't think it's possible to block them completely.
A : ______________________?
B : Well, you can set up a filter on the settings.
A : A filter?
B : Yeah. The filter can weed out some of the spam emails.

① Do you write emails often
② Isn't there anything we can do
③ How did you make this great filter
④ Can you help me set up an email account

해설 빈칸에 이어지는 답변으로 해결방안에 대해 언급하였으므로, A는 해결방안을 강구하는 질문이 들어가야 한다. 빈칸 바로 다음에서 "Well, you can set up a filter on the settings. (음, 설정에 필터를 설치 할 수 있어.)"라고 말하는 것으로 볼 때 빈칸에는 "Isn't there anything we can do?(우리가 할 수 있는 것이 없어?)"라고 묻는 것이 적절하다.

해석 A : 이런, 또 왔어! 스팸 메일이 너무 많아!
B : 나도 알아. 나는 하루에 10통 이상의 스팸 메일을 받아.
A : 그것들이 오는 것을 막을 수 있을까?
B : 그것들을 완전히 차단하는 것은 불가능하다고 생각해.
A : 우리가 할 수 있는 것이 없을까?
B : 음, 너는 환경설정에서 필터를 설정할 수 있어.
A : 필터를?
B : 그래. 필터는 일부 스팸 메일을 걸러낼 수 있어.
① 너는 이메일을 자주 쓰니?
③ 너는 어떻게 이렇게 굉장한 필터를 만들었니?
④ 내가 이메일 계정을 개설하는 것을 도와줄 수 있니?

어휘
- junk email 정크 메일, 스팸 메일
- stop A from ~ing A가 ~하는 것을 막다
- set up 건립하다, 설립[수립]하다, 준비하다, ~인 체 하다(= erect, establish, prepare, claim to be, entrap, frame)
- weed out 걸러내다, 솎다, 제거하다

정답 05 ② 06 ④ 07 ① 08 ②

제2편 문제유형별 연습(Exercise)

09 국가직 7급 기출

대화의 흐름을 보아 밑줄 친 부분에 들어갈 가장 적절한 것은?

A : I'm sorry that I kept you waiting, but I don't feel very well today.
B : You don't look good either. What's the matter with you?
A : I had to stay up last night since my economy report is due today.
B : ________________
A : No, I couldn't. I couldn't find useful references to support my position.
B : Take it easy. There is nothing that is more important than your health.

① Sorry to hear that. Did you wrap it up?
② That's too bad. Why don't you take some rest?
③ You must be relaxed now. Could you support us?
④ That's bad for health. By the way, did you find your sponsor?

해설 빈칸 뒤에서 A가 자신의 입장을 지지해줄 참조문헌을 못 찾았다고 했으니 no, I couldn't는 리포트를 다 쓰지 못했다는 말일 것이다. 따라서 끝났는지 물어본 ①이 가장 적합한 정답이다.

해석 A : 계속해서 기다리게 해 미안해, 하지만 나는 오늘 몸이 매우 좋지 않아.
B : 기분도 안 좋아 보여. 무슨 일이 있니?
A : 오늘 경제학 리포트를 제출해야 해서 어젯밤에 밤을 새워야 했어.
B : 그거 안됐구나. 그거 잘 끝냈니?
A : 아니, 못 했어. 나는 내 입장을 뒷받침할 유용한 추천서를 찾을 수 없었어.
B : 걱정 마. 더 중요한 건 아무것도 없어, 너의 건강보다.

10 국가직 9급 기출

밑줄 친 부분에 들어갈 말로 가장 적절한 것을 고르시오.

A : May I help you?
B : I bought this dress two days ago, but it's a bit big for me.
A : ________________
B : Then I'd like to get a refund.
A : May I see your receipt, please?
B : Here you are.

① I'm sorry, but there's no smaller size.
② I feel like it fits you perfectly, though.
③ That dress sells really well in our store.
④ I'm sorry, but this purchase can't be refunded.

해설 손님이 이틀 전에 산 옷이 조금 커서 바꿔달라고 하였으나, 이 후의 대화내용은 손님이 영수증을 제시하고 환불을 받는 상황이다. 그러므로 밑줄 친 부분에 들어갈 A(점원)의 말은 사이즈 교환이 안 되는 이유가 들어가야 하므로, ①의 "I'm sorry, but there's no smaller size.(죄송하지만, 더 작은 사이즈는 없습니다.)"가 들어갈 말로 가장 적절하다.

해석 A : 무엇을 도와드릴까요?
B : 이틀 전에 이 옷을 샀는데, 내게 좀 큰 것 같아서요.
A : 죄송하지만, 더 작은 사이즈는 없습니다.
B : 그렇다면 환불받고 싶습니다.
A : 영수증 좀 보여주시겠어요?
B : 여기 있습니다.
② 정말로 아주 잘 어울리는데요.
③ 이 옷은 저의 매장에서 아주 잘 팔립니다.
④ 죄송하지만, 이 제품은 환불할 수 없습니다.

어휘 ▪ get a refund 환불받다, 변제받다
▪ purchase 구입[구매]한 것

11 국가직 9급 기출

밑줄 친 부분에 들어갈 표현으로 가장 적절한 것을 고르시오.

Tom : Frankly, I don't think my new boss knows what he is doing.
Jack : He is young, Tom. You have to give him a chance.
Tom : How many chances do I have to give him? He's actually doing terribly.
Jack : ________________.
Tom : What? Where?
Jack : Over there. Your new boss just turned around the corner.

① Speak of the devil
② I wish you good luck
③ Keep up the good work
④ Money makes the mare go

해설 제시된 내용은 새로운 사장에 대해 불만을 이야기하고 있는데 그가 바로 나타난 상황을 묘사하고 있다. 따라서 밑줄 친 부분에 가장 어울리는 표현은 'Speak of the devil'이다. 'Speak of the devil (and in he walks)', 또는 'Talk of the devil (and he will appear)'은 '마귀에 대해 이야기해 봐. 그러면 그가 나타날 거야'라는 의미로, 우리말 속담의 '호랑이도 제 말하면 온다'는 표현에 해당한다.

해석 Tom : 솔직히, 나는 새 사장님이 자신이 무슨 일을 하고 있는지 모르는 것 같아.
Jack : 그는 젊은 분이야, Tom. 너는 그에게 기회를 드려야 해.
Tom : 얼마나 많은 기회를 내가 그분께 드려야 해? 그는 정말 끔찍하게 일하고 있어.
Jack : 호랑이도 제 말하면 온다더니.
Tom : 뭐? 어디에?
Jack : 저쪽에. 새 사장님께서 막 저 모퉁이를 돌아 나오셨어.
② 행운을 기원합니다
③ 계속 수고하세요. 앞으로도 열심히 하세요
④ 돈은 암말(고집 센 나귀)도 가게 한다. 돈이 있으면 귀신도 부릴 수 있다

어휘
- around the corner 바로[아주] 가까이에, 길모퉁이를 돌아선 곳에, 임박하여, 곧
- terribly 정말, 매우, 심각하게, 지독하게
- keep up 유지하다, 지속하다, 계속하다
- mare 암말

12

다음 대화의 괄호 안에 들어갈 말로 가장 적절한 것을 고르시오.

A : Did you speak to the landlord about the plumbing?
B : Yes, he said they'll fix both the toilet and the sink later today.
A : (   )

① I'll put you through.
② Well, it's about time.
③ Do you know it by heart?
④ I don't want to make a trip for nothing.

해설 의미상 빈칸에 어울릴 수 있는 표현은 ②뿐이다.

해석 A : 수도관(배관) 공사에 대해 집주인에게 말씀드렸나요?
B : 네, 그는 오늘 늦게 사람들(수리공들)이 화장실과 싱크대 모두 고쳐 줄 것이라고 말했어요.
A : (그래요, 거의 시간이 됐군요.)

어휘 ① 제가 (전화를) 연결해 드릴게요.
③ 당신은 그것을 외워서 알고 있나요?
④ 저는 무료로 여행하고 싶지 않아요.

정답 09 ① 10 ① 11 ① 12 ②

13 국가직 9급 기출

밑줄 친 부분에 들어갈 말로 가장 적절한 것은?

A : Would you like to try some dim sum?
B : Yes, thank you. They look delicious. What's inside?
A : These have pork and chopped vegetables, and those have shrimps.
B : And, um, ___________________?
A : You pick one up with your chopsticks like this and dip it into the sauce. It's easy.
B : Okay. I'll give it a try.

① how much are they
② how do I eat them
③ how spicy are they
④ how do you cook them

해설 빈칸 다음에서 A가 젓가락으로 하나를 집어서 소스에 찍으면 된다고 하였으므로, 빈칸에는 먹는 방법을 묻는 질문이 들어갈 것으로 유추할 수 있다. 그러므로 ②의 "how do I eat them? (그것들을 어떻게 먹으면 되나요?)"가 들어갈 말로 가장 적절하다.

해석 A : 딤섬 좀 드시겠어요?
B : 네, 감사합니다. 맛있어 보이네요. 안에 뭐가 들었어요?
A : 이것들은 돼지고기랑 다진 야채가 든 것이고 저것들은 새우가 들었어요.
B : 그리고, 음, 그것들을 어떻게 먹으면 되나요?
A : 이렇게 젓가락으로 하나를 집어서 소스에 찍으면 되요. 쉬워요.
B : 좋습니다. 한 번 해볼게요.
① 그것들은 얼마입니까?
③ 그것들은 얼마나 맵나요?
④ 그것들을 어떻게 요리하나요?

어휘
- dim sum 딤섬(중국식 작은 만두 요리)
- delicious 아주 맛있는(= delectable)
- chopped 잘게 썬, 다진
- shrimp 새우
- dip into ~에 찍다[적시다]
- spicy 양념을 많이 넣은, 매운(↔ waterish 싱거운)

14 지방직 9급 기출

밑줄 친 부분에 들어갈 말로 가장 적절한 것은?

A : My computer just shut down for no reason. I can't even turn it back on again.
B : Did you try charging it? It might just be out of battery.
A : Of course, I tried charging it.
B : ___________________?
A : I should do that, but I'm so lazy.

① I don't know how to fix your computer.
② Try visiting the nearest service center then.
③ Well, stop thinking about your problems and go to sleep.
④ My brother will try to fix your computer because he's a technician.

해설 윗글은 A의 컴퓨터가 고장 나서 B와 상의하는 대화 내용이다. 빈칸 다음에 A가 그렇게 해야 되는데 너무 게으르다고 하였으므로, 빈칸에는 B가 컴퓨터를 고치기 위해 어떻게 하라고 권유하는 말이 와야 한다. 그러므로 ②의 "Try visiting the nearest service center then.(그러면 가장 가까운 서비스 센터에 가봐.)"가 빈칸에 들어갈 말로 가장 적절하다.

해석 A : 내 컴퓨터가 아무 이유 없이 멈춰버렸어. 다시 켤 수가 없네.
B : 충전은 시켜봤어? 배터리가 방전됐을 수도 있어.
A : 물론이지. 충전을 해봤어.
B : 그러면 가장 가까운 서비스 센터에 가봐.
A : 그렇게 해야 되는데, 너무 게을러서.
① 네 컴퓨터를 어떻게 고치는지 몰라.
③ 음, 문제점은 그만 생각하고 가서 자.
④ 내 동생이 컴퓨터 기사라 고쳐줄 거야.

어휘
- shut down 멈추다, 정지하다
- charge 충전하다
- out of battery 배터리가 다 된, 방전된
- technician 기술자, 기사, 정비공

15 국가직 9급 기출

다음 대화의 흐름으로 보아 밑줄 친 부분에 들어갈 가장 적절한 것은?

A : Look. Here's a quiz on events of the twentieth century.
B : Oh, ______________________. I'm good at history.
A : All right. First question How long has the United Nations been in existence?
B : Uh, since Kennedy became president in 1961.
A : Not very well. Your answer is wrong!

① let me give it a try
② I think you'd never ask
③ I'd rather not spend on this
④ I think it works very well

해설 빈칸 다음의 A가 퀴즈를 내고 있으므로(All right. First question : ~), 앞에서 B는 '자기가 한번 해보겠다(퀴즈를 맞춰보겠다)'는 말을 했음을 짐작할 수 있다. 'let me give it a try'는 '내가 한번 해볼게'라는 표현이다.

해석 A : 자, 여기 20세기 사건들에 대한 퀴즈가 있어.
B : 오, 내가 한번 맞춰 볼게. 난 역사를 잘하거든.
A : 좋아. 첫 번째 질문. UN은 얼마나 오랫동안 존재하고 있는가?
B : 음, 케네디가 1961년에 대통령이 된 이후부터.
A : 아주 잘하지는 못하네. 너의 답은 틀렸어!
② 난 네가 결코 질문하지 않을 것이라 생각해
③ 나는 여기에 돈을 쓰지 않았으면 해
④ 난 그것이 아주 잘되어 간다고 생각해

어휘
- give ~ a try (시험 삼아) ~을 한번 해보다 (Let me give it a try. 내가 한번 해 볼게.)
- be good at ~을 잘한다, 소질이 있다, ~에 익숙하다
- existence 존재, 실재, 현존, 존속, 생존

정답 13 ② 14 ② 15 ①

※ 다음 대화의 밑줄 친 곳에 들어갈 가장 적절한 것을 고르시오. (16~17)

16 국가직 9급 기출

A : May I take your order?
B : Yes, please. I'll have a T-bone steak.
A : ____________________
B : Make it medium-well, please.

① Will there be anything else?
② What kind of dressing would you like?
③ Would you like something from the bar?
④ How would you like it?

해설 빈칸의 다음 대화에서 B가 중간 정도로 익혀달라고 했으므로, 앞의 A는 스테이크를 어떻게 익혀 주기를 원하는지 물었다는 추측이 가능하다. '스테이크를 어떻게 익혀 드릴까요?(스테이크를 어떻게 익혀 주기를 원하시나요?)'라는 표현은 'How would you like your steak (done)?'이다. 따라서 ④가 가장 적합하다. 한편, 이러한 질문에 대한 대답으로는 '(Make it) Well-done, please(잘 익혀 주세요)', 'Medium-well, please(중간 정도로 익혀 주세요)', 'Rare, please(살짝 익혀 주세요)' 등이 있다.

해석 A : 주문을 받아도 될까요?
B : 예, 그러세요. 전 티본스테이크를 먹을게요.
A : 어떻게 해서 드시길 원하세요?(어떻게 익혀 드릴까요?)
B : 중간 정도로 익혀 주세요.
① (그 밖에) 더 필요한 것은 없나요?
② 어떤 드레싱을 드시길 원하세요?
③ 바에서 뭘 드시겠어요?(술이나 음료 등을 드시겠어요?)

어휘
- T-bone steak 티본스테이크
- dressing 드레싱, 소스

17 국가직 9급 기출

A : I see you're changing the oil.
B : Yes. It hasn't been changed for a long time.
A : Want any help?
B : Sure. If you don't mind.
A : No, not at all. ____________________
B : Thanks. I appreciate it.

① I'd rather go now.
② I can't agree with you more.
③ I'd be happy to give you a hand.
④ I really don't want to trouble you.

해설 앞에서 B는 괜찮다면 도와달라고 했고 이에 대해 A는 괜찮다(도와줄 수 있다)고 했으므로, 빈칸에는 대화의 흐름상 도와주겠다는 내용과 직접 관련된 표현이 와야한다.

해석 A : 오일을 교체하고 있군요.
B : 예. 오랫동안 교체하지 않았거든요.
A : 도와드릴까요?
B : 물론이죠. 괜찮으시다면.
A : 물론 괜찮고말고요. 도와드리게 되어 기뻐요.
B : 정말 고마워요.
① 이만 가봐야겠어요.
② 전적으로 동의해요.
④ 정말 불편 끼치고 싶지 않아요.

어휘
- for a long time 오랫동안
- give a hand 돕다, 박수갈채하다
- appreciate 진가를 알다, 가치를 인정하다, 감상하다, 감사하다
- Ican't agree with you more. 전적으로 동감한다(= I agree with you completely.)
- trouble 괴롭히다, 걱정시키다, 성가시게 하다

18 국가직 9급 기출

밑줄 친 부분에 들어갈 말로 가장 적절한 것을 고르시오.

A : I'd like to get a refund for this tablecloth I bought here yesterday.
B : Is there a problem with the tablecloth?
A : It doesn't fit our table and I would like to return it. Here is my receipt.
B : I'm sorry, but this tablecloth was a final sale item, and it cannot be refunded.
A : ______________________
B : It's written at the bottom of the receipt.

① Nobody mentioned that to me.
② Where is the price tag?
③ What's the problem with it?
④ I got a good deal on it.

해설 위 대화는 점원과 손님 사이의 환불 문제에 다루고 있다. 점원이 환불이 안 되는 이유가 영수증 하단에 있다고 말한 것으로 미루어 보아, 빈칸에는 "Nobody mentioned that to me.(내게 말해 준 사람이 아무도 없는데요.)"라는 표현이 들어가는 것이 적합하다.

해석 A : 어제 여기서 산 이 식탁보를 환불하고 싶은데요.
B : 식탁보에 문제가 있나요?
A : 우리 식탁에 맞지 않아서 환불하고 싶어요. 여기 영수증이요.
B : 죄송합니다만, 이 식탁보는 마감 세일 상품이어서 환불해 드릴 수가 없는데요.
A : 내게 말해 준 사람이 아무도 없는데요.
B : 영수증 하단에 쓰여 있어요.
② 가격표가 어디 있죠?
③ 무슨 문제가 있나요?
④ 좋은 거래였습니다.

어휘
- get a refund for ~을 환불하다
- tablecloth 식탁보
- receipt 영수증, 수령, 인수
- a final sale item 마감 세일 상품, 떨이 상품

19 국가직 9급 기출

밑줄 친 부분에 들어갈 말로 가장 적절한 것을 고르시오.

A : Hello? Hi, Stephanie. I'm on my way to the office. Do you need anything?
B : Hi, Luke. Can you please pick up extra paper for the printer?
A : What did you say? Did you say to pick up ink for the printer? Sorry, ______________________.
B : Can you hear me now? I said I need more paper for the printer.
A : Can you repeat that, please?
B : Never mind. I'll text you.
A : Okay. Thanks, Stephanie. See you soon.

① My phone has really bad reception here.
② I couldn't pick up more paper.
③ I think I've dialed the wrong number.
④ I'll buy each item separately this time.

해설 위 대화는 전화 도중 수신 상태가 좋지 않아 잘 들리지 않을 때의 상황이다. 빈칸의 다음 내용에 "이제 내 말 들리니?"라는 문장에서 전화 수신 상태가 좋지 않음을 알 수 있다.

해석 A : 여보세요? 안녕, Stephanie. 사무실에 가는 길이야. 뭐 필요한 거 있어?
B : 안녕, Luke. 프린터 용지 좀 사다 줄 수 있어?
A : 뭐라고? 프린터 잉크를 사다 달라고 말했니? 미안한데, 전화 수신 상태가 안 좋아.
B : 이제 내 말 들리니? 프린터 용지가 더 필요하다고.

정답 16 ④ 17 ③ 18 ① 19 ①

A : 다시 좀 말해줄래?
B : 됐어. 문자로 보낼게.
A : 알았어. Stephanie. 이따 봐.
② 용지를 더 사올 수 없었어.
③ 전화를 잘못 걸었어요.
④ 이번에는 물건을 따로따로 살 거야.

어휘 ■ pick up 집다, 고르다, 전화를 받다, 사다 주다
■ bad reception 수신 상태가 안 좋은
■ wrong number 잘못 걸린 전화, 틀린 전화번호
■ separately 따로따로, 각기, 별도로

20 지방직 9급 기출

밑줄 친 부분에 들어갈 가장 적절한 것을 고르시오.

A : Excuse me. I'm looking for Nambu Bus Terminal.
B : Ah, it's right over there.
A : Where? ____________
B : Okay. Just walk down the street, and then turn right at the first intersection. The terminal's on your left. You can't miss it.

① Could you be more specific?
② Do you think I am punctual?
③ Will you run right into it?
④ How long will it take from here by car?

해설 밑줄친 부분의 다음 대화에서 B가 터미널에 가는 길을 자세히 설명하고 있는 것으로 보아 밑줄 친 부분에는 'Could you be more specific?(좀 더 구체적으로 말씀해주실 수 있나요?)'이 들어가는 것이 적절하다.

해석 A : 실례합니다. 저는 남부 버스 터미널을 찾고 있어요.
B : 아, 바로 저기예요.
A : 어디라고요? 좀 더 구체적으로 말씀해주실 수 있나요?
B : 네. 그냥 길 아래로 걸어가다가, 첫 번째 교차로에서 오른쪽으로 도세요. 터미널은 왼쪽에 있어요. 쉽게 찾을 거예요.
② 제가 시간을 잘 지켰나요?
③ 바로 그곳으로 갈 건가요?
④ 여기서 차로 얼마나 걸릴까요?

어휘 ■ specific 구체적인, 명확한, 분명한
■ intersection 교차로, 교차 지점
■ punctual 시간을 지키는[엄수하는]

21 지방직 9급 기출

밑줄 친 부분에 들어갈 말로 가장 적절한 것을 고르시오.

A : Where do you want to go for our honeymoon?
B : Let's go to a place that neither of us has been to.
A : Then, why don't we go to Hawaii?
B : ____________.

① I've always wanted to go there.
② Isn't Korea a great place to live?
③ Great! My last trip there was amazing!
④ Oh, you must've been to Hawaii already.

해설 둘 다 가보지 않은 신혼여행지로 하와이를 추천한 것이므로, 동의의 의사를 표시한 ①의 "I've always wanted to go there. (난 항상 그곳에 가보고 싶었어.)"라는 대답이 어울린다. 참고로 만일 동의하지 않는 의사를 표시한다면 "I've been to there already. (나는 이미 그곳에 가본 적이 있어.)"라고 답하면 된다.

해석 A : 신혼여행을 어디로 가고 싶어?
B : 우리 둘 다 가보지 않은 곳으로 가자.
A : 그러면 하와이는 어때?
B : 난 항상 그곳에 가보고 싶었어.

② 한국은 살기 좋은 곳이 아니니?
③ 좋아! 그곳에서의 마지막 여행은 굉장했어!
④ 오, 너는 이미 하와이에 다녀왔구나.

어휘 ■ amazing 놀라운, 굉장한(= astonishing)

22

다음 대화 중 어색한 것은?

① A : This school was established in 1975.
B : Oh, was it?
② A : My mom is working as a teacher.
B : Oh, is she?
③ A : We will consider your situation.
B : Oh, will they?
④ A : You did a good job on your presentation.
B : Oh, did I?

해설 ③의 경우 A가 '우리가 네 사정을 고려할 거야.'라고 말했으므로, B는 '너희가 그래 줄 거니?'라고 묻는 것이 적절하다. 따라서 'will they?'가 아니라 'will you?'가 되어야 옳은 표현이다.

해석 ① A : 이 학교는 1975년에 설립되었어.
B : 그때 설립되었어?
② A : 우리 어머니는 교사로 근무하고 계셔.
B : 그러시니?
③ A : 우리는 너의 상황을 고려할 거야.
B : 그들이 그래줄거니?
④ A : 너 발표 잘했어.
B : 내가 그랬니?

어휘 ■ establish 설립하다, 수립[확립]하다

23 지방직 9급 기출

밑줄 친 부분에 들어갈 말로 가장 적절한 것은?

M : Excuse me. How can I get to Seoul Station?
W : You can take the subway.
M : How long does it take?
W : It takes approximately an hour.
M : How often does the subway run?
W : ______________________.

① It is too far to walk
② Every five minutes or so
③ You should wait in line
④ It takes about half an hour

해설 서울역까지 가는 방법을 묻는 남녀 간의 대화내용이다. 빈칸 앞 문장에서 빈도부사 'often'을 사용하여 지하철이 얼마나 자주 다니는지 그 횟수를 묻고 있으므로, 빈칸에는 지하철이 다니는 간격을 답한 문장을 사용하면 된다. ④는 걸리는 시간을 의미한다.

해석 M : 실례합니다. 서울역에 어떻게 가죠?
W : 지하철을 타시면 됩니다.
M : 얼마나 걸리죠?
W : 약 한 시간 정도 걸립니다.
M : 지하철이 얼마나 자주 다닙니까?
W : 매 5분 정도마다 다닙니다.
① 걸어가기엔 너무 멀어요.
② 매 5분 정도마다 다닙니다.
③ 줄을 서서 기다려야 합니다.

어휘 ■ approximately 거의, 가까이, 대략적으로 a. approximate 거의 정확한, 근사치인

정답 20 ① 21 ① 22 ③ 23 ④

24

다음 대화의 빈칸에 가장 알맞은 것은?

A : Thanks. Without you, I would have lost my luggage.
B : ______________________

① Not at all. I'm glad I helped you.
② I hope you don't have anything important in your luggage.
③ Not at all. I lost my luggage, too.
④ You're welcome. I was not here.

해설 감사를 표하는 상대에게 할 수 있는 대답을 찾아본다.

해석 A : 감사합니다. 당신이 아니었더라면, 저는 짐을 잃어 버렸을 거예요.
B : 천만에요. 제가 도와드릴 수 있어 기쁩니다.

25 국가직 9급 기출

밑줄 친 부분에 들어갈 말로 가장 적절한 것을 고르시오.

A : Every time I use this home blood pressure monitor, I get a different reading. I think I'm doing it wrong. Can you show me how to use it correctly?
B : Yes, of course. First, you have to put the strap around your arm.
A : Like this? Am I doing this correctly?
B : That looks a little too tight.
A : Oh, how about now?
B : Now it looks a bit too loose. If it's too tight or too loose, you'll get an incorrect reading.
A : ______________________
B : Press the button now. You shouldn't move or speak.
A : I get it.
B : You should see your blood pressure on the screen in a few moments.

① Should I check out their website?
② Right, I need to read the book.
③ Oh, okay. What do I do next?
④ I didn't see anything today.

해설 A가 B에게 가정용 혈압계를 올바르게 사용하는 방법을 묻고 있는 대화내용이다. B는 우선 팔에 끈을 너무 꽉 묶거나 너무 느슨하게 묶지 말라고 설명하고 있다. 팔에 끈을 묶는 과정을 설명한 후 B가 A에게 버튼을 누르고 움직이거나 말하지 말라고 다음 과정을 설명하고 있으므로, A가 다음 과정에 대해 묻는 내용이 선행되어야 한다. 그러므로 밑줄 친 빈칸에 들어갈 A의 내용은 ③의 "Oh, okay. What do I do next?(알겠습니다. 다음엔 무얼 하면 되죠?)"이다.

해석 A : 매번 이 가정용 혈압계를 사용할 때마다, 수치가 달라져요. 혈압계를 잘못 사용하고 있나 봐요. 올바른 사용법 좀 알려주세요?
B : 예, 물론이죠. 우선, 팔을 끈으로 묶어야 합니다.
A : 이렇게요? 이렇게 하는 게 맞나요?
B : 너무 꽉 조인 것 같은데요.
A : 아, 지금은 어때요?
B : 지금은 너무 느슨해요. 너무 꽉 조이거나 너무 느슨하면, 제대로 측정이 되지 않아요.
A : 알겠습니다. 다음엔 무얼 하면 되죠?
B : 이제 버튼을 누르세요. 움직이거나 말하지 마세요.
A : 알았습니다.
B : 몇 분 후면 스크린에 혈압이 나타날 거예요.
① 웹사이트를 확인해야 하나요?
② 맞아, 그 책을 읽어야 해요.
④ 오늘 아무것도 보지 못했어요.

어휘
- blood pressure monitor 혈압계
- put the strap 끈[줄/띠]를 묶다[매다]
- incorrect 부정확한, 맞지 않는

26 지방직 9급 기출

밑줄 친 부분에 들어갈 말로 가장 적절한 것을 고르시오.

A : I just received a letter from one of my old high school buddies.
B : That's nice!
A : Well, actually it's been a long time since I heard from him.
B : To be honest, I've been out of touch with most of my old friends.
A : I know. It's really hard to maintain contact when people move around so much.
B : You're right. ______________________. But you're lucky to be back in touch with your buddy again.

① The days are getting longer
② People just drift apart
③ That's the funniest thing I've ever heard of
④ I start fuming whenever I hear his name

해설 윗글은 옛 친구들과 자주 연락하지 못하고 지내는 것을 아쉬워하는 대화내용이다. 사람들이 너무 자주 이사해서 연락을 하고 지내기가 어렵다는 A의 말에 B가 수긍하고 있으므로, 빈칸에는 이를 안타깝게 여기는 'People just drift apart(사람들이 금방 멀어지고 있어.)'가 들어갈 말로 가장 적절하다.

해석 A : 옛 고등학교 친구로부터 편지 한 통을 방금 받았어.
B : 정말 좋겠구나!
A : 음, 사실 그 친구로부터 소식을 들은 지가 꽤 됐어.
B : 솔직히, 나는 대부분의 옛 친구들과 연락이 되지 않아.
A : 그래. 사람들이 너무 자주 이사하기 때문에 연락을 하고 지내기가 어려워.
B : 네 말이 맞아. 사람들이 금방 멀어지지. 그렇지만 너는 네 친구와 다시 연락하게 되서 다 행이구나.
① 날이 점점 길어지고 있어.
③ 내가 여태 것 들은 이야기 중 가장 웃겨.
④ 그의 이름을 들을 때마다 화가 나기 시작해.

어휘
- buddy 친구, 단짝, 동료
- maintain 지탱하다, 유지하다(= preserve)
- move around 돌아다니다, 여기저기 이동하다
- drift apart 사이가 멀어지다
- fume 씩씩대다, 불끈하다, 화내다(= rage, seethe)

27

다음 대화의 빈칸에 가장 알맞은 것을 고르시오.

A : Are you getting along well with the new manager?
B : Sure. He is competent and modest. How about you?
A : I can't complain. I think the world of him.
B : ______________________

① I can't make it even.
② I'll ask him to reconsider.
③ It's important to think ahead.
④ It's lucky to have him with us.

해설 A와 B가 모두 신임 관리자를 매우 좋게 평가하고 있다는 점에 고려하면 쉽게 답을 고를 수 있다.

해석 A : 새로운 관리자와 잘 지내세요?
B : 물론이죠. 그는 유능하고 겸손해요. 당신은 어떻게 생각하세요?
A : 불만 없어요. 나는 그를 매우 좋아해요.
B : 그가 우리와 함께 있게 되어 행운이네요.

어휘
- get along with 사이좋게 지내다(= get on with, have friendly relations with, get(be) on good terms with)
- competent 적임의, 유능한 (= able, well-qualified, capable)
- modest 겸손한(= humble, meek), 조심성 있는, 적당한
- think the world of 매우 좋아하다, 매우 존경하다
- reconsider 다시 생각하다, 재고하다

정답 24 ④ 25 ③ 26 ② 27 ④

28 서울시 9급 기출

대화 중 가장 어색한 것은?

① A : What was the movie like on Saturday?
  B : Great. I really enjoyed it.
② A : Hello. I'd like to have some shirts pressed.
  B : Yes, how soon will you need them?
③ A : Would you like a single or a double room?
  B : Oh, it's just for me, so a single is fine.
④ A : What time is the next flight to Boston?
  B : It will take about 45 minutes to get to Boston.

해설 ④번의 대화 내용을 보면, A가 보스턴까지 가는 다음 비행기 편은 몇 시에 있냐고 물었는데 B가 보스턴까지 도착하는데 약 45분 정도 걸린다고 답하였으므로 어색한 대화 내용이다. B의 답변에 알맞은 A의 질문은 "How much will it take to get to Boston? (보스턴까지 도착하는데 얼마나 걸립니까?)"이다.
= On my arriving at home, it began to rain.

해석 ① A : 토요일에 본 영화는 어땠어?
  B : 대단했어. 정말 재미있었어.
② A : 안녕하세요. 셔츠 몇 벌을 다림질 하고 싶은데요.
  B : 예, 얼마나 빨리 필요하세요?
③ A : 1인용 침실로 하시겠어요, 아니면 2인용 침실로 하시겠어요?
  B : 오, 저만 사용할 거라서 1인용이면 좋습니다.
④ A : 보스턴까지 가는 다음 비행기 편은 몇 시에 있습니까?
  B : 보스턴까지 도착하는데 약 45분 정도 걸립니다.

어휘 ▪ press 다리다, 다림질하다

※ 다음 대화의 빈칸에 가장 알맞은 것을 고르시오. (29~30)

29

A : Daniel, can we talk for a minute?
B : Sure, just ____________ a minute while finishing painting this wall.

① come up
② hang on
③ hold up
④ call on

해설 hang on은 '기다리다'라는 뜻으로, B의 입장에서 말할 수 있는 가장 적합한 표현이다

해석 A : Daniel, 잠깐 이야기 좀 할 수 있을까?
B : 물론, 이 벽에 칠하는 것을 끝낼 동안만 기다려줘.

어휘 ▪ come up 오르다, 다가오다, 드러내다, 싹이 나다, 유행하다
▪ hang on 기다리다, 매달리다, 붙잡고 늘어지다
▪ hold up 위로 들다, 지지하다, 지속하다, 지연시키다 (~ on)
▪ call on 방문하다, 부탁하다

30

A : Be sure to meet the deadline.
B : Don't worry a bit, we won't ________
____________.

① have you down ② put you down
③ pull you down ④ let you down

해설 상대방을 안심시키며 할 수 있는 말로 가장 알맞은 것을 찾아본다.

해석 A : 마감시간을 꼭 지키도록 해 주세요.
B : 조금도 걱정하지 마세요. 실망시키지 않을게요.

어휘
- be sure to ~ (명령형으로) 반드시 ~하여라
- deadline 마감 시간, 최종 기한
- put ~ down 내려놓다, 전화를 끊다, 제지하다, 적어 두다
- pull ~ down (가치 · 지위 등을) 떨어뜨리다, 넘어뜨리다
- let ~ down 실망시키다, 배반하다

정답 28 ④ 29 ② 30 ④